U0620356

中國佛教典籍選刊

注維摩詰經校補

上

〔後秦〕僧肇 述

王孺童 校補

中華書局

圖書在版編目(CIP)數據

注維摩詰經校補/(後秦)僧肇述;王孺童校補. —北京:中華書局,2022.11 (2025.8 重印)
(中國佛教典籍選刊)
ISBN 978-7-101-15934-9

Ⅰ.注… Ⅱ.①僧…②王… Ⅲ.①佛經②《維摩詰經》-注釋 Ⅳ.B942.1

中國版本圖書館 CIP 數據核字(2022)第 189264 號

責任編輯:劉浜江
封面設計:周 玉
責任印製:管 斌

中國佛教典籍選刊
注維摩詰經校補
(全二册)
〔後秦〕僧 肇 述
王孺童 校補

*

中 華 書 局 出 版 發 行
(北京市豐臺區太平橋西里 38 號 100073)
http://www.zhbc.com.cn
E-mail:zhbc@zhbc.com.cn
三河市宏盛印務有限公司印刷

*

850×1168 毫米 1/32 · 22½印張 · 4 插頁 · 440 千字
2022 年 11 月第 1 版 2025 年 8 月第 2 次印刷
印數:4001-6000 册 定價:92.00 元

ISBN 978-7-101-15934-9

中國佛教典籍選刊編輯緣起

佛教是世界三大宗教之一，約自東漢明帝時開始傳入中國，但在當時並没有産生多大影響。到魏晉南北朝時期，佛教和玄學結合起來，有了廣泛而深入的傳播。隋唐時期，中國佛教走上了獨立發展的道路，形成了衆多的宗派，在社會、政治、文化等許多方面特别是哲學思想領域産生了深刻的影響。這時佛教已經中國化，完全具備了中國自己的特點。而且，隨着印度佛教的衰落，中國成了當時世界佛教的中心。宋以後，隨着理學的興起，佛教被宣布爲異端而逐漸走向衰微。但是，佛教的部分理論同時也被理學所吸收，構成了理學思想體系中的有機組成部分。直到近代，佛教的思想影響還在某些著名思想家的身上時有表現。總之，研究中國歷史和哲學史，特别是魏晉南北朝隋唐時期的哲學史，佛教是一項重要内容。佛學作爲一種宗教哲學，在人類的理論思維的歷史上留下了豐富的經驗教訓。因此，應當重視佛學的研究。

佛教典籍有其獨特的術語概念以及細密繁瑣的思辨邏輯，研讀時要克服一些特殊的困難，不少人視爲畏途。解放以後，由於國家出版社基本上没有開展佛教典籍的整理出版工作，因此，對於系統地開展佛學研究來説，急需解決基本資料缺乏的問題。目前對佛學有較深研究的專家、學者，不少人年事已高，如果不抓緊組織他們整理和注釋佛教典籍，將來再開展這項工作就會遇到更多困難，也不利於中青年研究工作者的成長。爲此，我們在廣泛徵求各方面意見的基礎上，初步擬訂了中國佛教典籍選刊的整理出版計劃。其中，有重要的佛教史籍，有中國佛教幾個主要宗派（天台宗、三論宗、唯識宗、華嚴宗、禪宗）的代表性著作，也有少數與中國佛學淵源關係較深的佛教譯籍。所有項目都要選擇較好的版本作爲底本，經過校勘和標點，整理出一個便於研讀的定本。對於其中的佛教哲學著作，還要在此基礎上，充分吸取現有研究成果，寫出深入淺出、簡明扼要的注釋來。

由於整理注釋中國佛教典籍困難較多，我們又缺乏經驗，因此，懇切希望能够得到各方面的大力支持和協助，使這項工作得以順利完成。

中華書局編輯部

一九八二年六月

目録

附　録

前　言

注維摩詰經十卷〔一〕，乃彙關中各家注疏之集解也。所謂「關中各家」，指鳩摩羅什及其門人。鳩摩羅什於後秦弘始三年（公元四〇一年）被迎請至長安，於弘始八年（公元四〇六年）譯出維摩詰經，又親自爲該經作注〔二〕，其門下四大弟子道生、僧肇、道融、僧叡亦各自撰有該經注疏〔三〕。後世學人將鳩摩羅什及其弟子注疏，分别摘取列於經文之下，便形成了注維摩詰經。注維摩詰經現存廣本、略本兩種，略本乃删節廣本而成，廣本流通於日本，略本流通於中土，但無論廣、略，均署作僧肇選注，實爲後人託名之舉。

案高僧傳卷六釋僧肇傳：「肇後又著不真空論、物不遷論等，並注維摩及製諸經論序，

〔一〕金陵刻經處本作「維摩詰所説經注八卷」。

〔二〕案南朝梁慧皎高僧傳卷二鳩摩羅什傳：「唯爲姚興著實相論二卷，並注維摩，出言成章，無所删改，辭喻婉約，莫非玄奥。」（大正藏第五〇卷，第三三二頁下）

〔三〕案隋吉藏浄名玄論卷一：「昔僧叡、僧肇悟發天真，道融、道生神機秀拔。」卷七：「生、肇、融、叡並注浄名。」（大正藏第三八卷，第八五三頁上，第九〇三頁中）

並傳於世。〔一〕卷七竺道生傳：「初關中僧肇始注維摩，世咸翫味。生乃更發深旨，顯暢新異，及諸經義疏，世皆寶焉。〔二〕」可知僧肇注經時不可能援引道生之注。但由於鳩摩羅什及其四位弟子的注疏，於今均没有單獨完整保存下來，故這部注維摩詰經就成爲了解關中諸疏的唯一著作。

又因此經爲鳩摩羅什所譯，且其爲關中之祖，僧肇、道生之注於當時影響較大，故注維摩詰經中基本保留了鳩摩羅什、僧肇、道生三家注疏的内容，而祇援引了道融一條注疏〔三〕，且全無僧叡之注。道融之注今存兩條，除注維摩詰經所引一條外，另一條見於唐道液浄名經集解關中疏。僧叡之注，高僧傳僅謂其著有維摩詰經序〔四〕，而道液浄名經集解關中疏、浄名經關中釋抄，吉藏浄名玄論、維摩經義疏中則多有所引。故知此二家之注流傳甚稀，於

〔一〕大正藏第五〇卷，第三六五頁中。

〔二〕大正藏第五〇卷，第三六七頁上。

〔三〕案高僧傳卷六釋道融傳：「所著法華、大品、金光明、十地、維摩等義疏，並行於世矣。」（大正藏第五〇卷，第三六三頁下）

〔四〕案高僧傳卷六釋僧叡傳：「著大智論、十二門論、中論等諸序，並著大小品、法華、維摩、思益、自在王、禪經等序，皆傳於世。」（大正藏第五〇卷，第三六四頁中）

唐後失傳。

既然現有注維摩詰經非是僧肇所集，那該書到底成於何時就需要重新考察。道液集淨名經集解關中疏是現存唯一一部與注維摩詰經體例最爲相類之作，其前序有云：

自秦弘始三年冬羅什入關，先譯大品、智論，爰及中觀、門、百，使陶染至理；然後重譯兹經及法華等，所以文切理詣，無間然矣。日者傳習多疎道尚學以瞻異端，致使大宗蕪蔓真極。而關中先製言約旨深，將傳後進，或憚略而難通，蓋時移識昧，豈先賢之闕歟！道液不揆庸淺，輒加裨廣，淨名以肇注作本，法華以生疏爲憑，然後傍求諸解，共通妙旨。雖述而不作，終愧亡羊者哉！

于時上元元年（公元七六〇年），歲次困頓。永泰初祀（公元七六五年），又於長安菩提道場夏再治定，庶法鏡轉明、惠燈益矣。〔一〕

道液之疏成於唐肅、代二宗時，彙集了鳩摩羅什、僧肇、道生、道融、僧叡五家之注，又援引天台之解，並間雜己見，内容遠多於注維摩詰經。道液又言「淨名以肇注作本」，查某些僧肇注文，注維摩詰經所引有明顯闕誤，而道液之疏所引則相對完整。可以推知，注維摩詰

〔一〕大正藏第八五卷，第四四〇頁上。

經成書不會早於道液之疏。

又日本大正藏所收注維摩詰經末，附有北宋張齊賢新彫維摩經後序一篇，其文云：

壬午歲冬首，余自右補闕直史館江南轉運使詔還，聚族乘舟，順流而下。時十月九日，泊于湖口之側。將夕，有一人年可五十許，衣服狀貌類于漁者，拜于岸，次自陳：「累世水居，南中有居牌筏舟船之上，號名水居。預知風水。」袖中出水行圖子以獻，且言：「十四日當有大風。」事備録異記。又數日，晝夢一人衣皂衣，水中出其半身，自稱江饒，要維摩經十卷，覺而異之。十四日，果於荻港之上遇大風暴起，船將覆没者數四，僅而獲全，即先言風水之日。夢中稱曰江饒，舉家脱魚腹之葬，不亦幸乎！

届于京師，遍令求訪維摩經十卷者，咸曰：「無之。」不數月，余於所親處覩一經函，發而視之，即維摩經一部十卷。懿夫金文玉偈之殊勝，海藏龍宮之守護，功德之力，其昭昭乎！其昭昭乎！愚冥之徒不能起信，深可悲矣。因擇工人，俾之彫刻，志願散施，貴廣傳布，用標靈異，直紀歲時。

聖宋淳化四年（公元九九三年）八月十五日道德里序。〔一〕

〔一〕大正藏第三八卷，第四一九頁下至四二〇頁上。

所謂「維摩經十卷」者，即指注維摩詰經。案永樂北藏、清藏所收本亦題名維摩詰所説經，未有「注」字。依張氏後序紀年可以推知，注維摩詰經成書不會晚於宋太宗時。故統言之，注維摩詰經廣本應成書於唐中期至宋初之間。今存已知最早之廣本，乃日本大和多武峰談山神社所藏平安時代（公元七九四至一一九二年）寫本，亦可爲之佐證。略本又是删節廣本而成，故成書必晚於廣本。查中土藏經，惟永樂北藏、徑山藏、清藏收有注維摩詰經，均爲略本。永樂北藏雕造始於明永樂十九年（公元一四二一年），訖於明正統五年（公元一四四〇年）。可以推知，注維摩詰經略本應成書於宋初至明初之間。

本書以大正藏所録寛永十八年（公元一六四一年）刊宗教大學藏本爲底本，以永樂北藏本、徑山藏本、清藏本、清光緒十三年（公元一八八七年）金陵刻經處刊本（簡稱金陵本）爲校本，並參校大正藏本道液净名經集解關中疏（簡稱關中疏）、净名經關中釋抄（簡稱關中釋抄），及僧肇肇論、僧祐出三藏記集、智顗維摩經玄疏、吉藏净名玄論、吉藏維摩經義疏、體請釋肇序、湛然維摩經略疏、智圓維摩經略疏垂裕記諸本。凡略本删節處，均出校説明，以求一書在手，而廣、略顯明。

又，底本據平安時代寫本（簡稱平安本）、貞享三年（公元一六八六年）刊大谷大學藏本（簡稱貞享本）所出校勘記，亦酌情吸收。

又，道液關中疏、關中釋抄備引諸家之注，多補廣本之不足，亦擇要採録，以作注文補充。

王孺童書於英國紐卡斯爾寓所
二〇一九年八月三十日

注維摩詰經序〔一〕

後秦釋僧肇述〔二〕

維摩詰不思議經者〔三〕，蓋是窮微盡化、絶妙之稱也〔四〕。其旨淵玄，非言象所測〔五〕；道越三空〔六〕，非二乘所議〔七〕。超群數之表〔八〕，絶有心之境〔九〕。眇莽無爲而無不爲，罔知所以然而能然者，不思議也〔一〇〕。何則？夫聖智無知，而萬品俱照〔一一〕；法身無象〔一二〕，而殊形並應〔一三〕。至韻無言，而玄籍彌布〔一四〕；冥權無謀，而動與事會〔一五〕。故能統濟群方，開物成務〔一六〕，利見天下〔一七〕，於我無爲。而惑者覩感照因謂之智，觀應形則謂之身，覿玄籍便謂之言，見變動而謂之權〔一八〕。夫道之極者〔一九〕，豈可以形言權智，而語其神域哉？然群生長寢，非言莫曉；道不孤運，弘之由人。是以如來命文殊於異方〔二〇〕，召維摩於他土〔二一〕，爰集毘耶，共弘斯道。此經所明，統萬行則以權智爲主，樹德本則以六度爲根，濟蒙惑則以慈悲爲首，語宗極則以不二爲門〔二二〕。凡此衆説，皆不思議之本也。至若借座燈王〔二三〕、請飯香土，手接大千、室包乾象〔二四〕，不思議之迹也〔二五〕。然幽關難啓〔二六〕，聖應不同，非本無以垂跡，非跡無以顯本〔二七〕。本跡雖殊，而不思議一也〔二八〕，故命侍者標以爲名焉〔二九〕。

大秦天王〔三〇〕，俊神超世〔三一〕，玄心獨悟〔三二〕，弘至治於萬機之上〔三三〕，揚道化於千載之下〔三四〕。每尋翫兹典，以爲棲神之宅〔三五〕。而恨支、竺所出理滯於文〔三六〕，常恐玄宗墜於譯人〔三七〕。北天之運，運通有在也〔三八〕。以弘始八年歲次鶉火〔三九〕，命大將軍常山公〔四〇〕、左將軍安城侯〔四一〕，與義學沙門千二百人〔四二〕，於長安大寺〔四三〕，請羅什法師重譯正本。什以高世之量〔四四〕，冥心真境〔四五〕，既盡環中〔四六〕，又善方言〔四七〕。時手執梵文〔四八〕，口自宣譯〔四九〕，道俗虔虔〔五〇〕，一言三復〔五一〕，陶冶精求，務存聖意〔五二〕。其文約而詣，其旨婉而彰〔五三〕，微遠之言，於兹顯然矣〔五四〕。

余以闇短〔五五〕，時預聽次〔五六〕。雖思乏參玄〔五七〕，然麤得文意〔五八〕，輒順所聞〔五九〕，爲之注解〔六〇〕。略記成言〔六一〕，述而無作〔六二〕，庶將來君子〔六三〕，異世同聞焉〔六四〕。

〔一〕「注維摩詰經序」，徑山藏本、金陵本作「維摩詰所説經注序」，關中疏、南朝梁僧祐出三藏記集卷八作「維摩詰經序」。

〔二〕「秦」下，徑山藏本、金陵本有「長安」。「述」，原作「選」，據永樂北藏本、徑山藏本、清藏本、金陵本改。關中疏作「作」。

〔三〕案囑累品第十四：「是時，佛告阿難：『受持是經，廣宣流布。』阿難言：『唯然，我已受持要者。世尊，當何名斯經？』佛言：『阿難。是經名爲維摩詰所説，亦名不可思議解脱法門，如是受持。』」

〔四〕「絶妙」，關中疏作「妙絶」。案關中釋抄卷上：「『窮微』者，窮實相之幽微實體也。『盡化』者，盡權應之變化權用也。此云體用，既名無名，故云『妙絶之稱』也。此上辯『不思議』之名也。」

〔五〕「象」，關中疏、關中釋抄作「像」。下同。　案關中釋抄卷上：「旨，意也。淵，深也。玄，遠也。言像，名相也。此句明意趣也。」

〔六〕案關中釋抄卷上：「『三空』者，空、無相、無願也。」

〔七〕案關中釋抄卷上：「二乘廢有存空，中道空有不二，故非其所能議也。此句明道理也。」

〔八〕案關中釋抄卷上：「『群數』者，森羅萬有。理超事外，故言『表』也。此句明壞三界。」

〔九〕案關中釋抄卷上：「諸識取相生心，名『有心』也。真境無相，故有心自絶也。此句明智。」

〔一〇〕案關中釋抄卷上：「『無爲』等者，法身無爲，應物而爲，惑者不測，名『不思議』也。已前總明也。」

〔一一〕案關中釋抄卷上：「『何則』已下，對緣辯也。智無知，體也。俱照，用也。此明聖心，亦即諸部般若經佛智也。」

〔一二〕「象」，出三藏記集卷八作「像」。　案關中釋抄卷上：「『無像』，真身也。」

〔一三〕案關中釋抄卷上：「『並應』，應身也。」

〔一四〕「籍」，關中疏、關中釋抄作「藉」。下同。　案關中釋抄卷上：「『至韻』者，謂至教起於無言之理也。『玄藉』者，十二分教深玄之典藉。應根施教，故云『彌布』。彌，即遍也。如法華明昔說三乘，今說一乘，而至理非三一，布教應三一也。是即至韻無言，理一也；玄藉彌布，教殊也。」

〔一五〕案關中釋抄卷上：「『冥權』等者，此明感應權實也。至應無心，故無謀也。冥與物合，名『冥權』也。而動即應物，故無事不會也。如一月在天，影現百盆，隨器大小，無不會也。又如一谷在下，隨聲善惡，無不應也。是即幽谷無善惡，喻聖心無謀也。異響隨聲，喻事會也。復次，初句明聖心不思議，第二句明法身不思議，第三句明教不思議，第四句明應會不思議也。」

〔一六〕案關中釋抄卷上：「『開物成務』者，開導三乘，爲修行作務，皆獲道果，無虚設也。」

〔一七〕「見」，關中疏作「現」。

〔一八〕案關中釋抄卷上：「『惑者』，謂惑著之徒。聞智即執心，見形即著身，聞教即滯言，觀權即謂變。此皆在聖不然，惑謂然也。」

〔一九〕「夫」，永樂北藏本、徑山藏本、清藏本、金陵本作「大」。

〔二〇〕案關中釋抄卷上：「『文殊異方』者，有云：『寶相佛國來。』下注云：『遊方菩薩，不知所之也。』」

〔二一〕「摩」下，關中疏有「詰」。

〔二二〕「門」，關中疏、隋吉藏淨名玄論卷三作「言」。

〔二三〕「若」，淨名玄論卷三作「如」。

〔二四〕「包」，關中釋抄、淨名玄論卷三作「苞」。案關中釋抄卷上：「『乾像』者，乾，天也。入未曾有室，諸天宫殿常現室中，故云『室苞乾像』也。」

〔二五〕案關中釋抄卷上：「『不思議本』者，萬行六度，慈悲宗極，皆内證實相，故名『本』也。借座、請飯等，皆外應衆生，故名爲『迹』也。又非迹不可以生物信，非本不可以令物證也。如見蓮華大，方信池水深；要覩神變大，方信所證妙。復次，證理無相故不可思，無名故不可議。故經云：『言語道斷，謂名亡也。心行處滅，謂相盡也。』此釋『本不思議』。又欲言小室能含多座，欲言其大室相不異，變化萬端，非心所測，此名『迹不思議』也。」

〔二六〕案關中釋抄卷上：「『幽關』者，實相真筌也。」

〔二七〕案關中釋抄卷上：「『非本無以垂迹』者，見聖人內證實相之本，方能外現神變之迹。衆生因覩神變之迹生信，方能修行自證實相之本也。」唐體請釋肇序：「『非本無以垂迹，非迹無以顯本』者，此則聖人若不住不二之宗本，無以垂千異之殊迹。群生不親千異之殊迹，無以悟不二之宗本。」

〔二八〕案關中釋抄卷上：「是即本迹內外雖殊，而引物證真、莫測之心一也。」釋肇序：「『本迹雖殊，不思議一也』，以本迹相由，故合明耳。如來栖神於九居之上，蒼生淪没於三塗之下，交感不會，則雖群生有本覺之智，不免淪回之苦。若使蒼生深信仰之誠，諸佛垂大悲之迹，則雖十力位尊、三祇劫遠，自强不息，咸可成矣。本迹之義，於兹顯然。」

〔二九〕案釋肇序：「『故命侍者標以名焉』，囑累品中佛告阿難：『此經名維摩詰所説，亦名不可思議解脱法門。』即命阿難爲侍者。此以本迹俱不思議，故令『不思議』爲名也。」

〔三〇〕案釋肇序：「『大秦天王』者，舉人也，即秦主姚興也。」

〔三一〕「俊」，永樂北藏本、徑山藏本、清藏本、金陵本、關中疏作「儁」。案釋肇序：「『儁神』等者，歎德也。『儁神』者，儁英，亦儁傑也。有釋：才過十人曰豪，百人曰英，千人曰俊，萬人曰傑。神，謂神思也。謂儁傑之心，世英之等，故云『超世』。此歎治國之智。」

〔三二〕案釋肇序：「『玄心獨悟』者，遊心玄鏡，故曰『玄心』。幽鑒不群，故名『獨悟』。此歎悟理心也。」

〔三三〕「治」，釋肇序作「理」。案釋肇序：「『弘至理於萬機之上』者，弘者大，敕及萬方故云大也。至者，極也。『治（理）化萬機』者，萬事之機微也。尚書云：『兢兢業業，一日二日萬機。』此爰秦王善治國政，垂衣端拱而物自歸，雖處萬機之務，而不失天運之化。由雋神越世故能弘至理於萬機，萬機之先故云『上』。」

〔三四〕案釋肇序：「『揚道化於千載之下』者，揚，謂宣揚。化者，法化也。千載者，載年也。如來滅後一千三百餘年，大乘至教方傳此土。秦主應茲住運，故得廣崇法化也。由玄心獨悟故能揚道化於千載，千年之後故云『下』。」

〔三五〕案關中釋抄卷上：「『栖神』者，言此經是神解所栖託處也。」釋肇序：「『每尋翫茲典，以爲栖神之宅』者，茲者，此也。典者，經典也。以者，用也。爲者，作也。栖者，止息也。」

〔三六〕「恨」，釋肇序作「攝」。「支、竺所出」，指三國吴支謙譯佛説維摩詰經（今存），西晉竺法護譯維摩詰説不思議法門稱經（已佚）。案關中釋抄卷上：「『支、竺』者，支謙、竺寂蘭、竺法護等。」「『理滯於文』者，謂叡疏序云：『既蒙鳩摩羅什法師正玄文，摘幽旨，始悟前譯之傷本，謬文之乖趣耳。至如「不來相」爲「辱來」，「不見相」爲「相見」，「未緣法」爲「始神」，「緣合法」爲「止心」。諸如此比，無品不有，無章不爾。』又云：『此土先出諸經，於識神性空明言處少，存神之文其處甚多。中、百二論文未及此，又無通鑒，誰與正之？先匠所以輟章遐慨，思決言於彌勒者，良有在也。』」釋肇序：「『而攝支、竺所出，理滯於文』者，支謙所出，以『不來相而來』爲『辱來』，『不見相而見』爲『相見』等，此則大乘之理滯於譯者之文。何者？如什所譯，經云：『不來相而來，不見相而見。』此則精於至理，而應會之義不失。言『辱來』『相見』乃涉於浮俗，而理悟之道都捐如世人。云『不面在昔，辱來相見』，豈法身大士同俗執相見邪？」

〔三七〕「恐」，出三藏記集卷八釋僧肇維摩詰經序作「懼」。　案釋肇序：「『常恐玄宗墜於譯人』者，翻譯既乖經旨，故恐玄妙之宗墜於譯人之筆也。」

〔三八〕「有」下，關中疏有「所」。　案關中釋抄卷上：「『北天之運』者，大品經云：『我滅度後，般若流南天竺，次至西天竺，次至北天竺，當没於地。』今此國即北天之東隅。羅什至此大傳般若，即佛記北天之運數，法合流行此也。」釋肇序：「『北天之運，運通有在』者，北天者，北天竺國也。運者，動也，轉也。如大品經云：『明佛記此經，我滅度後，傳於南天，次至西天，後至北天，當没於地。』據運數，南天五百年，西天五百年，方至北天。此國即北天焉，國之東隅，故千年之後，大教合傳於此國。果佛言，故曰『通有在也』。」

〔三九〕案關中釋抄卷上：「『弘始八年』，姚秦時也。什弘始三年冬到秦，而先譯大品、智度、中觀、門、百，隨譯隨講，而生、肇諸師皆悉啓悟。生公述頓悟義，肇公述般若無知等論。什見妙解，至八年方重譯茲經及法華等，所以理圓意題，迥超萬古也。『歲次鶉火』者，爾雅云：『子年困頓，丑年赤奮若，寅年攝提格，卯年單閼，辰年執徐，巳年大荒落，午年敦祥，未年協洽，申年涒灘，酉年作[木咢]，戌年閹茂，亥年大淵獻。正月析木，二月大火，三月壽星，四月鶉尾，五月鶉火，六月鶉首，七月實泛，八月大梁，九月降婁，十月陬訾，十一月玄枵，十二月星紀。』弘始八年太歲在午，應云『歲次敦祥』，而云『鶉火』者，以月命年也。」釋肇序：「太歲在午，應曰『敦祥』；月在午，方云『鶉火』，此以月號命年故也。此出爾雅。」又徑山藏本、金陵本卷一末音釋：「鶉火，即丙午也。」

〔四〇〕「大將軍常山公」，指姚顯。案北魏崔鴻十六國春秋别傳卷五後秦録：「（皇初）二年，顯爲常山公。」

〔四一〕「左」，原作「右」，據出三藏記集卷八釋僧肇維摩詰經序改。案同書卷八僧叡法師法華經後序第九：「秦司隸校尉、左將軍安城侯姚嵩，擬韻玄門，宅心世表，注誠斯典，信詣彌至。」

〔四二〕案釋肇序：「『與義學沙門』者，取善理之人簡餘學也。即生、肇、融、叡、憑、影、嚴、觀等千二百人，皆一時之傑。」

〔四三〕案關中釋抄卷上：「『長安』者，有本云『常安』。以秦王父名姚萇，諱故改名『常』也。」釋肇序：「『於常安大寺』者，秦主諱長，以是姚萇之子，故曰『常』，此則譯經處也。大寺，别處也，即草堂寺。」

〔四四〕案釋肇序：「什公之一字，舉人。『以高世之量』等者，歎德也。即智量高遠，出過於世，故云也。」

〔四五〕案釋肇序：「『冥心真境』者，心與理冥也。」

〔四六〕案關中釋抄卷上：「『既盡環中』者，語出莊子，云是非相待，猶如循環，至道亡是非，由如環中也。今借言以表中道也。」釋肇序：「『既盡環中』者，智窮實相。即莊子云：『樞始得其環中，以應乎無窮。』彼以是非爲循環，此絶是非處爲環中。今借彼言，以明實相也。」又徑山藏本、金陵本卷一末音釋：「環中，境内也。」

〔四七〕案釋肇序：「『又善方言』者，善解梵、漢二國方言也。」

〔四八〕「時」上，關中疏、釋肇序有「於」。「梵」，出三藏記集卷八釋僧肇維摩詰經序、釋肇序作「胡」。

〔四九〕案釋肇序：「『於時手執胡文，口自宣譯』者，『胡文』者，梵夾也，謂承梵天之餘訓。言『文』者，謬也。什法師既閑兩國之言，故口自翻譯也。」

〔五〇〕案釋肇序：「『道俗虔虔』者，道謂義學沙門，俗謂儒宗詞伯也，皆是證義人也。」

〔五一〕案釋肇序：「『一言三復』者，謂再審定其義也。故論語：『南容三復白圭。』故云：『白圭之玷，尚可磨也；斯言之玷，不可爲也。』故讀詩至此，皆三復也。今取彼言耳，謂文詮正理，用軌物心，得意則道果由成，失旨則諸見從起，故須三復也。」

〔五二〕案關中釋抄卷上：「『陶冶』者，今造化經文，務存聖意，若爐冶之所造也。」釋肇序：「『陶冶精求，務存聖意』者，合土曰『陶』，鎔金名『冶』，此喻也。如陶師之埏埴，簡除沙鹵；若金師之鎔鑄，直取精純，故能成其器用也。今亦如是，簡去繁言，直詮聖旨，以成無上法寶也。」

〔五三〕案關中釋抄卷上：「『文約而詣』者，其文簡約而理詣也，其旨趣婉順而彰明也。如彌勒章明菩提等，即文約而詣；其佛道品答眷屬等，是旨婉而彰。諸如此例，講者叙之。」釋肇序：「『其文約而詣，其旨婉而彰』者，約，謂省約。詣，謂至也。此明文雖省約，而理詣實相。『旨婉而彰』者，意也。婉，順也。彰，明也。即如智度菩薩母等偈，意則婉順，理又彰明。前序明古人未融大觀故理蹇，闕通方言故詞疏。今以什公盡環中故旨婉而彰，善方言故文約而詣。」

〔五四〕案釋肇序：「『微遠之言，於茲顯然』，微，謂幽微也。遠，謂深遠。顯然者，明也。此明實相之理，雖深固幽遠，然由翻譯得旨，遂使顯然。此爰翻傳之得意也。」

〔五五〕案釋肇序：「『余以闇短』者，余，我也。以，爲也。闇，謂愚闇。短，謂短淺也。」

〔五六〕案關中釋抄卷上：「『時預聽次』者，什法師隨譯隨講，務傳至妙。肇法師等隨聽隨述，務流大觀。廣如傳述。」釋肇序：「『時預聽次』者，謂參預也。什法師譯經之時隨講，肇公親承德音，故云『時預聽次』也。」

〔五七〕案釋肇序：「『雖思乏參玄』者，思者，智思也。乏者，少也。參者，涉也。玄者，實相理也。謂心不悟理，故云也。」

〔五八〕案釋肇序：「『然麤得文意』者，言雖非精詣，而麤知指歸耳。」

〔五九〕案釋肇序：「『輒順所聞』，輒，謂自專也。」

〔六〇〕案釋肇序：「『爲之注解』者，爲者，作也。翻譯既明，理雖易見，傳之未悟，猶恐難通，故須注解，以開後學。」

〔六一〕「成」，關中疏作「誠」。案釋肇序：「『略記成言』者，記，謂記録。『誠言』有二：或作『成』字，成立此經；經之言或作『誠』字，誠者實也，當也，記什公誠當之言，以解此經也。」

〔六二〕「無」，關中疏、關中釋抄作「不」。案關中釋抄卷上：「『述而不作』者，論語意云：唯聖作法，餘但依教修述而已。」釋肇序：「『述而無作』者，論語云：『述而無作，信而好古。』意明唯聖作法，餘但述古人之言，非敢自作也。」

〔六三〕「庶將來君子」，案釋肇序：「『庶將來君子』者，庶，望也。將來，謂當來也。君子，簡異小人。老子云：『上士聞道勤而行之，中士聞道若存若亡，下士聞道而大笑之。』小人既不能奉行，故但言君子。此言不必簡棄，意欲勸勉，令自强耳。」

〔六四〕案釋肇序：「『異世同聞』者，雖現世、未來，時後俗易；聞經證悟，獲益不殊，故云也。」

注維摩詰經卷第一〔一〕

維摩詰所説

什曰〔二〕：「『維摩詰』，秦言『浄名』，即五百童子之一也〔三〕。從妙喜國來遊此境〔四〕，所應既周，將還本土。欲顯其淳德，以澤群生，顯迹悟時，要必有由，故命同志詣佛〔五〕，而獨不行，獨不行則知其疾也。何以知之？同志五百共遵大道，至於進德修善，動静必俱。命浄國之會，業之大者而不同舉，明其有疾，有疾故有問疾之會。問疾之會，由浄國之集；浄國之集，由浄名方便。然則此經始終所由，良有在也。若自説而觀，則衆聖齊功〔六〕；自本而尋〔七〕，則功由浄名。源其所由〔八〕，故曰『維摩詰所説』也。」〔九〕

肇曰〔一〇〕：「『維摩詰』，秦言『浄名』，法身大士也。其權道無方，隱顯殊迹，釋彼妙喜，現此忍土，所以和光塵俗，因通道教。常與寶積俱遊，爲法城之侶。其教緣既畢，將返妙喜，故欲顯其神德，以弘如來不思議解脱之道。至命寶積獨詣釋迦〔一一〕，自留現疾〔一二〕。所以生問疾之端，建微言之始，妙唱自彼，故言其説〔一三〕。」

竺道生曰〔一四〕：「『維摩詰』者，此云『無垢稱』也〔一五〕。其晦跡五欲〔一六〕，超然無染，清名遐布，故致斯號〔一七〕。貴名求實者，必重其説。説本表實，重之則終得所求，因斯近接，有過聖言矣。」〔一八〕

〔一〕「注維摩詰經」，平安本作「維摩詰集解」。下同不出校。
〔二〕「什」上，平安本有「羅」。下同不出校。
〔三〕「一」下，關中疏、關中釋抄有「人」。
〔四〕「喜」，平安本、關中疏作「樂」。
〔五〕「命」，平安本、關中疏作「令」。
〔六〕「衆」，關中疏作「與」。
〔七〕「自」，關中疏作「推」。
〔八〕「源」，平安本、關中疏作「原」。
〔九〕「什曰」一段，永樂北藏本、徑山藏本、清藏本、金陵本置後經「經」下。
〔一〇〕「肇」上，平安本有「釋僧」。下同不出校。
〔一一〕「命」，平安本、關中疏、關中釋抄作「令」。
〔一二〕「自」，關中疏、關中釋抄作「因」。
〔一三〕「言」，關中疏、關中釋抄作「稱」。
〔一四〕「竺道生」，關中疏、關中釋抄作「生」。

〔一五〕「此云」，關中疏、關中釋抄作「梵音」。「云」，平安本無。

〔一六〕「其」下，關中釋抄有「人」。

〔一七〕「致」下，關中釋抄有「名」。

〔一八〕「肇曰」「竺道生曰」兩段，永樂北藏本、徑山藏本、清藏本、金陵本無。關中疏本條下有僧叡注：「夫經或以人爲名，或以法名者，自非佛所説，多隨人爲名；佛之所説，非唯一經，故隨所説法以爲名。此經總人、法二名者，以人爲名，則明法之所由；以法爲名，則略經之大體，所以兩存耳。」

經〔一〕，

肇曰：「『經』者常也。古今雖殊，覺道不改。群邪不能沮，衆聖不能異，故曰『常』也。」

〔一〕案關中疏卷上：「『經』，梵云『修多羅』，此譯云『契』，謂契理之言，當根之教，返迷證實，萬聖同規，亦曰爲『常』。」

一名不可思議解脱〔一〕。

什曰：「亦名『三昧』，亦名『神足』〔二〕，或令脩短改度〔三〕，或巨細相容、變化隨意。於法自在，解脱無礙〔四〕，故名『解脱』。能者能然，物不知所以，故曰『不思議』。亦云法身大士念即隨應，不入禪定然後能也。心得自在，不爲不能所縛，故曰『解脱』也。若直明法空，則乖於常習，無以取信，故現物隨心變，明物無定性。物無定性，則其性虛矣。菩薩得其無定，故令物隨心轉，則不思議乃空之明證。將顯理宗，故以爲經之標也。」

肇曰：「微遠幽深〔五〕，二乘不能測，不思議也〔六〕。縱任無礙，塵累不能拘，解脱也〔七〕。此經始自于浄土〔八〕，終於法供養〔九〕，其中所明雖殊，然其不思議解脱一也〔一〇〕，故總以爲名焉。上以人名經，此以法名經。以法名經，所以標榜旨歸〔一一〕；以人名經，所以因人弘道者也。」

生曰〔一二〕：「無垢之稱，或止形迹，心不必然〔一三〕，故復言其解脱，更爲一名。『不可思議』者，凡有二種：一曰理空，非惑情所圖〔一四〕；二曰神奇，非淺識所量〔一五〕。若體夫空理，則脱思議之惑；惑既脱矣，則所爲難測。維摩詰今動静皆神奇，必脱諸惑。脱惑在于體空〔一六〕，説空是其所體。是以無垢之名，信而有徵；名苟有徵，其求愈到；到於求者，何患不悟乎？」〔一七〕

〔一〕案關中疏卷上：「以昔教權引三乘，言同解脱。今將返權歸實，故特號『不思議』也。」關中釋抄卷上：「不思議真性解脱爲體，不思議佛國因果爲宗，不思議權實折伏爲力用，不思議帶偏顯圓爲教相。故今明此經，始從『如是我聞』，終乎『歡喜奉行』，皆明不思議也。」

〔二〕案隋智顗維摩經玄疏卷五：「什法師云：『不思議解脱者，三昧、神通之名也。』」

〔三〕「短」，關中釋抄作「矩」。

〔四〕「無礙」，平安本、關中疏、關中釋抄作「於閡」。

〔五〕「微遠幽深」，淨名玄論卷三作「深遠幽微」。

〔六〕「不」下，平安本、永樂北藏本、徑山藏本、清藏本、金陵本有「可」。

〔七〕案維摩經玄疏卷五：「肇法師解云：『不思議解脱者，幽微難測，出二乘之境，名不思議。塵累所不能拘，名爲解脱也。』」

〔八〕「始自」，平安本、永樂北藏本、徑山藏本、清藏本、金陵本、關中疏作「自始」。「淨土」，隋吉藏維摩經義疏卷一作「佛國」。

〔九〕「供」，平安本無。

〔一〇〕案維摩經義疏卷一、淨名玄論卷三：「如肇公云：『始自佛國，終訖法供養，其文雖殊，不思議一也。』」唐湛然維摩經略疏卷一：「肇師云：『始於淨土，終法供養，其間所明雖殊，不思議一也。』」

〔一一〕「旨」，關中疏作「指」。

〔一二〕「生」上，平安本有「竺道」。下同不出校。

〔一三〕「必」，關中疏、關中釋抄作「安」。案關中釋抄卷上：「生曰『或止形迹，心不安然』者，謂若單言無垢稱，或謂應形迹中不染塵累，不委心安何法，故復言一名不思議解脱，即是心所住法也。」

〔一四〕「圖」，淨名玄論卷三作「測」。

〔一五〕「量」，淨名玄論卷三作「知」。案維摩經玄疏卷五：「生法師解云：『不思議解脱者，莫測之用也。』」

〔一六〕「于」，平安本、關中疏作「乎」。

〔一七〕「什曰」「生曰」兩段，永樂北藏本、徑山藏本、清藏本、金陵本無。關中疏本條下有僧叡注：「菩薩無心，應物有説。衆生但覩其教，莫測其所由，故名所説爲『不思議』。雖説而無心，故不閡於有；雖無心而説，故不閡於空。空、有所不能累，故名之爲『解脱』也。」

佛國品第一〔一〕

什曰：「經始終由於浄國，故以『佛國』冠於篇也〔二〕。」

〔一〕案關中釋抄卷上：「『佛國品』者，夫身非身，亦真土非土。而應身在世，示有統御，故各有所化之處，如娑婆、香積各有疆域也。此有二：一者真土，二者應土。」關中疏卷上：「然十四品經，大分三別：初、此品半，爲未信令信，故名序分；次、十一品半，信已令悟，故名正宗分；三、後二品盡經，悟已應傳，名流通分。」關中釋抄卷上：「序分者，或引時方説處，或神通合蓋，或稱歎讚揚，此皆令物生信故也。正宗者，或談真應二身，或示真應二土，皆令悟理剋證，故總明悟也。流通者，或讚法供最勝，或殷勤囑累，此皆委法傳通也。」

〔二〕「於」下，平安本、關中疏有「衆」。「篇」下，永樂北藏本、徑山藏本、清藏本、金陵本有「首」。

如是〔一〕

肇曰：「『如是』，信順辭。夫信，則所言之理順；順，則師資之道成。經無豐約，非信不傳，故建言『如是』」。

〔一〕案關中疏卷上：「此初信經辭也。」

我聞〔一〕，

什曰：「若不言聞，則是我自有法；我自有法，則情有所執；情有所執，諍亂必興。若言『我聞』，則我無法，無法則無所執〔二〕，得失是非歸於所聞。我既無執，彼亦無競；無執無競，諍何由生？又云愛有二種：一、五欲愛，二、法愛。外道出家，能斷欲愛，不斷法愛，故情有所執。佛弟子兼除二愛，法愛既盡，執競都息。經始稱『我聞』，存於此也。」

肇曰：「出經者，明己親承聖旨，無傳聞之謬也。」〔三〕

〔一〕案關中疏卷上：「此二傳經旨也。」

〔二〕「無法」，原無，據平安本補。

〔三〕「肇曰」一段，永樂北藏本、徑山藏本、清藏本、金陵本無。

一時〔一〕，

什曰：「說經時也。」

肇曰：「法王啓運嘉集之時也〔二〕。」〔三〕

〔一〕案關中疏卷上：「此三聞經時也。衆生信重爲感，如來悲願爲應，道交故曰『一時』。」

〔二〕「嘉」，關中疏作「喜」。

〔三〕「肇曰」一段，永樂北藏本、徑山藏本、清藏本、金陵本無。

佛在毘耶離〔一〕

什曰：「據佛所在方也。『毘』，言『稻土之所宜』也〔二〕；『耶離』，言『廣嚴』，其地平廣莊嚴。」

肇曰：「『毘耶離』，國土名也〔三〕，秦言『廣嚴』，其土平廣嚴事，因以爲名也〔四〕。」〔五〕

〔一〕案關中疏卷上：「此四説經者。梵音云具言『佛馱』，此翻爲『知者』。大品云：『知諸法實義故。』大論云：『菩提名智，佛名智者。』是即解圓德備，言誠物信也。」又云：「此下五列聽經處。有通有別，通爲遠者知，别爲近不謬，此初通處。」

〔二〕「土」，貞享本作「田」。

〔三〕「土」，平安本無。

〔四〕關中疏此下有「又云：好稻土之宜也」。

〔五〕「肇曰」一段，永樂北藏本、徑山藏本、清藏本、金陵本無。

菴羅樹園〔一〕，

什曰：「『菴羅樹』，其果似桃而非桃也〔二〕。」

肇曰：「『菴羅』，果樹名也〔三〕。其果似桃而非桃〔四〕。先言奈氏〔五〕，事在他經〔六〕。」〔七〕

〔一〕案關中疏卷上：「『園』者，住處之通稱，梵云『僧伽藍摩』，此云『衆園』。言『伽藍』者，略也。」

〔二〕「非桃」，平安本作「非」。下同。
〔三〕「果樹名也」，維摩經略疏卷二作「是果樹之名，以果目樹，故云『菴羅樹』」。
〔四〕「非桃」，關中疏作「非」。
〔五〕「氏」下，平安本有「失」。
〔六〕案關中釋抄卷上：「『事在他經』者，吴本云：『奈氏園，誤也。』謂奈女經。有人見經説奈女生，謂即菴羅女是奈女，失正事也。」
〔七〕「肇曰」一段，永樂北藏本、徑山藏本、清藏本、金陵本無。

與大比丘衆八千人俱〔一〕。

肇曰：「『比丘』，秦言或名『浄乞食』〔二〕，或名『破煩惱』，或名『浄持戒』〔三〕，或名『能怖魔』。天竺一名，該此四義。秦言無一名以譯之，故存義名焉。」

别本云：「摩訶比丘僧八千人俱。」

什曰：「共聞經人也。舉時、方、人三事，以證其所聞也。『摩訶』，秦言『大』，亦言『勝』，亦言『多』。於一切衆中最上，天人所宗，故言『大』。能勝九十六種論議，故言『勝』。其數八千，故言『多』。『比丘』，秦言『破煩惱』，亦言『乞士』。除五種邪命養法身，故言『乞士』。比丘、菩薩不合數者，以比丘盡是肉身，菩薩多是法身，身異故。若肉身菩薩未正位取證，心異故。以二因緣〔四〕，比丘、菩薩不合説也。所以先羅漢、後菩薩者，人

謂菩薩未盡諸漏，智慧未具；羅漢三漏既盡，智慧成就。隨人情所推，以爲先後耳。」〔五〕

〔一〕案關中疏卷上：「此下六列同聞經衆，證非己謬傳。衆有三别：初列聲聞，形心俱勝，證信最親，故先列也。次列菩薩，心同形異，證信小疏，故次列也。後列天龍，形心俱乖，證信最疏，故後列也。初列比丘。『與』者共也，『大』即極果，『比丘』人名，『衆』言和合。」

〔二〕「言」，平安本無。下「言」同。案關中疏抄卷上：「比丘四義，『浄乞食』者，離四邪故：一、下口食，耕田種植故；二、仰口食，仰觀星像等；三、方口食，通致使命故；四、維口食，占卜等。五邪者：一、現異改常，二、高聲示威，三、自説功德，四、占相吉凶，五、讚所得利。」

〔三〕「浄」，平安本、關中疏作「能」。

〔四〕「緣」下，平安本有「故」。

〔五〕「别本云」「什曰」兩段，永樂北藏本、徑山藏本、清藏本、金陵本無。

菩薩三萬二千，

肇曰：「『菩薩』，正音云『菩提薩埵』。『菩提』，佛道名也。『薩埵』，秦言『大心』。衆生有大心入佛道名『菩提薩埵』，無正名譯也〔一〕。」

别本云：「菩薩三萬二千，得大神通。」

什曰：「大士凡有三種：一者出家，二者在家，三者他方來。復次，一者結業身，二者法身。此中菩薩多是法身，然應感之形與物同迹，物或齊其所見而生劣想，故舉大數，然後序德也。梵本云〔二〕：『神通智慧，本事已作。』六度諸法，即通慧之因；通慧之因，即其本事也。」〔三〕

〔一〕「名『菩提薩埵』，無正名譯也」，關中疏作「謂以大悲智，無邊行願，爲物求道，故以名之」。

〔二〕「梵」，平安本作「胡」。

〔三〕「別本云」「什曰」兩段，永樂北藏本、徑山藏本、清藏本、金陵本無。

衆所知識〔一〕，

肇曰：「大士處世，猶日月升天，有目之士，誰不知識？」

別本云：「衆所敬仰。」

什曰：「梵本云：『多知多識。』顯德應時，故物咸知識；物咸知識，故敬之者衆。此義則出也。」〔二〕

〔一〕案關中疏卷上：「聞名欽風爲知，覩形飲化爲識。」

〔二〕「別本云」「什曰」兩段，永樂北藏本、徑山藏本、清藏本、金陵本無。

大智本行皆悉成就〔一〕，

肇曰：「『大智』，一切種智也。此智以六度、六通衆行爲本，諸大士已備此本行。」

〔一〕案關中疏卷上：「大智歎解，本行歎行。」

諸佛威神之所建立。

什曰：「『佛威神建立』，言佛所念也。爲佛所念，則莫能沮壞。猶如魚子爲母所念，必得成就也。」〔一〕

肇曰：「天澤無私，不潤枯木；佛威雖普，不立無根。『所建立』者，道根必深也。」〔二〕

〔一〕「什曰」一段，永樂北藏本、徑山藏本、清藏本、金陵本無。

〔二〕關中疏本條下有僧叡注：「凡有二種：或以神化所加，令其暫悟，名爲『建立』；或以妙法啓心，化之同已，亦名『建立』。」

爲護法城〔一〕，受持正法；

什曰：「『法城』，即實相法也。使物無異見，故言『護』也。復次，一切經法皆名『法城』，護持宣布，令不壞也。有能持正法者，亦兼護之也〔二〕。」

肇曰：「外爲護法之城，内有受持之固。」〔三〕

〔一〕案關中釋抄卷上：「『法城』，韋昭釋名云：『城者，盛也。盛人物故。』博物志云：『夏禹作城，强者攻，敵者戰，弱者守。』今佛法亦爾，弱以戒守，敵以定戰，强以慧攻，故借喻也。」

〔二〕「使物無異見」至「亦兼護之也」，永樂北藏本、徑山藏本、清藏本、金陵本無。

〔三〕關中疏本條下有僧叡注：「真理爲法，文字爲城。城塹固則内不害，文字存則理不虧也。」

能師子吼，

肇曰：「『師子吼』〔一〕，無畏音也。凡所言説，不畏群邪異學，諭師子吼〔二〕，衆獸下之〔三〕。『師子吼』，曰美演法也〔四〕。」

〔一〕「師子」，永樂北藏本、清藏本作「獅子」。下同。

〔二〕「諭」，平安本、永樂北藏本、徑山藏本、清藏本、金陵本、關中疏作「喻」。

〔三〕「衆」上，平安本有「不畏」。

〔四〕「曰」，平安本作「因」。

名聞十方，

什曰：「上言『多知多識』者，謂現迹二方〔一〕，化淳一國；物沾其惠，又識其人。今云『名聞十方』者，謂道風遐扇，聞其名也。」〔二〕

肇曰：「行滿天下，稱無不普。」

〔一〕「二」，平安本作「一」。

〔二〕「什曰」一段，永樂北藏本、徑山藏本、清藏本、金陵本無。

衆人不請，友而安之，

什曰：「爲利有二種，若今世、後世。物以利交，故請而後動；聖以慈應，故不祈而往。往必與親，親必爲護，故曰『不請，友而安之』。」〔一〕

肇曰：「真友不待請，譬慈母之赴嬰兒也。」

〔一〕「什曰」一段，永樂北藏本、徑山藏本、清藏本、金陵本無。

紹隆三寶，能使不絶：

肇曰：「繼佛種則三寶隆。」

别本云：「興隆三寶，能使不絶。」〔一〕

什曰：「非直顯明三寶、宣通經法之謂也，謂能積善累功，自致成佛。成佛則有法〔二〕，有法則有僧。不絶之功，事在來劫；今言『不絶』，則必能也〔三〕。又於其中間，自行化人，我既化人，人亦化物，物我俱成，三寶彌隆〔四〕。衆生無盡，故三寶亦不絶也〔五〕。」〔六〕

〔一〕「肇曰」「别本云」兩段，永樂北藏本、徑山藏本、清藏本、金陵本無。

〔二〕「佛」，平安本無。

〔三〕「能」下，平安本有「有」。

〔四〕「隆」，平安本、關中疏作「興」。

〔五〕「三」，平安本無。

〔六〕「什曰」一段注文，關中疏歸於「肇曰」。

降伏魔怨，制諸外道：

什曰：「『魔』，四魔。得無生忍，煩惱永斷，故降欲魔；得法身，則更不得身，故降身魔；無身則無死，故降死魔；無三魔，則波旬不得其便，故降天魔也。伏外道，如令舍利弗與外道論議〔一〕，七日七夜〔二〕，然後得勝，斯其類也。」

肇曰：「『魔』，四魔也。『外道』，九十六種道也〔三〕。九十六種外道各有部衆〔四〕，故言『諸』也〔五〕。」

〔一〕「令」，平安本無。「論議」，永樂北藏本、徑山藏本、清藏本、金陵本作「議論」。

〔二〕「日七」，永樂北藏本、徑山藏本、清藏本、金陵本作「晝」。

〔三〕「種」下，關中疏有「外」。「肇曰」至「九十六種道也」，永樂北藏本、徑山藏本、清藏本、金陵本無。

〔四〕「外」，平安本無。

〔五〕案「九十六種外道各有部衆，故言『諸』也」，原在後經「得無所畏」注「肇曰」段末。此處底本有注云：「『外道』等八字與下之『九十六種』等十四字可對見。」後處底本有注云：「『九十六種』等十四字，與上『外道』等八字可對見。」可知「九十六種」等十四字，顯然爲經文「制諸外道」之注，置後處當爲錯簡，故移至此處。又「九十六種」等十四字，永樂北藏本、徑山藏本、清藏本、金陵本無。

悉已清淨〔一〕，永離蓋纏〔二〕；

什曰：「『離蓋纏』有三種：一者，持戒清淨，蓋纏不起；二者，世俗道斷，斷而未盡，當其不起，亦名爲『離』；此中得無生法忍，滅盡離也。」〔三〕

肇曰：「『蓋』，五蓋〔四〕。『纏』，十纏〔五〕，亦有無量纏。身、口、意三業悉淨〔六〕，則蓋纏

不能累也。」〔七〕

〔一〕案關中釋抄卷上：「『悉已清淨』者，外道六行斷結，斷已復生。二乘見修二道斷惑，不了本性寂滅，故皆不名『悉已』。菩薩了本寂滅，故名『悉已』也。」

〔二〕案關中釋抄卷上：「凡起惑等名『蓋纏』，以等覆真理故。」

〔三〕「什曰」一段，永樂北藏本、徑山藏本、清藏本、金陵本無。

〔四〕案關中疏卷上：「『五蓋』者：一、貪欲蓋，二、瞋恚蓋，三、睡眠蓋，四、掉悔蓋，五、疑蓋。初二障戒，睡眠障慧，掉悔障定，疑障解脱及知見。」

〔五〕案關中疏卷上：「『十纏』者，無慚、無愧、慳、嫉、悔、眠、掉舉、惛沉及忿、覆也。」

〔六〕「意」下，關中疏有「淨」。

〔七〕關中疏本條下有僧叡注：「凡夫止結，暫滅還生。二乘難滅，證處由存。大士了虛，情塵俱寂。滅處盡根，生無所寄，法身居然不論，故云也。」

心常安住，無閡解脱；

什曰：「不思議解脱即其類也。於事無閡，故言『無閡』〔一〕，無閡故解脱。或於一事乃至百千，或於一國至恒沙國，於中通達，自在無閡。未能如佛，一切無閡〔二〕。」〔三〕

肇曰：「此解脱七住所得〔四〕。得此解脱，則於諸法通達無閡〔五〕，故心常安住也。」

〔一〕「言」，平安本作「名」。

〔二〕「於事無閡」至「一切無閡」，關中疏作「於物無礙，故名也。」

〔三〕「什曰」一段，永樂北藏本、徑山藏本、清藏本、金陵本無。

〔四〕「住」下，平安本有「於」。

〔五〕「閡」，徑山藏本、金陵本作「礙」。

念定總持，辯才不斷；

肇曰：「『念』，正念。『定』，正定。『總持』，謂持善不失，持惡不生。無所漏忘謂之『持』〔一〕。『持』有二種：有心相應持，不相應持。『辯才』，七辯也〔二〕。此四是大士之要用，故常不斷。」

別本云：「其念不遠斷，乃至辯才成就。」

什曰：「『念』者，無上道念也。『不斷』，不中斷也〔三〕。不斷義，通貫下三法也。菩薩得此四法，深入堅固，逕身不失〔四〕，歷劫愈明，故言『不斷』也〔五〕。」〔六〕

〔一〕「忘」，關中疏作「念」。「持」上，關中疏有「總」。

〔二〕關中疏此下有「大論云：『一、捷疾辯，二、利辯，三、無盡辯，四、不斷（辯），五、隨應辯，六、義辯，七、世間最上辯。』」關中釋抄卷上：「『七辯』者，大論云：『一、捷疾辯，於法無畏故；二、利辯，利根深入故；三、無盡辯，實相無盡故；四、不斷辯，無諸戲論故；五、隨應辯，已斷法愛故；六、義辯，得涅槃利故；七、世間最上辯，說大乘事故。』」

〔三〕「不中」，平安本作「中不」。

〔四〕「逕」，關中疏作「經」。

〔五〕「言」，平安本作「名」。

〔六〕「別本云」「什曰」兩段，永樂北藏本、徑山藏本、清藏本、金陵本無。關中疏本條下有僧叡注：「念不忘則慧逾增，定不捨則心常一，持善不失則强憶識而惡不生，辯不絶則化無閡。備此四門，可以官府萬行，故曰『不斷』也。」

布施、持戒、忍辱、精進、禪定、智慧，及方便力，無不具足；

什曰：「上言道念不斷。道念不斷〔一〕，然後具行六度〔二〕；六度具足，自事已畢；自事已畢，則方便度人。度人之廣，莫若神通；神通既具，乃化衆生。如是次第，如後淨國中説也。」

肇曰：「『具足』，謂無相行也。七住已上〔三〕，心智寂滅，以心無爲，故無德不爲。是以施極於施，而未嘗施；戒極於戒，而未嘗戒。七德殊功而其相不異〔四〕，乃名『具足』〔五〕。『方便』者，即智之别用耳。智以通幽窮微，決定法相，無知而無不知，謂之『智』也。雖達法相而能不證，處有不失無，在無不捨有，冥空存德，彼我兩濟〔六〕，故曰『方便』也。」〔七〕

〔一〕「道念不斷」，永樂北藏本、徑山藏本、清藏本、金陵本無。

〔二〕「具」，平安本作「俱」。

〔三〕「住」，淨名玄論卷二作「地」。「已」，平安本作「以」。

〔四〕案關中釋抄卷上：「『七德』者，七波羅蜜也。治七蔽垢，故一一功殊。如施治慳等，無相不異，故言『其相不異』。」

〔五〕案維摩經義疏卷一：「如肇公云：『法身大士得無生忍，以心無爲，德無不爲。故施極於施，而未嘗施；戒極於戒，而未嘗戒。以施極於施，故不證無爲；而未嘗施，不滯於有。不證於無，名曰漚和；不滯於有，稱爲般若。故於一一門皆備二慧，名爲具足。』」

〔六〕「彼我」，原作「彼彼」，據關中疏改。

〔七〕「肇曰」一段，永樂北藏本、徑山藏本、清藏本、金陵本無。

逮無所得，不起法忍〔一〕。

什曰：「有識已來〔二〕，未嘗見法〔三〕，於今始得〔四〕。能信能受，忍不恐怖，安住不動，故名爲『忍』。」

肇曰：「『忍』，即無生慧也。以能堪受實相，故以『忍』爲名。得此忍，則於法無取無得，心相永滅，故曰『無所得，不起法忍』也。」〔五〕

〔一〕案關中釋抄卷上：「『逮無所得』者，逮，及也。謂及至第八地，以無所得，名無生忍。『不起』，即無生也。」

〔二〕「已」，永樂北藏本、徑山藏本、清藏本、金陵本作「以」。

〔三〕「嘗」，平安本作「曾」。

〔四〕「得」，平安本作「見」。

〔五〕「肇曰」一段，永樂北藏本、徑山藏本、清藏本、金陵本無。

已能隨順，轉不退輪；

肇曰：「無生之道，無有得而失者，『不退』也。流演圓通，無繫于一人，『輪』也〔一〕。諸佛既轉此輪，諸大士亦能隨順而轉之〔二〕。」

別本云：「轉不退轉法輪〔三〕。」

什曰：「『法輪』，無生忍也。以輪授物，物得此輪，故名『轉』。受者得而不失〔四〕，名『不退轉』。自乘轉進，亦名爲『轉』也。」〔五〕

〔一〕「輪」上，關中疏有「名」。

〔二〕「順而轉之」，關中疏作「轉也」。

〔三〕案關中釋抄卷上：「『不退轉法輪』者，小乘但名法輪，有生滅故；大乘名不退轉法輪，理無生滅故。轉者，説也。」

〔四〕「受」，原作「授」，據平安本改。

〔五〕「別本云」「什曰」兩段，永樂北藏本、徑山藏本、清藏本、金陵本無。

善解法相，知衆生根；

肇曰：「諸法殊相無不解，群生異根無不知也〔一〕。」

〔一〕「根」，平安本、永樂北藏本、徑山藏本、清藏本、金陵本作「相」。關中疏此下有「謂由知病識藥，故能隨轉也。」

蓋諸大衆，

什曰：「梵本云〔一〕：『衆不能蓋。』衆不能蓋，明其超出。今言『蓋衆』，其言亦同也。」

〔一〕「梵」，平安本作「胡」。

得無所畏；

什曰：「菩薩自有四無畏，非佛無畏也。恐畏之生，生於不足；無不足，故無畏。能説而不能行，亦所以畏也。今能説能行，故無畏也。能説能行〔一〕，名曰『法』也〔二〕。」

肇曰：「菩薩別有四無畏〔三〕：一、得聞總持〔四〕；二、知衆生根；三、不見有能難己，使己不能答者；四、隨問能答，善決衆疑。有此四德，故能映蓋大衆也〔五〕。」〔六〕

〔一〕「能説能行」，永樂北藏本、徑山藏本、清藏本、金陵本作「唯能説而能行」。

〔二〕「名曰『法』也」，平安本作「名曰『法象』」，永樂北藏本、徑山藏本、清藏本、金陵本作「故名『無畏』也」。

〔三〕「無」下，關中疏有「所」。

〔四〕「聞」下，原有「持」，衍，據關中疏删。

〔五〕案此處原有「九十六種外道各有部衆，故言『諸』也」等十四字，當爲錯簡，今移至前經「制諸外道」注「肇曰」段末。

〔六〕「肇曰」一段，永樂北藏本、徑山藏本、清藏本、金陵本無。

功德智慧，以修其心，相好嚴身，色像第一；

什曰：「明備此德，所以無畏也。」〔一〕

肇曰：「心以智德爲嚴，形以相好爲飾。嚴心所以進道，飾形所以靡俗〔二〕。」

〔一〕「什曰」一段，永樂北藏本、徑山藏本、清藏本、金陵本無。

〔二〕案關中釋抄卷上：「『飾形靡俗』者，靡，偃也。謂三十二相説法生善，如風靡草。書云：『君子之德風也，小人之心草也。』風偃草，化導行也。」

捨諸世間，所有飾好；

什曰：「色相瓔珞，飾好已備，故不假外飾也。」

肇曰：「爲尊形者示嚴相耳〔一〕，豈俗飾之在心哉？」〔二〕

〔一〕「爲」上，關中疏有「亦」。

〔二〕「肇曰」一段，永樂北藏本、徑山藏本、清藏本、金陵本無。

名稱高遠，踰於須彌〔一〕；

肇曰：「名自有高而不遠，遠而不高。前聞十方，取其遠也。今踰須彌，取其高也。

高，謂高勝也。」

〔一〕案關中疏卷上：「凡以名壞行，聖以名化物。」

深信堅固，猶若金剛〔一〕；

肇曰：「七住已上無生，信不可壞也。」

〔一〕案關中疏卷上：「高所以由信固也。」

法寶普照，而雨甘露〔一〕；

肇曰：「法寶光無不照，照癡冥也〔二〕。澤無不潤，潤生死也。喻海有神寶，能放光除冥，亦因光能雨甘露、潤枯槁也。」

〔一〕案關中疏卷上：「此初標二喻況説法應根、普生物善也。」

〔二〕「冥」，關中疏作「暝」。下同。

於衆言音，微妙第一〔一〕；

肇曰：「殊類異音，既善其言，而復超勝。」

〔一〕案關中疏卷上：「出世善言，故稱『第一』。」

深入緣起，斷諸邪見；有無二邊，無復餘習〔一〕；

肇曰：「『深入』，謂智深解也〔二〕。解法從緣起，則邪見無由生。有、無二見，群迷多惑；大士久盡，故無餘習。」

〔一〕案關中疏卷上：「凡夫不了緣生，故執無因邪因。二乘不了緣滅，故滯涅槃，皆非深也。菩薩悟生非生，證滅非滅，使習俱亡，故名『深入』。故經云『無無明亦無無明盡』也。」關中釋抄卷上：「『深入緣起』等者，謂觀智深也。外道邪因無因，故墮邪見。二乘觀十二因緣生滅無常，故但斷正使。菩薩觀因緣不生不滅，無無明亦無無明盡，深入達實相，故無復餘習氣也。」

〔二〕「謂」，關中疏作「爲」。

演法無畏，猶師子吼〔一〕**；**

什曰：「上明一切時無畏，此明説法無畏。上師子吼明德音遠振，此明能説實法〔二〕，衆咸敬順，猶師子吼威懾群獸也。」

〔一〕案關中疏卷上：「前喻破見，後喻破愛。見以迷理，愛以滯事。固其見，則衆惑無由喪；縶其愛，則善牙莫能發。」

〔二〕「實」下，平安本有「相」。

其所講説，乃如雷震；

什曰：「正智流潤，譬如天雨。辯者發響〔一〕，猶如雷震〔二〕。人有慧而不辯，或辯而無慧〔三〕。既云無畏，又言雷震，明其辯慧兼也〔四〕。」〔五〕

肇曰：「法音遠震，開導萌牙〔六〕，猶春雷動於百草也。」

〔一〕「者」，平安本作「音」。

〔二〕「如」，平安本作「若」。

〔三〕「或」下，平安本有「有」。

〔四〕「辯慧」，平安本無。

〔五〕「什曰」一段，永樂北藏本、徑山藏本、清藏本、金陵本無。

〔六〕「萌牙」，貞享本作「群萌」。「牙」，永樂北藏本、徑山藏本、清藏本、金陵本作「芽」。

無有量，已過量〔一〕；

肇曰：「既得法身，入無爲境，心不可以智求，形不可以像取，故曰『無量』。六住已下〔二〕，名『有量』也。」

〔一〕案關中疏卷上：「然智依理發，德與智冥，理智無邊，德何可量？」

〔二〕「已」，平安本作「以」。

集衆法寶，如海導師〔一〕；

肇曰：「引導衆生入大乘海〔二〕，採取法寶使必獲無難〔三〕。猶海師善導商人，必獲夜光也。」

〔一〕案關中疏卷上：「六師邪導，不獲真果。八正利物，必至涅槃，故借喻焉。」

〔二〕「引」，平安本無。「生」，維摩經義疏卷一作「人」。

〔三〕「取」，平安本作「衆」。

了達諸法深妙之義〔一〕，

肇曰：「如實義也〔二〕。」

〔一〕案關中疏卷上：「此下二釋能導所以，以具權智故也。智達深義，能住菩提。」

〔二〕「如」上，平安本有「深妙」。

善知衆生往來所趣及心所行〔一〕；

肇曰：「六趣往來，心行美惡，悉善知也。」

〔一〕案關中疏卷上：「權悟衆生往來如幻，所以悲利有情，而物不能累，大士之德，其在兹焉。」

近無等等佛自在慧〔一〕，十力、無畏、十八不共；

什曰：「諸佛智慧無與等者〔二〕，而此佛與等。復次，實相法無有等比，唯佛與等。菩薩隣而未得，故言『近』也。」

肇曰：「佛道超絶無與等者，唯佛佛自等〔三〕，故言『無等等』。所以辯其等者，明第一大道，理無不極，平若虚空，豈昇降之有也〔四〕？『自在慧』者，十力〔五〕、四無所畏〔六〕、十八不共即其事也〔七〕。大士雖未全具佛慧，且以近矣。」〔八〕

〔一〕案關中釋抄卷上：「『近無等等』者，無等等佛也。今大士自在智慧，能近也。」

〔二〕「與」，永樂北藏本、徑山藏本、清藏本、金陵本作「有」。

〔三〕「佛佛」，關中疏作「佛」。

〔四〕「昇」，原作「外」，據平安本、關中疏改。

〔五〕案關中釋抄卷上：「『十力』者，如來十種智力也。一、是處非是處智力，此知因果決定智，謂因果道理相當名是處，不相當名無是處也。二、業力，知三界六道業差別業智也。三、定力，謂知諸禪定得自在故。四、根力，知諸衆生上中下根。五、欲力，知諸衆生樂欲不同。六、性力，亦云界力，謂知種種性差別也。七、至道處力，道因處果謂知行因得果也。八、宿命力，知宿生受命差別也。九、天眼力，知生死因果故。十、漏盡力，知無漏法故。」

〔六〕「所」，平安本無。　案關中釋抄卷上：「『無所畏』者，四無所畏也。一、一切智無畏，自言具一切智。二、漏盡無畏，自言諸煩惱漏盡。三、障道無畏，自言我識煩惱貪欲能障聖道。四、出苦道無畏，自言我知無漏道能出生死。說此四法，於大衆中心無怯懼，故無畏。」

〔七〕案關中釋抄卷上：「『十八不共法』：一、身無失，二、口無失，三、意無失，四、無不定心，五、無異相，六、無不知已捨，七、欲無減，八、念無減，九、精進無減，十、智慧無減，十一、解脱無減，十二、解脱知見無減，十三、身業隨智慧，十四、業智慧，十五、意業隨智慧，十六、智慧知過去，十七、智慧知未來，十八、智慧知現在。此中初六是斷身、口、意永離過失，常住定心，怨親平等，知而復捨也。次六是德，謂欲、念、進、智、解脱、解脱知見圓滿無闕減也。後六是智慧，謂三業三世常住正智無忘失也。總言不共者，佛住此法不與凡夫、二乘共也。」

〔八〕「肇曰」一段，永樂北藏本、徑山藏本、清藏本、金陵本無。

關閉一切諸惡趣門，而生五道以現其身〔一〕；

肇曰：「法身無生而無不生，無生故惡趣門閉，無不生故現身五道也〔二〕。」

〔一〕案關中疏卷上：「此初證無相，故諸趣自閉；不捨大悲，而現生五道。『五道』者，三趣、人、天也。」

〔二〕「身」，關中疏作「生」。

爲大醫王，善療衆病，應病與藥，令得服行〔一〕。

肇曰：「法藥善療，諭醫王也〔二〕。」

〔一〕案關中疏卷上：「二明所以應生，非己業繫，但爲利他，作醫王耳。」

〔二〕「諭」，永樂北藏本、徑山藏本、清藏本、金陵本、關中疏作「喻」。

無量功德皆成就〔一〕，

肇曰：「無德不備也。」

〔一〕案關中疏卷上：「正報滿也。」

無量佛土皆嚴淨〔一〕，

肇曰：「群生無量，所好不同，故修無量淨土，以應彼殊好也。」

〔一〕案關中疏卷上：「依報滿也。」

其見聞者無不蒙益〔一〕，

肇曰：「法身無形聲，應物故形聲耳。豈有見聞而無益哉？」〔二〕

〔一〕案關中疏卷上：「利物德滿。」

〔二〕關中疏本條下有僧叡注：「法身無身，無身故感而後應，感而後應則無應而不會，故使其見聞者無不蒙益。」

諸有所作亦不虛捐〔一〕。

肇曰：「功不可虛設〔二〕。」

別本云：「所作不虛〔三〕。」

什曰：「所作必成，兼以度人，故不虛也。」〔四〕

〔一〕案關中疏卷上：「自行德滿。」

〔二〕「可」，平安本無。

〔三〕「虛」，平安本作「唐」。下同。

〔四〕「別本云」「什曰」兩段，永樂北藏本、徑山藏本、清藏本、金陵本無。　關中疏本條下有僧叡注：「法身無爲，爲不由己。爲不由己，則動無非時。動無非時，故能諸有所作亦不唐捐。」

如是一切功德皆悉具足。其名曰等觀菩薩、不等觀菩薩〔一〕**、等不等觀菩薩**〔二〕**、**

什曰：「『等觀』，四等觀衆生也。『不等』，智慧分別諸法也。『等不等』者，兼此二也。」〔三〕

〔一〕案關中疏卷上：「智慧分別諸法也。」

〔二〕案關中疏卷上：「兼此二也。」

〔三〕關中疏本條下有僧叡注：「此諸菩薩，或以功行爲名，亦有因相得稱，非唯一途，亦如今人字耳。宜爲可望文消息，無定義也。」

定自在王菩薩、

什曰：「於諸定中得自在也〔一〕。」〔二〕

〔一〕「得」，平安本無。

〔二〕案從「定自在王菩薩」至後經「文殊師利法王子菩薩」，「什曰」一段，永樂北藏本、徑山藏本、清藏本、金陵本皆無。

法自在王菩薩、

什曰：「説諸法中得自在也〔一〕。」

〔一〕「得」，平安本無。

法相菩薩、

什曰：「功德法相現於身也〔一〕。」

〔一〕「於」，平安本作「在」。

光相菩薩、

什曰：「光明之相現於身也。」

光嚴菩薩、

什曰：「光明莊嚴也〔一〕。」

〔一〕「嚴」下，平安本、關中疏有「身」。

大嚴菩薩、

什曰：「明其身相大莊嚴也。」

寶積菩薩、

什曰：「積聚智慧寶也。」

辯積菩薩、

什曰：「積聚四辯。」

寶手菩薩、

什曰：「手中能出無量珍寶也〔一〕。」

〔一〕「珍」，平安本無。

寶印手菩薩、

什曰：「『印』者，相也，手有出寶之相。亦曰手中有寶印也〔一〕。」

〔一〕「手中有寶」，平安本作「有寶手中」。

常舉手菩薩、

什曰：「現以大慈之手〔一〕，撫慰衆生，令不恐畏。是以常舉手向人，唱言勿怖也。」

〔一〕「以」，平安本、關中疏作「已」。

常下手菩薩、

什曰：「常垂下其手〔一〕，現慈心屈下，無傷物之像也。」

〔一〕「常」上，關中疏有「現」。

常慘菩薩、

什曰：「悲念衆生也。」

喜根菩薩、

什曰：「『喜根』，喜等也。亦於實相法中，生喜及隨喜也。」

喜王菩薩、

什曰：「『喜』有二種：一、不浄，二、清浄。清浄喜，故言『王』也〔一〕。」

〔一〕「一、不浄」至「故言『王』也」，關中疏作「一、不浄，喜受也；二、清浄，法喜，故言『王』也」。

辯音菩薩、

什曰：「辭辯也。」

虚空藏菩薩、

什曰：「實相慧藏，如虚空也。」

執寶炬菩薩、

什曰：「執慧寶炬，除衆闇冥。」

〔一〕「闇冥」，平安本、關中疏作「冥也」。

寶勇菩薩、

什曰：「勇於德寶，亦得寶，故能勇也。」

寶見菩薩、

什曰：「以慧寶見於諸法也〔一〕。」

〔一〕「於」，平安本無。

帝網菩薩、

什曰：「幻術經名『帝網』也。此大士神變自在，猶如幻化，故借『帝網』以名之〔一〕。」

〔一〕關中疏此下有「又曰：大士施化，如帝王法網也」。

明網菩薩、

什曰：「『明網』，自説手有縵網〔一〕，放光明也。」

〔一〕「縵網」，關中疏作「網縵」。

無緣觀菩薩、

什曰：「觀時不取相，無緣；亦深入觀時〔一〕，莫見其所緣也。」

〔一〕「時」，平安本作「入」。

慧積菩薩、

什曰：「積聚慧也。」

寶勝菩薩、

什曰：「功德寶超於世也。」

天王菩薩、

什曰：「一、假名天，二、生天，三、賢聖天〔一〕。言『天王』，則賢聖天也。」

〔一〕「一、假名天」至「三、賢聖天」，關中疏作「一、假名天，人王名天也；二、生天，諸天也；三、賢聖天，大士皆現生也。」關中釋抄卷上：「假名天，大論云：『如國王名天子也。』生天者，諸天也。賢聖天者，證第一義天也。」

壞魔菩薩、

什曰：「行壞魔道也。」

電得菩薩、

什曰：「因事爲名。」

自在王菩薩、

什曰：「於法自在〔一〕，如王之於民也〔二〕。」

〔一〕「於」下，關中疏有「諸」。

〔二〕「民也」，關中疏作「人」。

功德相嚴菩薩、

什曰：「功德之相，莊嚴其身也。」

師子吼菩薩、

什曰：「以大法音，令衆生伏。」

雷音菩薩、

什曰：「所説能令天人歡喜〔一〕，群邪振悚；猶若雷音，聞者喜懼也。」

〔一〕「説」下，平安本、關中疏有「法」。

山相擊音菩薩、

什曰：「以大法音，消伏剛强；音聲震擊〔一〕，若山相搏也〔二〕。」

〔一〕「震」，關中疏作「振」。

〔二〕「若」下，關中疏有「兩」。

香象菩薩、

什曰：「青香象也，身出香風，菩薩身香風亦如此也。」

白香象菩薩、

什曰：「其香最勝，大士身香亦如是也。」

常精進菩薩、

什曰：「始終不退。」

不休息菩薩、

什曰：「不暫廢也。」

妙生菩薩〔一〕、

什曰：「生時有妙瑞也〔二〕。」

〔一〕案關中釋抄卷上：「『妙生』者，亦可從法化生也。」

〔二〕關中疏此下有「又曰：從法化生爲妙」。

華嚴菩薩、

什曰：「以三昧力現衆華〔一〕，遍滿虚空，大莊嚴也。」

〔一〕「現」，平安本作「見」。

觀世音菩薩、

什曰：「世有危難，稱名自歸；菩薩觀其音聲，即得解脱也〔一〕。亦名觀世念，亦名觀自在也〔二〕。」

〔一〕「得」，平安本無。

〔二〕「觀」下，平安本有「世」。

得大勢菩薩、

什曰：「有大勢力也。以大神力，飛到十方，所至之國，六反振動〔一〕，惡趣休息也。」

〔一〕「反」，關中疏作「返」。

梵網菩薩、

什曰：「『梵』，四梵行〔一〕。『網』，言其多也。」

〔一〕案關中疏卷上：「慈、悲、喜、捨。」關中釋抄卷上：「『四梵行』者，思益云『慈、悲、喜、捨』也。」

寶杖菩薩、

什曰：「或物寶，或法寶，以爲杖也。」

無勝菩薩〔一〕、**嚴土菩薩**、

什曰：「浄國土也。」

〔一〕案關中疏卷上：「功德超勝也。」

金髻菩薩、

什曰：「金在髻也。」

珠髻菩薩、

什曰：「如意寶珠在其髻中，悉見十方世界，及衆生行業果報因緣也。」

彌勒菩薩、

什曰：「姓也，『阿逸多』字也〔一〕。南天竺波羅門之子。」

〔一〕「姓也，『阿逸多』字也」，關中疏作「姓也，此云『慈氏』；『阿逸多』字也，此云『無勝』」。

文殊師利法王子菩薩，

什曰：「秦言『妙德』也。數從小至大，故二人在後。復次，二人在此方爲大，餘方爲小，亦應在後也。妙德以法身遊方〔一〕，莫知其所生。又來補佛處，故言『法王子』也。」

〔一〕「方」上，平安本有「十」。

如是等三萬二千人。

肇曰：「歎德列名，所以存人以證經也〔一〕。」〔二〕

〔一〕「以存人」，關中疏作「存名」。

〔二〕「肇曰」一段，永樂北藏本、徑山藏本、清藏本、金陵本無。

復有萬梵天王尸棄等〔一〕，

肇曰：「『尸棄』，梵王名，秦言『頂髻』也。」〔二〕

〔一〕案關中疏卷上：「此梵王衆。」

〔二〕「肇曰」一段，徑山藏本、金陵本置後經「從餘四天下，來詣佛所而聽法」下。

從餘四天下，來詣佛所而聽法。復有萬二千天帝〔一〕，

什曰：「舉其從餘四天下來者，據此四天下以明梵耳。復次，『天』有二種：一者地天，二者虛空天。帝釋處須彌頂，即是地天，又爲地主。舉釋則地天斯攝，舉梵王則虛空天盡攝。復次，帝釋得道迹〔二〕，梵王得不還〔三〕，常來聽法，衆所共知，故經序衆所知識以爲會證也〔四〕。復次，一切衆生宗事梵天，所宗尚來，則知餘人必至矣〔五〕。」〔六〕

〔一〕案關中疏卷上：「此帝釋衆，忉利天主也。」

〔二〕「釋」，平安本無。

〔三〕「王」，平安本作「天」。　「還」下，平安本、永樂北藏本、徑山藏本、清藏本、金陵本有「果」。

〔四〕「經序」，永樂北藏本、徑山藏本、清藏本、金陵本作「序經」。　「識」，平安本無。

〔五〕「人」，平安本無。

〔六〕「什曰」一段，徑山藏本、金陵本置後經「亦從餘四天下，來在會坐」下「肇曰」一段末。

亦從餘四天下，來在會坐。

肇曰：「一佛土有百億四天下，一四天下各有釋、梵，故言『餘』。亦或從他方佛土來〔一〕。」

〔一〕「方」，平安本無。

并餘大威力諸天〔一〕、

肇曰：「除上梵、釋，餘大天也。」

〔一〕案關中疏卷上：「此諸天衆。」關中釋抄卷上：「『大威力諸天』者：一、欲界六天：一、四天王天，在須彌半腹住；二、忉利，此云三十三天，在須彌頂；三、夜摩，此云妙善；四、兜率，此云妙足，亦云知足；五、須涅密陀，此云化樂，自化宮殿而遊樂也；六、波捨跋提，此云他化，自在他化宮而遊也。二、色界有十八天：一、初禪三天：梵衆、梵輔、大梵；二、二禪三天：少光、無量光、極光；三、三禪三天：少淨、無量淨、遍淨；四、四禪九天：一、無雲天，二、福生，三、廣果，四、無相天，五、無煩，六、無熱，七、善見，八、善現，九、色究竟。無色界有四天：一、空處，二、識處，三、無所有處，四、非想非非想處。」

龍〔一〕、

什曰：「『龍』有二種：一、地龍，二、虚空龍〔二〕。」

肇曰：「『龍』有二種：地龍、虛空龍。種有四生。」〔三〕

〔一〕案關中疏卷上：「此下八部衆也。」

〔二〕平安本此下有「二種，種有四生也」。

〔三〕「肇曰」一段，永樂北藏本、徑山藏本、清藏本、金陵本無。

神、

什曰：「神受善惡雜報，似人天而非人天也。」

肇曰：「神受善惡雜報，其形勝人劣天〔一〕，身輕微難見也。」〔二〕

〔一〕「其」，原作「見」，據關中疏改。

〔二〕「肇曰」一段，永樂北藏本、徑山藏本、清藏本、金陵本無。

夜叉、

什曰：「秦言『貴人』，亦言『輕捷』。有三種：一在地，二在虛空，三天夜叉也。地夜叉，但以財施，故不能飛。空〔一〕、天夜叉，以車馬施，故能飛行。佛轉法輪時，地夜叉唱，空夜叉聞〔二〕；空夜叉唱，四天王聞，如是乃至梵天也。」

肇曰：「『夜叉』，秦言『輕捷』。有三種〔三〕：一在地，二在虛空，三在天〔四〕。天夜叉居下二天〔五〕，守天城池門閣。」〔六〕

〔一〕「空」上，平安本有「虛」。

〔二〕「空」下，平安本有「中」。下同。

〔三〕「有」，平安本無。

〔四〕「在」，原無，據平安本補。

〔五〕「天」，原無，據北宋智圓維摩經略疏垂裕記卷二補。

〔六〕「肇曰」一段，永樂北藏本、徑山藏本、清藏本、金陵本無。

乾闥婆〔一〕、

什曰：「天樂神也。處地上寶山中，天欲作樂時，此神體上有相出，然後上天也。」

肇曰：「天樂神也。居地上寶山中，天須樂時，此神體上有異相現，然後上天也。」〔二〕

〔一〕案關中疏卷上：「此云『香蔭』。」

〔二〕「肇曰」一段，永樂北藏本、徑山藏本、清藏本、金陵本無。

阿修羅、

什曰：「秦言『不飲酒』。不飲酒因緣，出雜寶藏〔一〕。此是惡趣〔二〕，男醜女端正，有大勢力，常與天共鬬也〔三〕。」

肇曰：釋同上也。〔四〕

〔一〕「寶」，平安本無。

〔二〕「惡」，平安本、永樂北藏本、徑山藏本、清藏本、金陵本作「六」。

〔三〕「與天共鬭」，平安本作「共天鬭」。

〔四〕「釋同上也」，平安本、關中疏作「秦言『不飲酒』。此神類男醜女端正，有大威力，能與天共鬭也」。「肇曰」一段，永樂北藏本、徑山藏本、清藏本、金陵本無。

迦樓羅、

什曰：「金翅鳥也〔一〕。」

肇曰：「金翅鳥神。」〔二〕

〔一〕「也」，永樂北藏本、徑山藏本、清藏本、金陵本作「神」。

〔二〕「肇曰」一段，永樂北藏本、徑山藏本、清藏本、金陵本無。

緊那羅、

什曰：「秦言『人非人』，似人而頭上有角〔一〕。人見之言：『人耶？非人耶？』故因以名之。亦天伎神也〔二〕，小不及乾闥婆。」

肇注同上。〔三〕

〔一〕「上」，平安本無。

〔二〕「伎」，平安本作「樂」。

〔三〕「肇注同上」，平安本作「肇曰：『秦言「人非人」，其形似人，頭有一角，稱爲「人非人」。亦天樂神，小不如乾達婆也。』」「頭」，關中疏作「而頭上」；「稱」，作「遂稱」。「肇注」一段，永樂北藏本、徑山藏本、清藏本、金陵本無。

摩睺羅伽等，悉來會坐。

什曰：「是地龍而腹行也〔一〕。」〔二〕

肇曰：「『摩睺羅伽』，大蟒神也。此上八部〔三〕，皆有大神力，能自變形，在座聽法也〔四〕。」

〔一〕「腹」，平安本作「服」。

〔二〕「什曰」一段，永樂北藏本、徑山藏本、清藏本、金陵本無。

〔三〕「此上八部」，平安本作「此上八部神」，關中疏作「此八神」。

〔四〕「座」，關中疏作「坐」。

諸比丘、比丘尼、

肇曰：「『比丘』，義同上。『尼』者，女名也。已上八千比丘，别稱得道者也。」

優婆塞、

肇曰：「義名信士男也。」〔一〕

〔一〕案關中疏卷上：「又曰：五戒爲近事男，八戒爲近住男。」

優婆夷〔一〕，

肇曰：「義名信士女也。」〔二〕

〔一〕案關中疏卷上：「『夷』者，女也。準上可知。」關中釋抄卷上：「四衆者，理合有七衆：一、比丘；二、比丘尼；三、式叉摩那，此云『正學』；四、沙彌，此云『勤策』；五、沙彌尼；六、優婆塞，此有二：一、受五戒，此云『近事』；二、受八戒，此云『近住』；七、優婆夷，夷者女也。餘上同。」

〔二〕「肇曰」一段，徑山藏本、金陵本置後經「俱來會坐」下。

俱來會坐。彼時，佛與無量百千之衆恭敬圍遶而爲說法〔一〕，譬如須彌山王顯于大海，安處衆寶師子之座，蔽於一切諸來大衆〔二〕。

肇曰：「『須彌山』〔三〕，天帝釋所住金剛山也〔四〕。秦言『妙高』〔五〕，處大海之中，水上方高三百三十六萬里。如來處四部之中，威相超絕，光蔽大衆，猶金山之顯溟海也。」

〔一〕案關中疏卷上：「此二明佛現神變，駭物令信，投人夜光，勘不按劍，況乎深妙，未信而傳。凡物易以相從，難以理悟，故神化無方，使受行也。」關中釋抄卷上：「『投人夜光』者，昔隨侯遇傷蛇，附藥，蛇銜夜光珠來報，未知報恩，故隨侯按劍相擬。況大乘深旨，若不現通遣疑生信，孰可傳也？」

〔二〕案關中疏卷上：「昔說小乘法微而相劣，今將說大乘法勝而相勝。」關中釋抄卷上：「『蔽於大衆』者，昔說小乘，以法劣故，但現丈六比丘劣身；今說淨土大乘，以法勝故，故處寶師子座上現巍巍之身，映蔽衆會。復次，昔現劣，表小乘可思議解脫；今現勝，表大乘不可思議解脫。復次，昔教佛現劣故，淨名亦劣身寢疾；今教現勝故，淨名現通坐座掌擎大衆等。」

〔三〕「山」，平安本無。

〔四〕「釋所住」，平安本作「所宅」。

〔五〕「高」下，關中疏有「山」。

爾時，毘耶離城有長者子名曰寶積，

肇曰：「寶積亦法身大士〔一〕，常與淨名俱詣如來，共弘道教。而今獨與里人詣佛者，將生問疾之由，啓兹典之門也。」〔二〕

〔一〕「亦」下，平安本有「復」。

〔二〕「肇曰」一段，徑山藏本、金陵本置後經「各以其蓋共供養佛」下。

與五百長者子俱，持七寶蓋，來詣佛所，頭面禮足，各以其蓋共供養佛〔一〕。

肇曰：「天竺貴勝，行法各别。持七寶蓋，即以供養佛。」

〔一〕案關中疏卷上：「此二明獻蓋現瑞，表説淨土之相也……此初獻蓋，表大慈蔭物。淨土化生，即大慈之事也。」

佛之威神，令諸寶蓋合成一蓋，遍覆三千大千世界〔一〕。

什曰：「現此神變，其旨有二：一者，現神變無量，顯智慧必深；二者，寶積獻其所珍，必獲可珍之果〔二〕。來世所成，必若如此之妙〔三〕，明因小而果大也。」〔四〕

〔一〕案關中疏卷上：「初、合蓋表内慈無緣，絶於彼我；二、外現淨土，表應物差别，淨穢不同……彼我未亡，寶積等蓋殊而慈局執亡性一，諸佛所以蓋合而慈覆三千。」關中釋抄卷下：「『獻蓋、合蓋』者，獻蓋，下能奉上，表因必趣果；合蓋，彼異此一，表在因則是殊，至果則悟一。又蓋者，表慈悲也。

在因有緣，慈即異；在果無緣，慈即一。」

〔二〕「珍」，維摩經義疏卷二作「重」。

〔三〕「如」，平安本無。

〔四〕「什曰」一段，徑山藏本、金陵本置後經「而此世界廣長之相，悉於中現」下「肇曰」一段末。

而此世界廣長之相，悉於中現〔一〕**；**

肇曰：「蓋以不廣〔二〕，而彌八極；土亦不狹，而現蓋中。」

〔一〕案關中釋抄卷上：「『悉於中現』者，於一蓋現三千，表一法性淨土能現十方應緣淨穢之土。」

〔二〕「以」，關中疏作「亦」。

又此三千大千世界，諸須彌山、

什曰：「秦言『妙高山』也〔一〕。凡有十寶山，須彌處其中，餘九圍之也。」〔二〕

〔一〕「秦」上，徑山藏本、金陵本有「須彌山」。「妙」，平安本無。

〔二〕「什曰」一段，徑山藏本、金陵本置後經「川流泉源」下。

雪山、目真隣陀山、摩訶目真隣陀山、香山、寶山、金山、黑山、鐵圍山、大鐵圍山，大海江河、川流泉源，

別本云：「顯彼大海。」

什曰〔一〕：「山金色，海水清淨相映發也〔二〕。緣相顯發金光，亦復如是也。」

〔一〕「什曰」，徑山藏本、金陵本無。

〔二〕「清淨」，平安本作「青」。「相」，原作「水」，據貞享本、永樂北藏本、徑山藏本、清藏本、金陵本改。下同。

及日月星辰，天宮、龍宮、諸尊神宮，悉現於寶蓋中〔一〕；

肇曰：「此佛世界。」

〔一〕案關中疏卷上：「前合蓋，既表法身平等，慈覆不殊。此差別者，亦表應身隨緣，國土不一……此中文三：初、十山表陸居衆生住處，二、大海表水族居處，三、日月等表空居住處。然此三類，等以慈覆，故俱現蓋中。」

又十方諸佛，諸佛説法，亦現於寶蓋中〔一〕。

肇曰：「將顯佛土殊好不同，故通現十方也〔二〕。諸長者子皆久發道心，而未修淨土；欲説來供之情〔三〕，啓發淨土之志，故因其蓋而現之也。」

〔一〕案關中疏卷上：「此即現相十方，明宗旨可見矣。」

〔二〕「通」，平安本、永樂北藏本、清藏本、徑山藏本、金陵本作「遍」。

〔三〕「説」，貞享本作「其以」，永樂北藏本、徑山藏本、清藏本、金陵本作「以」，關中疏作「悦其」。

爾時，一切大衆覩佛神力，歎未曾有，合掌禮佛，瞻仰尊顏，目不暫捨〔一〕。

什曰：「信樂發中，相現於外。」

〔一〕案關中疏卷上：「覩瑞，三業歸信也。」關中釋抄卷上：「歎未曾有，口業；合掌禮佛，身業；目不暫捨，心業。信心發於內，故三業現於外，故注云『現相於外』也。」

長者子寶積，即於佛前，以偈頌曰〔一〕：

什曰：「上以身力供養，今以心口供養；上以財養，今以法養。復次，衆雖見其變，未知變之所由。欲令推宗有在，信樂彌深，故以偈讚也。」

肇曰：「形敬不足以寫心，故復讚之詠之者矣。」〔二〕

〔一〕案關中疏卷上：「稱揚佛德，使物歸信，爲啓問之由。」

〔二〕「肇曰」一段，永樂北藏本、徑山藏本、清藏本、金陵本無。

「目淨修廣如青蓮，

什曰：「面爲身之上，目爲面之標，故歎形之始，始於目也。復次，佛以慈眼等視衆生，重其等故歎之。」〔一〕

肇曰：「五情百骸〔二〕，目最爲長。瞻顔而作，故先讚目也。天竺有青蓮華，其葉修而廣，青白分明，有大人目相，故以爲諭也〔三〕。」

〔一〕「什曰」一段，永樂北藏本、徑山藏本、清藏本、金陵本無。

〔二〕「骸」，平安本、關中疏作「體」。

〔三〕「諭」，平安本、永樂北藏本、徑山藏本、清藏本、金陵本、關中疏作「喻」。

心浄已度諸禪定〔一〕，

什曰：「心浄則目明，故舉心以證目。復次，目爲形最，心爲德本，將歎德故美其心也。度諸禪定，釋所以浄也。」〔二〕

肇曰：「形長者目，主德者心〔三〕，故作者標二爲頌首也。禪定之海，深廣無際，自非如來清浄真心，無能度者。」

〔一〕案關中釋抄卷上：「『心浄已度諸禪定』，梵曰『波羅蜜』，此云『度』，亦云『彼岸』。此歎如來到禪定之際也。」

〔二〕「什曰」一段，永樂北藏本、徑山藏本、清藏本、金陵本無。

〔三〕關中疏此下有「歎目則攝衆相，歎心則攝萬德」。

久積浄業稱無量，

什曰：「浄業無量，故名亦如是。」〔一〕

肇曰：「於無數劫積三浄業，故名『稱無量』。」

〔一〕「什曰」一段，永樂北藏本、徑山藏本、清藏本、金陵本無。

導衆以寂故稽首〔一〕。

什曰：「梵本云『寂道』〔二〕。寂道，即八正也。」〔三〕

肇曰：「『寂』，謂無爲寂滅之道也。」

〔一〕案關中疏卷上：「言與衆同遊八正至寂滅涅槃，故敬禮也。」關中釋抄卷上：「『導衆以寂』者，寂滅，涅槃也。言佛以八正道導引蒼生到於涅槃，不同六師也。」

〔二〕「梵」，平安本作「胡」。

〔三〕「什曰」一段，永樂北藏本、徑山藏本、清藏本、金陵本無。

既見大聖以神變，普現十方無量土，其中諸佛演説法，於是一切悉見聞〔一〕。

肇曰：「既見合蓋之神變，已不可測。方於中現十方國及諸佛演法，於是忍界一切衆會悉遥見聞，更爲希有也〔二〕。」

〔一〕案關中疏卷上：「以見蓋中國土浄穢不同，爲下致問之由也。」

〔二〕「更」，平安本無。

法王法力超群生，常以法財施一切，

肇曰：「俗王以俗力勝民，故能澤及一國；法王以法力超衆，故能道濟無疆〔一〕。」

〔一〕「道」，關中疏作「導」。

能善分别諸法相〔一〕，

肇曰：「諸法殊相，能善分别也。自此下至『業不亡』〔二〕，盡歎法施也。」

〔一〕案關中釋抄卷上：「『善分别』者，無名相中應衆生，故假名相分别也。」

〔二〕「亡」，平安本作「忘」。

於第一義而不動〔一〕，

肇曰：「『第一義』，謂諸法一相義也〔二〕。雖分別諸法殊相，而不乖一相，此美法王莫易之道也。『動』，謂乖矣。」

〔一〕案關中釋抄卷上：「『於第一義而不動』者，外道執見心説，二乘法執心説，皆名動也。如來無見無執，故不動也。」

〔二〕「謂」，關中疏作「爲」。下同。

已於諸法得自在，是故稽首此法王。

肇曰：「世王自在於民，法王自在於法。法無定相，隨應而辨〔一〕。爲好異者，辨異而不乖同；爲好同者，辨同而不乖異〔二〕。同異殊辨，而俱適法相，故得自在也。」

〔一〕「辨」，永樂北藏本、徑山藏本、清藏本、金陵本、關中疏作「辯」。下同。

〔二〕案關中釋抄卷上：「『辯同不乖異』等者，一乘爲同，三乘爲異。應物説三，故同不乖異；會三爲一，故異不乖同。復次，於我、無我而不二，我、無我實性一，故異不乖同；應物説我、無我異，故同不乖異。浄、不浄等例然。」

説法不有亦不無〔一〕，

肇曰：「欲言其有，有不自生；欲言其無，緣會即形〔二〕。會形非謂無，非自非謂有〔三〕。且有有故有無〔四〕，無有何所無〔五〕？有無故有有，無無何所有〔六〕？然則自有則不有〔七〕，自無則不無，此法王之正説也〔八〕。」

〔一〕案關中疏卷上：「此三釋歎所説大乘二空法也。此初明因緣有，故即有非有，爲法空也。不同小乘，捨有證空，此即不亡於空，故名法執也。」

〔二〕「即」，平安本作「則」。案關中釋抄卷上：「『有不自生』等者，若法本有生，應不待緣而有；今待緣而有，明非本有。若法定無性，應緣會之時亦無；緣會既有，明非無性也。若定無者，如龜毛、兔角，緣會亦無也。此因成假破也。」

〔三〕「非自」，徑山藏本、金陵本、維摩經義疏卷二作「非無」，永樂北藏本、清藏本作「謂無」。維摩經義疏卷二此下有「故云『説法不有亦不無』」。

〔四〕案關中釋抄卷上：「『有有故有無』者，有無相待生諸法，正有之時未有無。」

〔五〕「所」，關中疏作「有」。

〔六〕「無無」上，維摩經義疏卷二有「若」。　「所」，關中疏作「有」。

〔七〕「則」，關中釋抄作「即」。下同。

〔八〕案關中釋抄卷上：「既未有無，待誰言有？無亦如是。小乘説有爲法，四相相遷念生滅，即此生滅亦相待生。且生時無滅，待誰説生？滅時無生，待誰説滅？故云『自有即不有，自無即不無』也。」

以因緣故諸法生，

肇曰：「有亦不由緣，無亦不由緣，以法非有無，故由因緣生。論曰：『法從緣故不有，緣起故不無。』〔一〕」〔二〕

〔一〕案後秦僧肇肇論不真空論第二：「中觀云：『物從因緣故不有，緣起故不無。』」

〔二〕案關中釋抄卷上：「『有亦不由緣』者，已有故不須緣。『無亦不由緣』，如兔角故，決定無，何用緣？『論曰』者，大智論也。『從緣故不有』者，藉他緣有，非他有也。『緣起故不無』者，被他緣生起故，豈名定無也？」

無我、無造、無受者〔一〕，

肇曰：「諸法皆從緣生耳，無別有真主宰之者，故無我也。夫以有我，故能造善惡、受禍福；法既無我，故無造、無受者也。」

〔一〕案關中疏卷上：「此下偈明我本不有，即無無我入不二門，不同二乘捨我住無我也。又『我、造、受』三，計我之別名。此明由業遷形，豈有常我主其異形哉？」關中釋抄卷上：「『無我、無造』等者，既被善惡業牽，即我不自在。我不自在，故無我也。」

善惡之業亦不亡。

肇曰：「若無造、無受者，則不應有爲善獲福、爲惡致殃也。然衆生心識相傳，美惡由起，報應之道，連環相襲〔一〕。其猶聲和響順〔二〕，形直影端。此自然之理〔三〕，無差毫分〔四〕，復何假常我而主之哉？」

〔一〕「環」，關中疏作「鎖」。

〔二〕「猶」，平安本作「由」。

〔三〕案關中釋抄卷上：「『自然之理』者，道理必然也。外道自然也，亦云理其然矣。」

〔四〕「毫」，平安本作「豪」。

始在佛樹力降魔〔一〕，

肇曰：「道力之所制，豈魔兵之所能敵〔二〕？自此下至『禮法海』，歎初成如來功德也。」

〔一〕案關中疏卷上：「『始』，言初也。」「『佛樹』者，菩提也。」「如來應跡王宮，割愛踰城，歷試邪道，捨邪坐樹，誓取菩提，魔宮振動。先權色貪，次伏怨敵，外魔既散，方證涅槃。」關中釋抄卷上：「『佛樹』者，菩提也。佛於下成道，名爲佛樹，亦名道樹。西域記云：『摩竭提國迦耶山東有正覺山，山西南十四五里有菩提樹，畢鉢羅樹也。周垣壘石，中有金剛座。昔賢劫初成，大地俱起，據千界之中，下極金剛輪，上侵地際，金剛所成，周百餘步。賢劫千佛坐而入金剛定，故曰金剛座焉。此樹冬夏不凋，唯至佛涅槃日凋落，須生如故。佛涅槃後，諸國王等遂以兩軀觀自在像南北標記。傳聞者舊曰：此像没盡，佛法滅矣。今南隅菩薩没過胸矣。』『力降魔』等者，三義：一、出家，因果經云：『太子十九，踰城出家。』二、習邪壞異，四分律云：『一詣羅閱城同阿藍迦藍修不用處定，知非正道而捨之。二詣摩竭提界鬱頭藍弗修非非想定，知非捨。三至象頭山同彼外道六年苦行，知非亦捨。』故經云『已無心意無受行，而悉摧伏諸外道』也。三、受食成道，因果經云：『今我若復以此羸身而取道者，彼外道當言自餓是涅槃。因我當受食，然後成道。』婆沙云：『菩薩知苦行非真，遂受難陀、跋難陀二女姊妹所奉具十六德香蜜乳糜，食已，身心安隱有力。從吉祥人邊受吉祥草，詣菩提樹下，手自敷設，結跏趺坐。坐已便發堅固誓：「我若不得無上菩提，誓當不起。」爾時，大地六種震動，魔王驚攝，觀動所因，遂見菩薩誓取菩提，使三魔女以惑如來。佛化作三老姥還宫，魔王大怒，遂將欲界鬼兵擊動如來，魔軍敗績。』故經云：『始在佛樹力降魔。』」

〔二〕「所」，平安本無。

得甘露滅〔一〕

什曰：「梵本云〔二〕：『寂滅甘露。』寂滅甘露，即實相法也。」〔三〕

〔一〕案關中疏卷上：「甘露擇滅，結習内魔於兹永盡。」關中釋抄卷上：「『得甘露滅』者，涅槃寂滅也。永息生死，如天甘露。大乘以一念心知一切法，是道場成就一切智故。小乘以三十四心得非想擇滅，爲滅諦涅槃。」

〔二〕「梵」，平安本作「胡」。

〔三〕「什曰」一段，徑山藏本、金陵本置後經「覺道成」下。

覺道成，

肇曰：「大覺之道，寂滅無相。至味和神，諭若甘露。於菩提樹先降外魔〔一〕，然後成甘露寂滅大覺之道，結習内魔於兹永盡矣。」

〔一〕「外魔」，平安本作「伏外道」。

已無心意

什曰：「無別意也。」〔一〕

〔一〕「什曰」一段，永樂北藏本、徑山藏本、清藏本、金陵本無。

無受行〔一〕，

什曰：「無受想行。」〔二〕

肇曰：「『心』者，何也？染有以生〔三〕。『受』者，何也？苦樂是行〔四〕。至人冥真體寂〔五〕，空虚其懷〔六〕，雖復萬法並照〔七〕，而心未嘗有。苦樂是逕，而不爲受。物我永寂，豈心、受之可得？『受』者，三受也，苦受、樂受、不苦不樂受也〔八〕。」〔九〕

〔一〕案關中釋抄卷上：「『無受行』者，彼法但欲摧伏外道，令知邪法無涅槃果，故菩薩不學。即云：『我法亦有涅槃，以菩薩學而不得，故知無也。』所以摧伏。」

〔二〕「什曰」一段，永樂北藏本、徑山藏本、清藏本、金陵本無。

〔三〕案關中釋抄卷上：「凡夫二乘取相，故有心受，有心受即著，著即起行。佛智不取相故無心，無心即不受，不受即不起行也。故注云：『心者染有，染有以生即取相。』」

〔四〕案關中釋抄卷上：「『苦樂是行』者，謂受著苦樂而造心起行也。」

〔五〕案關中釋抄卷上：「『冥真體寂』者，謂境智俱空故無心。」

〔六〕「空虚」，關中疏作「虚空」。案關中釋抄卷上：「『空虚其懷』者，謂不著苦樂故無受也。」

〔七〕「並」，關中疏作「普」。

〔八〕「三受也，苦受、樂受、不苦不樂受」，關中疏作「受著」。

〔九〕關中釋抄本條下有僧叡注：「同外道苦行等，無心受行。」

而悉摧伏諸外道〔一〕。

肇曰：「無心伏於物〔二〕，而物無不伏。」

〔一〕案關中疏卷上：「昔六行修禪及苦行等，菩薩無心受彼邪法，但爲示同調伏耳。」關中釋抄卷上：「以無取著，即諸見永滅。自見既滅，即能摧伏一切外道諸見也。」又維摩經義疏卷二：「『已無心意無受行，而悉摧伏諸外道。』吉藏曾見僧叡義疏述什公意云：此句應在『降魔』之前。初出家時，受學外道，行衆苦行。爾時，無悕道之心、受學之意，欲示難行，能伏諸外道，故言『已無心意無受行』。然後降衆魔、成正覺、轉法輪、現三寶，是爲次第。而在後列者，但成佛已後，正悟既彰，則示前苦行，伏邪義顯也。」

〔二〕「無」上，關中疏有「此」。「伏於物」，平安本作「於伏」。

三轉法輪於大千〔一〕，

肇曰：「始於鹿苑爲拘隣等三轉四諦法輪於大千世界也〔二〕。」

〔一〕案關中疏卷上：「此二明詣鹿野苑轉法輪也。道成，即化物故……『三轉』者，示相轉、勸修轉、引證轉也。謂初示四諦法相也，次勸修行此四諦也，復言我已獲證令信受也。『大千』者，佛一化境也。」關中釋抄卷上：「『三轉法輪』者，一、示相轉，謂示四諦相：此是苦、此是集、此是滅、此是道。二、勸修轉，謂勸令修行也：此是苦，汝須知；此是集，汝須斷；此是滅，汝須證；此是道，汝須修。三、引證轉，謂引己爲證：此是苦，我已知；此是集，我已斷；此是滅，我已證；此是道，我已修。以此名爲『三轉』也。」

〔三〕「鹿」下，平安本有「野」。

其輪本來常清淨，

肇曰：「法輪常淨，猶虚空也。雖復古今不同，時移俗易，聖聖相傳，其道不改矣〔一〕。」〔二〕

〔一〕「其」，永樂北藏本、徑山藏本、清藏本、金陵本無。

〔二〕維摩經義疏卷二本條下有僧叡注：「法輪無漏無相，體無增損，有佛則轉，無佛則廢，用捨在人，而性相不異。」

天人得道此爲證〔一〕，

什曰：「證明佛初轉法輪。」〔二〕

肇曰：「初轉法輪〔三〕，拘隣等五人〔四〕、八萬諸天得道，此常清淨之明證也。」

〔一〕案關中釋抄卷上：「『天人得道』者，大論云：『五人證小乘道，八萬諸天發大乘心。』」

〔二〕「什曰」一段，永樂北藏本、徑山藏本、清藏本、金陵本無。

〔三〕「輪」下，關中疏有「時」。

〔四〕「拘隣」，關中疏作「俱輪」。

三寶於是現世間。

肇曰：「覺道既成，佛寶也；法輪既轉，法寶也；五人出家得道，僧寶也。『於是』，言其始也〔一〕。」

〔一〕關中疏此下有「五人者，憍陳如、摩訶男、阿濕卑、婆提、婆敷也」。

以斯妙法濟群生，一受不退常寂然〔一〕，

肇曰：「九十六種外道〔二〕，上者亦能斷結〔三〕，生無色天〔四〕，但其道不真，要還墮三塗〔五〕。佛以四諦妙法，濟三乘衆生，無有既受還墮生死者，故曰『一受不退』。永畢無爲，故常寂然矣〔六〕。」

〔一〕案關中疏卷上：「明斷見、修惑得涅槃益也。」

〔二〕「外」，平安本無。

〔三〕案關中釋抄卷上：「『外道上者，亦能斷結』者，即厭下苦麁障，忻上静妙，離六行斷惑，如鬱頭藍等也」。

〔四〕「色」下，關中疏有「界」。

〔五〕「墮」，徑山藏本、金陵本、關中疏作「墜」。下同。「塗」，永樂北藏本、徑山藏本、清藏本、金陵本、關中疏作「途」。

〔六〕「然」，平安本作「滅」。

度老病死大醫王，

肇曰：「生老病死，患之重者，濟以法藥，故爲醫王之長也。」

當禮法海德無邊。

肇曰：「法輪淵廣難測〔一〕，法海流潤無涯，故德無邊矣。」

〔一〕「法」上，關中疏有「此則」。

毁譽不動如須彌，

肇曰：「利、衰、毁、譽、稱、譏、苦、樂，八法之風不動如來，猶四風之吹須彌也。」

於善不善等以慈〔一〕，

肇曰：「截手不慼，捧足不欣〔二〕。善惡自彼，慈覆不二。」

〔一〕案關中疏卷上：「又順法、違法及不違順，心平等也。」關中釋抄卷上：「『等以慈』者，大悲三念也。有二種：一、色三念，謂刀割、塗香、不塗不割，心無二也。二、心三念，謂順法不喜、違法不憂、不違不順，心無二也。」

〔二〕「足」，原作「手」，據平安本、關中疏、維摩經義疏卷二改。「欣」，關中疏作「忻」。

心行平等如虚空，

肇曰：「夫有心則有封，有封則不普。以聖心無心〔一〕，故平等若虚空也〔二〕。」

〔一〕「無」，平安本作「不」。

〔二〕「等」，原無，據永樂北藏本、徑山藏本、清藏本、金陵本補。「若」，永樂北藏本、徑山藏本、清藏本、金陵本無。

孰聞人寶不敬承？

肇曰：「在天爲天寶，在人爲人寶。寶於天人者，豈天人之所能？故物莫不敬承也〔一〕。」

〔一〕「承」，平安本無。

今奉世尊此微蓋〔一〕，

什曰：「自欣所獻小，而覩大變也〔二〕。」〔三〕

肇曰：「『微』，是小也〔四〕。」〔五〕

〔一〕案關中疏卷上：「『奉微蓋』等，獻蓋也。」

〔二〕「大變」，永樂北藏本、徑山藏本、清藏本、金陵本作「變大」。

〔三〕「什曰」一段，徑山藏本、金陵本置後經「十力哀現是化變」下。

〔四〕「是」，平安本、關中疏作「微」。

〔五〕「肇曰」一段，永樂北藏本、徑山藏本、清藏本、金陵本無。

於中現我三千界〔一〕，諸天龍神所居宮，乾闥婆等及夜叉，悉見世間諸所有，十力哀現是化變，

肇曰：「所奉至微，所見至廣，此是如來哀愍之所現也。『十力』，是如來之別稱耳。十力備故〔二〕，即以爲名。自十號之外，諸有異稱類耳。」

〔一〕案關中疏卷上：「『於中現』等，合蓋也。」

〔二〕「備」下，平安本有「足是」。

衆覩希有皆歎佛〔一〕，今我稽首三界尊。

肇曰：「覩蓋中之瑞也〔二〕。」

〔一〕案關中疏卷上：「『衆覩』等，衆歎也。」

〔二〕「覩」上，平安本有「覩」。「瑞」，平安本作「所現」。

大聖法王衆所歸，浄心觀佛靡不欣〔一〕，各見世尊在其前，

肇曰：「法身圓應，猶一月升天，影現百水也。」

〔一〕案關中釋抄卷上：「『浄心觀佛』者，浄信也。」

斯則神力不共法〔一〕。

肇曰：「不與二乘共也。」

〔一〕案關中疏卷上：「歎佛三密利物功德，此初身密也。法王慈惠，衆庶懷歸，浄信有殊，佛亦隨應。」關中釋抄卷上：「『三密』者，謂三業神用難思，如來密示，非心所測，故云祕密也。」

佛以一音演説法，衆生隨類各得解，皆謂世尊同其語，斯則神力不共法〔一〕。

肇曰：「密口一音，殊類異解。」

〔一〕案關中疏卷上：「此下六行歎口密四辯。此初二行，法、詞二辯也。『隨類各解』，諸法名字不同，此法辯也。『皆謂世尊同其言音』，此詞辯也。佛得一切衆生語言陀羅尼，無言之言，不與二乘共也。」

佛以一音演説法，衆生各各隨所解，普得受行獲其利，斯則神力不共法〔一〕。

肇曰：「佛以一音説一法，衆生各隨所好而受解。好施者聞施，好戒者聞戒，各異受異行〔二〕，獲其異利〔三〕。上一音異適，此一法異受也〔四〕。」

〔一〕案關中疏卷上：「此兩行歎義辯也。凡夫示以因果善惡之義，二乘示以無常寂滅等義，大乘示以不生不滅實相之義。」關中釋抄卷上：「『獲其利』者，謂言必有理名義。言有義則物解，依解則起修行，修行則獲道利也。」

〔二〕「異行」，平安本作「行」。

〔三〕案關中釋抄卷上：「『異受』等者，謂三乘教必隨根，故異受、異利也。」

〔四〕「受」，原作「適」，據永樂北藏本、徑山藏本、清藏本、金陵本改。 關中疏此下有「或人天樂異，或二乘涅槃，或究竟菩提。一雨所潤，三草不同，豈二乘共也」。

佛以一音演説法，或有恐畏或歡喜，或生厭離或斷疑，斯則神力不共法〔一〕。

肇曰：「衆生聞苦報則恐畏，聞妙果則歡喜，聞不淨則厭離，聞法相則斷疑。不知一音何演，而令歡畏異生〔二〕，此豈二乘所能共也？」〔三〕

〔一〕案關中疏卷上：「此三行樂説辯也。」關中釋抄卷上：「『或有恐畏』者，説世界悉檀三界火宅故恐畏，説爲人悉檀生善故歡喜，説對治悉檀斷惡故厭離，説第一義悉檀證真故斷疑。復次，説苦諦故恐畏，説滅諦故歡喜，説集諦故厭離，説道諦故斷疑。」

〔二〕「歡」，平安本作「喜」。

〔三〕維摩經義疏卷二本條下有僧叡注：「如説一苦法，生四種心：有人聞苦，生怖畏；有人聞苦，識苦爲苦，則生歡喜；有人聞苦，厭患生死；有人聞苦，知實是苦，斷疑網心。」

稽首十力大精進〔一〕，

肇曰：「此下一一稱德而致敬也。」

〔一〕案關中疏卷上：「此下七行歎心密。文三。初兩行歎智德，此兩行明斷德，後三行明恩德也。」關中釋抄卷上：「『稽首』者，鄭玄云：『稽，至也。』謂屈身至手而表敬也。『十力』者，如來十種智力也：一、是處非是處智力，此知因果決定智，謂因果道理相當名是處，不相當名無是處也；二、業力，知三界六道業差別業智也；三、定力，謂知諸禪定得自在故；四、根力，知諸衆生上中下根；五、欲力，知諸衆生樂欲不同；六、性力，亦云界力，謂知種種性差別也；七、至道處力，道因處果謂知行因得果也；八、宿命力，知宿生受命差別也；九、天眼力，知生死因果故；十、漏盡力，知無漏法故通名力。大論云『遍知究竟名力』，成論『了知無礙爲力』，雜心『不伏不屈、無勝無動爲力』也。」

稽首已得無所畏〔一〕，

肇曰：「四無畏也。」

〔一〕案關中疏卷上：「智與理冥，相如心寂，不可以慮知辯，不可以名數定。言『十力』『無畏』等者，蓋示物方便耳。智不可屈，力也；不懼外難，無畏也。」關中釋抄卷上：「『無所畏』者，四無所畏也：一、一切智無畏，自言具一切智；二、漏盡無畏，自言諸煩惱漏盡；三、障道無畏，自言我識煩惱、貪欲能障聖道；四、出苦道無畏，自言我知無漏道能出生死。說此四法，於大衆中心無怯懼，故無畏。」

稽首住於不共法〔一〕，

肇曰：「十八不共法也〔二〕。」

〔一〕案關中疏卷上：「二乘所無，『不共』也。名數如別。」關中釋抄卷上：「十八不共法：一、身無失，二、口無失，三、意無失，四、無不定心，五、無異想，六、無不知已捨，七、欲無減，八、念無減，九、精進無減，十、智慧無減，十一、解脱無減，十二、解脱知見無減，十三、身業隨智慧，十四、口業隨智慧，十五、意業隨智慧，十六、智慧知過去，十七、智慧知未來，十八、智慧知現在。此中初六是斷，身、口、意永離過失，常住定心，怨親平等，知而復捨也。次六是德，謂欲、念、進、智、解脱、解脱知見圓滿無闕減也。後六是智慧，謂三業三世常住正智，無忘失也。總言『不共』者，佛住此法，不與凡夫、二乘共也。」

〔二〕「法」，平安本無。

稽首一切大導師，稽首能斷衆結縛〔一〕，稽首已到於彼岸，

肇曰：「彼岸，涅槃岸也。彼涅槃豈崖岸之有〔二〕？以我異於彼，故借崖謂之耳〔三〕。」

〔一〕案關中疏卷上：「『結』，謂九結。愛、恚、慢、無明、疑，此五鈍使。見結，身、邊、邪三見也；取結，戒、取見也；此二結，五利使也。慳結，嫉結，十纏中二纏也。『縛』者，四縛：貪欲縛、瞋恚縛、戒取縛、見取縛，亦云貪、瞋、癡三縛。又一念取相，頓迷真理，萬惑從起，皆名結、縛。即一切煩惱皆名爲結，皆名爲縛也。」

〔二〕「崖岸」，平安本作「岸崖」。

〔三〕「崖」，原作「我」，據平安本改。又永樂北藏本、徑山藏本、清藏本、金陵本無。

稽首能度諸世間，稽首永離生死道〔一〕。悉知衆生來去相〔二〕，

肇曰：「衆生形往來於六趣〔三〕，心馳騁於是非，悉知之也。」

〔一〕案關中疏卷上：「即能度諸世間，離生死也。」

〔二〕案關中疏卷上：「此行知生去來，於法無著。」

〔三〕「形」，關中疏作「行」。

善於諸法得解脱〔一〕，

肇曰：「我染諸法，故諸法縛我；我心無染，則萬縛斯解。」

〔一〕案關中疏卷上：「於法無著。」

不著世間如蓮華，常善入於空寂行〔一〕，

肇曰：「出入自在，而不乖寂，故常善入。」

〔一〕案關中疏卷上：「此行知世如幻而大悲不捨。」

達諸法相無罣礙〔一〕，

肇曰：「萬法幽深，誰識其涘〔二〕？唯佛無礙〔三〕，故獨稱『達』。」

〔一〕案關中疏卷上：「此行明解諸法而不取著。」

〔二〕案徑山藏本卷一末音釋：「涘，水岸涯也。」金陵本卷一末音釋：「涘，水厓也。」

〔三〕「礙」，關中疏作「閡」。

稽首如空無所依。」

肇曰：「聖心無寄，猶空無依也。」〔一〕

〔一〕案徑山藏本於此分卷，下作「卷第二」，標目「佛國品第一之餘」。

爾時，長者子寶積説此偈已，白佛言：「世尊。是五百長者子，皆已發阿耨多羅三藐三菩提心〔一〕，願聞得佛國土清淨〔二〕，

肇曰：「『阿耨多羅』，秦言『無上』；『三藐三菩提』，秦言『正遍知』。道莫之大〔三〕，無上也；其道真正，無法不知，正遍知也。諸長者子久已發無上心，而未修淨土，所以寶積俱詣，如來現蓋，皆啓其萌也。既於蓋中見諸佛淨土殊好不同〔四〕，志在崇習，故願聞佛所得淨土殊好之事。」

〔一〕案關中疏卷上：「前既合蓋駭心，讚揚信發；故此當根啓悟，證果獲益。」

〔二〕案關中疏卷上：「佛昔説小乘，以丈六一身爲真身，以丘陵一國爲真土。今將返小歸大故，於諸方等經明佛身應物無量，悟丈六之非真；於此經合蓋見諸佛國殊，亦了丘陵之非實，故因現蓋有此問焉。又衆生業異，身殊處别；諸佛道一，身土合同。現蓋既國土有殊，故願聞其所以。」

〔三〕「大」，永樂北藏本、徑山藏本、清藏本、金陵本作「上」。

〔四〕「中」，平安本無。

唯願世尊説諸菩薩浄土之行。」

肇曰：「土之所以浄，豈校飾之所能〔一〕？浄之必由行，故請説行也。凡行必在學地〔二〕，故菩薩此問，乃是如來現蓋之微旨，寶積俱詣之本意也〔三〕。」

别本云：「佛國清浄之行。」

什曰：「梵本云〔四〕：『清浄之相。』下言『衆生是佛土』，則是其相兆於今，故事應於後〔五〕。」〔六〕

〔一〕「校」，原作「技」，據平安本、永樂北藏本、徑山藏本、清藏本、金陵本、關中疏改。

〔二〕「地」，平安本無。

〔三〕「俱」，關中疏作「得」。

〔四〕「梵」，平安本作「胡」。

〔五〕「於」，平安本作「在」。

〔六〕「别本云」「什曰」兩段，永樂北藏本、徑山藏本、清藏本、金陵本無。

佛言：「善哉！寶積。乃能爲諸菩薩問於如來浄土之行。諦聽諦聽，善思念之〔一〕，當爲汝説。」於是，寶積及五百長者子受教而聽。佛言：「寶積。衆生之類是菩薩佛土〔二〕。

什曰：「寶積問淨土之相〔三〕，故以淨相答之。淨相，即淨土因緣。淨土因緣有三事：一、菩薩功德，二、衆生，三、衆生功德。三因既淨，則得淨土。今言『衆生則是』者，因中説果〔四〕。下釋義中具三因緣也〔五〕。」

肇曰：「夫至人空洞無象〔六〕，應物故形，形無常體，況國土之有恒乎〔七〕？夫以群生萬端，業行不同，殊化異被，致令報應不一〔八〕。是以淨者應之以寶玉，穢者應之以沙礫〔九〕。美惡自彼〔一〇〕，於我無定〔一一〕。無定之土，乃曰真土〔一二〕。然則土之淨穢繫于衆生，故曰『衆生之類是菩薩佛土』也。或謂土之淨穢繫于衆生者，則是衆生報應之土，非如來土，此蓋未喻報應之殊方耳。嘗試論之〔一三〕，夫如來所修淨土，以無方爲體〔一四〕，故令雜行衆生同視異見，異見故淨穢所以生，無方故真土所以形。若夫取其淨穢，衆生之報也；本其無方，佛土之真也。豈曰殊域異處，凡聖二土，然後辨其淨穢哉？」

生曰：「淨土行者，行致淨土，非造之也。造於土者，衆生類矣。容以濫造，不得不先明造本，以表致義，然後説行。」〔一五〕

〔一〕案關中疏卷上：「『諦聽』者，聞慧也；『善思』者，思慧也；『念之』者，修慧也。」

〔二〕案關中疏卷上：「經云：『雖知諸佛國土永寂如空，而現種種清淨佛土。』又云：『諸佛如來功德平等，爲教化衆生故，現佛土不同。』明鏡無像，即以所照面爲像；亦法身無處，即以化衆生處爲國土。是以所化衆生之類，是如來應物之國土。」

〔三〕「土」，平安本作「國」。

〔四〕「因」上，平安本有「是」。

〔五〕「緣」，平安本無。

〔六〕「象」，平安本、關中疏、關中釋抄作「像」。　案關中釋抄卷上：「『空洞無像』者，法身空洞無形像也。」

〔七〕案關中釋抄卷上：「『形無常體』者，或現丈六、或現千尺，長壽、短壽。應物無常，空也。應身既大小無常體，應物土亦浄穢無恒處。」

〔八〕「致」，平安本作「至」。

〔九〕「沙礫」，平安本、關中疏作「石沙」。

〔一〇〕案關中釋抄卷上：「『美惡自彼』等者，衆生住異見，國土美惡；如來住正智，浄穢常平等。」

〔一一〕案關中釋抄卷上：「『於我無定』者，應浄即浄，應穢即穢，故云『不定』。」

〔一二〕案關中釋抄卷上：「不定浄穢，即浄穢無性。浄穢無性，即平等真土也。」

〔一三〕「論」，平安本、關中疏作「言」。

〔一四〕案關中釋抄卷上：「『無方爲體』者，浄穢性空，無方所也。」

〔一五〕「什曰」「生曰」兩段，永樂北藏本、徑山藏本、清藏本、金陵本無。

所以者何？菩薩隨所化衆生而取佛土〔一〕，

什曰：「自此以下二章，列三因釋則是之義。梵本云：『隨化幾所衆生。』似是隨化人多少，故國有大小也。義者云：隨以何法化衆生？若施、若戒等，各隨彼所行來生其國。亦隨三因深淺，以成嚴淨之異〔二〕。若因持戒，則其地平正；若因行施，則七珍具足。略舉二法，餘皆類此。」

肇曰：「此下釋所以衆生即佛土也〔三〕。『佛土』者，即衆生之影響耳。夫形修則影長，形短則影促，豈日月使之然乎？形自然耳。故隨所化衆生之多少，而取佛土之廣狹也〔四〕。是以佛土，或以四天下、或以三千、或以恒沙爲一國者也。」

生曰：「夫國土者，是衆生封疆之域。其中無穢，謂之爲淨。無穢爲無，封疆爲有。有生於惑，無生於解。其解若成，其惑方盡。始解是菩薩本化自應，終就使既成就爲統國〔五〕。有屬佛之跡，就本隨於所化，義爲取彼之國。既云『取彼』，非自造之謂。若自造〔六〕，則無所統；無有衆生，何所成就哉？」〔七〕

〔一〕案關中疏卷上：「此初明佛國寬狹不同。」

〔二〕「異」，平安本作「果」。

〔三〕「即」，原作「則」，據永樂北藏本、徑山藏本、清藏本、金陵本、關中疏改。

〔四〕「廣」，關中疏作「寬」。

〔五〕「既成」，平安本作「成既」。

〔六〕「若」上，平安本有「苟」。

〔七〕「什曰」「生曰」兩段，永樂北藏本、徑山藏本、清藏本、金陵本無。

隨所調伏衆生而取佛土〔一〕，

什曰：「梵本云『毘尼』〔二〕，毘尼言善治。善治衆生，令棄惡行善也。隨其棄惡多少〔三〕，行善淺深〔四〕，以成其國。調伏旨同而語隱，故存其本也。」

肇曰：「隨所調伏衆生之深淺，而取佛土之好醜。」

生曰：「化雖已兼，而名在始。彼不容無調伏，故宜明之。若不調伏，則無七珍土矣。」〔五〕

〔一〕案關中疏卷上：「此二明佛土浄穢不同。」

〔二〕「梵」，平安本作「胡」。

〔三〕「其」，永樂北藏本、徑山藏本、清藏本、金陵本作「所」。

〔四〕「淺深」，平安本作「深淺」。

〔五〕「肇曰」「生曰」兩段，永樂北藏本、徑山藏本、清藏本、金陵本無。

隨諸衆生應以何國入佛智慧而取佛土〔一〕，

什曰：「修浄國時，逆觀衆生來世之心，於未來世中〔二〕，應見何國而得解脱〔三〕。先於來劫立國優劣〔四〕，然後與衆生共攝三因，以成其國。使彼來生言攝，攝先所期者也。此言『佛慧』，下云『菩薩根』，明將來受化有淺深也。」

肇曰：「衆生自有見浄好慕而進修者，亦有見穢惡厭而進修者，所好殊方，略言之耳〔五〕。所因雖異，然其入佛慧一也，故隨其所應而取佛土焉。」

生曰：「隨化雖已從解，容濫其疆，故復宜明。如或有濫則同彼惑，必不能統成之矣。」〔六〕

〔一〕案關中疏卷上：「此三明聞法入惠之差别。如香積根熟而淳説大乘，娑婆根鈍乃先三後一之類也。」

〔二〕「未」，永樂北藏本、徑山藏本、清藏本、金陵本無。

〔三〕「見」，平安本、永樂北藏本、徑山藏本、清藏本、金陵本作「現」。

〔四〕「立」，原作「位」，據貞享本改。

〔五〕「略」，關中疏作「而」。

〔六〕「肇曰」「生曰」兩段，永樂北藏本、徑山藏本、清藏本、金陵本無。

隨諸衆生應以何國起菩薩根而取佛土〔一〕。

肇曰：「上爲入佛慧，佛慧，七住所得無生慧也。今爲菩薩根〔二〕，菩薩根，六住已下菩提心也。」

生曰：「入佛智慧，亦已兼矣。而名在始涉，容無深大，故復宜明。若無深大〔三〕，則無一乘土矣。」〔四〕

〔一〕案關中疏卷上：「此下四明起根不同。如香爲佛事，即於鼻起菩薩根；聲爲佛事，即於耳起根之類也。起根，謂信等諸善根，即是發菩提心也。又云：或有忻浄起根，厭穢起根，如前。」關中釋抄卷上：「『菩薩根』者，或忻浄土而生信根，或厭穢土而生信根。隨緣萬差，生信一也，豈言釋能盡？」

〔二〕「菩薩根」，平安本無。

〔三〕「無」，平安本作「不」。

〔四〕「生曰」一段，永樂北藏本、徑山藏本、清藏本、金陵本無。

所以者何？菩薩取於浄國，皆爲饒益諸衆生故。

什曰：「釋所以先立國土優劣〔一〕，然後造行也。若爲我取國者，應任行之所成。今爲饒益衆生，故從物所宜而制國也。」

肇曰：「法身無定，何國之有？美惡斯外，何浄可取？取浄國者，皆爲彼耳，故隨其所應而取焉。」

生曰：「『所以』，上四句也。若自無造國，又不在彼疆，然後能成就衆生耳。」

〔一〕「立」，平安本作「位」。

譬如有人欲於空地造立宮室，隨意無礙〔一〕，

什曰：「梵本云〔二〕：『空中造立宮室，自在無礙。』空不可用爲宮室，如是不離衆生得淨國也。又云空中得爲宮室〔三〕，不可用空爲宮室，要用材木〔四〕，然後得成。如是菩薩雖解於空〔五〕，不可但以空心得〔六〕，要以三因成其國也〔七〕。又意異故〔八〕，經文不同也。」〔九〕

生曰：「造立宮室，譬成就衆生也。空地是無妨礙處，譬取無穢，穢則礙也。」〔一〇〕

〔一〕案關中疏卷上：「此初喻菩薩因化衆生，故有淨土。」

〔二〕「梵」，平安本作「胡」。

〔三〕「又」，平安本作「其人」。

〔四〕「木」，平安本作「行」。

〔五〕「於」，平安本無。

〔六〕「心」，永樂北藏本、徑山藏本、清藏本、金陵本作「而」。

〔七〕「三」，清藏本作「空」。

〔八〕「又」，平安本、永樂北藏本、徑山藏本、清藏本、金陵本作「人」。

〔九〕「什曰」一段，徑山藏本、金陵本置後經「願取佛國者，非於空也」下。

〔一〇〕「生曰」一段，永樂北藏本、徑山藏本、清藏本、金陵本無。

若於虛空，終不能成〔一〕。

生曰：「『於虚空』，謂無物可用作宫室也。譬如自造國〔二〕，無衆生可成。」〔三〕

〔一〕案關中疏卷上：「此喻二乘不化衆生，故無浄土也。」

〔二〕「如」，平安本無。

〔三〕「生曰」一段，永樂北藏本、徑山藏本、清藏本、金陵本無。

菩薩如是，爲成就衆生故，願取佛國；

生曰：「無礙處也。」〔一〕

〔一〕「生曰」一段，永樂北藏本、徑山藏本、清藏本、金陵本無。

願取佛國者，非於空也。

肇曰：「浄土必由衆生，譬立宫必因地〔一〕。無地無衆生，宫土無以成。二乘澄神虚無，不因衆生，故無浄土也。」

生曰：「非無衆生也。」〔二〕

〔一〕「宫」，平安本、關中疏作「室」。下同。

〔二〕「生曰」一段，永樂北藏本、徑山藏本、清藏本、金陵本無。

寶積。當知直心是菩薩浄土〔一〕，

肇曰：「土之浄者，必由衆生〔二〕；衆生之浄，必因衆行。直舉衆生〔三〕，以釋土浄；今備舉衆行，明其所以浄也。夫行浄則衆生浄，衆生浄則佛土浄。此必然之數，不可差也。土無洿曲〔四〕，乃出于心直，故曰『直心是菩薩净土』也。此則因中説果〔五〕，猶指金爲食〔六〕。『直心』者，謂質直無諂〔七〕。此心乃是萬行之本，故建章有之矣。」

〔一〕案關中疏卷上：「此諸行皆上半明行因，菩薩成佛等皆舉果釋因。復次，自行直心，自招法身正報之果；化人行直心，感善眷屬得净土之果。又云：自行直心，教人行直心，讚歎直心法，隨喜行直心者，備此名净土行也。準此直心，餘行亦爾。」關中釋抄卷上：「『直心是菩薩净土』者，直心多種，有凡夫質直心，有二乘正見四諦直心，有菩薩正觀中道直心，爲諸佛法界一如直心。下諸行類然。」

〔二〕「由」，平安本、關中疏作「在」。

〔三〕「直」上，平安本、關中疏有「上」。「直」，永樂北藏本、徑山藏本、清藏本、金陵本無。

〔四〕「洿」，關中疏作「窪」。

〔五〕「此則因中」，平安本、關中疏作「此即因」，永樂北藏本、徑山藏本、清藏本、金陵本作「隨因」。案維摩經義疏卷二：「前明衆生之類是菩薩佛土，就緣説果名；直心是净土因，即因説果名，所以就因之與緣明净土者。」

〔六〕案關中釋抄卷上：「『指金爲食』者，貨金方買得食，此喻指因爲果也。」

〔七〕「謂」下，平安本、關中疏有「心」。

菩薩成佛時，不諂衆生來生其國；

肇曰：「『不諂、直心』，一行異名也。菩薩心既直，化彼同己。自土既成，故令同行斯集。此明化緣相及，故果報相連[一]，則佛土之義顯也。自下二句相對[二]，或前後異名，或前略後廣，或前因後果[三]，類因行耳。凡善行有二種：一、行善，二、報善。自此下[四]，諸衆生所習皆報善也[五]。」

生曰：「致國之義，已備於前。今但明衆行是淨國之本。居然可領，故云『寶積當知』。知如前也，答其所問。故偏據事淨，表以無穢[六]，真實之心也。斯則善行之本[七]，故首明之也。不謟衆生是淨之一事，菩薩皆語其行，衆生皆言其報。而對説之者，明衆生昔受此化，今有此果。菩薩行成應之，則屬於佛，豫總於國[八]，故云『來生』也。」[九]

〔一〕「連」，永樂北藏本、徑山藏本、清藏本、金陵本作「通」。　「連」下，平安本有「果報相連」。
〔二〕「自」下，平安本有「此」。　「二句」，關中疏作「因果」。
〔三〕案關中釋抄卷上：「『前後異名』者，直心、不謟等；『前略後廣』，十善道品等；『前因後果』，忍辱、相好等。」
〔四〕「此」下，永樂北藏本、徑山藏本、清藏本、金陵本有「以」。
〔五〕「衆」，平安本作「來」。　「皆」，永樂北藏本、徑山藏本、清藏本、金陵本作「者」。
〔六〕「表以」，平安本作「以表」。　「穢」下，平安本有「直心」。
〔七〕「之」下，平安本有「所」。

〔八〕「於」，平安本作「爲」。

〔九〕「生曰」一段，永樂北藏本、徑山藏本、清藏本、金陵本無。

深心是菩薩淨土，

肇曰：「樹心衆德深固故難拔〔一〕，『深心』也。」

〔一〕「故」，平安本無。

菩薩成佛時，具足功德衆生來生其國；

肇曰：「深心故德備也〔一〕。」

〔一〕「深心」，平安本作「心深」。關中疏此下有「又自心既深，則所化亦深；道因既深，則所感國土自然功德具足也。」

大乘心是菩薩淨土，菩薩成佛時，大乘衆生來生其國〔一〕；

肇曰：「乘八萬行，兼載天下，不遺一人，大乘心也。上三心，是始學之次行也。夫欲弘大道，要先直其心；心既真直，然後入行能深；入行既深，則能廣運無涯。此三心之次也。備此三心，然後次修六度。」

別本云：「直心，深心，菩提心。」

什曰：「直心〔二〕，誠實心也。發心之始，始於誠實。道識彌明，名爲『深心』。深心增廣，正趣佛慧，名『菩提心』。此皆受化者心也。受化者行致淨土，人又來生，以因緣

成菩薩國。善有二種：一者行善，二者報生善。凡言來生其國具足善者，皆報生善也。」〔三〕

〔一〕案關中疏：「法華云：『若有衆生從佛聞法，殷勤精進，求一切智。如來知見力、無畏等，愍念安樂無量衆生，利益天人，度脱一切，是名大乘。』以此化物，成佛之時，國土無二乘之名，香積佛土即其事也。」

〔二〕「心」，平安本無。

〔三〕「别本云」「什曰」兩段，永樂北藏本、徑山藏本、清藏本、金陵本無。

布施是菩薩浄土，菩薩成佛時，一切能捨衆生來生其國〔一〕；

肇曰：「外捨國財身命，内捨貪愛慳嫉〔二〕，名『一切能捨』也。」

〔一〕案關中疏卷上：「此下約六度，明浄土行也。」

〔二〕「愛」，關中疏作「恚」。

持戒是菩薩浄土，菩薩成佛時，行十善道滿願衆生來生其國；

什曰：「持戒獨言『滿願』者，戒是難行，亦兼攝衆善，故所願滿也。」

肇曰：「十善，菩薩戒也，亦有無量戒，略舉十耳。戒具則無願不得，故言『滿』也〔一〕。」〔二〕

〔一〕「滿」下，關中疏有「願」。

〔二〕「肇曰」一段，永樂北藏本、徑山藏本、清藏本、金陵本無。

忍辱是菩薩浄土，菩薩成佛時，三十二相莊嚴衆生來生其國；

肇曰：「忍辱和顔〔一〕，故繫以容相，而豈直形報而已？」

〔一〕「和顔」，平安本、關中疏作「顔和」。

精進是菩薩浄土，菩薩成佛時，勤修一切功德衆生來生其國；禪定是菩薩浄土，菩薩成佛時，攝心不亂衆生來生其國；智慧是菩薩浄土，菩薩成佛時，正定衆生來生其國〔一〕；

肇曰：「得正智慧，決定法相。三聚衆生中，名『正定聚』也。」

〔一〕案關中疏卷上：「依仁王經：『未發菩提心爲邪定聚，十信爲不定聚，十住已去爲正定聚。』」關中釋抄卷上：「『正定衆生』者，有三聚衆生：一、邪定聚，二、定聚，三、不定聚。俱舍云：『五無間衆生名邪定聚，得聖道名正定聚，餘衆生名不定聚。』仁王經：『十信菩薩不定聚，十住已去正定聚，十信已前邪定聚也。』此智鑒邪正，決定去取，名『正定』也。」

四無量心是菩薩浄土，菩薩成佛時，成就慈、悲、喜、捨衆生來生其國；

肇曰：「此四心周備無際〔一〕，故言『無量』〔二〕。」

〔一〕「備」，平安本、關中疏作「被」。

〔二〕「言」，關中疏作「名」。

四攝法是菩薩浄土，

肇曰：「以四等法攝衆生〔一〕，爲四攝也。一者惠施，財法二施，隨彼所須。二者愛語，以愛心故〔二〕，和言隨彼所適。三者利行〔三〕，隨彼所利，方便利之。四者同事，遇惡同惡而斷其惡〔四〕，遇善同善而進其善，故名『同事』也〔五〕。」

〔一〕「等法」，平安本、關中疏作「事」。

〔二〕「故」，平安本無。　「愛語，以愛心故」，關中疏作「愛心」。

〔三〕「行」，原作「語」，據貞享本、關中疏改。

〔四〕「斷其」，貞享本、關中疏作「濟」。

〔五〕「名」，平安本作「曰」。

菩薩成佛時，解脱所攝衆生來生其國；

什曰：「或有見佛而不解脱者，由功慧淺也。能行四攝，必慧深而功重，故於佛前得解脱也。亦四攝能令衆生得解脱，故行者後致解脱報〔一〕。」

肇曰：「解脱，則四攝所成無爲果也〔二〕。同行故衆生皆爲此果所攝也〔三〕。」

〔一〕「致」，平安本作「到」。　「報」，平安本、永樂北藏本、徑山藏本、清藏本、金陵本、關中疏作「義」。

〔二〕「則」，平安本作「即」。

〔三〕「故」，平安本無。　又「解脱」至「同行故衆生皆爲此果所攝也」，永樂北藏本、徑山藏本、清藏本、金陵本無。　關中疏此下有「菩薩以此爲解脱生死而攝衆生不同，凡夫爲恩愛、名利、王法等相攝縛也」。

方便是菩薩淨土，菩薩成佛時，於一切法方便無礙衆生來生其國；

肇曰：「『方便』者，巧便慧也。積小德而獲大功，功雖就而不爲證〔一〕，處有不乖寂，居無不失化，無爲而無所不爲，方便無礙也〔二〕。」

〔一〕「爲」，原無，據平安本、關中疏補。

〔二〕「方」上，關中疏有「此」。關中疏此下有「復此菩薩自行善巧，不退善根；化他善巧，能進物善，故云『無礙方便』也。」

三十七品是菩薩浄土，菩薩成佛時，念處、正勤、神足、根、力、覺、道衆生來生其國；

肇曰：「『念處』，四念處。『正勤』，四正勤。『神足』，四神足。『根』，五根。『力』，五力。『覺』，七覺意。『道』，八正道。合三十七，義在他經〔一〕。」

〔一〕關中疏此下有：「菩薩以此正道化物，故成佛時，正修衆生同生其國，外道邪修土所無也。」

迴向心是菩薩浄土〔一〕，

肇曰：「二乘三界各有別行，若情無勝期，則隨行受報。大士標心佛道，故能迴向彼雜行〔二〕，向於一乘，此迴向心也。」

〔一〕案關中釋抄卷上：「『迴向』者，爲凡修善皆迴向無上菩提。瓔珞有三種：一、迴事向理，二、迴己功德普施衆生，三、迴因向果。」

〔二〕「向」，平安本無。

菩薩成佛時，得一切具足功德國土〔一〕；

肇曰：「遇善迴向，何德不備？此下三句，雖不言衆生，言國則在矣。」

〔一〕案關中疏卷上：「迴己功德，普施衆生；同向菩提，不住餘果，此大士迴向也。復次，施等善行招人天報，若能迴向俱到菩提，此迴向爲大利也。復次，事即世善，理即菩提，若能即事悟理，此真迴向也。故下文云『布施性即是迴向一切智性』，此之謂歟？又迴向菩提何德不具也？」

說除八難是菩薩淨土，菩薩成佛時，國土無有三惡八難〔一〕；

肇曰：「說除八難之法〔二〕，土無八難也〔三〕。」

〔一〕案關中疏卷上：「『八難』者，三塗、北洲、無想天、世智邪辯、佛前佛後、生聾生盲也。有說：願生善處輪除初五難，發正願輪除世智辯聰，值善人輪除佛前佛後，深種善根輪除生聾盲也。又諸經明或聞佛名、菩薩名、相好名、經名、陀羅尼名、常住二字等，皆除三惡八難，見佛聞法也。且八難患之極，能除利之最，行不至艱，功濟甚大，凡諸學去可不勉歟？」關中釋抄卷上：「『或聞佛名』者，如虛空功德等也。佛名經云『聞此佛名禮一拜，一切罪障悉皆消滅』等也，觀佛三昧海經『聞白毫相名，滅三劫生死罪』，餘相如文。陀羅尼，如寶樓閣等。涅槃經『聞常住二字，不墮惡趣』，提婆達多品『常生佛前，蓮華化生』等，可知。」

〔二〕「八」，平安本無。

〔三〕「土」上，平安本、永樂北藏本、徑山藏本、清藏本、金陵本有「故」。

自守戒行、不譏彼闕是菩薩淨土，菩薩成佛時，國土無有犯禁之名；

肇曰：「犯禁惡名〔一〕，出於譏彼而不自守。」

〔一〕「惡」，平安本作「意」。

十善是菩薩浄土〔一〕，菩薩成佛時，命不中夭、

什曰：「迴向善向佛道，故言『迴向』。迴向則已，兼舉衆生，故說『具足功德』。具足功德則無八難，故復說『除八難』〔二〕。除八難爲行，故受無難之報。既無八難則無衆惡〔三〕，無衆惡則無犯禁，故次說『無犯戒』。上說戒度，今復言戒者，義不在戒也。欲因戒以明不譏彼闕，不譏彼闕故莫知其闕，莫知其闕則無犯禁之名。以此爲行故獲此爲果，獲此爲果則衆惡都息，故以『十善』次之也〔四〕。」〔五〕

肇曰：「不殺報也〔六〕。」

〔一〕案關中釋抄卷上：「『十善』有二：一、止，謂止十惡爲十善；二、行十善，謂放生、布施、禮敬、實語、軟語、和合語、饒益語、修不浄觀、行慈悲、住正見也。」

〔二〕「說」，平安本無。

〔三〕「則」，平安本無。

〔四〕「之」，原無，據平安本補。

〔五〕「什曰」一段，徑山藏本、金陵本置後經「不嫉、不恚、正見衆生來生其國」下「肇曰」一段末。

〔六〕「不」上，關中疏有「不中夭」。

大富、

肇曰：「不盜報也〔一〕。」

〔一〕「不」上，關中疏有「大富」。

梵行、

肇曰：「不婬報也〔一〕。」

〔一〕「不」上，關中疏有「梵行」。

所言誠諦、

肇曰：「不妄語報〔一〕。」

〔一〕「不」上，關中疏有「誠諦」。

常以軟語、

肇曰：「不惡口報〔一〕。」

〔一〕「不」上，關中疏有「軟語」。

眷屬不離、善和諍訟、

肇曰：「不兩舌報〔一〕。」

〔一〕「不」上，關中疏有「不離、和諍」。

言必饒益、

肇曰：「不綺語報〔一〕。」

〔一〕「不」上，關中疏有「饒益」。

不嫉、不恚、正見衆生來生其國。

肇曰：「嫉、恚、邪見〔一〕，心患之尤者，故别立三善也。」

生曰：「終於『十善』者〔二〕，會上諸行成身、口、意净，爲净土之本也。」〔三〕

〔一〕「嫉」上，關中疏有「不嫉、不恚、正見」。

〔二〕「終」，原作「修」，據平安本改。

〔三〕「生曰」一段，永樂北藏本、徑山藏本、清藏本、金陵本無。

如是。寶積。菩薩隨其直心，則能發行；

肇曰：「夫心直則信固，信固然後能發迹造行。然則始於萬行者，其唯直心乎？此章明行之次漸〔一〕，微著相因，是以始于直心〔二〕，終於净土。譬猶植栽絲髮〔三〕，其茂百圍也。直心樹其萌，衆行因而成，故言『隨』也〔四〕。」

生曰：「前唯明衆行各是净國之因〔五〕，而未知所以得也，故次序其意以釋之焉〔六〕。『如是』者，謂上諸行如下意也。言任直心之勢，自然能發行衆行。」〔七〕

〔一〕「章」下，平安本有「重」。

〔二〕「是」，原作「足」，據平安本、永樂北藏本、徑山藏本、清藏本、金陵本、關中疏改。

〔三〕「植」，平安本、關中疏作「殖」。

〔四〕關中疏此下有「復次，有以位名配此經句，經文雖不明説，理亦無違，則直心配十住，乃至功德淨配法雲可知。」

〔五〕「唯」，平安本作「雖」。

〔六〕「釋」，平安本作「示」。

〔七〕「生曰」一段，永樂北藏本、徑山藏本、清藏本、金陵本無。關中疏本條下有僧叡注：「上但廣明衆行，因果相對；此明諸行，自爲始終。階麁至極，始於菩薩自行直心，終國土、衆生一切都淨也。」

隨其發行，則得深心；

肇曰：「既能發行，則得道情彌深。」

隨其深心，則意調伏；

肇曰：「道情既深，則意無麁獷也〔一〕。」

〔一〕「獷」，原作「鑛」，據平安本、金陵本改。關中疏作「横」。

隨意調伏，則如説行；

肇曰：「心既調伏〔一〕，則聞斯能行也。」

〔一〕「伏」，平安本、關中疏作「柔」。

隨如説行，則能迴向；

肇曰：「聞既能行，則能迴其所行〔一〕，標心勝境。」

〔一〕「能」，平安本無。

隨其迴向，則有方便；

肇曰：「既能迴向大乘〔一〕，則大方便之所由生也〔二〕。」

〔一〕「大」，永樂北藏本、徑山藏本、清藏本作「是」。

〔二〕「大」，金陵本作「是」。

隨其方便，則成就衆生；

肇曰：「方便之所立〔一〕，期在成衆生也。」

〔一〕「立」，永樂北藏本、徑山藏本、清藏本、金陵本無。

隨成就衆生，則佛土淨；

肇曰：「衆生既淨，則土無穢也〔一〕。」

〔一〕「土無穢」，平安本、關中疏作「無穢土」。

隨佛土淨，則說法淨；

肇曰：「既處淨土，則有淨說。」

隨說法淨，則智慧淨；

肇曰：「既有淨說，則淨智慧生也〔一〕。」

〔一〕「則」下，平安本、關中疏有「有」。

隨智慧淨，則其心淨；

肇曰：「淨智既生，則淨心轉明也。」

隨其心淨，則一切功德淨〔一〕。

什曰：「直心，以誠心信佛法也。信心既立，則能發行衆善。衆善既積，其心轉深。轉深〔二〕，則不隨衆惡。棄惡從善，是名調伏。心既調伏，則遇善斯行。遇善斯行，則難行能行。難行能行，故能如所説行。如所説行，則萬善兼具。萬善兼具，故能迴向佛道。向而彌進，是方便力也。方便大要有三：一、善於自行而不取相，二、不取證，三、善化衆生。具此三已，則能成就衆生。成就衆生，則三因具足。三因具足，則得淨土。土既清淨，則衆生純淨。衆生純淨，則不説雜教。故言説清淨，受法則具下三淨。具下三淨，則與化主同德，故曰『一切淨』也。上章雖廣説淨國行，而未明行之階漸。此章明至極深廣不可頓超，宜尋之有途，履之有序。故説發迹之始，始於直心，終成之美，則一切淨也。」〔三〕

肇曰：「『積德不已』者，欲以淨心。心既淨，則無德不淨。」

生曰：「『功德』者，殊妙果也。本其所從，故以名之焉〔四〕。」

〔一〕案關中釋抄卷上：「『隨其直心』者，此豎明浄土行，即十三位列：直心對十住，發行對十行，深心對十迴向，意調伏對初地，説行對二地，迴向對三地，方便對四地，成就衆生對五地，佛土浄對六地，説法浄對七地，智慧浄對八地，心浄對九地，一切功德浄對十地。前來一十七行淺深皆然，謂惑漸漸盡，智漸漸圓，心漸漸增，土漸漸浄也。如此仁王始從鐵輪十信終至四禪十地，謂惑漸盡而福漸勝，悲漸增而化漸寬。如下十地佛果衆德皆浄，何獨佛土而不浄歟？」

〔二〕「轉」上，平安本、永樂北藏本、徑山藏本、清藏本、金陵本有「其心」。

〔三〕「什曰」一段，徑山藏本、金陵本置後「生曰」一段末。

〔四〕「之焉」，平安本作「爲」。

是故。寶積。若菩薩欲得浄土，當浄其心；隨其心浄，則佛土浄。」

肇曰：「結成浄土義也，浄土蓋是心之影響耳。夫欲響順，必和其聲；欲影端，必正其形。此報應之定數也〔一〕。」

〔一〕「定」，關中疏作「大」。「數」，永樂北藏本、徑山藏本、清藏本、金陵本作「類」。

爾時，舍利弗承佛威神，

別本云：「承佛聖旨。」

什曰：「『聖旨』，梵本云『神力』〔一〕。神力所轉，能令無疑者而發疑念也。」〔二〕

〔一〕「梵」，平安本作「胡」。

〔二〕「什曰」一段，永樂北藏本、徑山藏本、清藏本、金陵本無。

作是念〔一〕**：「若菩薩心净則佛土净者，我世尊本爲菩薩時意豈不净，而是佛土不净若此？」**〔二〕

肇曰：「土之净穢，固非二乘所能及也。如來將明佛土常净，美惡生彼，故以威神發其疑念，以生言端，故言『承』也。」

生曰：「既聞事净〔三〕，便封在事，還昧無穢〔四〕，謂石沙與妙行爲乖〔五〕，故示難決之。舍利弗誠無不達，而居不足之地，可傍爲不悟，故設斯念，以申衆懷，應機而作。本從佛慧中來，今示非己，豈虚也哉？」〔六〕

〔一〕案關中釋抄卷上：「『舍利弗作念』者，前寶積因果二問，佛答已了，理圓行足。聽者理合證悟，而不悟者有疑在懷也。故身子託衆疑，以申念也。」

〔二〕案關中疏卷上：「此初明聲聞不知真土穢净，斯云應土穢净隨物，謂佛實報丈六，依報丘陵，故示執果疑因。因若必净，土不應穢。如其穢也，不應成佛，故疑問焉。」

〔三〕案關中釋抄卷上：「『事净』者，七寶池臺净也。」

〔四〕案關中釋抄卷上：「既能執净爲净，豈能了穢非穢？故言『昧』也。」

〔五〕「妙」，原無，據平安本補。

〔六〕「生曰」一段，永樂北藏本、徑山藏本、清藏本、金陵本無。

佛知其念，即告之言：「於意云何？日月豈不浄耶？而盲者不見。」對曰：「不也。世尊。是盲者過，非日月咎。」「舍利弗。衆生罪故，不見如來佛國嚴浄，非如來咎。

肇曰：「日月豈不明？不見自由瞽目〔一〕。佛土豈不浄？罪穢故不覩〔二〕。」

生曰：「日月之照，無不表色，而盲者不見，豈日月過耶？佛亦如是。昔之爲行，以化衆生，無有不致，無沙石之土〔三〕。而衆生有罪，故得斯穢，不見之耳，非佛咎也。」〔四〕

〔一〕「目」，平安本無。

〔二〕關中疏此下有「豈唯凡夫不覩，身子二乘智眼亦不見」。

〔三〕「沙石」，平安本作「石沙」。

〔四〕「生曰」一段，永樂北藏本、徑山藏本、清藏本、金陵本無。

舍利弗。我此土浄，而汝不見。」

肇曰：「向因此土生疑，故即此土明浄也。」

生曰：「既明不浄，罪在衆生；則爲浄之旨，居然屬佛，故云『我此土浄』〔一〕。而舍利弗據穢致疑，爲不見也。言『而』者，傷嗟之也〔二〕。」〔三〕

〔一〕「土浄」，平安本作「浄土」。

〔二〕「嗟」，平安本無。

〔三〕「生曰」一段，永樂北藏本、徑山藏本、清藏本、金陵本無。

爾時，螺髻梵王語舍利弗：「勿作是念，謂此佛土以爲不淨。所以者何？我見釋迦牟尼佛土清淨譬如自在天宮。」〔一〕

什曰：「佛土清淨〔二〕，階降不同。或如四天王乃至如六天〔三〕，或如梵天乃至如淨居，或有過淨居天。過淨居天者，唯補處菩薩生此國也。稱適衆心，故現國不同。螺髻所見如自在天宮者，復是其所應見耳，而未盡其淨也。下言『譬如寶莊嚴佛國』，始是釋迦真報應淨國。淨國即在此世界，如法華經壽量品中說。此淨穢同處而不相雜〔四〕，猶如下一器中有二種食，應二種衆生。」

肇曰：「夫同聲相和，同見相順。梵王即法身大士也，依佛淨慧，故所見皆淨，因其所見而證焉。且佛土真淨，超絶三界，豈直若天宮世淨而已哉〔五〕？此蓋齊其所見而爲言耳。舍利弗在人，而見其土石；梵王居天，而見如天宮〔六〕。自餘所見，亦各不同；佛土所應〔七〕，義在于此〔八〕。」

生曰：「螺髻梵王迹在生死邪，推己同在三界，受福爲淨，知無福者自取斯穢。釋迦之土便與天宮無異，以質舍利弗之不達爲甚惑矣〔九〕。」〔一〇〕

〔一〕案關中釋抄卷上：「『螺髻見淨』者，身子疑，佛答既了，亦合得悟，而不悟者，衆懷疑念也。世尊自云『我此土浄』，意誰見也，故梵王證見也。」

〔二〕「土」，平安本作「國」。

〔三〕「王」，平安本無。　「如」，平安本無。

〔四〕「此」下，平安本有「是」。　「穢」下，維摩經義疏卷二有「二土」。　「雜」，維摩經義疏卷二作「礙」。

〔五〕「若」，關中疏作「如」。

〔六〕「如」，關中疏作「若」。

〔七〕「所」，平安本、關中疏作「殊」。

〔八〕「在」，關中疏作「存」。

〔九〕「甚惑」，平安本作「惑哉」。

〔一〇〕「肇曰」「生曰」兩段，永樂北藏本、徑山藏本、清藏本、金陵本無。

舍利弗言：「我見此土，丘陵、坑坎、荆棘、沙礫、土石、諸山，穢惡充滿。」

肇曰：「各以所見而爲證也。」

生曰：「雖聞向語，猶封穢惡。故復言己所見，以申疑焉。」〔一〕

〔一〕「生曰」一段，永樂北藏本、徑山藏本、清藏本、金陵本無。

螺髻梵王言：「仁者心有高下，不依佛慧，故見此土爲不浄耳〔一〕。

肇曰：「萬事萬形，皆由心成。心有高下〔二〕，故丘陵是生也。」

〔一〕案關中釋抄卷上：「『心有高下』者，然佛土應淨而淨，應穢而穢，則知真土本非淨穢，是名『佛慧』。而身子見淨定淨，勝妙故高；見穢定穢，卑劣故下，是名『執見』，非佛慧也。」

〔二〕「心」下，平安本有「成」。

舍利弗。菩薩於一切衆生悉皆平等，深心清淨，依佛智慧，則能見此佛土清淨。」〔一〕

肇曰：「若能等心群生，深入佛慧，淨業既同，則所見不異也。」

生曰：「『心有高下』者，據石沙致疑，則就衆生之優劣也。又是不依佛慧爲應之趣，在乎必悟之處，故唯見不淨耳。若取出惡之理，則石沙、衆生與夫淨土之人等無有異。又是依佛慧而觀，故無往而不淨也。」〔二〕

〔一〕案關中疏卷上：「身子不了淨穢，隨緣不依佛慧，忻淨厭穢，心有高下，非真見也。大士了此淨穢應現名『依佛慧』，知生如幻故皆平等。既淨穢常一，名『真見』也。」

〔二〕「生曰」一段，永樂北藏本、徑山藏本、清藏本、金陵本無。

於是佛以足指按地，即時三千大千世界，若干百千珍寶嚴飾，譬如寶莊嚴佛無量功德寶莊嚴土。一切大衆歎未曾有，而皆自見坐寶蓮華〔一〕。

肇曰：「佛土常淨，豈待變而後飾？『按地』者，蓋是變衆人之罪所見耳。寶莊嚴土，淨土之最，故以爲諭〔二〕。」

生曰：「神力變地者，以明出穢爲淨。喻石沙雖穢〔三〕，至於離惡之處，不容有異。又現

此變，示無定相，以遣封穢之情，使取爲浄之旨。」〔四〕

〔一〕案關中疏卷上：「前佛答二問，身子生疑，梵王啓論。衆既不悟，故假現變，使知浄穢無定，返權悟實矣。」

〔二〕「論」，平安本、永樂北藏本、徑山藏本、清藏本、金陵本、關中疏作「喻」。

〔三〕「石沙」，平安本作「沙石」。

〔四〕「生曰」一段，永樂北藏本、徑山藏本、清藏本、金陵本無。

佛告舍利弗：「汝且觀是佛土嚴浄。」

生曰：「『且觀』者，且寄嚴浄以明無穢。於實乃現，亦無事浄土矣。」〔一〕

〔一〕「生曰」一段，永樂北藏本、徑山藏本、清藏本、金陵本無。

舍利弗言：「唯然。世尊。本所不見，本所不聞，今佛國土嚴浄悉現。」〔一〕

肇曰：「顯浄土於未見聞〔二〕，猶開聾瞽於形聲也〔三〕。」

生曰：「既悟其義，而據自疑已前爲本，故云『本不見聞』也。從不見聞而悟之，則佛土爲好浄悉現也。」〔四〕

〔一〕案關中疏卷上：「此三對昔在小乘法會，不見浄土，亦不聞説。今届茲會，方見嚴浄。」

〔二〕「見」，原無，據金陵本補。

〔三〕「形聲」，平安本作「聲形」。

〔四〕「生曰」一段，永樂北藏本、徑山藏本、清藏本、金陵本無。

佛語舍利弗：「我佛國土常淨若此，爲欲度斯下劣人故，示是衆惡不淨土耳。

什曰：「若隨其罪福自致淨穢者，非示之謂也。而言示之者，有示義也。諸佛能爲衆生現淨，而隱不淨。現淨而隱不淨，則無益衆生。任而不隱，義示同也〔一〕。」

肇曰：「自佛而言，故常淨若此。外應下劣，故不淨同彼也。」

生曰：「既云是同，則與彼無異。俯就下劣，故示若不淨。」〔二〕

〔一〕「示同」，平安本作「同示」。

〔二〕「肇曰」「生曰」兩段，永樂北藏本、徑山藏本、清藏本、金陵本無。

譬如諸天，共寶器食，隨其福德，飯色有異。如是舍利弗，若人心淨，便見此土功德莊嚴。」

肇曰：「始生天者，欲共試知功德多少，要共一寶器中食天上饍〔一〕。天饌至白〔二〕，無白可喻。其福多者，舉向口，飯色不異。若福少者〔三〕，舉向口〔四〕，飯色變異。在器色一〔五〕，在手不同。飯豈有異，異自天耳。佛土不同，方可知也〔六〕。」

生曰：「喻梵天、舍利弗也。慧心明淨，則見功德莊嚴。以闇心而取，故謂之穢耳，非佛土然也。」

〔一〕「饍」，永樂北藏本、徑山藏本、清藏本、金陵本作「飯」。

〔二〕「饌」，平安本作「飯」。「天饌」，永樂北藏本、徑山藏本、清藏本、金陵本無。

〔三〕「福」，永樂北藏本、徑山藏本、清藏本、金陵本無。

〔四〕「舉」下，平安本、永樂北藏本、徑山藏本、清藏本、金陵本有「飯」。

〔五〕「在」上，關中疏有「飯」。

〔六〕「可知也」，關中疏作「此可知」。關中疏此下有「故下文云：『諸佛如來功德平等，爲教化衆生故，而現佛土不同。』」

當佛現此國土嚴淨之時，寶積所將五百長者子皆得無生法忍〔一〕，八萬四千人發阿耨多羅三藐三菩提心〔二〕。

肇曰：「佛國之興，其正爲此。『無生忍』，同上『不起法忍』〔三〕，忍即慧性耳〔四〕。以見法無生〔五〕，心智寂滅，堪受不退，故名『無生法忍』也。」

〔一〕案關中疏卷上：「大小二乘，各有深淺二益也，此深悟無生也。大品即色明空，悟空色不二，亦證無生法忍。法華壽量即伽耶短壽明長壽，悟法身非長非短，亦悟無生忍。此經即識明淨垢穢等，悟淨穢不二，亦得無生忍。以此而觀，衆經殊唱，會歸同致。」關中釋抄卷上：「『得無生法忍』者，悟垢淨無性也。若穢定有性，不應被變便亡；若淨定有性，不應待按方現淨。待按方現淨，明淨本無性；被變便亡，明穢亦無定性。故無生無定，故無滅可謂。見垢實性則亡淨相，得無生法忍，入不二法門。經雖不言非淨非穢，而理自明矣。如法華壽量品，但即伽耶之短壽明長。斯則長短不定，長短不定即長短亡矣。經雖不明非長非短，而理亦自明。故分別功德品諸菩薩亦證無生法忍。大品即色明空，亦顯色空不異，理可見也。準此，諸大乘經雖同緣，事跡不同，會理證真一也。故不二法門品或生滅兩亡，或罪福一性，或心無所得，或口默不言。此皆事迹不同，非會證異也。」

〔二〕案關中疏卷上：「此淺者發心也。」

〔三〕「法」，平安本無。

〔四〕「忍」上，永樂北藏本、徑山藏本、清藏本、金陵本有「法」。

〔五〕「以」，永樂北藏本、徑山藏本、清藏本、金陵本無。

佛攝神足，於是世界還復如故。

肇曰：「非分不可以久處，故還彼所應見也〔一〕。」

〔一〕「還」下，平安本有「復」。

求聲聞乘

肇曰：「下乘道覺非獨覺〔一〕，要師而後成，故名『聲聞乘』，亦名『弟子乘』也。」〔二〕

〔一〕「道覺」，永樂北藏本、徑山藏本、清藏本、金陵本作「道」。

〔二〕此段徑山藏本、金陵本與下段「肇曰」合一。

三萬二千天及人，知有爲法皆悉無常〔一〕，遠塵離垢，得法眼淨；

肇曰：「國土穢而可淨，淨而復穢，因悟無常，故得法眼淨。法眼淨〔二〕，須陀洹道也。始見道跡，故得法眼名。塵垢〔三〕，八十八結也〔四〕。」

〔一〕案關中疏卷上：「此二小乘益，既不悟浄穢應緣，故執實有，爲見無常也。」關中釋抄卷上：「『知有爲法皆悉無常』者，若依大乘悟浄穢皆是應現，應物無定，即無自性。今小乘執實，故見事變，即無常也。如阿難不了佛身是應，執實病也。」

〔二〕「浄」，關中疏作「名」。

〔三〕「塵」上，平安本有「離」。

〔四〕案關中釋抄卷上：「八十八使，此是見道所斷煩惱也。謂迷四諦起此諸惑也：迷苦諦起十使：貪、瞋、癡、慢、疑、身見、邊見、邪見、見取、戒取也。迷集諦起七使：除身、邊二見及戒取。迷滅諦起七使，亦然。迷道諦起八使，謂除身、邊二見。是此欲界具三十二；其上二界無瞋，四諦各除瞋，即各有二十八也；三界具言，有八十八使也。」

八千比丘不受諸法，漏盡意解。

肇曰：「無著之道，於法無受無染。『漏盡』，九十八結漏既盡〔一〕，故意得解脱，成阿羅漢也〔二〕。」

〔一〕案關中釋抄卷上：「『九十八』者，謂前見道八十八上，更加斷十箇修道煩惱，故成九十八也。言十者，謂貪、瞋、癡、慢，欲界具此四；色界有三，除瞋；無色三，亦然；故三界合論有十也。」

〔二〕「阿」，平安本無。

注維摩詰經卷第二〔一〕

方便品第二

什曰：「此品序净名德者，非集經者之意。其方便辯才〔二〕，世尊常所稱歎，故集經者承其所聞〔三〕，以序德耳。」

肇曰：「此經之作，起于净名，其微言幽唱，亦備之後文。出經者欲遠存其人，以弘其道教，故此一品全序其德也。」〔四〕

〔一〕案金陵本於此未分卷。

〔二〕「方便」，維摩經義疏卷二作「智慧」。

〔三〕「者」下，維摩經義疏卷二有「欲遠存其人，弘其道教，故」。

〔四〕「肇曰」一段，原置後經「深植善本」下「肇曰」一段末，從文義改；又永樂北藏本、徑山藏本、清藏本、金陵本無。

爾時，毘耶離大城中有長者名維摩詰〔一〕，已曾供養無量諸佛〔二〕，

什曰：「將序其德，先明修德之所由也。」〔三〕

〔一〕案關中釋抄卷上：「『長者』，具十德者。天台云有二：一、世間，如別；二、出世間，浄名十德果圓，如經。今且明聞經一念，及發心隨喜，亦具十德：一、姓貴，此經諸佛菩提皆從是生，即般若佛母種姓中生；二、位高，初發心時，已超二乘法，一念隨喜，超二乘四果；三、大富，金剛云『一念浄信，勝施三千七寶』；四、威勢，下文天帝、四王未信生信，已信作護等；五、智深，大經云『學大乘者，雖有肉眼，即名佛眼』；六、年耆，不於一佛二佛種善根；七、行無失，大經云『聞常住二字，不墮惡趣，法華化生佛前』；八、禮儀備足，諸相非相，即見佛身威儀；九、上人所歎，法華云『應以天花散，生心如佛想』等；十、下人歸敬，法花云『天諸童子而有給事』。」

〔二〕案關中疏卷上：「殖佛聞法，從法化生也。」

〔三〕「什曰」一段，永樂北藏本、徑山藏本、清藏本、金陵本無。

深植善本〔一〕，

什曰：「功德業也。」

肇曰：「樹德先聖，故善本深殖也。」〔二〕

〔一〕案關中釋抄卷上：「『殖諸善本』者，發大乘心，生在佛家也。」

〔二〕「什曰」「肇曰」兩段，永樂北藏本、徑山藏本、清藏本、金陵本無。

得無生忍〔一〕，

什曰：「慧明業也。如來已盡，則以『智』爲名。菩薩見而未盡，而能忍受不退，故以

『忍』爲名也。」

肇曰：「所以菩薩無生慧獨名『忍』者，以其大覺未成，智力猶弱，雖悟無生，正能堪受而已〔二〕。未暇閑任故名『忍』，如來智力具足，於法自在，常有閑地，故無復『忍』名也。」〔三〕

〔一〕案關中疏卷上：「三賢業生，七地願生，八地已去，法身無生，名『無生忍』。此法身大士，名龍象也。」關中釋抄卷上：「『無生忍』者，仁王云：『地前三賢伏忍，初、二、三地信忍，四、五、六地順忍，七、八、九地無生忍，十地佛果寂滅忍。』」

〔二〕「正」，平安本作「心」。

〔三〕「什曰」「肇曰」兩段，永樂北藏本、徑山藏本、清藏本、金陵本無。

辯才無礙，

什曰：「既具二業，以辯才説法化衆生也。」

肇曰：「七辯也。」〔一〕

〔一〕「什曰」「肇曰」兩段，永樂北藏本、徑山藏本、清藏本、金陵本無。

遊戲神通，

什曰：「因神通廣其化功，亦以神通力證其辯才。如龍樹與外道論議，外道問曰：『天今何作？』答曰：『天今與阿修羅戰。』復問：『此何以證〔一〕？』菩薩即爲現證，應時摧戈折刃及阿修羅身首〔二〕，從空中而墜落，又見天與阿修羅於虚空中列陣相對。外道見證已，乃伏其辯才。神通證辯，類如此也。」

肇曰：「經云〔三〕：『菩薩得五通。』又云：『具六通。』以得無生忍，三界結盡，方於二乘，故言『六』；方於如來，結習未盡，故言『五』也。」

〔一〕「此何以證」，平安本作「云爲」，永樂北藏本、徑山藏本、清藏本、金陵本作「云何爲證」。

〔二〕「及」「羅」，原無，據平安本、永樂北藏本、徑山藏本、清藏本、金陵本補。

〔三〕「經云」，永樂北藏本、徑山藏本、清藏本、金陵本無。

逮諸總持〔一〕，

什曰：「智慧能持實相，亦名『持』。餘『持』，如大智度論中説也〔二〕。」

肇曰：「『總持』，義同上。經云有『五百總持』，亦云『無量總持』也。」〔三〕

〔一〕案關中疏卷上：「此三業德藏，名大富也。辯才口業，神通身業，總持心業。曠劫積修，三輪德滿，功濟庶物，莫大於兹。」

〔二〕「度」，平安本無。

〔三〕「什曰」「肇曰」兩段，永樂北藏本、徑山藏本、清藏本、金陵本無。

獲無所畏，

肇曰：「菩薩四無所畏也。」〔一〕

降魔勞怨，

肇曰：「四魔勞我，故致爲怨。」〔一〕

〔一〕「肇曰」一段，永樂北藏本、徑山藏本、清藏本、金陵本無。

入深法門，

肇曰：「諸法深義，有無量門，悉善入也。」〔一〕

〔一〕「肇曰」一段，永樂北藏本、徑山藏本、清藏本、金陵本無。

善於智度，通達方便，

肇曰：「到實智彼岸〔一〕，善智度也。運用無方，達方便也。」〔二〕

〔一〕「彼」，平安本無。

〔二〕「肇曰」一段，永樂北藏本、徑山藏本、清藏本、金陵本無。

大願成就〔一〕，

什曰：「初發心之時，其願未大，或大而未成。大而成者，唯法忍菩薩也。如無量壽四十八願，是大願之類也。」

肇曰：「『大願』，將無量壽願比也〔二〕。」

〔一〕案關中疏卷上：「實智深入，智度圓滿；權智方便，弘誓成就。此自行二智也。」

〔三〕「將」,平安本無。

明了衆生心之所趣〔一〕**,**

肇曰:「群生萬端,心趣不同,悉明了也。」〔二〕

〔一〕案關中釋抄卷上:「『心之所趣』者,如泉出流,必趣大海;凡有心者,皆趣佛果也。以無水不水,亦無迷不悟故也。」

〔二〕「肇曰」一段,永樂北藏本、徑山藏本、清藏本、金陵本無。

又能分別諸根利鈍〔一〕**,**

肇曰:「三乘諸根,利鈍難辯,而善分別。」〔二〕

〔一〕案關中疏卷上:「了衆生心,同歸本覺,見真也。分別利鈍,隨根教化,照俗也。此化他二智也。」

〔二〕「肇曰」一段,永樂北藏本、徑山藏本、清藏本、金陵本無。

久於佛道,心已純熟,決定大乘〔一〕**,**

肇曰:「七住以上,始得決定也。」〔二〕

〔一〕案關中疏卷上:「百千僧祇,積修妙智,八地法身,決定真僞。」

〔二〕「肇曰」一段,永樂北藏本、徑山藏本、清藏本、金陵本無。

諸有所作,能善思量,

肇曰:「身、口、意有所作,智慧恒在前,故所作無失也。」〔一〕

〔一〕「肇曰」一段，永樂北藏本、徑山藏本、清藏本、金陵本無。

住佛威儀，

肇曰：「舉動進止不失聖儀。」

別本云：「具佛威儀。」

什曰：「謂能變身作佛，舉動進止悉如佛也。」〔一〕

〔一〕「別本云」「什曰」兩段，永樂北藏本、徑山藏本、清藏本、金陵本無。

心大如海，

什曰：「海有三德：一曰深廣無邊，二曰清淨不受雜穢〔一〕，三曰藏積無量珍寶。菩薩三德，義同海也。」〔二〕

肇曰〔三〕：「海有五德：一、澄淨不受死屍〔四〕；二、多出妙寶；三、大龍注雨〔五〕，滴如車軸，受而不溢；四、風日不能竭；五、淵深難測。大士心淨，不受毀戒之屍，出慧明之寶，佛大法雨受而不溢，魔邪風日不能虧損，其智淵深莫能測者，故曰『心大如海』。」

〔一〕「雜穢」，平安本作「穢雜」。

〔二〕「什曰」一段，永樂北藏本、徑山藏本、清藏本、金陵本無。

〔三〕「肇」，永樂北藏本、徑山藏本、清藏本、金陵本作「什」。

〔四〕「淨」，平安本作「清」。

〔五〕「注」，平安本無，關中疏作「降」。

諸佛咨嗟〔一〕，弟子、釋、梵、世、主所敬〔二〕。欲度人故，以善方便居毘耶離。

肇曰：「諸佛所稱，人天所敬，彼何欣哉！欲度人故，現居毘耶〔三〕。」〔四〕

〔一〕案關中疏卷上：「一念浄信，爲佛稱揚，況法身哉？」

〔二〕案關中疏卷上：「『弟子』，聲聞也。『釋』，帝釋也。『梵』，梵王也。『世』，護世四王也。『主』，諸國主也。」

〔三〕「耶」下，平安本有「離」。

〔四〕「肇曰」一段，永樂北藏本、徑山藏本、清藏本、金陵本無。

資財無量，攝諸貧民〔一〕；奉戒清浄，攝諸毁禁；以忍調行，攝諸恚怒；以大精進，攝諸懈怠；一心禪寂，攝諸亂意；以決定慧，攝諸無智〔二〕。

肇曰：「至人不現行〔三〕。現行六度者，爲攝六弊耳。」〔四〕

〔一〕案關中釋抄卷上：「『資財無量』，本也。『攝諸貧人』，跡也。此從本垂跡也。」

〔二〕案關中疏卷上：「六度攝物，心密方便……此中非慳非施等法身本，布施奉戒等化物迹，非本不可以證真，非迹不可以化物，此六度方便也。」

〔三〕「行」下，關中疏有「六度」。

〔四〕「肇曰」一段，永樂北藏本、徑山藏本、清藏本、金陵本無。

雖爲白衣，奉持沙門清浄律行〔一〕；

肇曰：「『沙門』，出家之都名也。秦言義訓『勤行』，勤行趣涅槃也。」〔二〕

〔一〕案關中疏卷上：「此下身密方便。雖現白衣之儀，而不乖法身之本。法身寂滅，即佛所持大沙門律行……（『沙門』）亦曰『休息』，息生死往來也。」關中釋抄卷上：「雖爲白衣，亦也奉持律行，本也。言『律行』者，實相真戒性浄尸羅也。故羅雲章云：『是即出家，是即具足。』謂發菩提心，出生死涅槃家，受萬行一心具足戒也。」

〔二〕「肇曰」一段，永樂北藏本、徑山藏本、清藏本、金陵本無。

雖處居家，不著三界〔一〕；

肇曰：「三界之室宅也。」〔二〕

〔一〕案關中疏卷上：「『三界』，生死之家，知如幻，故不著。」

〔二〕「肇曰」一段，永樂北藏本、徑山藏本、清藏本、金陵本無。

示有妻子，常修梵行〔一〕；

肇曰：「梵行清浄，無欲行也。」〔二〕

〔一〕案關中疏卷上：「患慾淤泥故。」關中釋抄卷上：「『梵行』，謂住真性法身，悟非男非女無相梵行也。」

〔二〕「肇曰」一段，永樂北藏本、徑山藏本、清藏本、金陵本無。

現有眷屬，常樂遠離〔一〕**；**

肇曰：「在家若野〔二〕，故言『遠離』。」〔三〕

〔一〕案關中疏卷上：「覺愛別離故。」

〔二〕「家」，平安本、關中疏作「衆」。

〔三〕「肇曰」一段，永樂北藏本、徑山藏本、清藏本、金陵本無。

雖服寶飾，而以相好嚴身；

肇曰：「外服寶飾〔一〕，而内嚴相好也〔二〕。」〔三〕

〔一〕「寶」，平安本、關中疏作「俗」。

〔二〕「嚴」，平安本作「備」，關中疏作「修」。

〔三〕「肇曰」一段，永樂北藏本、徑山藏本、清藏本、金陵本無。

雖復飲食，而以禪悦爲味；

肇曰：「外食世膳，而内甘禪悦之味也〔一〕。」〔二〕

〔一〕「之味」，平安本無。

〔二〕「肇曰」一段，永樂北藏本、徑山藏本、清藏本、金陵本無。

若至博弈戲處，輒以度人〔一〕**；**

肇曰：「因戲止戲。」〔二〕

〔一〕案關中疏卷上：「傳云：『博弈，圍棋也。』空棄光陰，無裨來業。」

〔二〕「肇曰」一段，永樂北藏本、徑山藏本、清藏本、金陵本無。

受諸異道〔一〕，

什曰：「現受外道法也。」〔二〕

〔一〕案關中釋抄卷上：「『異道』者，九十六種著見論。」

〔二〕「什曰」一段，永樂北藏本、徑山藏本、清藏本、金陵本無。

不毀正信，

肇曰：「同於異者，欲令異同於我耳，豈正信之可毀哉？『受』，謂受學異道法也。」〔一〕

〔一〕「肇曰」一段，永樂北藏本、徑山藏本、清藏本、金陵本無。

雖明世典〔一〕，**常樂佛法**，

肇曰：「世典雖盡明，所樂在真法。」〔二〕

〔一〕案關中釋抄卷上：「『世典』者，安國處家之愛論也。以忠則愛主，孝則愛親，各親其親，故名愛論也。」

〔二〕「肇曰」一段，永樂北藏本、徑山藏本、清藏本、金陵本無。

一切見敬，爲供養中最，

什曰：「諸有德者能致供養，能致供養者復供養此賢，所以爲最也。」〔一〕

肇曰：「含齒無不敬，浄養無不供〔二〕，故曰『爲供養之最』〔三〕。」

〔一〕「什曰」一段，永樂北藏本、徑山藏本、清藏本、金陵本無。

〔二〕「供」，永樂北藏本、徑山藏本、清藏本、金陵本作「恭」。「供」，平安本、關中疏作「致」。「養」下，永樂北藏本、徑山藏本、清藏本、金陵本有「中」。

〔三〕「曰」，平安本無。

執持正法，攝諸長幼；

肇曰：「外國諸部曲皆立三老〔一〕，有德者爲執法人，以決鄉訟，攝長幼也。浄名現執俗法，因此通達道法也〔二〕。」

〔一〕「曲」，平安本作「國」。

〔二〕「此」「達」，平安本無。

一切治生諧偶〔一〕，雖獲俗利，不以喜悦；

肇曰：「法身大士，瓦礫盡寶玉耳。若然，則人不貴其惠，故現同求利〔二〕，豈喜悦之有也〔三〕？」〔四〕

〔一〕案關中釋抄卷上：「『治生』者，業也。」

〔二〕「現」，維摩經略疏垂裕記卷四作「理」。

〔三〕案關中疏卷上：「貪生圖業，有身皆患；世利稱心，彌增流浪。大士誡之，不以喜悦。」

〔四〕「肇曰」一段，永樂北藏本、徑山藏本、清藏本、金陵本無。

遊諸四衢〔一〕，饒益衆生；

肇曰：「四衢要路，人所交集，隨彼所須而益焉〔二〕。」〔三〕

〔一〕案關中釋抄卷上：「『四衢』者，十字路也。」

〔二〕「益焉」，關中疏作「爲益」。

〔三〕「肇曰」一段，永樂北藏本、徑山藏本、清藏本、金陵本無。

入治正法，救護一切；

肇曰：「『治正法』〔一〕，律官也。導以正法〔二〕，使民無偏枉，救護一切也。」〔三〕

〔一〕「正」，關中疏、關中釋抄作「政」。

〔二〕「導」，維摩經略疏垂裕記卷四作「道」。

〔三〕「肇曰」一段，永樂北藏本、徑山藏本、清藏本、金陵本無。

入講論處，導以大乘〔一〕；

肇曰：「天竺多諸異道，各言己勝，故其國別立論堂，欲辯其優劣。欲明己道者〔二〕，則聲鼓集衆，詣堂求論。勝者爲師，負者爲資。浄名既升此堂，攝伏外道，然後導以大乘，爲其師也。」〔三〕

〔一〕案關中疏卷上：「外道二乘，執見異論。大士攝伏，導以大乘，令其解脱。」

〔二〕「欲」上，平安本有「諸」。

〔三〕「肇曰」一段，永樂北藏本、徑山藏本、清藏本、金陵本無。

入諸學堂，誘開童蒙；

什曰：「如釋迦菩薩入學堂，説梵書，梵天下來爲證〔一〕，衆人信受，斯其類也。」〔二〕

肇曰：「『學堂』，童蒙書學堂也。『誘開』，如太子入學現梵書比也。」

〔一〕「下來」，平安本作「來下」。

〔二〕「什曰」一段，永樂北藏本、徑山藏本、清藏本、金陵本無。

入諸婬舍，示欲之過；

什曰：「外國有一女人，身體金色。有長者子名達暮多羅，以千兩金要入竹林〔一〕，同載而去。文殊師利於中道變身爲白衣，身著寶衣，衣甚嚴好。女人見之，貪心内發。文殊言〔二〕：『汝欲得衣者〔三〕，當發菩提心。』女曰：『何等爲菩提心？』答曰：『汝身是也。』問曰：『云何是？』答曰：『菩提性空，汝身亦空，以此故是〔四〕。』此女曾於迦葉佛所宿殖善本〔五〕，修智慧，聞是説，即得無生法忍。得無生法忍已，將示欲之過，還與長者子入竹林〔六〕。入林中已〔七〕，自現身死，膖脹臭爛〔八〕。長者子見已，甚大怖畏，往詣佛所。佛爲説法〔九〕，亦得法忍。示欲之過，有如是利益也。」

肇曰：「外國婬人，别立聚落。凡豫士之流〔一〇〕，目不暫顧。而大士同其欲，然後示其過也。」

〔一〕「林」，維摩經略疏垂裕記卷四作「園」。

〔二〕「殊」下，平安本有「師利」。

〔三〕「汝」，永樂北藏本、徑山藏本、清藏本、金陵本無。

〔四〕「此故是」，平安本作「是故」。

〔五〕「宿」，平安本無。「殖」，維摩經略疏垂裕記卷四作「植」。

〔六〕「還」，平安本無。

〔七〕「入林中」，維摩經略疏垂裕記卷四作「入竹林」。

〔八〕「臭爛」，平安本作「爛臭」。

〔九〕「爲」，平安本無。

〔一〇〕「豫」，關中疏作「預」。

入諸酒肆，能立其志。

肇曰：「酒致失志，開放逸門。」

若在長者，長者中尊，爲説勝法〔一〕；

什曰：「『長者』，如今四姓豪族也。聲聞於凡夫爲勝〔二〕，如是展轉，佛法最勝也。」

肇曰：「凡人易以威順，難以理從，故大士每處其尊，以弘風靡之化。長者豪族望重，多以世教自居，不弘出世勝法也〔三〕。」

〔一〕案關中疏卷上：「『長者中尊』下十一事，口密方便。」

〔二〕「聞」下，平安本有「法」。

〔三〕「弘」，關中疏作「求」。「世」下，永樂北藏本、徑山藏本、清藏本、金陵本有「間」。「法」下，關中疏有「永處輪迴」。

若在居士，居士中尊，

什曰：「外國白衣多財富樂者〔一〕，名爲『居士』〔二〕。」

〔一〕「樂」，平安本無。

〔二〕「爲」，平安本無。

斷其貪著；

肇曰：「積錢一億，入居士里，寶貨彌殖，故貪著彌深〔一〕。」〔二〕

〔一〕「故貪著彌深」，關中疏作「貪著自纏，豈思出離」。

〔二〕「肇曰」一段，永樂北藏本、徑山藏本、清藏本、金陵本無。

若在刹利〔一〕，刹利中尊，

什曰：「『刹利』〔二〕，梵音中含二義〔三〕：一言忍辱，二言瞋恚。言此人有大力勢，能大瞋恚，忍受苦痛，剛强難伏，因以爲姓也。」

〔一〕案關中釋抄卷上：「『刹帝利』者，此云『田主』。倶舍論頌云：『劫初如色天，後漸增貪味。由情貯賊起，爲防雇守田。』謂劫初人身有光明，食諸地味，貪心生故，地味不生；次食林露，貪又不生；次食自然粳米，身光隱蔽。貪貯既多，遂共分田，爲防諍亂，遂雇有德以爲田主，此刹帝利王之始也。」

〔二〕「刹利」，原無，據平安本補。

〔三〕「梵」，平安本、維摩經義疏卷二作「胡」。「含」，平安本無。

教以忍辱，

肇曰：「『刹利』，王種也，秦言『田主』〔一〕。劫初人食地味，轉食自然粳米。後人情漸僞，各有封殖〔二〕，遂立有德，處平分田，此王者之始也，故相承爲名焉。其尊貴自在〔三〕，多强暴決意，不能忍和也〔四〕。」

〔一〕「秦」，維摩經義疏卷二作「此」。

〔二〕「殖」，維摩經略疏垂裕記卷四作「植」。

〔三〕「貴」，維摩經義疏卷二作「高」。

〔四〕「多强暴決意，不能忍和」，關中疏作「多强暴怒，恣意傷害，自取淪迴」。又關中疏、維摩經義疏卷二此下有「故教以忍辱」。

若在婆羅門〔一〕，婆羅門中尊，

什曰：「廣學問，求邪道，自恃智慧，驕慢自大〔二〕，名『婆羅門』也。」

〔一〕案關中釋抄卷上：「又刹利、婆羅門、毘舍、首陀，天竺四姓。刹利，如上。婆羅門，道學爲業。毘舍者，此云『坐』，謂坐估財貨也。首陀者，謂田農官、學者也。」

〔二〕「大」，原作「在」，據平安本改。

除其我慢；

肇曰：「『婆羅門』，秦言『外意』。其種別有經書，世世相承，以道學爲業。或在家、或出家苦行，多恃己道術，自我慢人也〔一〕。」

〔一〕「自」，貞享本無。「自我慢人也」，關中疏作「我慢自蔽，没生死流」。

若在大臣，大臣中尊，教以正法；

肇曰：「『正法』，治政法也〔一〕。教以正法治國〔二〕，以道佐時〔三〕。」〔四〕

〔一〕「政」，平安本、關中疏作「正」。案關中釋抄卷上：「『政法』，杜預曰：『在君爲政，在臣爲事。』」

〔二〕「法」，原無，據平安本、關中疏補。

〔三〕關中疏此下有「亦令知身如泡，不保榮禄」。

〔四〕「肇曰」一段，永樂北藏本、徑山藏本、清藏本、金陵本無。

若在王子，王子中尊，示以忠孝〔一〕；

肇曰：「所承處重，宜以忠孝爲先。」〔二〕

〔一〕案關中疏卷上：「爲臣須忠，爲子應孝。」

〔二〕「肇曰」一段，永樂北藏本、徑山藏本、清藏本、金陵本無。

若在内官，内官中尊，化正宫女〔一〕**；**

什曰：「非如今内官也。外國法，取歷世忠良耆長有德用爲内官，化正宫女也。」

肇曰：「妖媚邪飾，女人之情，故誨以正直。」〔二〕

〔一〕案關中疏卷上：「嗜色之業，報以女身。若不正修，豈能出離？」

〔二〕「肇曰」一段，永樂北藏本、徑山藏本、清藏本、金陵本無。

若在庶民，庶民中尊，令興福力；

什曰：「昔有一賤人來入城邑，見一人服飾嚴浄，乘大馬，執寶蓋，唱言『不好』，乃至再三。彼人怪而問曰：『我嚴浄如是，汝何言不好耶？』賤人曰：『君宿殖德本〔一〕，獲此果報，威德被服，人所宗仰。我昔不種福，鄙陋如是。以我比君，猶如禽獸，故自言不好耳，非毁君也。』賤人因是感厲，廣修福業。形尊悟物，所益以弘〔二〕，況以道法化人哉？」

肇曰：「福力微淺，故生庶民也〔三〕。」

〔一〕「殖」，永樂北藏本、徑山藏本、清藏本、金陵本作「植」。

〔二〕「以」，平安本、永樂北藏本、徑山藏本、清藏本、金陵本作「已」。

〔三〕關中疏此下有「衣食尚乏，安能進道」。

若在梵天，梵天中尊，誨以勝慧〔一〕**；**

什曰：「小乘中初梵有三種，大乘中有四種，餘上三地亦如是。梵王雖有定慧〔二〕，而非出要，誨以佛慧〔三〕，故言『勝』也。」

肇曰：「梵天多著禪福〔四〕，不求出世勝慧也。」〔五〕

〔一〕案關中釋抄卷上：「『勝慧』者，觀四聖諦無漏慧也。梵天愛見心修禪，若無正慧，不免輪迴。」

〔二〕「定」，維摩經義疏卷二作「禪」。

〔三〕「誨」上，維摩經義疏卷二有「今」。

〔四〕「著」，關中疏作「有」。

〔五〕「肇曰」一段，永樂北藏本、徑山藏本、清藏本、金陵本無。

若在帝釋，帝釋中尊，示現無常〔一〕**；**

什曰：「梵垢薄而著淺，故爲現勝慧〔二〕。釋愛重而著深，故爲現無常也。」

肇曰：「天帝處忉利宫，五欲自娱，視東忘西，多不慮無常。」〔三〕

〔一〕案關中疏卷上：「『無常』者，滌欲愛之神湯。凡未離欲界者，豈不銘心哉？」

〔二〕「爲」，平安本無。「現」，關中疏作「説」。

〔三〕「肇曰」一段，永樂北藏本、徑山藏本、清藏本、金陵本無。

若在護世，護世中尊，護諸衆生〔一〕。

什曰：「『護世』，四天王也。諸惡鬼神殘食衆生，護世四王護之不令害也。今言尊者道力所護，兼及十方也。」

肇曰：「護世四王〔二〕，各治一方〔三〕，護其所部，使諸惡鬼神不得侵害也。」〔四〕

〔一〕案關中疏卷上：「『護世』，四天王也。東方持國主，主二部：揵闥婆、毘舍闍；南方增長主，主二部：鳩槃茶、薜荔多；西方雜語主，主二部：龍及富單那；北方多聞主，主二部：夜叉、羅刹。護諸世間也。」關中釋抄卷上：「『護世』者，四天王也。東方提頭賴吒，此云國主；南方毘樓勒叉，此云增長主；西方毘樓博，又此云雜語，亦云醜眼主；北方毘沙門，此云多聞主。」

〔二〕「四」下，平安本有「天」。

〔三〕「治」，平安本作「理」。

〔四〕「肇曰」一段，永樂北藏本、徑山藏本、清藏本、金陵本無。

長者維摩詰以如是等無量方便，饒益衆生。

肇曰：「法身圓應，其迹無端，故稱『無量』，上略言之耳。」

其以方便，現身有疾。

什曰：「上諸方便，以施戒攝人；施戒攝人〔一〕，則人感其惠。聞其有疾，問疾者衆〔二〕；問疾者衆〔三〕，則功化弘矣。是以廣現方便，然後處疾也。」

〔一〕「施」上，平安本有「以」。

〔二〕「問」上，永樂北藏本、徑山藏本、清藏本、金陵本有「則」。

〔三〕「問疾者衆」，平安本無。

以其疾故，國王、大臣、長者、居士、婆羅門等，及諸王子，并餘官屬，無數千人皆往問疾。

肇曰：「雖復變應殊方〔一〕，妙迹不一。然此經之起，本于現疾，故作者别序其事。」

〔一〕「應」，關中疏作「現」。

其往者，維摩詰因以身疾，廣爲説法：

什曰：「欲明履道之身，未免斯患，況於無德而可保也〔一〕。」

肇曰：「同我者易信，異我者難順，故因其身疾，廣明有身之患〔二〕。」

〔一〕「於」，平安本、永樂北藏本、徑山藏本、清藏本、金陵本無。

〔二〕「廣」，平安本作「以」。

「諸仁者。是身無常〔一〕、

什曰：「諸佛常法，要先以七事發人心，然後説四諦。何等七〔二〕？一、施。二、戒。三、生天果報。四、説味，味，樂味也。五、果報過患，雖有少樂，而衆苦無量；衆生迷於少樂，而不覺衆苦；猶以芥子置於山頂，唯見芥子，而不覩大山也〔三〕。六、教厭離世間。七、歎涅槃功德。今不説七法，直説無常者，將以此會積德已淳，慧識修明故也。復次，無常是空之初相，將欲説空，故先説無常〔四〕。所以但説身，不説餘法，餘法中少生著故也。」〔五〕

〔一〕案關中疏卷上：「夫『無常』者，悟身有爲體性滅，此『理無常』也，阿階道果。若四時代謝，形變色衰，此是『事』轉，非真悟也。」關中釋抄卷上：「『是身無常』者，有二種無常：一、事無常，謂四時遷變、顔貌衰老等，事物變移，爲無常也；二、理無常，謂體有爲之法，刹那刹那性自遷易，豈待葉落、白首相異，然後爲無常也？」

〔二〕「等」下，永樂北藏本、徑山藏本、清藏本、金陵本有「爲」。

〔三〕「大」，平安本作「太」。

〔四〕「説」，原作「設」，據平安本、永樂北藏本、徑山藏本、清藏本、金陵本改。

〔五〕「什曰」一段，徑山藏本、金陵本置後經「衆病所集」下。

無强、

羅什曰：「患至斯受，故無强也。」〔一〕

〔一〕經「無强」及注「羅什曰」一段，原無，據平安本補。

無力、無堅，

什曰：「無有能作力也。『無堅』，體不實也。」〔一〕

〔一〕「什曰」一段，永樂北藏本、徑山藏本、清藏本、金陵本無。

速朽之法，不可信也。

肇曰：「身之危脆，强力不能保，孰能信其永固者？此無常義也。」〔一〕

〔一〕「肇曰」一段，永樂北藏本、徑山藏本、清藏本、金陵本無。

爲苦爲惱〔一〕**，**

什曰：「無常故苦，苦則惱生。」〔二〕

〔一〕案關中疏卷上：「法身常樂，無漏因生，則知漏因生身，性本自苦，見此苦理，道果從生。若待鞭撻傷害方見苦者，非苦理也。」關中釋抄卷上：「若病發死至爲苦者，此事苦也。若知五陰有漏，有爲性本是苦，爲理苦也。觀此苦理名爲苦等諦理之觀也。」

〔二〕「什曰」一段，永樂北藏本、徑山藏本、清藏本、金陵本無。

衆病所集。

肇曰：「『苦』，八苦也，亦有無量苦〔一〕。『惱』，九惱也，亦有無量惱。『病』，四百四病。此苦之義也。」〔二〕

〔一〕案關中釋抄卷上：「『苦』者，三苦也：苦苦，苦受性；二、壞苦，樂受性；三、行苦，捨受性也。欲界具三苦，色界具後二，無色唯行苦。又有八苦。」

〔二〕「肇曰」一段，永樂北藏本、徑山藏本、清藏本、金陵本無。

諸仁者。如此身，明智者所不怙〔一〕。是身如聚沫，不可撮摩〔二〕；

肇曰：「撮摩聚沫之無實〔三〕，以喻觀身之虛僞。自此下至電喻〔四〕，明空義也〔五〕。」〔六〕

〔一〕案關中疏卷上：「病、惱相仍，明智不怙。怙，恃怙也。」

〔二〕案關中疏卷上：「『身』者，因是妄惑，果是僞報。觀察此理，名悟空也。復次，四大虛僞不真故空，亦非毀滅代謝之空哉。」

〔三〕「無」，平安本無。

〔四〕案關中疏卷上：「此下十喻明空觀。」關中釋抄卷上：「『十喻』者，聚沫、泡、芭蕉、浮雲、電，此上五喻通小乘，無常故空義也。炎、幻、夢、影、響，此五喻通大乘，無性空義也。」

〔五〕案關中釋抄卷上：「空觀亦二：若灰身壞色爲空，此是事。若知五陰有爲性不堅實，刹那無常，體歸空也，此是理也。」

〔六〕「肇曰」一段，永樂北藏本、徑山藏本、清藏本、金陵本無。

是身如泡，不得久立；

肇曰：「『不久』，似明無常義。然水上泡以虛中無實〔一〕，故不久立，猶空義耳。」〔二〕

〔一〕「虛」下，關中疏有「空」。「無」，關中疏作「不」。

〔二〕「肇曰」一段，永樂北藏本、徑山藏本、清藏本、金陵本無。

是身如炎，從渴愛生；

肇曰：「渴見陽炎〔一〕，惑以爲水；愛見四大，迷以爲身。」〔二〕

〔一〕「炎」，關中疏作「焰」。

〔二〕「肇曰」一段，永樂北藏本、徑山藏本、清藏本、金陵本無。

是身如芭蕉，中無有堅；

肇曰：「芭蕉之草，唯葉無幹。」〔一〕

〔一〕「肇曰」一段，永樂北藏本、徑山藏本、清藏本、金陵本無。

是身如幻，從顛倒起；

肇曰：「見幻爲人，四大爲身，皆顛倒也。」〔一〕

〔一〕「肇曰」一段，永樂北藏本、徑山藏本、清藏本、金陵本無。

是身如夢，爲虚妄見〔一〕；

夢中妄見，覺後非真。〔二〕

〔一〕案關中疏卷上：「妄心所計，虚誑如夢。」

〔二〕「夢中妄見」一段，永樂北藏本、徑山藏本、清藏本、金陵本無。

是身如影，從業緣現；

什曰：「形障日光，光不及照，影由此現〔一〕。由無明三業隔實智慧，所以有身也。」〔二〕

〔一〕「由」，原無，據平安本補。

〔二〕「什曰」一段，永樂北藏本、徑山藏本、清藏本、金陵本無。

是身如響，屬諸因緣；

肇曰：「身之起于業因〔一〕，猶影響之生形聲耳。」〔二〕

〔一〕「于」，平安本、關中疏作「乎」。

〔二〕「肇曰」一段，永樂北藏本、徑山藏本、清藏本、金陵本無。

是身如浮雲，須臾變滅；

什曰：「俄頃異色〔一〕，須臾變滅。身亦如是，眴息之間，有少有長、老病死變。從『如沫』至『如電』盡喻無常也。或以無堅，或以不久，或以不實，或以屬因緣，明其所以無常也。下四大喻，喻空、無我也。」〔二〕

〔一〕「頃」，原作「頓」，據貞享本改。

〔二〕「什曰」一段，永樂北藏本、徑山藏本、清藏本、金陵本無。

是身如電，念念不住。

肇曰：「『變滅、不住』似釋無常。然皆取其虚僞不真，故速滅、不住，猶釋空義也。」〔一〕

〔一〕「肇曰」一段，永樂北藏本、徑山藏本、清藏本、金陵本無。

是身無主爲如地〔一〕，

什曰：「地無常主，强者得之。身亦無主，隨事而變，病至則惱〔二〕，死至則滅，聚散隨緣，不得自在也。」〔三〕

肇曰：「夫萬事萬形皆四大成。在外則爲土木山河〔四〕，在内則爲四支百體。聚而爲生，散而爲死。生則爲内，死則爲外。内外雖殊，然其大不異。故以内外四大，類明無我也。如外地，古今相傳，强者先宅，故無主也。身亦然耳〔五〕，衆緣所成，緣合則起，緣散則離，何有真宰常主之者？主、壽、人是一我〔六〕，義立四名也。」

〔一〕案關中疏卷上：「此下六界，觀無我也……地性能持，妄計爲主。」

〔二〕「病」，平安本作「痛」。

〔三〕「什曰」一段，永樂北藏本、徑山藏本、清藏本、金陵本無。

〔四〕「木」，關中疏作「石」。

〔五〕「然耳」，關中疏作「示」。

〔六〕「人」下，平安本、永樂北藏本、徑山藏本、清藏本、金陵本有「即」。

是身無我爲如火〔一〕，

什曰：「焚燒林野，威聲振烈，若勇士陳師制勝時也。實而求之，非有敵也。身亦如是，舉動云爲，興造萬端，從惑而觀，若有宰也。尋其所由，非有我也。」〔二〕

肇曰：「縱任自由謂之『我』〔三〕。而外火起滅由薪，火不自在；火不自在，火無我也。

外火既無我，内火類亦然〔四〕。」

〔一〕案關中疏卷上：「火性炎上，妄計爲我。」

〔二〕「什曰」一段，永樂北藏本、徑山藏本、清藏本、金陵本無。

〔三〕「任」下，永樂北藏本、徑山藏本、清藏本、金陵本有「有」。

〔四〕「亦然」，平安本作「可新也」，關中疏作「可知」。

是身無壽爲如風〔一〕，

什曰：「雖飄扇鼓作，或來或去，直聚氣流動，非有存生壽也〔二〕。身亦如是，呼吸吐納，行作語言，亦假氣而動，非有壽也。」〔三〕

肇曰：「常存不變謂之『壽』。而外風積氣飄鼓，動止無常；動止無常〔四〕，風無壽也。外風既無壽，内風類可知〔五〕。」

〔一〕案關中疏卷上：「風息通命，妄計爲壽。」

〔二〕「壽」，平安本作「主」。

〔三〕「什曰」一段，永樂北藏本、徑山藏本、清藏本、金陵本無。

〔四〕「動止無常」，平安本無。

〔五〕「風」，原無，據平安本、貞享本、永樂北藏本、徑山藏本、清藏本、金陵本、關中疏補。

是身無人爲如水〔一〕。

什曰：「澄浄清明，洗滌塵穢〔二〕，曲直方圓，隨時所適。實而求之，爲者竟誰？身亦如是，知見進止，應事而遷，假緣成用，乘數而行。詳其所因，非有人也。」〔三〕

肇曰：「貴於萬物而始終不改謂之『人』〔四〕。而外水善利萬形，方圓隨物，洿隆異適〔五〕，而體無定。體無定〔六〕，則水無人也。外水既無人，内水類可知。」

〔一〕案關中疏卷上：「水性隨物，妄計爲人。」

〔二〕「塵穢」，平安本作「穢塵」。

〔三〕「什曰」一段，永樂北藏本、徑山藏本、清藏本、金陵本無。

〔四〕「始終」，平安本作「終始」。

〔五〕「洿」，關中疏作「窪」。「適」，關中疏作「遍」。

〔六〕「體無定」，平安本無。「體」上，關中疏有「若」。

是身不實，四大爲家〔一〕；

肇曰：「四非常訖於上，自此下獨明身之虚僞。衆穢過患，四大假會，以爲神宅〔二〕，非實家也。」〔三〕

〔一〕案關中疏卷上：「此身骨肉等地大，血髓等水大，煖氣等火大，喘息等風大。不了四大，妄計爲身，假會爲家，非實身也。」關中釋抄卷上：「『身四大』者，皮肉筋骨爲地，血髓目淚爲水，動轉喘息爲風，遍體煖氣爲火。又俱舍云：『堅爲地性，濕爲水性，煖爲火性，動爲風性。』又執地大爲我，即衆生相。執火大爲我，即我相；火性炎上，與我慢同相。執水大爲我，即人相；人事隨時，如水之隨器，亦同相也。執風大爲我，即壽者相；風息不斷，名爲壽命。故大集云：『出入息者，名爲壽命。』故金剛經：『若心取相，即著我、人、衆生、壽者。』若一取我相，即四大齊執也。」

〔二〕「宅」，平安本無。

〔三〕「肇曰」一段，永樂北藏本、徑山藏本、清藏本、金陵本無。

是身爲空，離我、我所〔一〕；

什曰：「『離我』，衆生空；『離我所』，法空也。上四句説空、無我喻，此直説空、無我義也。」

肇曰：「『我』，身之妙主也〔二〕。『我所』，自我之外，身及國、財、妻子、萬物盡我所有。智者觀身，身内空寂，二事俱離也。」

〔一〕案關中疏卷上：「此五空界觀。身之呻吟，猶槖籥哉。聲動因空，空無我所。既無我所，何異外空耶？」

〔二〕「之妙」，永樂北藏本、徑山藏本、清藏本、金陵本作「我所」。

是身無知，如草木瓦礫〔一〕；

什曰：「會而成知，非真知也。求知不得，同瓦礫也。」〔二〕

肇曰：「身雖能觸而無知，内雖能知而無觸〔三〕。自性而求，二俱無知。既曰『無知』，何異瓦礫？」

〔一〕案關中疏卷上：「此六識界觀也。草木隨氣，變化萬形；識身隨業，受報非一。既緣變無常，知何異草木？又草木隨氣榮枯，識亦隨緣生滅，生滅無定，知何異草木？」關中釋抄卷上：「無知如草木等者，草木無知，託四氣以生落。識心亦爾，假異境以憂悲。既託緣以分別，即自性而無知。」

〔二〕「什曰」一段，永樂北藏本、徑山藏本、清藏本、金陵本無。

〔三〕「雖」，原作「識」，據平安本改。

是身無作，風力所轉〔一〕；

什曰：「無作主而有所作者，風所轉也。從『無知』至『無作』，更釋空、無我義也。」

肇曰：「舉動事爲，風力使然，誰作之也？」〔二〕

〔一〕案關中疏卷上：「此破作者也。身隨業風，巧拙異動，無作者也。」

〔二〕「肇曰」一段，永樂北藏本、徑山藏本、清藏本、金陵本無。

是身不浄〔一〕，

什曰：「須陀洹雖見四諦，猶惑浄色，故四非常後，次説不浄也。復次，上説無常、苦、無我，此説不浄門，爲破四顛倒，故説四種觀行。行此觀已，然後能於身不著；身不著已，然後能學法身。故先説厭法，後説法身也。」〔二〕

〔一〕案關中疏卷上：「此下明緣事對治觀，破思惟惑也。」

（二）「什曰」一段，永樂北藏本、徑山藏本、清藏本、金陵本無。

穢惡充滿（一），

肇曰：「三十六物充滿其體（二）。」（三）

（一）案關中疏卷上：「此不浄想也。」

（二）案關中釋抄卷上：「『三十六物』者，外相十二：髮、毛、爪、齒、眵、淚、涎、唾、屎、尿、垢、汗也；身器十二：皮、膚、血、肉、筋、脈、骨、髓、肪、膏、腦、膜也；中合十二：肝、膽、腸、胃、脾、腎、心、肺、生藏、熟藏、赤、白痰飲也。」

（三）「肇曰」一段，永樂北藏本、徑山藏本、清藏本、金陵本無。

是身爲虚僞，雖假以澡浴衣食，必歸磨滅（一），

什曰：「此明無常所壞，所以苦也。自此以下，盡説苦喻也。『爲災』，病苦也。『丘井』以下，總喻生、老、病、死衆苦無量也。」

肇曰：「雖復澡以香湯，衣以上服，苟曰非真，豈得久立？」（二）

（一）案關中疏卷上：「此虚僞想也。」

（二）「肇曰」一段，永樂北藏本、徑山藏本、清藏本、金陵本無。

是身爲災，百一病惱（一），

肇曰：「一大增損，則百一病生；四大增損，則四百四病同時俱作，故身爲災聚也。」（二）

〔一〕案關中疏卷上：「此灾患想也。」

〔二〕「肇曰」一段，永樂北藏本、徑山藏本、清藏本、金陵本無。

是身如丘井〔一〕，

什曰：「『丘井』，丘墟枯井也〔二〕。昔有人有罪於王〔三〕，其人怖罪逃走〔四〕，王令醉象逐之。其人怖急，自投枯井，半井得一腐草，以手執之。下有惡龍，吐毒向之；傍有五毒蛇，復欲加害；二鼠嚙草，草復將斷〔五〕；大象臨其上，復欲取之。其人危苦，極大恐怖；上有一樹，樹上時有蜜滴〔六〕，落其口中；以著味故，而忘怖畏。丘井，生死也。醉象，無常也。毒龍，惡道也。五毒蛇，五陰也。腐草，命根也。黑白二鼠，白月、黑月也。蜜滴，五欲樂也。得蜜滴而忘怖畏者〔七〕，喻衆生得五欲蜜滴，不畏苦也。」

〔一〕案關中疏卷上：「『丘井』者，故破村落丘墟故井也。謂人物宫室移就新居，井不可改，日見崩壞。人老亦然，盛力少色皆悉遷移，衰老形骸留此散壞，此老壞想也。」

〔二〕「枯」，維摩經義疏卷二、維摩經略疏卷一〇作「朽」。

〔三〕「昔」，維摩經義疏卷二作「前」。　「有」，維摩經義疏卷二作「犯」。

〔四〕「怖罪逃」，平安本、維摩經義疏卷二作「逸」。

〔五〕「將」，維摩經義疏卷二作「欲」。

〔六〕「時」，平安本無。

〔七〕「怖畏者」，維摩經義疏卷二作「畏苦」。

爲老所逼；

肇曰：「神之處身，爲老死所逼，猶危人之在丘井，爲龍蛇所逼，緣在他經也。」〔一〕

〔一〕「肇曰」一段，永樂北藏本、徑山藏本、清藏本、金陵本無。

是身無定，

什曰：「念有死分，無定期也。」〔一〕

〔一〕「什曰」一段，永樂北藏本、徑山藏本、清藏本、金陵本無。

爲要當死〔一〕**；**

肇曰：「壽夭雖無定，不得不受死。」〔二〕

〔一〕案關中疏卷上：「此必死想也。」

〔二〕「肇曰」一段，永樂北藏本、徑山藏本、清藏本、金陵本無。

是身如毒蛇、

肇曰：「四大，喻四蛇也。」〔一〕

〔一〕「肇曰」一段，永樂北藏本、徑山藏本、清藏本、金陵本無。

如怨賊、

肇曰：「五陰〔一〕，喻五賊也。」〔二〕

〔一〕「陰」，原作「蔭」，據平安本改。

〔二〕「肇曰」一段，永樂北藏本、徑山藏本、清藏本、金陵本無。

如空聚，

什曰：「昔有人得罪於王，王欲密殺。篋盛四毒蛇，使其守護，有五怨賊拔刀守之〔一〕。善知識語之令走，其人即去，入空聚落，便於中止。知識復言：『此處是惡賊所止。若住此者，須臾賊至，喪汝身命，失汝財寶。宜速捨離，可得安隱。』其人從教，即便捨去。復見大水，縛栰而渡。渡已安隱，無復衆患。王，喻魔也。篋，喻身也。四蛇，四大也。五怨賊，五陰也。空聚落，六入也。惡賊，六塵也。河，生死也。善知識教令走者，謂佛菩薩教衆生離惡魔、棄四大、捨五陰。衆生從教，雖捨患三惡〔二〕，而未出諸聚落〔三〕，未免惡賊〔四〕。復教令乘八正栰，度生死流。度生死流已，坦然無爲，無復衆患也。」

肇曰：「六情，喻空聚。皆有誠證〔五〕，喻在他經。是故涅槃經云：『觀身如四大毒蛇，是身無常，常爲無量諸蟲之所唼食；是身臭穢，貪欲獄縛；是身可畏〔六〕，猶如死狗；是身不淨，九孔常流；是身如城，血肉筋骨皮裹其上，手足以爲却敵樓櫓〔七〕，目爲孔竅，頭爲殿堂，心王處中，如是身城，諸佛世尊之所棄捨，凡夫愚人常所味著，貪淫、嗔恚、愚癡、羅刹止住其中；是身不堅，猶如蘆葦、伊蘭、水沫、芭蕉之樹；是身無常，念念不住，猶如電光、暴水〔八〕、幻炎〔九〕，亦如畫水，隨畫隨合；是身易壞，猶如河岸臨峻大樹；是身不久，虎、狼、鵄、梟、鵰、鷲、餓狗之所食噉。誰有智者當樂此身？寧以牛跡盛大海水，不可具説是身無常不浄臭穢。寧團大地使如棗等，漸漸轉小如亭歷子〔一〇〕，乃至微塵，不能具説是身過患。是故當捨，如棄涕唾〔一一〕。』」

〔一〕「有」，平安本無。

〔二〕「患三惡」，平安本、永樂北藏本、徑山藏本、清藏本、金陵本作「遠三患」。

〔三〕「諸」下，平安本、永樂北藏本、徑山藏本、清藏本、金陵本有「入」。

〔四〕「免」，平安本作「勉」。「惡」，永樂北藏本、徑山藏本、清藏本、金陵本作「怨」。

〔五〕「證」，平安本無。又「誠證」，關中疏作「成」。

〔六〕「畏」，平安本作「惡」。

〔七〕案徑山藏本、金陵本卷末音釋：「樓櫓，二皆城上屋也。」

〔八〕「暴」，金陵本作「瀑」。

〔九〕「炎」，金陵本作「燄」。

〔一〇〕案徑山藏本、金陵本卷末音釋：「亭歷子，草藥名。」

〔一〕「是故涅槃經云」至「如棄涕唾」，平安本無。

陰、界、諸入所共合成〔一〕。

肇曰：「『陰』，五陰。『界』，十八界。『入』，十二入。此三法假合成身，猶若空聚，一無可寄〔二〕。」〔三〕

〔一〕案關中疏卷上：「此總明不可樂想也。」

〔二〕「一無」，平安本作「無一」。

〔三〕「肇曰」一段，永樂北藏本、徑山藏本、清藏本、金陵本無。

諸仁者。此可患厭，當樂佛身。

肇曰：「吾等同有斯患，可厭久矣，宜共樂求佛身。」〔一〕

〔一〕「肇曰」一段，永樂北藏本、徑山藏本、清藏本、金陵本無。

所以者何？

肇曰：「近見者，謂佛身直是形之妙者〔一〕，未免生死寒暑之患，曷爲而求？將爲辯法身極妙之體也〔二〕。」〔三〕

〔一〕案關中釋抄卷上：「『形之妙者』，謂二乘人不知五陰皆空是佛身，乃取三十二相爲佛身，有金鏘、馬麥之患，何得厭彼忻此也？將示大乘五陰本空，王宮生無生，雙林滅不滅，丈六即真爲佛身也。故云：『佛身者，即法身也。』」

〔二〕「爲辯」，關中疏作「辨」。「極妙」，關中疏作「妙極」。

〔三〕「肇曰」一段，永樂北藏本、徑山藏本、清藏本、金陵本無。

佛身者，即法身也。

肇曰：「經云：『法身者，虚空身也。』無生而無不生，無形而無不形。超三界之表〔一〕，絶有心之境。陰入所不攝〔二〕，稱讚所不及〔三〕。寒暑不能爲其患，生死無以化其體。故其爲物也，微妙無象不可爲有〔四〕，備應萬形不可爲無；彌綸八極不可爲小〔五〕，細入無間不可爲大。故能出生入死〔六〕，通洞于無窮之化〔七〕；變現殊方，應無端之求。此二乘之所不識〔八〕，補處之所不覩〔九〕。況凡夫無目〔一〇〕，敢措心於其間哉〔一一〕？聊依經誠言，粗標其玄極耳。然則法身在天爲天，在人而人，豈可近捨丈六，而遠求法身乎？」

生曰：「夫佛身者，丈六體也。丈六體者，從法身出也。以從出名之，故曰『即法身』也。法者，無非法義也。無非法義者，即無相實也。身者，此義之體。法身真實，丈六應假，將何以明之哉？悟夫法者，封惑永盡，髣髴亦除。妙絶三界之表，理冥無形之境。形既已無，故能無不形；三界既絶，故能無不界。無不界〔一二〕、無不形者，唯感是應，佛無爲也。至於形之巨細、壽之脩短，皆是接衆生之影迹，非佛實也。衆生若無感，則不現矣〔一三〕。非佛不欲接，衆生不致，故自絶耳。若不致而爲現者，未之有也。譬日之麗天，而影在衆器。萬影萬形皆是器之所取〔一四〕，豈日爲乎？器若無水，則不現矣；非不欲現〔一五〕，器不致故自絶耳。然則丈六之與八尺，皆是衆生心、水中佛也。佛常無形，豈有二哉？以前衆患皆由有身，故令樂佛身也。然佛身迹交在有〔一六〕，雖復精麁之殊，至於無常，不應有異。而令樂之〔一七〕，宜明其意。既云即是法身，非徒使知無有身患，乃所以用斷一切衆生病矣。斯又引使樂法，樂法之行下法，是以行於法者得佛身也。」〔一八〕

〔一〕案關中釋抄卷上：「『超三界』者，謂悟三界如幻也。」

〔二〕「不」下，永樂北藏本、徑山藏本、清藏本、金陵本有「能」。下一「不」同。案關中釋抄卷上：「『陰不攝』者，陰入即空也。」

〔三〕「讚」，關中疏作「謂」。

〔四〕「象」，平安本、關中疏作「像」。

〔五〕案關中釋抄卷上：「『八極』者，八方也。」

〔六〕「出生入死」，平安本作「入生出死」。

〔七〕「于」，永樂北藏本、徑山藏本、清藏本、金陵本、關中疏作「乎」。

〔八〕「識」，原作「議」，據永樂北藏本、徑山藏本、清藏本、金陵本改。

〔九〕「不」，平安本、關中疏作「未」。「覩」，關中疏作「覿」。

〔一〇〕「目」，關中疏作「因」。

〔一一〕「心」，永樂北藏本、徑山藏本、清藏本、金陵本、關中疏、關中釋抄作「思」。案關中釋抄卷上：「措，投也，置也。」

〔一二〕「無不界」，原無，據平安本補。

〔一三〕「則」，平安本作「即」。

〔一四〕「萬影萬形」，平安本作「萬器萬影」。

〔一五〕「非」下，平安本作「日」。

〔一六〕「身」，原作「道」，據平安本改。

〔一七〕「令」，平安本作「今」。

〔一八〕「生曰」一段，永樂北藏本、徑山藏本、清藏本、金陵本無。

從無量功德、智慧生，

肇曰：「夫極妙之身，必生于極妙之因〔一〕。『功德、智慧』，大士二業也。此二業〔二〕，蓋是萬行之初門，泥洹之關要，故唱言有之。自此下，雖別列諸行，然皆是無爲無相行也。以行無相無爲，故所成法身亦無相無爲。」〔三〕

〔一〕「于」，平安本、關中疏作「乎」。

〔二〕「此二業」，平安本無。

〔三〕「肇曰」一段，永樂北藏本、徑山藏本、清藏本、金陵本無。

從戒、定、慧、解脱、解脱知見生，

肇曰：「五分法身。」〔一〕

〔一〕「肇曰」一段，永樂北藏本、徑山藏本、清藏本、金陵本無。

從慈、悲、喜、捨生〔二〕，從布施、持戒、忍辱、柔和、勤行、精進、禪定、解脱三昧、

肇曰：「『禪』，四禪。『定』，四空定。『解脱』，八解脱。『三昧』，三三昧。此皆禪度之別行也。」

〔二〕案關中疏卷上：「四等也。」

多聞智慧諸波羅蜜生，

肇曰：「『諸』，即上六度也。『波羅蜜』，秦言『到彼岸』。彼岸，實相岸也。得無生以後，所修衆行，盡與實相合體，無復分別也。」〔一〕

〔一〕經「多聞智慧諸波羅蜜生」及注「肇曰」一段，徑山藏本、金陵本與上節合一。

從方便生，從六通生〔一〕，

肇曰：「七住以上，則具六通。自非六通運其無方之化〔二〕，無以成無極之體。」

〔一〕案關中釋抄卷上：「『六通』者，一、神境通，謂或現大身小身也；二、天耳，聞障外聲；三、天眼，見障外事；四、他心，知他心故；五、宿命，知宿命事故；六、漏盡，諸煩惱盡故。」

〔三〕「運」，平安本作「運從方便生」，關中疏作「方便生」。

從三明生〔一〕，

肇曰：「天眼、宿命智、漏盡通，爲三明也。」

〔一〕案關中釋抄卷上：「『三明』者，一、宿命明，知宿命；二、天眼明；三、漏盡明。謂一往知事爲通，深監因緣爲明。又俱舍云：『宿命，除過去愚；天眼，除未來愚；漏盡，除三世愚。餘三不爾，故但名通，不名明也。』」

從三十七道品生，從止觀生，

什曰：「始觀時，係心一處，名爲『止』。靜極則明，明即慧〔一〕，慧名『觀』也。」

肇曰：「止定觀慧〔二〕。」

〔一〕「即」，關中疏作「則」。

〔二〕「止定觀慧」，永樂北藏本、徑山藏本、清藏本、金陵本作「止觀定慧」。

從十力、四無所畏、十八不共法生〔一〕**，從斷一切不善法、集一切善法生，**

肇曰：「必斷之志，必集之情。此二心，行之綱目也。」〔二〕

〔一〕案關中疏卷上：「名數如常。自非剋圓勝德，何能證兹法身？」

〔二〕「肇曰」一段，永樂北藏本、徑山藏本、清藏本、金陵本無。

從真實生，從不放逸生，

肇曰：「真實，善根所以生。不放逸，功業所以成。此二心，行之要用也。」〔一〕

從如是無量清浄法生如來身。諸仁者。欲得佛身、斷一切衆生病者，當發阿耨多羅三藐三菩提心。」

〔一〕「肇曰」一段，永樂北藏本、徑山藏本、清藏本、金陵本無。

肇曰：「發無上心，豈唯自除病，亦濟群生病〔一〕。」〔二〕

〔一〕「群」，平安本作「衆」。

〔二〕「肇曰」一段，永樂北藏本、徑山藏本、清藏本、金陵本無。

如是長者維摩詰爲諸問疾者如應説法，令無數千人皆發阿耨多羅三藐三菩提心。

注維摩詰經卷第三[一]

弟子品第三[二]

爾時，長者維摩詰自念：「寢疾于床，

生曰：「『自念寢疾』者，自傷念疾也。夫有身則有疾，此自世之常爾。達者體之，何所傷哉？然毘耶離諸長者子皆覲佛聽法[三]，維摩詰事應是同，闕疾不豫[四]，理在致傷，故託以崇法，招佛問疾也。」[五]

世尊大慈，寧不垂愍？」

〔一〕案底本於此未分卷，據永樂北藏本、徑山藏本、清藏本、金陵本改。又金陵本作「卷第二」。

〔二〕「三」下，平安本有「集解」。下同不出校。案關中疏卷上：「明弟子因命問疾，寄宣呵辭，挫小進大，故目品焉。」

〔三〕「皆」上，平安本有「自」。「覲」，關中疏作「觀」。

〔四〕「闕」，關中疏作「礙」。「豫」，關中疏作「預」。

〔五〕「生曰」一段，永樂北藏本、徑山藏本、清藏本、金陵本無。

肇曰：「上善若水，所以洿隆斯順〔一〕；與善仁，故能曲成無悋；動善時〔二〕，所以會幾不失〔三〕；居衆人之所惡，故能與彼同疾。世尊大慈，必見垂問，因以弘道，所濟良多，此現疾之本意也。」〔四〕

生曰：「以閡疾不豫妙聽，良可哀也。此之可哀，理應近者，是哀之爲事〔五〕，宜遣慰問。而佛大慈普念，今也無使，寧不愍之耶？此蓋因常情以期使耳，豈曰存己？乃遠以通物也。若佛遺使，則向疾之弊忽化成大休矣。返常之致〔六〕，不亦然乎〔七〕？」〔八〕

〔一〕案徑山藏本卷三末音釋、金陵本卷一末音釋：「洿隆，猶言低高也。」

〔二〕「時」，原作「時至」，據永樂北藏本、徑山藏本、清藏本、金陵本改。平安本作「以時」。

〔三〕「幾」，平安本作「機」。

〔四〕「肇曰」一段，永樂北藏本、徑山藏本、清藏本、金陵本在前「弟子品第三」下。

〔五〕「哀」，平安本作「哀哀」。

〔六〕「返」，平安本作「反」。

〔七〕「亦」，平安本作「其」。

〔八〕「生曰」一段，永樂北藏本、徑山藏本、清藏本、金陵本無。

佛知其意，即告舍利弗：「汝行詣維摩詰問疾。」

什曰：「聲聞法中，諸羅漢無漏智慧勝，菩薩世俗智慧勝〔一〕。大乘法中，二事俱勝〔二〕。

今用聲聞法明大小，故先命弟子也〔三〕。舍利弗於弟子中智慧第一，故先命之。知其不堪而命之者，欲令其顯維摩詰辯才殊勝〔四〕，發起衆會也。復命餘人者，欲令各稱其美名〔五〕，兼應辯慧無方也。此下『宴坐』，梵本云『攝身心』也。」

肇曰：「至人懸心默通〔六〕，不先形言〔七〕，冥機潛應〔八〕，故命問疾也。舍利弗，五百弟子之上智慧第一，故先敕也。如來知諸人不堪而猶命者，將顯浄名無窮之德，以生衆會悕仰之情耳〔九〕。『舍利』，其母名〔一〇〕；『弗』，秦言『子』；天竺多以母名名子。」

生曰：「『知其意』者，達其旨也。今日之使，理歸文殊，而命餘人者，託常遣使之儀〔一一〕，欲以假顯維摩詰德也。德以此顯者，遘既在昔，今必高推；推若有理，則理可貴矣。苟已伏德，而藉聞理爲貴；至於論疾之際，豈有不悟哉〔一二〕？夫遣使之禮〔一三〕，要當自近及遠〔一四〕，是以先弟子、後菩薩也。舍利弗是親承之最，故首命之焉。」〔一五〕

〔一〕「勝」，原無，據平安本、維摩經義疏卷三補。

〔二〕「二」上，平安本、貞享本、永樂北藏本、徑山藏本、清藏本、金陵本有「菩薩」。

〔三〕「先」，維摩經義疏卷三作「前」。

〔四〕「詰」，平安本無。「辯才」，永樂北藏本、徑山藏本、清藏本、金陵本作「才辯」。

〔五〕「名」，原作「明」，據永樂北藏本、清藏本改。

〔六〕案關中釋抄卷下：「『懸心默通』者，謂聖心懸照前心，默然通見，何待言也？」

〔七〕「不」，平安本作「理」。

〔八〕案關中釋抄卷下：「『冥機潛應』者，冥然見機，潛相應會，故相造也。」

〔九〕「悕」，原作「怖」，據關中疏改。

〔一〇〕「其」上，關中疏有「此名身」。

〔一一〕「儀」，平安本作「宜」。

〔一二〕「有」，平安本無。

〔一三〕「禮」，原作「體」，據貞享本改。

〔一四〕「要」上，平安本有「宜」。

〔一五〕「肇曰」「生曰」兩段，永樂北藏本、徑山藏本、清藏本、金陵本無。

舍利弗白佛言：「世尊。我不堪任詣彼問疾。

肇曰：「奉佛使命，宜須重人。浄名大士智慧無量〔一〕，非是弟子所堪能也〔二〕。且曾爲所呵，默不能報，豈敢輕奉使命，以致漏失之譏？」

生曰：「夫以妙乘龕無往不盡，而今所扣，蓋是近應群生，於舍利弗豈有不堪之時耳〔三〕？不堪之意，良在於兹。今欲現之若實，要應有寄。維摩詰迹在辯捷，爲一國所憚，往有致論之理。而舍利弗曾亦示屈於彼，以爲不堪，孰謂虚哉？」〔四〕

〔一〕「慧」下，平安本有「辨」。

〔二〕「堪能也」，平安本作「能堪對」。

〔三〕「堪」下，平安本有「非堪」。

〔四〕「肇曰」「生曰」兩段，永樂北藏本、徑山藏本、清藏本、金陵本無。

所以者何？憶念我昔，曾於林中，宴坐樹下。時維摩詰來謂我言：『唯。舍利弗。不必是坐爲宴坐也〔一〕。

肇曰：「無施之迹，效之於前矣。曾於林下宴坐，時淨名來，以爲坐法不爾也。」

生曰：「有以致辭，非拒命也。託不拒命之辭，以取推維摩詰美也〔二〕。『不必是』者，不言非是，但不必是耳。『不言非是』者，實可以爲求定之筌也。『不必是』者，有以之致病，病所不病，可不呵哉？舍利弗誠無所復，假宜由行以軌物，所行交是彼之所病。維摩詰以其居不足之地，固可寄以爲呵，然則舍利弗迹受屈矣。『宴坐』者，閑居之貌。」〔三〕

〔一〕案關中疏卷上：「『不必此坐爲真坐也』，夫心體離念，性本寂滅，體此安住，名真宴坐。豈同二乘，厭亂忻定，而爲宴寂哉？」

〔二〕「推」，關中疏作「權」。「美」，平安本、關中疏作「義」。

〔三〕「肇曰」「生曰」兩段，永樂北藏本、徑山藏本、清藏本、金陵本無。

夫宴坐者，不於三界現身意〔一〕，**是爲宴坐**〔二〕：

什曰：「此章大明至定，以誨未能，非獨明空也。菩薩安心真境，識不外馳，是心不現也。法化之身，超於三界，是身心俱隱，禪定之極也〔三〕。聲聞雖能藏心實法，未能不見其身，身見三界則受累於物，故隱而猶現，未爲善攝也。亦云身子于時入滅盡定，能令心隱，其身猶現〔四〕，故譏之也。」

肇曰：「夫法身之宴坐〔五〕，形神俱滅〔六〕，道絶常境，視聽所不及，豈復現身於三界，修意而爲定哉？舍利弗猶有世報生身〔七〕，及世報意根，故以人間爲煩擾，而宴坐林下〔八〕，未能形神無迹，故致斯呵。凡呵之興，意在多益，豈存彼我，以是非爲心乎？」

生曰：「原夫宴坐於林中者〔九〕，以隱其形也。若不隱〔一〇〕，必爲事之所動，是以隱之，使離於事，以爲求定之方。而隱者有患形之不隱，苟執以不隱爲患；而隱者猶爲不隱所亂，非所以隱也〔一一〕。隱形者，本欲藏意也。意不藏，必爲六塵所牽。是以藏之，以不見可欲〔一二〕，得因以息欲。而藏者有患意之不藏，苟執以不藏爲患；而藏者尚爲不藏所亂，非所以藏也。若能於三界不見有不隱不藏之處，則不復爲之所亂爾，乃所以是隱藏之意耳。不隱不藏爲現，現必不出三界，故言『不於三界現身意』也。」〔一三〕

〔一〕案關中釋抄卷下：「『不於三界』者，身子入小乘八定及滅盡定，皆三界身心得也。菩薩住實相定，即法身真智證，非三界法也。」

〔二〕案關中疏卷上：「夫三界性空，未嘗不寂；身心如幻，何時不定，豈有厭忻哉？」

〔三〕「定」，平安本無。

〔四〕「現」，平安本作「見」。

〔五〕「坐」，平安本無。

〔六〕案關中釋抄卷下：「『（形）神俱滅』者，謂菩提不可以身得，不可以心得。身即無色無別，心即無根無住。不生不滅故云實滅，大士之滅定如此也。」

〔七〕「舍」上，關中疏有「今」。

〔八〕「林」，永樂北藏本、徑山藏本、清藏本、金陵本作「樹」。

〔九〕「中」，平安本作「下」。

〔一〇〕「若」下，平安本有「形」。

〔一一〕「以」，原作「使」，據平安本改。

〔一二〕「以」，平安本作「使」。

〔一三〕「什曰」「生曰」兩段，永樂北藏本、徑山藏本、清藏本、金陵本無。

不起滅定〔一〕**，而現諸威儀，是爲宴坐；**

什曰：「謂雖入滅定，而能現無量變化，以應衆生。」〔二〕

肇曰：「小乘入滅盡定，則形猶枯木，無運用之能。大士入實相定，心智永滅，而形充八極，順機而作，應會無方，舉動進止，不捨威儀，其爲宴坐也〔三〕，亦以極矣。上云『不於三界現身意』〔四〕，此云『現諸威儀』，夫以無現故能無不現，無不現即無現之體也。庶參玄君子，有以會其所以同，而同其所以異也。」

〔一〕案關中疏卷上：「小乘滅受想心名爲『滅定』，故滅而無用也。菩薩體心性常寂滅名『滅盡定』，故寂而常用。」關中釋抄卷下：「此無色皆四陰成，故滅受想等心；入滅盡定也，故皆是三界身心。今菩薩以中道正觀照三界五陰不生不滅定，此真滅盡定也。」

〔二〕「什曰」一段，永樂北藏本、徑山藏本、清藏本、金陵本無。

〔三〕「坐」，平安本無。

〔四〕「意」，平安本無。

不捨道法，而現凡夫事〔一〕，**是爲宴坐；**

肇曰：「小乘障隔生死，故不能和光。大士美惡齊旨，道俗一觀，故終日凡夫、終日道法也。淨名之有居家，即其事也。」

生曰：「既隱林中，便應求定。求定之法，先當正身使不動，不動故不乖定，正身故不違道，斯可以求道定之良術也。若封以不正違道而正之，動乖定而住之者，猶復爲不正及動所亂，非所以正身不動旨也。若不起滅定，即是現諸威儀者，是則不現威儀異於定也〔二〕，無異故不相乖矣。『威儀』者，則是動也。『滅定』者，滅心心數法定也。此定正反形動之極，故偏舉以爲言也〔三〕。若『不捨道法，即是現凡夫事』者，是則不見凡夫事異於道也。『凡夫事』者，即是身不正也。『威儀、凡夫事』在下句者〔四〕，所病在此，故以上牽之也。」〔五〕

〔一〕案關中疏卷上：「仁王云：『雙照二諦平等道。』照真故『道法』，照俗故『凡事』。」關中釋抄卷下：「『道法』者，即陰自空也。『現凡夫事』者，方便涉假也。」

〔二〕「現」，平安本作「見」。

〔三〕「偏」，平安本作「徧」。

〔四〕「下句」，平安本作「句下」。

〔五〕「生曰」一段，永樂北藏本、徑山藏本、清藏本、金陵本無。

心不住内，亦不在外〔一〕，是爲宴坐；

什曰：「賢聖攝心謂之内，凡夫馳想謂之外。言『不内、不外』者，等心内外也。」

肇曰：「身爲幻宅，曷爲住内？萬物斯虚，曷爲在外？小乘防念，故繫心於内；凡夫多求，故馳想於外；大士齊觀，故内外無寄也。」

生曰：「既正身不動，次應攝念。攝念之法，若去所緣，即攝令還。念去從事，謂之馳外；攝還從我，謂之住内。若以馳外爲亂〔二〕，住内爲定，即復是爲内外所馳，非所以

攝念之意也。心不住内者，則無内可住也；亦不在外者〔三〕，則無外可在也，然後乃是不復馳焉。」〔四〕

〔一〕案關中疏卷上：「心生則内外相生，心寂則内外相滅，此無住爲住也。」關中釋抄卷下：「『心不住内外』者，三處性空，即心實滅，故不住也。」

〔二〕「若」，平安本作「苟」。

〔三〕「外」下，平安本有「有」。

〔四〕「什曰」「生曰」兩段，永樂北藏本、徑山藏本、清藏本、金陵本無。

於諸見不動，而修行三十七品〔一〕，是爲宴坐；

什曰：「若以見爲動是見住也〔二〕。」〔三〕

肇曰：「『諸見』，六十二諸妄見也。夫以見爲見者，要動捨諸見以修道品。大士觀諸見真性即是道品，故不近捨諸見〔四〕，而遠修道品也〔五〕。」

生曰：「攝念之義，要得其道。其道爲何？在乎正觀。正觀，即三十七品也。三十七品觀，是見理之懷也。以從理而見，故意可住耳。若貴觀得理，即復是爲觀所惑，則失乎理，非所以觀也。若『於諸見不動，即是行三十七品』者，是則不見三十七品異於諸見，則無復惑矣。『不動』者，不去之。『諸見』者，邪見也。」〔六〕

〔一〕案關中疏卷上：「如小乘觀身不浄破浄倒，名見動。大士觀身性空非垢非浄，名爲不動。念處既爾，餘品例然。」關中釋抄卷下：「『諸見不動』者，執著名爲見，二邊名爲動。二乘四念處，觀身不淨破淨倒，觀受是苦破樂倒，觀心無常破常倒，觀法無我破我倒，餘品例然，是名二乘類於諸見動修三十七品也。若大乘四念處，觀身性空非淨非不淨，觀受不在内外中間非苦非樂，觀心但有假名非常非無常，觀法如幻化非我非無我，餘品例然，此名大乘於諸見不動修三十七品。」

〔二〕「動是」，平安本作「是動」。

〔三〕「什曰」一段，原在經「於諸見不動」下，從文義改。

〔四〕「諸」，平安本、關中疏作「妄」。

〔五〕「品」，平安本無。

〔六〕「什曰」「生曰」兩段，永樂北藏本、徑山藏本、清藏本、金陵本無。

不斷煩惱，而入涅槃〔一〕，是爲宴坐。

什曰：「煩惱即涅槃，故不待斷而後入也。」

肇曰：「七使九結〔二〕，惱亂群生，故名爲『煩惱』。煩惱真性，即是涅槃。慧力强者，觀煩惱即是入涅槃，不待斷而後入也。」

生曰：「既觀理得性〔三〕，便應縛盡泥洹。若必以泥洹爲貴而欲取之，即復爲泥洹所縛。若『不斷煩惱，即是入泥洹』者，是則不見泥洹異於煩惱，則無縛矣〔四〕。此上二句亦所病在下，以上牽之。」〔五〕

〔一〕案關中釋抄卷下：「『不斷煩惱』者，煩惱性空，故云『不斷』。二乘法執如煩惱爲實有，故斷而入。菩薩悟煩惱性空，故不斷而入也。」

〔二〕案關中釋抄卷下：「『七使』者，貪、瞋、癡、慢、疑爲五身見，邊見、邪見爲第六見，戒取、見取爲第七取使。『九結』如前。」

〔三〕「性」，平安本作「住」。

〔四〕「則」下，平安本有「復」。

〔五〕「肇曰」「生曰」兩段，永樂北藏本、徑山藏本、清藏本、金陵本無。

若能如是坐者，佛所印可。』

肇曰：「此平等法坐佛所印可，豈若仁者有待之坐乎〔一〕？」〔二〕

〔一〕「若」，平安本作「曰」。

〔二〕「肇曰」一段，永樂北藏本、徑山藏本、清藏本、金陵本無。

時我，世尊。聞説是語，默然而止〔一〕，不能加報。

肇曰：「理出意外，莫知所對也。」〔二〕

〔一〕案關中釋抄卷下：「『時我，世尊，默然』者，應呼云『世尊，我時默然』，但以梵語語約故爾。」

〔二〕「肇曰」一段，永樂北藏本、徑山藏本、清藏本、金陵本無。

故我不任詣彼問疾。」

佛告大目揵連〔一〕：

什曰：「目連，婆羅門姓也，名拘律陀〔二〕。『拘律陀』，樹神名也。以求神得故，因以爲名。生便有大智慧，故名『大目揵連』〔三〕，神足第一者也。」〔四〕

肇曰：「目連〔五〕，弟子中神足第一〔六〕。出婆羅門種，姓目揵連，字拘律陀也。」〔七〕

〔一〕案關中疏卷上：「『目連』，此云『採菽』，姓也。輔相之族。字拘律陀，此樹名也。」關中釋抄卷下：「目連章者，梵音也。部執論翻爲『胡豆』，法藴足論云『没特伽羅子』，此云『緑豆子』，新云『採菽』。又前身子智慧第一，約禪定呵，目連禪定第一，約説法呵。所以以十大弟子此二交絡呵者，以定慧是萬行之門，故不可偏定。定深必慧明，慧明必定深也。」

〔二〕「拘」，原作「俱」，據平安本、永樂北藏本、徑山藏本、清藏本、金陵本改。「陀」，永樂北藏本、清藏本作「陁」。下同。

〔三〕「揵」，永樂北藏本、徑山藏本、清藏本、金陵本作「犍」。

〔四〕「什曰」一段，徑山藏本、金陵本置後經「汝行詣維摩詰問疾」下。

〔五〕「目」下，平安本有「犍」。

〔六〕「足」，關中疏作「通」。

〔七〕「肇曰」一段，永樂北藏本、徑山藏本、清藏本、金陵本無。

「汝行詣維摩詰問疾。」

生曰：「夫人才有長短，所能不同。舍利弗自可不能，餘何必然？故不抑之而不告也，復得因以廣維摩詰之美也。」〔一〕

〔一〕「生曰」一段，永樂北藏本、徑山藏本、清藏本、金陵本無。

目連白佛言：「世尊。我不堪任詣彼問疾。所以者何？憶念我昔入毘耶離大城，於里巷中爲諸居士説法〔一〕。

什曰：「居士智慧利根，應直聞實相。而目連未覩人根，依常説法，先以施、戒七事發悟居士；居士聞施、戒生天受福〔二〕，則起衆生想；起衆生想已，則於諸法妄生衆相。故建章明無衆生，後破衆相，乃可以返其所迷〔三〕，應其本識也。」〔四〕

肇曰：「經不載其所説，依後呵意，當是説有爲善法、施、戒之流也。」〔五〕

〔一〕案關中疏卷上：「此説小乘無常等法也。」

〔二〕「戒」下，平安本、永樂北藏本、徑山藏本、清藏本、金陵本有「及」。

〔三〕「返」，平安本作「反」。

〔四〕「什曰」一段，徑山藏本、金陵本置後經「法無衆生，離衆生垢故」下。

〔五〕「肇曰」一段，永樂北藏本、徑山藏本、清藏本、金陵本無。

時維摩詰來謂我言：『唯。大目連。爲白衣居士説法，不當如仁者所説〔一〕。

肇曰：「浄名觀諸居士應聞空義，而目連不善觀人根導以有法，故致呵也。」

生曰：「説法本欲引使貴法〔二〕，非除法也〔三〕。彼既貴之，便封著而樂小。樂小者專欲離病，然違其大本；封著者則乖於法理，乖違誠出彼情，而説法者可致闇根之嫌。又有不如法説之迹，白衣非取道之操，幸可不説捨俗之理，以傷其本也。居士以貪著爲懷，不可使見法可貴以移其著也。故云『爲白衣居士説法，不當如仁者之所説』也。」〔四〕

〔一〕案關中疏卷上：「此順方言，應云『仁者所説不當』。法唯一實，餘二非真，故云『不當』。」

〔二〕「本」下，平安本有「意」。

〔三〕「非除」，平安本作「除非」。

〔四〕「肇曰」「生曰」兩段，永樂北藏本、徑山藏本、清藏本、金陵本無。

夫説法者，當如法説。

肇曰：「『法』，謂一相真實法也。法義，自備之後文。」〔一〕

〔一〕「肇曰」一段，永樂北藏本、徑山藏本、清藏本、金陵本無。

法無衆生，離衆生垢故〔一〕**；**

什曰：「『衆生垢』，即二十身見也。妄見取相，而法竟無相。理乖於見，故言『離』也。章始終以二義明畢竟空：一言離相，二言離見。因惑者謂言有相故，以離相明無相也。邪者雖起妄見，而法中無見〔二〕，故以離見明無彼妄見所見相也。自此以下，凡言無名、無説、離識、離觀，類如離見也。」

肇曰：「自此以下，辯真法義也。夫存衆生，則垢真法。若悟法無衆生，則其垢自離。衆生自我習著偏重，故先明其無〔三〕。」

生曰：「自此以下，大論法理也。法有二種：衆生空、法空。衆生空、法空，理誠不殊，然於惑者取悟，事有難易，故分之也。衆生以總會成體不實之意，居然可領，故易也；法以獨立近實之趣多〔四〕，故難也。今先明衆生空也。『法無衆生』者，以無衆生爲法也；『離衆生垢故』者，釋之也。言衆生自出著者之情，非理之然也。情不從理，謂之『垢』也。若得見理，垢情必盡。以離垢驗之，知無衆生也。『衆生』者，衆事會而生，以名宰一之主也。」〔五〕

〔一〕案關中疏卷上：「此明法性本無衆生，不同二乘斷衆生相也。下三句類然。」
〔二〕「法」，原作「法法」，據平安本改。
〔三〕「明」，永樂北藏本、徑山藏本、清藏本、金陵本作「名」。
〔四〕「以」，平安本無。
〔五〕「什曰」「生曰」兩段，永樂北藏本、徑山藏本、清藏本、金陵本無。

法無有我，離我垢故〔一〕；

生曰：「『我』者，自在主爾〔二〕。」〔三〕

〔一〕案關中釋抄卷下："『法無有我』等者，小乘觀破我證無我，唯證初果等。今大乘實相法，即於我、無我而不二。我尚不可得，非我何可得？是法性實相真無我義，證此無我乃得無生忍。七地大士，豈同小乘哉？"

〔二〕"在"下，平安本、關中疏有"言"。

〔三〕"生曰"一段，永樂北藏本、徑山藏本、清藏本、金陵本無。

法無壽命，離生死故〔一〕；

肇曰："『生死』，命之始終耳〔二〕。始終既離，則壽命斯無。諸言離者，皆空之別名也〔三〕。"

生曰："存世曰命〔四〕，百年爲壽〔五〕，亦以名有壽命者矣。壽命是宿行之報、生死之法。夫有壽命之垢，則有生死之累〔六〕。於累既離，以驗無壽命者，乃愈明也〔七〕。不言壽命而言生死者，壽命是人情所愛，若聞離之，必不能樂〔八〕；生死是人情所惡，若聞離此，必欣故也。"〔九〕

〔一〕案關中釋抄卷下："『離生死』者，若前際有生，後際有死，故中間名『壽命』。今菩薩住法身實相，不生故無前際，不滅故無後，無前後故壽者性空。"

〔二〕"始終"，平安本作"終始"。

〔三〕"皆"，永樂北藏本、徑山藏本、清藏本、金陵本無。

〔四〕「存」，平安本作「在」。

〔五〕「爲」，平安本無。

〔六〕「累」，平安本作「果」。

〔七〕「愈」，原作「諭」，據平安本、永樂北藏本、徑山藏本、清藏本、金陵本改。

〔八〕「能」下，平安本有「生」。

〔九〕「生曰」一段，永樂北藏本、徑山藏本、清藏本、金陵本無。

法無有人，前後際斷故；

肇曰：「天生萬物，以人爲貴，始終不改謂之『人』。故外道以人名神，謂始終不變。若法前後際斷，則新新不同；新新不同，則無不變之者；無不變之者，則無復人矣。」

生曰：「『人』者，有靈於土木之稱，是往來生死者也。往來固無窮矣，斷則愈可樂也。」〔一〕

〔一〕「肇曰」「生曰」兩段，永樂北藏本、徑山藏本、清藏本、金陵本無。

法常寂然，滅諸相故〔一〕**；**

肇曰：「夫有相則異端形。異端既形，則是非生。是非既生，安得寂然？諸相既滅，則無不寂然〔二〕。」

生曰：「上四句，衆生空也；此下二十六句，法空也。『寂然』者，寂静無事之義也。『相』

者，事之貌也。衆生易了，著之爲惑輕，故以其垢於内明之。法難悟，著之爲惑重，故以所惑於外顯之。」〔三〕

〔一〕案關中疏卷上：「此下約法空，辨實相義也。法性常寂，無生滅相也。不同小乘，妄執有爲有生、住、滅相。」關中釋抄卷下：「『滅諸相』者，小乘説有法，有生、住、異、滅四相相遷。今大乘法性，性自寂滅，離四相也。」

〔二〕「然」，平安本無。

〔三〕「肇曰」「生曰」兩段，永樂北藏本、徑山藏本、清藏本、金陵本無。

法離於相，無所緣故；

肇曰：「『緣』，心緣也。『相』，心之影響也。夫有緣故有相，無緣則無相也〔一〕。」〔二〕

〔一〕「則」，關中疏作「故」。

〔二〕「肇曰」一段，永樂北藏本、徑山藏本、清藏本、金陵本無。

法無名字，言語斷故〔一〕；

肇曰：「名生於言，言斷誰名？」〔二〕

〔一〕案關中疏卷上：「名生於相，相空則名亡。」

〔二〕「肇曰」一段，永樂北藏本、徑山藏本、清藏本、金陵本無。

法無有説，離覺觀故〔一〕；

肇曰：「覺觀麁心，言語之本。真法無相，故覺觀自離。覺觀既離，則無復言説。二禪以上，以無覺觀故，故稱聖賢默然也。」〔二〕

〔一〕案關中疏卷上：「執名相説，從覺觀生。假名相説，覺觀自離。」關中釋抄卷下：「『離覺觀』者，取相生心，説有覺觀；離相假名，故無覺觀也。」

〔二〕「肇曰」一段，永樂北藏本、徑山藏本、清藏本、金陵本無。

法無形相〔一〕，如虚空故；

肇曰：「萬法萬形，萬形萬相。」〔二〕

〔一〕案關中疏卷上：「此明一法萬形，無定形故無形；亦一體多相，無定相故無相。」關中釋抄卷下：「萬法萬緣者，萬法無定法，故無法也；緣無定緣，故無緣也。如身是菩提界多成衆則無法，如嬰孩、童子、少壯、老年衆緣爲形，則形無定形也。」

〔二〕「肇曰」一段，永樂北藏本、徑山藏本、清藏本、金陵本無。

法無戲論，畢竟空故；

肇曰：「真境無言，凡有言論皆是虚戲。妙絶言境，畢竟空也。」〔一〕

〔一〕「肇曰」一段，永樂北藏本、徑山藏本、清藏本、金陵本無。

法無我所，離我所故；

肇曰：「上直明『無我』，此明『無我所』。自我之外，一切諸法皆名『我所』。」〔一〕

〔一〕「肇曰」一段，永樂北藏本、徑山藏本、清藏本、金陵本無。

法無分別，離諸識故〔一〕；

肇曰：「分別生于識也。」〔二〕

〔一〕案關中疏卷上：「妄法有相，故識有分別。真法無相，故智無分別。」

〔二〕「肇曰」一段，永樂北藏本、徑山藏本、清藏本、金陵本無。

法無有比，無相待故〔一〕；

肇曰：「諸法相待生，猶長短比而形也。」〔二〕

〔一〕案關中疏卷上：「此下約絶待，辨實相義。」

〔二〕「肇曰」一段，永樂北藏本、徑山藏本、清藏本、金陵本無。

法不屬因，不在緣故〔一〕；

什曰：「力强爲因，力弱爲緣〔二〕。」

肇曰：「前後相生，因也；現相助成，緣也。諸法要因、緣相假，然後成立。若觀法不在緣，則法不屬因也。」

生曰：「『因』謂先無其事，而從彼生也。『緣』謂素有其分，而從彼起也。因本以生爲義，今也不能不生，豈曰能生哉？是則因不成因矣。因近故難曉，緣遠故易了。今以所易釋所難，則易也。因親故言『屬』，緣疏故言『在』也。」〔三〕

〔一〕案關中疏卷上：「妄法有生，故屬因緣。真法無生，故不屬因緣。」關中釋抄卷下：「『法不屬因』者，妄法有生滅，故屬因緣。生其真法，不生不滅，故不屬因緣也。」

〔二〕「弱」，原作「溺」，據平安本改。

〔三〕「什曰」「肇曰」「生曰」三段，永樂北藏本、徑山藏本、清藏本、金陵本無。

法同法性〔一〕，入諸法故；

肇曰：「『如、法性、實際』〔二〕，此三空同一實耳。但用觀有深淺，故别立三名。始見法實，如遠見樹，知定是樹，名爲『如』。見法轉深，如近見樹，知見是何木〔三〕，名爲『法性』。窮盡法實，如盡知樹根、莖、枝、葉之數，名爲『實際』。此三未始非樹，因見爲異耳。所説真法，同此三空也。『入諸法』者，諸法殊相，誰能遍入？遍入諸法者，其唯法性乎？」

生曰：「『法性』者，法之本分也。夫緣有者，是假有也。假有者，則非性有也。有既非性，此乃是其本分矣。然則法與法性，理一而名異，故言『同』也。性宜同，故以同言之也。諸法皆異，而法入之，則一統衆矣。統衆以一，所以同法性者也。」〔四〕

〔一〕案關中疏卷上：「隨事則相殊，悟理則同性。」

〔二〕「實」，原作「真」，據下文改。

〔三〕「見」，平安本無。

〔四〕「肇曰」「生曰」兩段，永樂北藏本、徑山藏本、清藏本、金陵本無。

法隨於如，無所隨故；

肇曰：「法自無法，誰隨如者？以無所隨，故名『隨如』也。」

生曰：「『如』者，無所不如也。若有所隨則異矣，不得隨也。都無所隨，乃得隨耳。良以名異實因，故有隨之言也。如宜言隨，故以隨言之也。」〔一〕

〔一〕「肇曰」「生曰」兩段，永樂北藏本、徑山藏本、清藏本、金陵本無。

法住實際，

別本云：「法同如、法性、實際。」〔一〕

什曰：「此三同一實也。因觀時有深淺，故有三名。始見其實謂之『如』，轉深謂之『性』，盡其邊謂之『實際』。以新學爲六情所牽，心隨物變，觀時見同，出則見異〔二〕；故明諸法同此三法。」〔三〕

〔一〕「別本云」一段，永樂北藏本、徑山藏本、清藏本、金陵本無。

〔二〕「異」下，平安本有「因其見異」。

〔三〕「什曰」一段，徑山藏本、金陵本合下注「什曰」爲一段，置經「諸邊不動故」下。

諸邊不動故〔一〕；

什曰〔二〕：「故有、無、非中，於實爲邊也。言有而不有，言無而不無。雖諸邊塵起，不能轉之令異，故言『諸邊不動』也。」

肇曰：「有邊故有動，無邊何所動？無邊之邊，謂之『實際』。此真法之所住也。」

生曰：「有、無諸邊不能改法性〔三〕，使變則無際矣。無際之際，謂之『實際』。其『不動』者，是住此也。」〔四〕

〔一〕案關中釋抄卷下：「『諸邊不動』者，離四句，故諸邊不動也。」

〔二〕「什曰」，徑山藏本、金陵本無。

〔三〕「性」，平安本無。

〔四〕「肇曰」「生曰」兩段，永樂北藏本、徑山藏本、清藏本、金陵本無。

法無動摇，不依六塵故；

肇曰：「情依六塵，故有奔逸之動。法本無依，故無動摇。」

生曰：「六塵各有主對事相傾奪，故有動摇之義也。既已動摇便成異矣，非其實也。」〔一〕

〔一〕「肇曰」「生曰」兩段，永樂北藏本、徑山藏本、清藏本、金陵本無。

法無去來，常不住故。

肇曰：「法若常住，則從未來到現在，從現在到過去。法逕三世〔一〕，則有去來也。以法不常住，故法無去來也。」〔二〕

〔一〕「法」下，關中疏有「一」。

〔三〕「肇曰」一段，永樂北藏本、徑山藏本、清藏本、金陵本無。

法順空，

生曰：「著有則乖理遠矣，故空宜順也。」〔一〕

〔一〕「生曰」一段，永樂北藏本、徑山藏本、清藏本、金陵本無。

隨無相，

生曰：「空似有空相也。然空若有空，則成有矣，非所以空也，故言『無相』耳。既順於空，便應隨無相。」〔一〕

〔一〕「生曰」一段，永樂北藏本、徑山藏本、清藏本、金陵本無。

應無作〔一〕**。**

肇曰：「同三空也。」

生曰：「遣成無相，似有意作〔二〕，意作非理，故言『無作』也。既順空、隨無相，便應冥符此矣。」〔三〕

〔一〕案關中疏卷上：「實相性離，故不違三脱性。」

〔二〕「有」，平安本作「若」。

〔三〕「生曰」一段，永樂北藏本、徑山藏本、清藏本、金陵本無。

法離好醜，法無增損，法無生滅〔一〕**，法無所歸**〔二〕**，法過眼耳鼻舌身心，**

肇曰：「超出常境，非六情之所及。」〔三〕

〔一〕案關中疏卷上：「無分別，故離好醜、增損、生滅等也。」

〔二〕案關中疏卷上：「即體自真，故無别歸趣。」

〔三〕「肇曰」一段，永樂北藏本、徑山藏本、清藏本、金陵本無。

法無高下〔一〕，法常住不動，

肇曰：「真法常住〔二〕，賢聖不能移也〔三〕。」〔四〕

〔一〕案關中疏卷上：「法性平等，故無高下。」

〔二〕「住」，平安本、關中疏作「定」。

〔三〕「賢聖」，平安本作「聖賢」。

〔四〕「肇曰」一段，永樂北藏本、徑山藏本、清藏本、金陵本無。

法離一切觀行〔一〕。

肇曰：「法本無相，非觀行之所見。見之者，其唯無觀乎？」〔二〕

〔一〕案關中釋抄卷下：「『離觀行』者，妄識緣相起，緣相故言觀。真智照無相，無相故無觀。又取相心緣生緣相，故言行。離相心無生，無生故不行也。」

〔二〕「肇曰」一段，永樂北藏本、徑山藏本、清藏本、金陵本無。

唯。大目連。法相如是，豈可說乎？

肇曰：「心觀不能及，豈況於言乎？」〔一〕

〔一〕「肇曰」一段，永樂北藏本、徑山藏本、清藏本、金陵本無。

夫說法者，無說無示；其聽法者，無聞無得〔一〕。

肇曰：「無說豈曰不言？謂能無其所說。無聞豈曰不聽？謂能無其所聞。無其所說，故終日說而未嘗說也。無其所聞，故終日聞而未嘗聞也。『示』，謂說法示人。『得』，謂聞法所得。」

生曰：「法既如前，何有可說？此苟無說，彼豈有聞得乎？」〔二〕

〔一〕案關中疏卷上：「能說如幻，故無說無示。聽者如幻，故無聞無得。」

〔二〕「肇曰」「生曰」兩段，永樂北藏本、徑山藏本、清藏本、金陵本無。

譬如幻士，爲幻人說法；當建是意，而爲說法。

肇曰：「當如幻人，無心而說。」〔一〕

〔一〕「肇曰」一段，永樂北藏本、徑山藏本、清藏本、金陵本無。

當了衆生根有利鈍〔一〕，

肇曰：「居士應聞空義，而目連爲說有法者，由其未了衆生根也。」〔二〕

〔一〕案關中疏卷上：「無名相中，假名相說。」

〔二〕「肇曰」一段，永樂北藏本、徑山藏本、清藏本、金陵本無。

善於知見無所罣閡〔一〕。

肇曰：「説有不辯空者〔二〕，由其於諸法無閡知見未悉善也。無閡知見，即實相智也。」〔三〕

〔一〕案關中疏卷上：「了法無相，而隨物説相也。」

〔二〕「辯」，關中疏作「辨」。

〔三〕「肇曰」一段，永樂北藏本、徑山藏本、清藏本、金陵本無。

以大悲心讚于大乘，

肇曰：「自捨空義，諸有所説，皆非弘讚大乘之道。非弘讚大乘之道，則非大悲之心。」

生曰：「非達其根〔一〕，不作小説也。夫説大者，必有讚大之辭。讚大是會其本也，會本故其人可拔，能拔然後爲大悲之懷耳。此則呵其闇根，以擊去彼樂小之情耳。」〔二〕

〔一〕「非」，平安本作「若」。

〔二〕「肇曰」「生曰」兩段，永樂北藏本、徑山藏本、清藏本、金陵本無。

念報佛恩，不斷三寶，

肇曰：「夫大悲所以建，大乘所以駕，佛恩所以報，三寶所以隆，皆由明了人根，善開實相。而目連備闕斯事，故以誨之。」〔一〕

〔一〕「肇曰」一段，永樂北藏本、徑山藏本、清藏本、金陵本無。

然後説法。』

肇曰：「若能備如上事，然後可説法也[一]。」

生曰：「成大乘爲繼佛種，使三寶不斷則報佛恩矣，然後乃是説法也。」[二]

〔一〕「法」，平安本無。

〔二〕「肇曰」「生曰」兩段，永樂北藏本、徑山藏本、清藏本、金陵本無。

維摩詰説是法時，八百居士發阿耨多羅三藐三菩提心。我無此辯，是故不任詣彼問疾。」

佛告大迦葉[一]：

什曰：「先佛出家，第一頭陀者也。昔一時從山中出，形體垢膩，著麁弊衣，來詣佛所。諸比丘見之，起輕賤意。佛欲除諸比丘輕慢心，故讚言：『善來！迦葉。』即分床坐。迦葉辭曰：『佛爲大師，我爲弟子，云何共坐？』佛言：『我禪定解脱，智慧三昧，大慈大悲，教化衆生。汝亦如是，有何差别？』諸比丘聞已，發希有心，咸興恭敬。迦葉聞是已，常學佛行，慈悲救濟苦人[二]。有是慈悲，而捨富從貧，意將何在耶？將以貧人，昔不植福，故致斯報；今不度者，來世益甚。亦以造富有名利之嫌故，又不觀來世現受樂故。亦以富人慢恣，難開化故；亦以貧人覺苦厭此[三]，心易得故。從捨之生，必由異見，故譏其不普，誨以平等也。」[四]

肇曰：「迦葉，弟子中苦行第一[五]，出婆羅門種，姓迦葉也。」[六]

〔一〕案關中疏卷上：「『迦葉』，此云『龜』，亦曰『飲光』，皆取其明義。」關中釋抄卷下：「『迦葉』，此云『龜』者，蓋取明義也，知三世故也。或云『飲光』，亦明也。」

〔二〕「悲」，平安本無。

〔三〕「此」，原無，據永樂北藏本、徑山藏本、清藏本、金陵本補。

〔四〕「什曰」一段，徑山藏本、金陵本置後經「捨豪富從貧乞」下。

〔五〕「中」下，關中疏有「頭陀」。

〔六〕「肇曰」一段，永樂北藏本、徑山藏本、清藏本、金陵本無。

「汝行詣維摩詰問疾。」迦葉白佛言：「世尊。我不堪任詣彼問疾。所以者何？憶念我昔，於貧里而行乞〔一〕。

生曰：「大迦葉少欲，行頭陀中第一也，得滅盡三昧亦最勝。凡得滅盡定者，能爲人作現世福田也。其自以業能使人得現世報〔二〕，而貧有交切之苦，故以大悲欲拔之也〔三〕。乞食是頭陀之業〔四〕，又至貧里，有會少欲之迹。」〔五〕

〔一〕案關中疏卷上：「詣貧二意：一少欲故，二大悲故。亦以迦葉於弟子中此二最勝，故呵也。」關中釋抄卷下：「此呵頭陀也。小乘以於四事抖擻不染不著、少欲知足名爲頭陀，今淨名大事，於三界五蘊菩提涅槃如般若波羅蜜，抖擻無取無住名曰頭陀。」

〔二〕「業」，原作「幸」，據關中疏改。「世」，關中疏作「法」。

〔三〕「悲」下，關中疏有「心」。

〔四〕「是」下，關中疏有「其」。

〔五〕「生曰」一段，永樂北藏本、徑山藏本、清藏本、金陵本無。

時維摩詰來謂我言：『唯。大迦葉。有慈悲心而不能普〔一〕，捨豪富從貧乞。

肇曰：「迦葉以貧人昔不植福〔二〕，故生貧里。若今不積善，後復彌甚，愍其長苦，多就乞食〔三〕。浄名以其捨富從貧，故譏迦葉不普也。」

生曰：「從貧乞本以悲爲主，故先呵其悲偏也。夫貧苦爲切既交，自應在先，何偏之有哉？於不達者爲偏耳。故得寄之，以爲呵也。言夫大悲以普爲主〔四〕，而用之有偏，良在可怪也〔五〕。」〔六〕

〔一〕案關中疏卷上：「迦葉因苦生悲故不普。菩薩了生如幻，苦樂一如，等起大悲而無緣念，故能普也。」關中釋抄卷下：「迦葉諸聲聞中有二行勝，故不普。菩薩無緣大慈，故能普也。」

〔二〕「福」下，平安本有「德」。

〔三〕「多」上，平安本有「故」。

〔四〕「主」，平安本、貞享本作「懷」。

〔五〕「怪」，平安本作「惜」。

〔六〕「生曰」一段，永樂北藏本、徑山藏本、清藏本、金陵本無。

迦葉。**住平等法，應次行乞食**〔一〕，

肇曰：「生死輪轉，貴賤無常。或今貧後富，或今富後貧。大而觀之，苦樂不異。是以凡住平等之爲法，應次行乞〔二〕，不宜去富從貧也〔三〕。」

生曰：「既以悲乞，乞又偏矣，故次呵其乞偏也。乞食有四事，以次行爲一也。『次行』，爲法不越次之謂也。不越次者，從等來也。今別詣貧里，雖不違其事，以傷其意也。『住平等』者，出家本求泥洹，泥洹爲等則住之矣。苟住等法，理無偏情，故言『應次行乞食』也。」〔四〕

〔一〕案關中疏卷上：「約乞食示真頭陀，明小乘頭陀不真。頭陀，此云抖擻。小乘抖擻，其心不著房舍、臥具、湯藥四事，名爲頭陀。大乘頭陀，抖擻其心，一切不著，不著生死，不住涅槃。若爲修定慧，資長法身，名真頭陀。若爲愛養世報，而乞食者，非抖擻也。住平等者，爲求平等法身而乞食者，應觀無相，貧富一如。次第行乞，不應取貧富相壞，真抖擻也。」關中釋抄卷下：「呵聲聞頭陀乞食爲養五陰，但少欲耳。不同菩薩爲堅住正觀，養法身也。」

〔二〕「次」下，平安本、永樂北藏本、徑山藏本、清藏本、金陵本有「第」。

〔三〕「從」，永樂北藏本、徑山藏本、清藏本、金陵本作「而就」。

〔四〕「生曰」一段，永樂北藏本、徑山藏本、清藏本、金陵本無。

爲不食故〔一〕，**應行乞食**；

什曰：「即食之實相，應以此心乞食也。」

肇曰：「不食即涅槃法也。涅槃無生死、寒暑、飢渴之患，其道平等，豈容分別？應以此等心而行乞食〔二〕，使因果不殊也。」

生曰：「以乞食爲二也〔三〕。在家以生須食，故有資生之業。其業既繁，爲惡滋多。業繁惡多，則生死愈有，是謂以食長食也。將欲絶食者，不得不出家，捨生業也。既捨生業，是無復資生之具，不得不乞食以存命行道，故言『爲不食故，應乞食』也。不食是平等之法，而今有偏，又違之也。」〔四〕

〔一〕案關中疏卷上：「法身不食。」關中釋抄卷下：「法身即不食。」

〔二〕「等」上，關中疏有「平」。

〔三〕「食」，原無，據平安本補。

〔四〕「肇曰」「生曰」兩段，永樂北藏本、徑山藏本、清藏本、金陵本無。

爲壞和合相故〔一〕，應取揣食；

什曰：「和合相即揣食。食有四種：一曰揣食；二曰願食，如見沙囊命不絶，是願食也；三曰業食，如地獄不食而活，由其罪業應久受苦痛也；四曰識食，無色衆生識想相續也。壞和合相即是實相，令其以是心行乞也。」

肇曰：「五陰揣食〔一〕，俱和合相耳。壞五陰和合，名爲涅槃，應以此心而取揣食也。若然，則終日揣食，終日涅槃。」

生曰：「以取揣食爲三也。凡欲界食，謂之『揣食』。『揣食』者，揣握食也。揣是和合之物，隨義言之也。『壞和合』者，壞五陰和合也。泥洹，即是五陰壞也。」〔三〕

〔一〕案關中疏卷上：「壞五陰，名法身。」關中釋抄卷下：「身壞和合。」

〔二〕「揣」，關中疏作「摶」。下同。

〔三〕「肇曰」「生曰」兩段，永樂北藏本、徑山藏本、清藏本、金陵本無。

爲不受故〔一〕，應受彼食：

肇曰：「不受亦涅槃法也。夫爲涅槃而行乞者，應以無受心而受彼食。然則終日受而未嘗受也〔二〕。」

生曰：「以受爲四也。『不受』者，不受生死也。」〔三〕

〔一〕案關中疏卷上：「法身不受生死也。」關中釋抄卷下：「法身不受三界身也。」

〔二〕「然則終日受而未嘗受也」，關中疏作「若然，則終日受而未嘗受，是乃受也」。

〔三〕「生曰」一段，永樂北藏本、徑山藏本、清藏本、金陵本無。

以空聚相，入於聚落〔一〕。

肇曰：「空聚亦涅槃相也。凡入聚落，宜存此相。若然，則終日聚落，終日空聚也。」

生曰：「次呵其少欲也。若見彼富此貧，而捨富從貧。爲少者，是惡多也。惡多者，是不免多矣〔二〕，非所以少也。當以空聚想入於聚落，勿見貧富有主。」〔三〕

〔一〕案關中疏卷上：「既爲法身不受毒身而乞食者，聚落六塵，塵能傷正觀，入聚乞食，何以獲全？故示聚落無相，真空抖擻。」關中釋抄卷下：「『空聚相』者，聚落有二：一者外聚相，村邑也；二者内聚，六根也。謂諸外聚，若有人物、士女，則有可觀；若空聚無人，唯有劫賊、虎狼、死屍、毒蛇，則不可樂也。若菩薩六根，八百功德、千二百功德，則如聚落有人物也。今凡夫六根，空無功德，唯有三受、毒蛇、邪見、劫賊、妄念、死屍，故不可樂也。」

〔二〕「免」，平安本作「勉」。

〔三〕「生曰」一段，永樂北藏本、徑山藏本、清藏本、金陵本無。

所見色與盲等〔一〕，

肇曰：「二乘惡厭生死，怖畏六塵，故誡以『等』觀也〔二〕。『盲』謂不見美惡之異，非謂閉目也。」

生曰：「六情所欲爲多，若能無之，然後免耳〔三〕。」〔四〕

〔一〕案關中疏卷上：「見色如盲者。」

〔二〕「誡」，永樂北藏本、徑山藏本、清藏本、金陵本作「戒」。

〔三〕「免」，平安本作「勉」。

〔四〕「生曰」一段，永樂北藏本、徑山藏本、清藏本、金陵本無。

所聞聲與響等〔一〕，

肇曰：「未有因山響而致喜怒也〔二〕。」

〔一〕案關中疏卷上：「聲如幻也。」

〔二〕「山」，關中疏作「谷」。

所嗅香與風等〔一〕，

肇曰：「香臭因風，風無香臭，又取其不存也。」

〔一〕案關中疏卷上：「香如幻也。」

所食味不分別〔一〕，

什曰：「法無定性，由分別取相，謂之爲『味』。若不分別時，則非味也。雖食，當如本相也。」

〔一〕案關中疏卷上：「味如幻也。」

受諸觸如智證〔一〕，

什曰：「證義同於觸，觸時當如以智觸實相也。」

肇曰：「得漏盡智〔二〕、無生智，自證成道，舉身柔軟快樂，而不生著。身受諸觸，宜若此也。」

生曰：「梵語『智證』〔三〕，與『觸』音相比，故即以爲喻也。泥洹，是智之所證也。」〔四〕

〔一〕案關中疏卷上：「觸如幻也。」

〔二〕「漏」，平安本無。

〔三〕「梵」，平安本作「胡」。

〔四〕「什曰」「生曰」兩段，永樂北藏本、徑山藏本、清藏本、金陵本無。

知諸法如幻相〔一〕，無自性，無他性，

什曰：「指會成拳，故無自性。指亦如是，故無他性也。」〔二〕

肇曰：「諸法如幻，從因緣生，豈自他之可得？夫有自故有他，有他故有自；無自則無他，無他亦無自也。」〔三〕

〔一〕案關中疏卷上：「法無定相，隨心而變，故云『如幻』也。」

〔二〕「什曰」一段，徑山藏本、金陵本置於後經「本自不然，今則無滅」下。

〔三〕「肇曰」一段，永樂北藏本、徑山藏本、清藏本、金陵本無。

本自不然，今則無滅〔一〕。

什曰：「迦葉自謂滅生死能爲福田，故以『不然』明無所滅，以遣其所謂也。」

肇曰：「如火有然，故有滅耳。法性常空，本自無起，今何所滅？猶釋意所對法也。」〔二〕

生曰：「從他生，故無自性也。既無自性，豈有他性哉？然則本自不然，何有滅乎〔三〕？

故如幻。」

〔一〕案關中疏卷上：「若能知此六塵無自無他，不然不滅，名真頭陀也。」

〔二〕「什曰」「肇曰」兩段，永樂北藏本、徑山藏本、清藏本、金陵本無。

〔三〕「何有」，永樂北藏本、徑山藏本、清藏本、金陵本作「有何」。

迦葉。若能不捨八邪入八解脱〔一〕，

肇曰：「八邪、八解，本性常一。善觀八邪即入八解，曷爲捨邪更求解脱乎〔二〕？若能如是者，名入解脱也。」

生曰：「然後呵其以滅盡定欲福於人爲不得也。若以定欲福於人，則是滅盡定異於八邪矣。苟有異心，不能福也。『若能不捨八邪入八解脱』者，則無異矣。」〔三〕

〔一〕案關中疏卷上：「既得食已，應思禪悦法喜食也。小乘捨八邪入八解脱爲禪悦，大乘不捨而入也。」

〔二〕「脱」，平安本無。下同。

〔三〕「生曰」一段，永樂北藏本、徑山藏本、清藏本、金陵本無。

以邪相入正法〔一〕；

肇曰：「若本性常一者，則邪正相入，不乖其相也。」

生曰：「向在八事，今取邪正之義也。」〔二〕

〔一〕案關中疏卷上：「此法喜食也。小乘捨邪相入無相，大乘相無相不二。」關中釋抄卷下：「若捨八邪入八解脱，是小乘禪悦食；若不捨八邪入八解脱，爲大乘禪悦食。若捨八邪入八正道，爲小乘法喜食；若不捨邪相入正法，爲大乘法喜食。故今後名示大乘法喜禪悦，呵迦葉小乘二食也。」

〔二〕「生曰」一段，永樂北藏本、徑山藏本、清藏本、金陵本無。

以一食施一切，供養諸佛及衆賢聖，然後可食〔一〕。

肇曰：「因誨以無閡施法也〔二〕。若能等邪正，又能以一食等心施一切衆生，供養諸佛賢聖者，乃可食人之食也。無閡施者，凡得食要先作意施一切衆生，然後自食。若得法身，則能實充足一切，如後一鉢飯也。若未得法身，但作意等施，即是無閡施法也。」

生曰：「乞食得好，而在衆食者，要先分與上下坐，以爲供養也。若等解脱者，則能無不供養也。力既如此，然後必能福彼也。」

〔一〕案關中疏卷上：「此明悲施。」

〔二〕「閡」，徑山藏本、金陵本作「礙」。下同。

如是食者，非有煩惱，非離煩惱〔一〕；

肇曰：「有煩惱食，凡夫也；離煩惱食，二乘也。若能如上平等而食者，則是法身之食，非有煩惱而食，非離煩惱而食也。」

生曰：「既受食食之，便應著味生煩惱也。以既解脱心而食者，則不生煩惱，故言『非

有煩惱』也。既無煩惱，又不見離之矣。」〔二〕

〔一〕案關中釋抄卷下：「大乘平等法喜食，本性清浄，故非有非無。」

〔二〕「生曰」一段，永樂北藏本、徑山藏本、清藏本、金陵本無。

非入定意，非起定意〔一〕；

肇曰：「小乘入定則不食，食則不入定。法身大士終日食而終日定，故無出入之名也。」

生曰：「比丘食法食時，作不浄觀觀食也。雖入此定，不見入也。不見入爲非入耳，非起定也。」〔二〕

〔一〕案關中疏卷上：「定亂一如。」關中釋抄卷下：「心性寂滅平等禪悦食，故定非入出。」

〔二〕「生曰」一段，永樂北藏本、徑山藏本、清藏本、金陵本無。

非住世間，非住涅槃〔一〕。

肇曰：「欲言住世間，法身絶常俗。欲言住涅槃，現食同人欲。」

生曰：「食既充軀則命存，住世也。既得存命行道以取泥洹，故不兩住也。」〔二〕

〔一〕案關中疏卷上：「世出世等平等法喜，同資法身也。」關中釋抄卷下：「生死涅槃平等，故二俱不住。」

〔二〕「生曰」一段，永樂北藏本、徑山藏本、清藏本、金陵本無。

其有施者，

什曰：「乃至不依聲聞，此盡是施主所得矣。」〔一〕

〔一〕「什曰」一段，永樂北藏本、徑山藏本、清藏本、金陵本無。

無大福、無小福，不爲益、不爲損，

肇曰：「若能等心受食，則有等教。既有等教，則施主同獲平等〔一〕。不計福之大小，已之損益也。」〔二〕

生曰：「施平等人〔三〕，應得平等報，故施主亦不見有大小福也。」

〔一〕「主」下，平安本有「施」。

〔二〕「肇曰」一段，永樂北藏本、徑山藏本、清藏本、金陵本無。

〔三〕「施」，平安本作「脩」。

是爲正入佛道、不依聲聞。

肇曰：「平等乞食〔一〕，自利利人，故正入佛道、不依聲聞道也〔二〕。」

生曰：「得平等報者，必不偏局爲小乘也。」〔三〕

〔一〕「乞」，關中疏作「法」。

〔二〕「故」上，平安本有「自利利人」。

〔三〕「生曰」一段，永樂北藏本、徑山藏本、清藏本、金陵本無。

迦葉。若如是食，爲不空食人之施也〔一〕。』

肇曰：「食必有益。」〔三〕

生曰：「言必能福彼也。然則非徒拔其貧苦而已，乃所以終得大乘之果也。」

〔一〕案關中疏卷上：「又名真應供，故不空施福也。」關中釋抄卷下：「小乘中犯四重爲盜食；不勤三業，謂上根不坐禪，中根不讀誦，下根不營理僧事，爲負債食；初果人爲同意食；阿羅漢爲自己食，由應供故。今大乘若不發菩提心、住平等觀，非真出家，故皆名『空食人之信施』也。」

〔三〕「肇曰」一段，永樂北藏本、徑山藏本、清藏本、金陵本無。

時我，世尊。聞説是語，得未曾有，即於一切菩薩深起敬心〔一〕。復作是念：『斯有家名辯才智慧乃能如是，其誰不發阿耨多羅三藐三菩提心？』

肇曰：「時謂在家大士智辯尚爾，其誰不發無上心也？」

〔一〕案關中疏卷上：「始知菩薩頭陀行勝也。」

我從是來，不復勸人以聲聞、辟支佛行。

肇曰：「始知二乘之劣，不復以勸人也。」〔一〕

〔一〕「肇曰」一段，永樂北藏本、徑山藏本、清藏本、金陵本無。

是故不任詣彼問疾。」〔二〕

佛告須菩提〔一〕：

〔一〕案底本於此分卷，下作「卷第三」，據永樂北藏本、徑山藏本、清藏本、金陵本改。

什曰：「秦言『善業』，解空第一。善業所以造居士乃致失者，有以而往〔二〕，亦有由而失，請以喻明之。譬善射之人發無遺物，雖輕翼迅逝，不能翔其舍。猶維摩詰辯慧深入〔三〕，言不失會，故五百應真莫敢闚其門。善業自謂智能深入，辯足應時，故直造不疑，此往之意也。然當其入觀則心順法相，及其出定則情隨事轉〔四〕，致失招屈，良由此也。維摩以善業自謂深入，而乖於平等，故此章言切而旨深者也。諸聲聞體非兼備，則各有偏能；因其偏能〔五〕，謂之第一，故五百弟子皆稱第一也。又上四聲聞，復有偏德，有供養者能與現世報，故獨名『四大聲聞』。餘人無此德，故稱第一，而不名『大』也。」

肇曰：「『須菩提』，秦言『善吉』，弟子中解空第一也。」〔六〕

〔一〕案關中釋抄卷下：「『須菩提』云『善吉』，亦曰『空生』，亦曰『善現』。以初生時，屋舍皆空，父母謂其不吉，將問相師。相師佔云：『大吉！甚善。』故云善現。或曰空生善相現，故名善現。然此正爲表解空第一，故現空也。如羅雲六年住胎，表密行第一；迦葉金色，表頭陀潔行莊嚴；迦留陀夷此云黑光，表污淨行爲結之緣。又善吉於弟子中解空無諍第一，小乘入第四禪，觀衆生緣，不與物諍，名爲無諍。而捨有證空、棄生死、取涅槃等，未免此諍。今淨名大乘住中道觀，非垢非淨，不生不滅，我與無我其性不二，生死涅槃本性平等，名真無諍，故被呵也。又小乘入觀緣真諦故空，出觀緣俗故有，如是捨有取空，非真解空。今淨名大乘色不異空，空不異色，非有非無，不取不捨，達諸法相無罣礙，稽首如空無所依，名真解空第一也。」

〔二〕「有」上，平安本有「是」。

〔三〕「詰」，平安本無。

〔四〕「定」，平安本作「之」。

〔五〕「因其偏能」，永樂北藏本、徑山藏本、清藏本、金陵本無。

〔六〕「什曰」「肇曰」兩段，徑山藏本、金陵本置後經「汝行詣維摩詰問疾」下。

「汝行詣維摩詰問疾。」須菩提白佛言：「世尊。我不堪任詣彼問疾。所以者何？憶念我昔，入其舍從乞食〔一〕。

生曰：「須菩提得無諍三昧，人中第一也。無諍三昧者，解空無致論處爲無諍也。維摩詰機辯難當，鮮有敢闚其門者。而須菩提既有此定，又獨能詣之，迹入恃定矣。便有恃定之迹，而致詰者，豈不有爲然乎？」〔二〕

〔一〕案關中疏卷上：「又若善吉詣貧，貧無物施，心則有諍。今既詣富，爲施不難，故順無諍行也。」

〔二〕「生曰」一段，永樂北藏本、徑山藏本、清藏本、金陵本無。

時維摩詰取我鉢，盛滿飯，

生曰：「維摩迹在居士〔一〕，有悋惜之嫌。若未與食便詰之者，物或謂之然矣，故先取鉢盛滿飯。而不授之者，恐須菩提得鉢便去，不盡言論勢也〔二〕。」

〔一〕「迹」上，平安本有「詣」。

〔二〕「勢」，原無，據平安本、永樂北藏本、徑山藏本、清藏本、金陵本、關中疏補。

謂我言：『唯。須菩提。若能於食等者，諸法亦等；

生曰：「苟恃定而來者，於定爲不等矣。即以食詰之者，明於食亦不等也。不等於食，豈等定哉？是都無所等也。既無所等，何有等定而可恃乎？」

諸法等者，於食亦等；

生曰：「更申前語也。食事雖麁，其理自妙。要當於諸法得等，然後可等之矣。」〔一〕

〔一〕「生曰」一段，永樂北藏本、徑山藏本、清藏本、金陵本無。

如是行乞，乃可取食〔一〕。

肇曰：「須菩提以長者豪富自恣，多懷貪悋，不慮無常，今雖快意，後必貧苦，愍其迷惑，故多就乞食。次入淨名舍，其即取鉢盛飯，未授之間，譏其不等也。言萬法同相，準一可知〔二〕。若於食等〔三〕，諸法亦等；諸法等者，於食亦等；以此行乞，乃可取食耳。曷爲捨貧從富，自生異想乎？」

生曰：「用心如此，乃可恃以取我食也〔四〕。意云：不爾，勿取之也。」〔五〕

〔一〕案關中疏卷上：「善吉入四禪定，不忤物心，名爲無諍；大士入實相定，萬法平等，名爲無諍。又善吉捨有觀空，名爲解空；大士有空平等，名爲解空。住此平等名真福田，乃可取食。小乘內心見生死涅槃，苦樂不等，故外行乞食見於貧富亦不等也；大士內住實相，苦樂平等，故外化無緣大悲亦平等也。」

〔二〕「準」，永樂北藏本、徑山藏本、清藏本、金陵本作「一」。

〔三〕「若」，平安本無，關中疏作「善」。

〔四〕「以取」，平安本作「取以」。

〔五〕「生曰」一段，永樂北藏本、徑山藏本、清藏本、金陵本無。

若須菩提，不斷婬怒癡，亦不與俱〔一〕；

什曰：「得其真性則有而無，有而無則無所斷，亦無所有，故能不斷而不俱也。」

肇曰：「斷婬怒癡，聲聞也；婬怒癡俱，凡夫也；大士觀婬怒癡即是涅槃，故不斷不俱〔二〕。若能如是者，乃可取食也〔三〕。」

生曰：「須菩提是斷婬怒癡人，原其恃定，必以斷爲不俱，故復就而詰之也。就詰之意，轉使切也。若以斷爲不俱者，非唯無有等定，於婬怒癡亦不斷矣。」〔四〕

〔一〕案關中疏卷上：「了惑無生爲集諦。」

〔二〕「不俱」，平安本作「俱」。

〔三〕「乃」，平安本無。

〔四〕「什曰」「生曰」兩段，永樂北藏本、徑山藏本、清藏本、金陵本無。

不壞於身，而隨一相〔一〕，

什曰：「身即一相，不待壞而隨也。」

肇曰：「萬物齊旨，是非同觀〔二〕，一相也。然則身即一相，豈待壞身滅體，然後謂之一相乎？『身』，五陰身也。」

生曰：「斷婬怒癡者，則身壞泥洹也。泥洹無復，無量身相爲一相矣。不壞於身，事似乖之，故云『隨』也。」〔三〕

〔一〕案關中疏卷上：「悟陰無相爲苦諦也。」關中釋抄卷下：「『不壞於身』者，聲聞以身爲苦，故滅身以歸寂。『一相』者，寂滅相也。菩薩觀身從緣，空無自性，即不待壞身，自然本寂也。」

〔二〕「觀」，平安本作「貫」。

〔三〕「什曰」「生曰」兩段，永樂北藏本、徑山藏本、清藏本、金陵本無。

不滅癡愛，起於明脱〔一〕，

肇曰：「聲聞以癡曀智，故癡滅而明〔二〕；以愛繫心，故愛解而脱。大士觀癡愛真相即是明脱，故不滅癡愛而起明脱。」

生曰：「身本從癡愛而有，故復次言之也。不復爲癡所覆，爲『明』也；不復爲愛所縛，爲『脱』也。」〔三〕

〔一〕案關中疏卷上：「漏即無漏爲道諦也。」

〔二〕「癡滅」，平安本作「滅癡」。

〔三〕「生曰」一段，永樂北藏本、徑山藏本、清藏本、金陵本無。

以五逆相而得解脱，亦不解不縛〔一〕；

肇曰：「五逆真相即是解脱，豈有縛解之異耶？五逆，罪之尤者；解脱，道之勝者。若能即五逆相而得解脱者，乃可取人之食也。」

生曰：「既言於縛得脱〔二〕，而五逆爲縛之極，故復以之爲言也〔三〕。斯則解爲不解，縛爲不縛。」〔四〕

〔一〕案關中疏卷上：「縛本不生，今則無滅，爲滅諦也。」關中釋抄卷下：「『五逆』者，殺父、殺母、殺阿羅漢、出佛身血、破法輪僧。前二違恩，後三背德，故名爲逆。業縛之劇，莫逾於此。無縛不妄，不妄皆真，故即逆縛爲解脱相。」

〔二〕「得」下，平安本有「解」。

〔三〕「之爲」，平安本無。

〔四〕「生曰」一段，永樂北藏本、徑山藏本、清藏本、金陵本無。

不見四諦，非不見諦〔一〕；

肇曰：「真見諦者，非如有心之見，非如無心之不見也。」〔二〕

〔一〕案關中疏卷上：「凡夫不見四諦，初果見諦，大士無見、無不見，見第一義諦也。」

〔二〕「肇曰」一段，永樂北藏本、徑山藏本、清藏本、金陵本無。

非得果，非不得果〔一〕；

生曰：「於縛得解是見諦之功，復反之也〔二〕。非不見諦是得果矣，故即翻之也。」〔三〕

〔一〕「非不得果」，原無，據平安本補。案關中疏卷上：「二乘有證有得，故得果；大士無所得，故非得果也。」

〔二〕「反」，平安本作「及」。

〔三〕「生曰」一段，永樂北藏本、徑山藏本、清藏本、金陵本無。

非凡夫，非離凡夫法；

肇曰：「『果』，諸道果也。不見四諦，故非得果。非不見諦，故非凡夫。雖非凡夫，而不離凡夫法，此乃平等之道也。」

生曰：「見諦在人，故復論之也。」〔一〕

〔一〕「生曰」一段，永樂北藏本、徑山藏本、清藏本、金陵本無。

非聖人，非不聖人〔一〕；

肇曰：「不離凡夫法，非聖人也；道過三界，非不聖人也〔二〕。」

〔一〕案關中疏卷上：「此則凡聖一如，豈有分別哉？」

〔二〕「人」，平安本無。

雖成就一切法，而離諸法相，

肇曰：「不捨惡法而從善，則一切諸法于何不成？諸法雖成而離其相，以離其相故，則美惡斯成矣。」〔一〕

生曰：「人必成就於法，故復極其勢也。」〔二〕

〔一〕「肇曰」一段，徑山藏本、金陵本置後經「乃可取食」下。

〔二〕「生曰」一段，永樂北藏本、徑山藏本、清藏本、金陵本無。

乃可取食〔一〕。

肇曰：「若能備如上説，乃可取食。」〔二〕

〔一〕案關中疏卷上：「真福田可食也。」

〔二〕「肇曰」一段，永樂北藏本、徑山藏本、清藏本、金陵本無。

若須菩提不見佛、不聞法，

肇曰：「猶誨以平等也。夫若能齊是非、一好醜者〔一〕，雖復上同如來，不以爲尊；下等六師，不以爲卑。何則？天地一指〔二〕，萬物一觀〔三〕；邪正雖殊，其性不二。豈有如來獨尊，而六師獨卑乎？若能同彼六師，不見佛、不聞法，因其出家，隨其所墮，而不以爲異者，乃可取食也。此蓋窮理盡性極無方之説也。善惡反論而不違其常，邪正同辯而不喪其真，斯可謂平等正化莫二之道乎！」

生曰：「此一階使言反而理順也，苟體空内明不以言反惑意矣。須菩提見佛聞法者，而言不見佛、不聞法，言正反也。若以無佛可見爲不見佛，無法可聞爲不聞法，則順理矣。」〔四〕

〔一〕「若」，關中疏本作「願」。

〔二〕「指」，平安本、永樂北藏本、徑山藏本、清藏本、金陵本作「旨」。

〔三〕「觀」，平安本作「貫」。

〔四〕「生曰」一段，永樂北藏本、徑山藏本、清藏本、金陵本無。

彼外道六師富蘭那迦葉、

什曰：「『迦葉』，母姓也；『富蘭那』，字也。其人起邪見，謂一切法無所有，如虚空不生滅也。」

肇曰：「姓迦葉，字富蘭那。其人起邪見，謂一切法斷滅性空，無君臣、父子、忠孝之道也。」

末伽梨拘賒梨子、

什曰：「『末伽梨』，字也；『拘賒梨』，是其母也。其人起見〔一〕，云衆生罪垢無因無緣也〔二〕。」

肇曰：「『末伽梨』，字也；『拘賒梨』，其母名也。其人起見，謂衆生苦樂不因行得，自然耳也。」〔三〕

〔一〕「見」上，平安本有「邪」。下同。

〔二〕「云」上，平安本有「言」。

〔三〕「肇曰」一段，永樂北藏本、徑山藏本、清藏本、金陵本無。

刪闍夜毗羅胝子、

什曰：「『刪闍夜』〔一〕，字也；『毗羅胝』，母名也。其人起見，謂要久逕生死〔二〕，彌歷劫數，然後自盡苦際也。」

肇曰：「『刪闍夜』，字也；『毗羅胝』，其母名也〔三〕。其人謂道不須求，逕生死劫數，苦盡自得。如轉縷丸於高山，縷盡自止，何假求耶？」

〔一〕「刪」，平安本作「射」。下同。

〔二〕「其人起見，謂」，平安本無。「逕」，永樂北藏本、徑山藏本、清藏本、金陵本作「經」。下同。

〔三〕「刪闍夜」至「其母名也」，永樂北藏本、徑山藏本、清藏本、金陵本無。

阿耆多翅舍欽婆羅、

什曰：「『阿耆多翅舍』，字也；『欽婆羅』，麁衣也。其人起見，非因計因〔一〕，著麁皮

衣〔二〕，及拔髮、煙熏鼻等，以諸苦行爲道也。」〔三〕

肇曰：「『阿耆多』，字也；『翅舍欽婆羅』，麄弊衣名也。其人著弊衣，自拔髮，五熱炙身，以苦行爲道，謂今身併受苦，後身常樂者也。」

〔一〕「計」，平安本作「見」。

〔二〕「皮」，平安本作「麻」。

〔三〕「什曰」一段，永樂北藏本、徑山藏本、清藏本、金陵本無。

迦羅鳩馱迦旃延、

什曰：「外道字也。其人應物起見，若人問言：『有耶？』答言：『有。』問言：『無耶？』答言：『無也。』」

肇曰：「姓迦旃延，字迦羅鳩馱。其人謂諸法亦有相亦無相。」〔一〕

〔一〕「肇曰」一段，永樂北藏本、徑山藏本、清藏本、金陵本無。

尼犍陀若提子等，

什曰：「『尼犍陀』，字也；『若提』，母名也〔一〕。其人起見，謂罪福苦樂盡由前世，要當必償，今雖行道，不能中斷。此六師盡起邪見，裸形苦行，自稱一切智，大同而小異耳。凡有三種六師，合十八部：第一自稱一切智，第二得五通，第三誦四韋陀經。

上説六師〔二〕，是第一部也。」

肇曰：「『尼犍陀』，其出家總名也，如佛法出家名沙門〔三〕。『若提』，母名也。其人謂罪福苦樂本自有定因，要當必受，非行道所能斷也。六師佛未出世時〔四〕，皆道王天竺也。」〔五〕

〔一〕「尼犍陀」「若提」，原作「尼犍」「陀若提」，據永樂北藏本、徑山藏本、清藏本、金陵本改。

〔二〕「上」下，平安本有「所」。

〔三〕「家」下，維摩經略疏垂裕記卷六有「通」。

〔四〕「六」上，關中疏有「此」。

〔五〕「肇曰」一段，永樂北藏本、徑山藏本、清藏本、金陵本無。

是汝之師，因其出家，

生曰：「既不見佛聞法，是受道於邪見之師，因其得爲邪出家也。順在六師之理，是悟之所由爲師，又從以成出家道也。」〔一〕

〔一〕「生曰」一段，永樂北藏本、徑山藏本、清藏本、金陵本無。

彼師所墮，汝亦隨墮，乃可取食。

肇曰：「生隨邪見，死墮惡道。」

生曰：「既以師彼，彼墮三惡道，不得不隨其墮也。順在若師六師理爲出家者，雖三惡道〔一〕，而不乖墮也。」

别本云：「不見佛乃至隨六師所墮。」〔二〕

什曰：「因其見異，故誨令等觀也。若能不見佛勝於六師〔三〕，從其出家，與之爲一〔四〕，不壞異相者，乃可取食也。」〔五〕

〔一〕「雖」，平安本作「離」。

〔二〕「肇曰」「生曰」「别本云」三段，永樂北藏本、徑山藏本、清藏本、金陵本無。

〔三〕「於」，永樂北藏本、徑山藏本、清藏本、金陵本無。

〔四〕平安本此下有「乃可取食。釋僧肇曰：『若能同彼六師而』」。

〔五〕關中疏本條下有僧肇注：「若能同彼六師，而不懷異想者，乃可取食也。」

若須菩提入諸邪見，不到彼岸；

什曰：「此以下明其未應平等，則未出衆累，故言『入邪見』『住八難』『同煩惱』，具此衆惡，乖彼衆善，下句盡是其所不得也。」

肇曰：「『彼岸』，實相岸也。惑者以邪見爲邪，彼岸爲正，故捨此邪見適彼岸耳。邪見、彼岸本性不殊，曷爲捨邪而欣彼岸乎〔一〕？是以『入諸邪見，不入彼岸』者〔二〕，乃可取食也。自『六師』以下，至乎『不得滅度』，類生逆談，以成大順。庶通心君子，有以標其玄旨，而遺其所是也。」

生曰：「師邪見師，則入諸邪見矣。到於彼岸，本由正見；入邪見者，則不到也。順在解邪見理爲入也，既入其理即爲彼岸，無復彼岸之可到。」〔三〕

〔一〕「欣」，平安本作「祈」，關中疏作「適」。

〔二〕「不入」，關中疏作「不到」。

〔三〕「什曰」「生曰」兩段，永樂北藏本、徑山藏本、清藏本、金陵本無。

住於八難，不得無難；

肇曰：「夫見難爲難者，必捨難而求無難也。若能不以難爲難，故能住於難。不以無難爲無難，故不得於無難也。」

生曰：「既入邪見，便生八難，不得無難處也。順在已解邪見，便得住八難理中，無復無難之可得也。」〔一〕

〔一〕「生曰」一段，永樂北藏本、徑山藏本、清藏本、金陵本無。

同於煩惱，離清淨法〔一〕**；**

肇曰：「夫能悟惱非惱，則雖惱而淨；若以淨爲淨，則雖淨而惱。是以同惱而離淨者，乃所以常淨也。」

生曰：「入邪見在八難生者，便無結不起，爲煩惱所牽，不能得自異之也，愈遠清淨法

矣。順在既住八難理中，心與煩惱理冥，即之爲浄，無復浄之不可離也。」〔二〕

〔一〕案關中釋抄卷下：「以非邪、非正、非難、非惱、非浄爲平等，故可取食。」

〔二〕「生曰」一段，永樂北藏本、徑山藏本、清藏本、金陵本無。

汝得無諍三昧，

什曰：「『無諍』有二：一、以三昧力將護衆生，令不起諍心；二、隨順法性，無違無諍〔一〕。善業常自謂深達空法，無所違諍。今不順平等，而云『無諍』者，則與衆生無差也。」〔二〕

〔一〕「無諍」，平安本作「不諍」。

〔二〕「什曰」一段，徑山藏本、金陵本置後經「一切衆生亦得是定」下。

一切衆生亦得是定〔一〕**；**

肇曰：「善吉之與衆生〔二〕，性常自一，曷爲善吉獨得，而群生不得乎〔三〕？此明性本不偏也。善吉於五百弟子中解空第一，常善順法相，無違無諍。内既無諍，外亦善順群心，令無諍訟，得此定名『無諍三昧』也。」

生曰：「上詰其恃定不等，是言其不得定也。意雖在此，而未指斥，是以終就其事以貶之焉。須菩提若得此定，衆生無有不得之者也。順在彼之不得，亦是此得也，則無

異矣。」〔四〕

〔一〕案關中疏卷上：「法性妙禪，定亂一旨。善吉、群生不容有二，如不二也，則罪福無主。誰福非福？孰墮不墮？故經云：『非福田非不福田，非應供養非不應供養。』」

〔二〕「衆」，平安本、關中疏作「群」。

〔三〕「群」，永樂北藏本、徑山藏本、清藏本、金陵本作「衆」。

〔四〕「生曰」一段，永樂北藏本、徑山藏本、清藏本、金陵本無。

其施汝者，不名福田；

肇曰：「我受彼施，令彼獲大福，故名『福田』耳。猶大觀之〔一〕，彼我不異，誰爲種者〔二〕？誰爲田者？」

〔一〕「猶」，關中疏作「由」。

〔二〕「種」，原作「福」，據平安本、永樂北藏本、徑山藏本、清藏本、金陵本改。

供養汝者，墮三惡道；

肇曰：「五逆之損，供養之益，大觀正齊，未覺其異。若五逆而可墮，供養亦墮也。」

生曰：「報應影響，若合符契，苟施邪見之人，則致邪見之報，而墮在三惡道也。報以邪見者，言無福田也。既無福田，何有可名哉？順在終獲正見，則解無有福田可名，得出三惡道而不異墮也〔一〕。」〔二〕

〔一〕「得」上，平安本有「互」。

〔二〕「生曰」一段，永樂北藏本、徑山藏本、清藏本、金陵本無。

爲與衆魔共一手作諸勞侣，

肇曰：「『衆魔』，四魔也。共爲諸塵勞之黨侣也〔一〕。」

生曰：「施能造果，謂之爲業。若於業生邪，致受三界報者，爲勞苦衆生也。斯則邪見與業爲侣，然後得之三界報矣。而此業成勞，乃與魔所作同，故云『共一手』。順在既得正見，不異於魔所作勞侣也。」〔二〕

〔一〕「諸」，平安本作「魔」。

〔二〕「肇曰」「生曰」兩段，永樂北藏本、徑山藏本、清藏本、金陵本無。

汝與衆魔及諸塵勞等無有異〔一〕**；**

肇曰：「既爲其侣，安得有異？夫以無異，故能成其異也。」

生曰：「若受施而使施主得邪見報者，是害其慧命爲内外魔也。順在令彼獲等，則生其惠心，必不見與害者殊也。」〔二〕

〔一〕案關中疏卷上：「魔王者，誘人入生死也；法王者，化人住涅槃也。若生死、涅槃性平等者，魔佛二化同一手也，即曰『爲同等無異』也。」關中釋抄卷下：「『等無有異』者，以平等一性爲無異。」

〔二〕「生曰」一段，永樂北藏本、徑山藏本、清藏本、金陵本無。

於一切衆生而有怨心，

生曰：「害其慧命爲魔者，怨之甚者也。順在起彼惠心，是親友之義，而不見異於怨也。」〔一〕

〔一〕「生曰」一段，永樂北藏本、徑山藏本、清藏本、金陵本無。

謗諸佛，毁於法，

肇曰：「怨親之心，毁譽之意，美惡一致，孰云其異？苟曰不異，亦何爲不同焉？」〔一〕

〔一〕「肇曰」一段，徑山藏本、金陵本置後經「汝若如是，乃可取食」注「肇曰」一段前。

不入衆數，終不得滅度；

生曰：「爲害之由，由乎謗佛毁法，斯人則爲不入四衆數矣〔一〕。順在親友之義，以歎佛譬法爲體，亦不異謗，故云『謗』也。」

〔一〕「數」，永樂北藏本、徑山藏本、清藏本、金陵本無。

汝若如是，乃可取食〔二〕。

什曰：「汝若自知有過如是之深者，乃可取食也。」〔二〕

肇曰：「犯重罪者，不得入賢聖衆數，終不得滅度。若能備如上惡，乃可取食也。何者？夫捨惡從善，人之常情耳。然則是非逕心〔三〕，猶未免于累，是以等觀者，以存善爲患。故捨善以求宗，以捨惡爲累，故即惡而反本〔四〕。然則即惡有忘累之功，捨善有無染之動，故知同善未爲得，同惡未爲失，浄名言意似在此乎？」

〔一〕案關中疏卷上：「夫見聖諦者，入聖衆數；斷煩惱者，得至滅度。實相無見無不見，故不入衆數；寂滅無得無不得，故不得滅度。若能如是住真平等，此真應供，乃可取食。」

〔二〕「什曰」一段，永樂北藏本、徑山藏本、清藏本、金陵本無。

〔三〕「逕」，永樂北藏本、徑山藏本、清藏本、金陵本作「經」。

〔四〕「反」，關中疏作「返」。

時我，世尊。聞此茫然，不識是何言，

生曰：「若以語言之，我則不然。就意而取，己所不及，故竟不識是何言也。」〔一〕

〔一〕「生曰」一段，永樂北藏本、徑山藏本、清藏本、金陵本無。

不知以何答，便置鉢，欲出其舍。

肇曰：「浄名言逆而理順，善吉似未思其言，故不識是何説，便捨鉢而欲出也〔一〕。」

生曰：「進退無據，故不知以何答〔二〕，則有屈矣。向言若爾，乃可取食；不爾，故不取也。有屈便應輸鉢〔三〕，故置之欲出。」〔四〕

〔一〕「捨」，關中疏作「置」。

〔二〕「以何」，平安本作「何以」。

〔三〕「有」上，維摩經義疏卷三有「既其」。

〔四〕「肇曰」「生曰」兩段，永樂北藏本、徑山藏本、清藏本、金陵本無。

維摩詰言：『唯。須菩提。取鉢勿懼。

生曰：「懼無答而置鉢，即復著言相矣。欲解此滯，使得取鉢，故先言『取鉢勿懼』也。」〔一〕

〔一〕「生曰」一段，永樂北藏本、徑山藏本、清藏本、金陵本無。

於意云何，如來所作化人，若以是事詰，寧有懼不？』

肇曰：「淨名欲令善吉弘平等之道，無心以聽，美惡斯順。而善吉本不思其言，迷其所説，故復引喻以明也。」

生曰：「言乃至如所作化，亦不能有心於所詰也。」〔一〕

〔一〕「生曰」一段，永樂北藏本、徑山藏本、清藏本、金陵本無。

我言：『不也。』維摩詰言：『一切諸法如幻化相，汝今不應有所懼也。

肇曰：「若於弟子中解空第一，既知化之無心，亦知法之如化〔一〕。以此而聽，曷爲而懼？」

生曰：「化既無懼，諸法如化，亦不得生懼也。」〔二〕

〔一〕「亦」，平安本作「才」。

〔二〕「生曰」一段，永樂北藏本、徑山藏本、清藏本、金陵本無。

所以者何？一切言説不離是相。

肇曰：「『是相』，即幻相也〔一〕。言説如化，聽亦如化，以化聽化，豈容有懼〔二〕？」

生曰：「所以言『諸法如幻，便應無懼』者，以諸法如幻〔三〕，言説亦然故也。言説苟曰如幻，如何以言致懼耶？」〔四〕

〔一〕「幻」下，平安本有「化」。

〔二〕「有」，關中疏作「如」。

〔三〕「如」，原作「化」，據平安本改。

〔四〕「生曰」一段，永樂北藏本、徑山藏本、清藏本、金陵本無。

至於智者，不著文字，故無所懼。何以故？文字性離。

肇曰：「夫文字之作，生於惑取。法無可取，則文相自離〔一〕。虛妄假名，智者不著。」

〔一〕「相自」，永樂北藏本、徑山藏本、清藏本、金陵本作「字相」。

無有文字，是則解脱。

肇曰：「『解脱』，謂無爲真解脱也。夫名生於不足，足則無名，故無有文字是真解脱。」

生曰：「不復縛在文字，故言『解脱』也。」〔一〕

〔一〕「生曰」一段，永樂北藏本、徑山藏本、清藏本、金陵本無。

解脱相者，則諸法也。』

肇曰：「名生於法，法生於名。名既解脱，故諸法同解也。」

生曰：「向以諸法如幻，明無文字。文字既解，還復悟解在諸法也。」〔一〕

〔一〕「生曰」一段，永樂北藏本、徑山藏本、清藏本、金陵本無。

維摩詰説是法時，二百天子得法眼净。故我不任詣彼問疾。」

佛告富樓那彌多羅尼子：

什曰：「『富樓那』〔一〕，秦言『滿』也；『彌多羅尼』，秦言『善知識』，『善知識』是其母名也〔二〕。其人於法師中第一，善説阿毘曇論也〔三〕。」〔四〕

肇曰：「『富樓那』，字也，秦言『滿』〔五〕；『彌多羅尼』，母名也〔六〕，秦言『善知識』。通母名爲字〔七〕，弟子中辨才第一也〔八〕。」〔九〕

〔一〕「那」下，維摩經義疏卷三有「是其字也」。

〔二〕「『善知識』是」，永樂北藏本、徑山藏本、清藏本、金陵本作「即」。

〔三〕「論」，平安本、永樂北藏本、徑山藏本、清藏本、金陵本無。

〔四〕「什曰」一段，徑山藏本、金陵本置後經「汝行詣維摩詰問疾」下。

〔五〕「滿」下，關中疏有「願」。

〔六〕「母」上，關中疏有「其」。

〔七〕「通」，平安本作「隨」。

〔八〕「辨」，關中疏作「辯」。

〔九〕「肇曰」一段，永樂北藏本、徑山藏本、清藏本、金陵本無。

「汝行詣維摩詰問疾。」富樓那白佛言：「世尊。我不堪任詣彼問疾。所以者何？憶念我昔，於大林中，在一樹下，爲諸新學比丘説法。

什曰：「近毘耶離有園林〔一〕，林中有水〔二〕，水名獼猴池。園林中有僧房，是毘耶離三精舍之一也，富樓那於中爲新學説法也。」

〔一〕「離」下，永樂北藏本、徑山藏本、清藏本、金陵本有「城」。

〔二〕「中」，維摩經義疏卷三作「内」。下同。

時維摩詰來謂我言：『唯。富樓那。先當入定，觀此人心，然後説法〔一〕。

肇曰：「大乘自法身以上〔二〕，得無礙真心。心智寂然，未嘗不定。以心常定，故能萬事普照〔三〕，不假推求，然後知也。小乘心有限礙，又不能常定，凡所觀察，在定則見，出定不見。且聲聞定力深者，見衆生根極八萬劫耳；定力淺者，身數而已。大士所見，見及無窮。此新學比丘，根在大乘，應聞大道，而爲説小法〔四〕，故誨其入定也。」

〔一〕案關中疏卷上：「前訶目連説不稱理，此訶滿願不識根性。」關中釋抄卷下：「前目連呵説法禮不當，此章呵差根之患。」

〔二〕「以」，關中疏作「已」。

〔三〕「普」，永樂北藏本、徑山藏本、清藏本、金陵本作「並」。

〔四〕「小」下，關中疏有「乘」。

無以穢食，置於寶器〔一〕。

肇曰：「穢食充飢，小乘法也；盛無上寶，大乘器也。」

〔一〕案關中疏卷上：「此勸觀心本性浄，不應以小乘穢法污其本也。」

當知是比丘心之所念，無以琉璃同彼水精〔一〕。

肇曰：「當識其心念之根本，無令真僞不辨也。」〔二〕

〔一〕案關中疏卷上：「勸觀心念，念雖生滅，而性無生滅，此真寶也。説生滅者，僞寶也。」

〔二〕「肇曰」一段，永樂北藏本、徑山藏本、清藏本、金陵本無。

汝不能知衆生根源，無得發起以小乘法。彼自無瘡，勿傷之也〔一〕。

肇曰：「彼大乘之體自無瘡疣〔二〕，無以小乘之刺損傷之也〔三〕。」

〔一〕案關中疏卷上：「大乘信根，稱本無瘡，示小乘法，名爲『傷』也。」

〔二〕「疣」，平安本作「尤」。

〔三〕「傷」，關中疏作「瘡」。

欲行大道〔一〕**，莫示小徑。無以大海**〔二〕**，内於牛跡；**

肇曰：「大物當置之大處，曷爲迴龍象於兔徑，注大海於牛跡乎〔三〕？」〔四〕

〔一〕案關中疏卷上：「大道法性，喻法身也。」
〔二〕案關中疏卷上：「大海廣納，喻般若也。」
〔三〕「注」，平安本作「内」。
〔四〕「肇曰」一段，徑山藏本、金陵本置後經「無以日光，等彼螢火」下。

無以日光〔一〕，等彼螢火。

肇曰：「明昧之殊，其喻如此〔二〕。而欲等之者，何耶〔三〕？」〔四〕

〔一〕案關中疏卷上：「日光破闇，喻解脱也。」
〔二〕「如」，平安本作「若」。
〔三〕「何」上，平安本有「是」。
〔四〕「肇曰」一段，永樂北藏本、徑山藏本、清藏本、金陵本無。

富樓那。此比丘久發大乘心，中忘此意，

肇曰：「未得無生〔一〕，心皆有退忘也。」〔二〕

〔一〕「生」下，關中疏有「忍」。
〔二〕「肇曰」一段，永樂北藏本、徑山藏本、清藏本、金陵本無。

如何以小乘法而教導之？我觀小乘，智慧微淺，猶如盲人，不能分別一切衆生根之利鈍。』

時維摩詰即入三昧，令此比丘自識宿命，曾於五百佛所殖衆德本，迴向阿耨多羅三藐三

菩提。

肇曰：「浄名將開其宿心，成其本意，故以定力令諸比丘暫識宿命，自知曾於五百佛所殖衆德本〔一〕，曾以迴此功德向無上道〔二〕，此其本也。」〔三〕

〔一〕「殖」，永樂北藏本、徑山藏本、清藏本、金陵本作「植」。

〔二〕「以」，平安本、永樂北藏本、徑山藏本、清藏本、金陵本作「已」。「此」，永樂北藏本、徑山藏本、清藏本、金陵本作「向」。

〔三〕「肇曰」一段，徑山藏本、金陵本置後經「即時豁然，還得本心」下。

即時豁然，還得本心，於是諸比丘稽首禮維摩詰足〔一〕。時維摩詰因爲説法〔二〕，於阿耨多羅三藐三菩提不復退轉〔三〕。我念：『聲聞不觀人根，不應説法〔四〕。』是故不任詣彼問疾。」

〔一〕案關中疏卷上：「大志開發，感恩致敬也。」

〔二〕案關中疏卷上：「更爲説法，定力暫加，事不可久，欲令自悟，要因説法。」

〔三〕案關中疏卷上：「聞法悟理，於無上道獲不退也。」

〔四〕案關中疏卷上：「自念敬伏也。」

佛告摩訶迦旃延〔一〕：

什曰：「南天竺婆羅門姓也，善解契經者也。」〔二〕

肇曰：「『迦旃延』，南天竺婆羅門姓也。即以本姓爲名，弟子中解義第一也。」〔三〕

〔一〕案關中疏卷上：「有説『迦旃延』，此云『文飾』也，又云『剃髮種』也。」關中釋抄卷下：「『迦旃延』，此云『剛剩』，有云『文飾』，施設足論云『剃髮種』，未詳所以。」

〔二〕「什曰」一段，徑山藏本、金陵本置後經「汝行詣維摩詰問疾」下。

〔三〕「肇曰」一段，永樂北藏本、徑山藏本、清藏本、金陵本無。

「汝行詣維摩詰問疾。」迦旃延白佛言：「世尊。我不堪任詣彼問疾。所以者何？憶念昔者，佛爲諸比丘略説法要。

什曰：「『法要』，謂一切法略説有二種：有爲、無爲也。迦旃延於後演，有爲則四非常，無爲則寂滅義也。」

肇曰：「如來常略説：有爲法無常、苦、空、無我，無爲法寂滅不動。此二言總一切法盡，故言『略』。」

生曰：「爲悟所津，若出之由户焉。」〔一〕

〔一〕「什曰」「肇曰」「生曰」三段，永樂北藏本、徑山藏本、清藏本、金陵本無。

我即於後敷演其義〔一〕**，謂無常義、苦義、空義、無我義、寂滅義。**

肇曰：「如來言説未嘗有心，故其所説法未嘗有相。迦旃延不諭玄旨〔二〕，故於入室之後皆以相説也。何則？如來去常故説無常，非謂是無常；去樂故言苦，非謂是苦；去實故言空，非謂是空；去我故言無我，非謂是無我；去相故言寂滅，非謂是寂滅。

此五者，可謂無言之教，無相之談〔三〕。而迦旃延造極不同，聽隨心異，聞無常則取其流動，至聞寂滅亦取其滅相〔四〕。此言同旨異，迦旃延所以致惑也。」

生曰：「迦旃延是分别佛語中第一也〔五〕。佛既略説於前，迦旃乃敷述於後也。存旨而不在辭，故曰『演其義』也。」〔六〕

〔一〕案關中疏卷上：「『義』者，義理。小乘以無常等五爲理，大乘以一實相爲理。由悟此理，證道非餘，故云『要』也。」

〔二〕「諭」，關中疏作「喻」。

〔三〕「談」，永樂北藏本、徑山藏本、清藏本、金陵本作「説」。

〔四〕「至」上，平安本有「乃」。

〔五〕「延」，平安本無。

〔六〕「生曰」一段，永樂北藏本、徑山藏本、清藏本、金陵本無。

時維摩詰來謂我言：『唯。迦旃延。無以生滅心行説實相法〔一〕。

什曰：「若無生滅，則無行處；無行處，乃至實相也〔二〕。因其以生滅爲實，故譏言『無以生滅説實相法』〔三〕，通非下五句也。」

肇曰：「心者何也？惑相所生。行者何也？造用之名。夫有形必有影，有相必有心；無形故無影，無相故無心。然則心隨事轉，行因用起。見法生滅，故心有生滅；悟法無生滅〔四〕，則心無生滅。迦旃延聞無常義，謂法有生滅之相；法有生滅之相，故影響其心同生滅也。夫實相幽深，妙絶常境，非有心之所知，非辨者之能言，如何以生滅心行而欲説乎？」

生曰：「佛既稱迦旃延爲善分別義，豈應有謬哉？於封其言者論之，故有闕耳。夫佛與迦旃延所明是同，至於不達取之亦不得不異〔五〕。而佛無致譏之義，迦旃有受詰之事，其故何耶？佛以窮理爲主，言必在通；迦旃未能造極，容有乖旨，故可寄之以貶諸闕焉。『無常』者，變至滅也；『苦』者，失所愛也；『空』者，非己有也〔六〕；『無我』者，莫主之也；『寂滅』者，無此四也。然則四爲可惡之法，無之是可樂理也。原夫五本爲言，以表理之實也。而謂盡於生滅之境者，心所行耳。諸比丘行心所行，故不解脱；超悟其旨，然後是也。」〔七〕

〔一〕案關中疏卷上：「是法生滅，小乘義也。悟生滅本不生滅，實相義也。」關中釋抄卷下：「緣生之法，四相所遷，『生滅』之謂也。生滅之法，從因緣生，緣生之法，體無自性，『實相』之謂也。又小乘由執生，故有無常、苦、空、無我等四義；由執滅，有寂滅義。前四是厭，後一是忻。今大乘悟不生不滅，故是實相義。而迦旃延言緣生無常，即是以小乘實相法也。」

〔二〕「至」，平安本作「之」。「相」，平安本無。

〔三〕「法」，平安本無。

〔四〕「滅」，原無，據平安本補。

〔五〕「不異」，平安本作「異」。

〔六〕「已」下，平安本有「所」。

〔七〕「肇曰」「生曰」兩段，永樂北藏本、徑山藏本、清藏本、金陵本無。

迦旃延。諸法畢竟不生不滅，是無常義〔一〕；

什曰：「凡説空則先説無常，無常則空之初門；初門則謂之無常，畢竟則謂之空。旨趣雖同，而以精麁爲淺深者也。何以言之？説無常則云念念不住〔二〕，不住則以有繫住。雖云其久住〔三〕，而未明無住，是麁無常耳，未造其極也。今此一念，若令繫住，則後亦應住。若今住後住，則始終無變；始終無變，據事則不然。以住時不住，所以之滅；住即不住，乃真無常也。本以住爲有，今無住則無有，無有則畢竟空，畢竟空即無常之妙旨也，故曰『畢竟空是無常義』。迦旃延未盡而謂之極者，故自招妄計之譏也〔四〕。」

肇曰：「此辯如來略説之本意也。小乘觀法生滅爲無常義，大乘以不生不滅爲無常義。無常名同，而幽致超絶。其道虚微，固非常情之所測。妙得其旨者，浄名其人也。」

生曰：「夫言『無常』者，據事滅驗之也。終苟有滅，始無然乎？始若果然，則生非定矣。生不定生，滅孰定哉？生滅既已不定〔五〕，真體復何所在？推無在之爲理，是諸法之實也。實以不生不滅爲義，豈非無常之所存耶？然則無常雖明常之爲無，亦所以表無無常也。『畢竟』者，不得不然也。」〔六〕

〔一〕案關中疏卷上：「此下五義破執，名殊而實相之理一也。」關中釋抄卷下：「常、無常不二即實相，離常説無常即生滅。下之四義，準此應知。」

〔二〕「念念不住」，平安本作「念不住念」。

〔三〕「云」，原作「去」，據徑山藏本、金陵本改。

〔四〕「妄」，平安本作「早」。

〔五〕「已」，平安本作「以」。

〔六〕「肇曰」「生曰」兩段，永樂北藏本、徑山藏本、清藏本、金陵本無。

五受陰洞達空無所起，是苦義〔一〕；

什曰：「無常壞法，所以苦也。若無常麤，則壞之亦麤；壞之亦麤，則非苦之極也。今妙無常則無法不壞，無法不壞則法不可壞，苦之甚也。法不可得，空之至也。自無而觀，則不壞不苦；自有而觀〔二〕，有散苦義所以生也〔三〕。」

肇曰：「有漏五陰，愛染生死〔四〕，名『受陰』也。小乘以受陰起〔五〕，則衆苦生爲苦義，大乘通達受陰内外常空，本自無起，誰生苦者？此真苦義也。」

生曰：「夫苦之爲事，會所成也。會所成者，豈得有哉？是以言『五受陰空是苦義』也。『五受陰』，苦之宗也。無常推生及滅，事不在一，又通在有漏無漏，故言諸法苦，即體是無，義起於內。又得無漏者，不以失受致苦，故唯受陰而已也。『洞達』者，無常以據終驗之〔六〕，云畢竟耳；苦以空爲其體〔七〕，故洞達也。『無所起』者，無常明無本之變，理在於生；苦言假會之法，所以配其起也。」〔八〕

〔一〕案關中疏卷上：「大經云：『凡夫有苦無諦，二乘有苦有諦，菩薩解苦無苦而有真諦。』餘義例此可見。」關中釋抄卷下：「苦義即實相者，思益云：『知苦無生，苦聖諦。』大經云：『凡夫有苦無諦，二乘有苦有諦，菩薩解苦無苦而真諦，皆實相義也。』此大小五義難明，故略寄一喻。如母養孩子，見啼不止，懼之云鬼來，一歲已下聞鬼不懼，此喻凡夫聞五陰無等五心不厭也。二三歲已去，聞鬼即懼，此喻二乘聞無常等心厭離也。年至十五，聞説鬼來，了鬼本無，但假言説，至兒啼故，此喻菩薩了陰無生苦等，但如來假名方便引導物故，此真義也。」

〔二〕「觀」，平安本作「之」。

〔三〕「有」，平安本無。

〔四〕「愛」，貞享本、關中疏作「受」。

〔五〕「以」，關中疏作「取」。

〔六〕「據」下，平安本有「以」。

〔七〕「其」，平安本無。

〔八〕「什曰」「生曰」兩段，永樂北藏本、徑山藏本、清藏本、金陵本無。

諸法究竟無所有，是空義；

什曰：「本言空〔一〕，欲以遣有，非有去而存空。若有去存空，非空之謂也。二法俱盡，乃空義也。」

肇曰：「小乘觀法緣起，内無真主爲空義。雖能觀空，而於空未能都泯，故不究竟〔二〕。大乘在有不有，在空不空，理無不極，所以究竟空義也。」

生曰：「惑者皆以諸法爲我之有也。理既爲苦，則事不從己；己苟不從，則非我所保；保之非我，彼必非有也。有是有矣，而曰非有；無則無也，豈可有哉？此爲無有無無，究竟都盡，乃所以是空之義也。」〔三〕

〔一〕「本」下，平安本有「意」。

〔二〕「故」上，平安本有「以」。

〔三〕「什曰」「生曰」兩段，永樂北藏本、徑山藏本、清藏本、金陵本無。

於我、無我而不二〔一〕，是無我義；

什曰：「若去我而有無我，猶未免於我也〔二〕。何以知之？凡言我即主也。經云：『有二十二根。』二十二根，亦即二十二主也〔三〕。雖云無真宰，而有事用之主，是猶廢主而立主也。故『於我、無我而不二』乃無我耳。」

肇曰：「小乘以封我爲累，故尊於無我；無我既尊，則於我爲二。大乘是非齊旨，二者不殊，爲無我義也。」

生曰：「理既不從我爲空，豈有我能制之哉？則無我矣。無我本無生死中我，非不有佛性我也。」〔四〕

〔一〕案關中疏卷上：「諸義例此亦同，不二爲實相也。」

〔二〕「免」，平安本作「勉」。

〔三〕「亦」，平安本無。

〔四〕「什曰」「生曰」兩段，永樂北藏本、徑山藏本、清藏本、金陵本無。

法本不然，今則無滅，是寂滅義。』

什曰：「明泥洹義也。由生死然盡，故有滅。生死即不然，無泥洹滅；無泥洹滅〔一〕，真寂滅也。」

肇曰：「小乘以三界熾然，故滅之以求無爲。夫熾然既形，故滅名以生。大乘觀法本自不然，今何所滅？不然不滅，乃真寂滅也。」

生曰：「法既無常、苦、空〔二〕，悟之則永盡泥洹。泥洹者，不復然也；不然者，事之靖也。夫終得寂滅者〔三〕，以其本無實然。然既不實，滅獨實乎？」〔四〕

〔一〕「無」，原無，據平安本補。

〔二〕「空」下，平安本有「無我」。

〔三〕「寂滅」，平安本作「滅寂」。

〔四〕「什曰」「生曰」兩段，永樂北藏本、徑山藏本、清藏本、金陵本無。

說是法時，彼諸比丘心得解脱。故我不任詣彼問疾。」

佛告阿那律〔一〕：

什曰：「天眼第一也。」〔二〕

肇曰：「『阿那律』，秦言『如意』，刹利種也。弟子中天眼第一。」〔三〕

〔一〕案關中疏卷上：「又云『無滅』，一燈照佛，九十劫來，善根不滅，今得天眼第一。又常受如意報，故生刹利種，乃至得道。」關中釋抄卷下：「『阿那律』，秦言『如意』，亦曰『無貧』，或云『無滅』。過去曾施辟支佛一食，九十一劫常在天上，受如意報，故云『如意』。恒無貧乏，故云『無貧』。善根不滅，故云『無滅』。又云因入佛塔剔燈，照九十一劫，善根不滅，今得天眼報，故云『無滅』也。」

〔二〕「什曰」一段，永樂北藏本、徑山藏本、清藏本、金陵本無。

〔三〕「肇曰」一段，徑山藏本、金陵本置後經「汝行詣維摩詰問疾」下。

「汝行詣維摩詰問疾。」阿那律白佛言：「世尊。我不堪任詣彼問疾。所以者何？憶念我昔，於一處經行。時有梵王名曰嚴浄，與萬梵俱放浄光明，來詣我所，稽首作禮，問我言：『幾何阿那律天眼所見？』〔一〕

肇曰：「梵王聞阿那律天眼第一，故問所見遠近。」

〔一〕案關中疏卷上：「阿那律修證天眼，梵王業報天眼，欲比其優劣，故致問也。」

我即答言：『仁者。吾見此釋迦牟尼佛土三千大千世界，如觀掌中菴摩勒果。』

肇曰：「『菴摩勒果』〔一〕，形似檳榔，食之除風冷。時手執此果，故即以爲喻也。」

〔一〕「果」，平安本無。

時維摩詰來謂我言：『唯。阿那律。天眼所見，爲作相耶？無作相耶？〔一〕

什曰：「色無定相〔二〕。若見色有遠近精麁，即是爲色；爲色則是邪惑顛倒之眼，故同於外道。若不爲色作相，色則無爲，無爲則不應見有遠近。而言遠見三千，則進退無可，故失會於梵天，受屈於二難也。」〔三〕

肇曰：「三界報身，六情諸根，從結業起，名爲『有作相』也。法身出三界、六情諸根，不由結業生，名爲『無作相』。夫以有作，故有所不作；以法身無作，故無所不作也。」

〔一〕案關中疏卷上：「此難意云：天眼所見，爲取相耶？爲不取相耶？小乘依俗禪得天眼，故取相見。

大乘依實相定得天眼，故見而不相也。」

〔二〕「定」，貞享本、永樂北藏本、徑山藏本、清藏本、金陵本作「色」。

〔三〕「什曰」一段，徑山藏本、金陵本置後經「若無作相，即是無爲，不應有見」下。

假使作相，則與外道五通等〔一〕**；**

肇曰：「外道修俗禪得五通，然不能出凡夫見聞之境，此有作相也，欲等之哉。」〔二〕

〔一〕案關中疏卷上：「二乘依四禪得五通，與外道等也。」關中釋抄卷下：「若聲聞依四禪定起通，有功德作相，而見知外道等。」

〔二〕「肇曰」一段，永樂北藏本、徑山藏本、清藏本、金陵本無。

若無作相，即是無爲，不應有見〔一〕**。』**

肇曰：「若無作相，即是法身。無爲之相，豈容見聞近遠之言？」〔二〕

〔一〕案關中疏卷上：「若菩薩實相三昧得真天眼，所見十方皆是無爲，不應有分別之見。」關中釋抄卷下：「若聲聞依四禪定起通，有功德作相，而見知外道等。『無爲不應有見』者，若聲聞依惠斷惑，名擇滅無爲，不應有見也。大乘天眼，即中見色，圓觀三諦，權實雙觀，即寂而照，故無此難，如下文自明也。大小殊途，有此懸別，而或者以近遠之見，約數量而分大小，不亦謬哉？又佛心無不寂，故照無不見；惠不離定，即寂而照，故見而無二也。」

〔二〕「肇曰」一段，永樂北藏本、徑山藏本、清藏本、金陵本無。

世尊。我時默然。

肇曰："欲言'作相'，則同彼外道；欲言'無作'，則違前見意，故不知所答也〔一〕。"〔二〕

〔一〕"所"下，平安本有"以"。

〔二〕"肇曰"一段，永樂北藏本、徑山藏本、清藏本、金陵本無。

彼諸梵聞其言，得未曾有，即爲作禮而問曰："『世孰有真天眼者？』"

什曰："以阿那律天眼爲色作相，非真天眼。若不作相，則是真眼。未知誰有，故問言孰耶。"

肇曰："諸梵謂天眼正以徹視遠見爲理，而淨名致詰，殊違本塗〔一〕，疑有真異，故致斯問。"〔二〕

〔一〕"塗"，關中疏作"途"。

〔二〕"肇曰"一段，永樂北藏本、徑山藏本、清藏本、金陵本無。

維摩詰言："『有佛世尊得真天眼，常在三昧，悉見諸佛國，不以二相。』"

什曰："言不爲色作精麁二相也。"

肇曰："『真天眼』，謂如來法身無相之目也。幽燭微形，巨細兼覩，萬色彌廣，有若目前。未嘗不見，而未嘗有見〔一〕，故無眼色之二相也。二乘在定則見，出定不見。如

來未嘗不定，未嘗不見〔二〕，故常在三昧也。」〔三〕

〔一〕「嘗」，平安本作「常」。下同。

〔二〕「嘗」，關中疏作「曾」。

〔三〕關中疏本條下有僧叡注：「如來天眼入佛眼中，雖緣無緣，故不以二相。有説不以淨穢二相，有説不以動寂二相也。」

於是，嚴淨梵王及其眷屬五百梵天，皆發阿耨多羅三藐三菩提心，禮維摩詰足已，忽然不現。

肇曰：「其所發明，成立若此。」〔一〕

〔一〕「肇曰」一段，永樂北藏本、徑山藏本、清藏本、金陵本無。

故我不任詣彼問疾。」

佛告優波離〔一〕：

什曰：「長存誓願〔二〕，世世常作持律，故於今持律第一也。」〔三〕

肇曰：「『優波離』，秦言『上首』，弟子中持律第一。」〔四〕

〔一〕案關中釋抄卷下：「『優波離』，秦言『上首』，亦曰『近取』。以本近八釋子執事取與，故云『近執』『近取』。言『上首』者，以初與八釋子同時出家之時，如來先度爲上座，故云也。」

〔二〕「存」，原作「夜」，據貞享本、永樂北藏本、徑山藏本、清藏本、金陵本改。

〔三〕「什曰」一段，徑山藏本、金陵本置後經「汝行詣維摩詰問疾」下。

〔四〕「肇曰」一段，永樂北藏本、徑山藏本、清藏本、金陵本無。

「汝行詣維摩詰問疾。」優波離白佛言：「世尊。我不堪任詣彼問疾。所以者何？憶念昔者，有二比丘犯律行以爲耻〔一〕，

生曰：「犯律者必有懼罪之惑也。原其爲懷〔二〕，非唯畏苦困〔三〕，已交耻所爲也。」〔四〕

〔一〕案關中釋抄卷下：「『律行』者有二：一本來不犯，二犯能悔，此波離之律行也。今净名以法身真性本净，根智迷以復悟爲律行也。故經云：『唯佛一人住戒，餘人皆名污戒者。』又下文云：『是即具足。』明此經法性尸羅，一心具足萬行，豈二百五十而言具足哉？」

〔二〕「懷」，平安本作「壞」。

〔三〕「困」，貞享本作「因」。

〔四〕「生曰」一段，永樂北藏本、徑山藏本、清藏本、金陵本無。

不敢問佛，

什曰：「以佛尊重慚愧深故，亦於衆中大恐怖故。復次，將以如來明見法相，決定我罪，陷於重殘〔一〕，則永出清衆，望絶真路也。」

生曰：「既違聖禁，加所爲愚鄙，故不敢以斥問佛也。」〔二〕

〔一〕「重殘」，原作「無淺」，據永樂北藏本、徑山藏本、清藏本、金陵本改。

〔三〕「生曰」一段，永樂北藏本、徑山藏本、清藏本、金陵本無。

來問我言：『唯。優波離。我等犯律，誠以爲耻，不敢問佛，願解疑悔，得免斯咎。』

肇曰：「愧其所犯，不敢問佛，以優波離持律第一，故從問也。疑其所犯，不知輕重，悔其既往，廢亂道行，故請持律解免斯咎也。」

生曰：「違禁誠重，能改爲貴，是以許有改法也。優波離解律第一〔一〕，故以問焉。疑者恐罪及己，而猶有不至之異也。悔者既已懼之，必自悔所爲也。」〔二〕

〔一〕「解」，平安本作「善」。

〔二〕「生曰」一段，永樂北藏本、徑山藏本、清藏本、金陵本無。

我即爲其如法解説〔一〕。

肇曰：「『如法』，謂依戒律決其罪之輕重，示其悔過法也。」〔二〕

〔一〕案關中疏卷上：「今優波離持身口之律，見罪生滅，壞法身無相之律，故爲訶也。」

〔二〕「肇曰」一段，永樂北藏本、徑山藏本、清藏本、金陵本無。

時維摩詰來謂我言：『唯。優波離。無重增此二比丘罪〔一〕。

生曰：「未知罪相，猶封以致懼。既明所屬，而改之法重，封懼之情愈致深也。深乎惑者，罪彌重矣。」〔二〕

〔一〕案關中疏卷上：「小乘以犯戒爲罪生，大乘以取相爲罪生。既令見罪懺悔，是名『重增』。又二比丘迷於實相，妄見罪生，今來懺悔，又見罪滅，重增滅見，故云『重增』。」關中釋抄卷下：「『重增』者，小乘懺法要深見罪累起重悔心等言滅也。故關中、天台皆云：『以背真妄犯，若爲罪垢，志誠悔懼，復名重增。』今申一釋：罪之自性不生不滅，昔二人犯罪，不生見生，名『初犯』。今波離爲懺，不滅言滅，名『重增』也。若是罪本不生，今悔亦無滅，即去除滅也。」

〔三〕「生曰」一段，永樂北藏本、徑山藏本、清藏本、金陵本無。

當直除滅，勿擾其心。

什曰：「犯律之人，心常戰懼。若定其罪相，復加以切之，則可謂心擾而罪增也。若聞實相，則心玄無寄，罪累自消，故言『當直除滅』也。」

肇曰：「二比丘既犯律行，疑悔情深，方重結其罪，則封累彌厚；封累既厚〔一〕，則罪垢彌增。當直説法空，令悟罪不實；悟罪不實，則封累情除；封累情除，則罪垢斯滅矣。曷爲不察其根，爲之決罪，擾亂其心，重增累乎？」

生曰：「除罪用術，於理既迂。又應病則是其方，乖之更增其病矣。」〔二〕

〔一〕「既」，平安本、關中疏作「彌」。

〔二〕「肇曰」「生曰」兩段，永樂北藏本、徑山藏本、清藏本、金陵本無。

所以者何？彼罪性不在內，不在外，不在中間。

肇曰：「覆釋所以直除之意也。夫罪累之生，因緣所成，求其實性，不在三處。如殺因彼、我，彼、我即内外也。自我即非殺，自彼亦非殺。彼、我既非，豈在中間？衆緣所成，尋之悉虚也。」

生曰：「封惑本出人耳，彼罪豈當有哉？苟能體之，不復自縛於罪也。既不復縛罪，便是出其境矣。已出罪境者，罪能得之乎？『不在内』者，不在我心也；若在我心者，不應待外也。『不在外』者，不在彼事也；若在彼事者，不應罪我也。『不在中間』者，合我之與事也；罪爲一矣，豈得兩在哉？」〔一〕

〔一〕「肇曰」「生曰」兩段，永樂北藏本、徑山藏本、清藏本、金陵本無。

如佛所説：心垢故衆生垢，心浄故衆生浄。

什曰：「以罪爲罪，則心自然生垢〔一〕。心自然生垢，則垢能累之。垢能累之，則是罪垢衆生。不以罪爲罪，此即浄心。心浄，則是浄衆生也〔二〕。」

生曰：「引佛語爲證也。『心垢』者，封惑之情也。『衆生垢』者，心既有垢，罪必及之也。若能無封，則爲浄矣。其心既浄，其罪亦除也。」〔三〕

〔一〕「然」，平安本無。下同。

〔二〕「浄衆生」，平安本、永樂北藏本、徑山藏本、清藏本、金陵本作「衆生浄」。

〔三〕「生曰」一段，永樂北藏本、徑山藏本、清藏本、金陵本無。

心亦不在内，不在外，不在中間。

生曰：「罪雖由心垢而致〔一〕，悟之必得除也。向已明罪不在内、外、中間，故言心亦不在三處。」〔二〕

〔一〕「由」，平安本作「猶」。

〔二〕「生曰」一段，永樂北藏本、徑山藏本、清藏本、金陵本無。

如其心然，罪垢亦然，

肇曰：「逆知其本也〔一〕。夫執本以知其末，守母以見其子。佛言：『衆生垢淨，皆由心起。』求心之本，不在三處。心既不在〔二〕，罪垢可知也。」

〔一〕「逆」，原作「尋」，據平安本、貞享本、永樂北藏本、徑山藏本、清藏本、金陵本、關中疏改。

〔二〕「不」，平安本、關中疏作「無」。

諸法亦然，不出於如。

肇曰：「萬法云云〔一〕，皆由心起，豈獨垢淨之然哉？故『諸法亦然，不離於如』。『如』，謂如本相也。」

生曰：「心既不在三處，罪垢亦然也〔二〕。反覆皆不得異，諸法豈容有殊耶？則無不如也。」〔三〕

〔一〕「云云」，平安本作「紜紜」。

〔二〕「罪垢」，平安本作「垢罪」。

〔三〕「生曰」一段，永樂北藏本、徑山藏本、清藏本、金陵本無。

如優波離以心相得解脱時，寧有垢不？』〔一〕

什曰：「『心相』，謂羅漢亦觀衆生心實相得解脱也〔二〕。今問其成道時，第九解脱道中觀實相時，寧見此中有垢不？」

生曰：「以優波離驗之也。『心相』者，無内、外、中間也。『得解脱』者，不復縛在心也。『以心相得解脱』者〔三〕，無垢可見。」〔四〕

〔一〕案關中釋抄卷下：「『第九解脱』者，斷修惑，九地各有九無礙、九解脱。今非想地中第九解脱，得無學持心，況衆生心性本淨。」

〔二〕「心」，平安本作「心心」。

〔三〕「解」，平安本無。

〔四〕「生曰」一段，永樂北藏本、徑山藏本、清藏本、金陵本無。

我言：『不也。』

肇曰：「『得解脱時』，謂其初成阿羅漢〔一〕，得第九解脱〔二〕。爾時心冥一義，無復心相，欲以其心類明衆心〔三〕，故先定其言也。」〔四〕

〔一〕「阿」，平安本無。

〔二〕「得」，原無，據平安本、關中疏補。

〔三〕「衆」下，關中疏有「生」。

〔四〕「肇曰」一段，永樂北藏本、徑山藏本、清藏本、金陵本無。

維摩詰言：『一切衆生心相無垢，亦復如是。

肇曰：「群生心相，如心解相〔一〕。」

生曰：「衆生心相無垢，理不得異，但見與不見爲殊耳。」〔二〕

〔一〕「解」下，平安本有「脱」。

〔二〕「肇曰」「生曰」兩段，永樂北藏本、徑山藏本、清藏本、金陵本無。

唯。優波離。妄想是垢，無妄想是浄〔一〕；

什曰：「罪本無相，而横爲生相，是爲妄想。妄想自生垢耳，非理之咎也。」〔二〕

肇曰：「優波離分別罪相，欲以除垢。罪本無相，而妄生罪相，乃更增塵垢也。其言雖汎，意在於是。」

生曰：「垢實無也，在妄想中是垢耳。若無妄想，垢即浄也。『妄想』者，妄分別之想也。」〔三〕

〔一〕案關中釋抄卷下：「『妄想若垢』者，既妄想見垢，明垢非垢，『取我』『顛倒』亦然。其猶病眼見花，病痊即知花體本無。」

〔二〕「什曰」一段，徑山藏本、金陵本置後經「不取我是浄」下。

〔三〕「肇曰」「生曰」兩段，永樂北藏本、徑山藏本、清藏本、金陵本無。

顛倒是垢，

生曰：「見正轉也。見轉於内，則妄分别外事也。」〔一〕

〔一〕「生曰」一段，永樂北藏本、徑山藏本、清藏本、金陵本無。

無顛倒是浄〔一〕**；**

肇曰：「無罪而見罪〔二〕，顛倒也。」〔三〕

〔一〕案關中疏卷上：「倒心見垢，離倒則非垢。」

〔二〕「無」下，平安本有「垢」。

〔三〕「肇曰」一段，永樂北藏本、徑山藏本、清藏本、金陵本無。

取我是垢，

生曰：「取我相者，不能廢己從理也。既取我相，見便轉也。」〔一〕

〔一〕「生曰」一段，永樂北藏本、徑山藏本、清藏本、金陵本無。

不取我是浄〔一〕**。**

肇曰：「見罪即存我也〔二〕。」〔三〕

〔一〕案關中疏卷上：「取我即著垢，離我則無垢也。」

〔二〕「即」，關中疏作「則」。「罪即存」，平安本作「存即罪」。

〔三〕「肇曰」一段，永樂北藏本、徑山藏本、清藏本、金陵本無。

優波離。一切法生滅不住〔一〕，

什曰：「此已下釋罪所以不可得也。」〔二〕

生曰：「諸法皆從妄想而有，悉如此也。」〔三〕

〔一〕案關中釋抄卷下：「『生滅不住』者，夫爲罪者不可以一念成。若積念而成罪者，即念自生滅，刹那不住，豈可罪哉？復次，念若不積，即一念無因；念若住積，非有爲法。復次，設使一念自成罪者，刹那不住，豈得懺而復滅哉？」

〔二〕「什曰」一段，徑山藏本、金陵本置後經「如幻如電，諸法不相待，乃至一念不住」下。

〔三〕「生曰」一段，永樂北藏本、徑山藏本、清藏本、金陵本無。

如幻如電，諸法不相待，乃至一念不住。

什曰：「前心不待後心，生竟然後滅也。」〔一〕

肇曰：「成前無相常淨義也。諸法如電，新新不停，一起一滅，不相待也。彈指頃有六十念過，諸法乃無一念頃住，況欲久停？無住則如幻，如幻則不實，不實則爲空，空則常淨。然則物物斯淨，何有罪累於我哉？」

〔一〕「什曰」一段，永樂北藏本、徑山藏本、清藏本、金陵本無。

諸法皆妄見，

什曰：「皆由妄見，故謂其有耳。」〔一〕

〔一〕「什曰」一段，永樂北藏本、徑山藏本、清藏本、金陵本無。

如夢、如炎、如水中月、如鏡中像，以妄想生。

肇曰：「上明外法不住，此明内心妄見，俱辯空義〔一〕，内外爲異耳。夫以見妄，故所見不實。所見不實，則實存於所見之外。實存于所見之外，則所見不能見〔二〕。見所不能見，故無相常浄也。上二喻取其速滅，此四喻取其妄想〔三〕。」

〔一〕「辯」，徑山藏本、金陵本、關中疏作「辨」。

〔二〕「所見」，平安本作「見所」。

〔三〕「喻」，平安本作「句」。

其知此者，是名奉律〔一〕；

什曰：「『奉律』，梵本云『毘尼』〔二〕。『毘尼』，秦言『善治』。謂自治婬怒癡，亦能治衆生惡也。」〔三〕

生曰：「作如此知，無復犯律之咎也。」〔四〕

〔一〕案關中疏卷上：「奉持法身無相之律也。」關中釋抄卷下：「『是名奉律』者，此法性尸羅即法身自性，菩薩大士如是奉持也。」

〔二〕「梵」，平安本作「胡」。

〔三〕「什曰」一段，徑山藏本、金陵本置後經「其知此者，是名善解」下。

〔四〕「生曰」一段，永樂北藏本、徑山藏本、清藏本、金陵本無。

其知此者，是名善解〔一〕。』

肇曰：「若能知法如此，乃名善解奉律法耳〔二〕。不知此法，而稱持律第一者，何耶？令知優波離謬教意也。」

生曰：「善解律爲理也。」〔三〕

〔一〕案關中疏卷上：「若能悟罪無生，知心不住，是名真解。」

〔二〕「律法」，原作「法律」，據貞享本、永樂北藏本、徑山藏本、清藏本、金陵本改。

〔三〕「生曰」一段，永樂北藏本、徑山藏本、清藏本、金陵本無。

於是，二比丘言：『上智哉！是優波離所不及，持律之上而不能説。』

肇曰：「二比丘悟罪常净，無復疑悔，故致斯歎。」〔一〕

〔一〕「肇曰」一段，永樂北藏本、徑山藏本、清藏本、金陵本無。

我答言：『自捨如來，未有聲聞及菩薩能制其樂説之辯，

肇曰：「内有樂説智生，則説法無窮，名『樂説辯』也。此辯一起，乃是補處之所歎，而

況聲聞乎？」〔一〕

〔一〕「肇曰」一段，永樂北藏本、徑山藏本、清藏本、金陵本無。

其智慧明達爲若此也〔二〕。』

肇曰：「其明達若此，吾豈能及？」〔三〕

〔二〕案關中疏卷上：「自佛已還，無能制其大乘妙辯，況我持律哉？」

〔三〕「肇曰」一段，永樂北藏本、徑山藏本、清藏本、金陵本無。

時二比丘疑悔即除，

什曰：「有罪則憂怖自生，罪無則疑悔自滅。」〔一〕

〔一〕「什曰」一段，永樂北藏本、徑山藏本、清藏本、金陵本無。

發阿耨多羅三藐三菩提心，作是願言：『令一切衆生皆得是辯。』〔二〕**故我不任詣彼問疾。」**〔三〕

〔二〕案關中疏卷上：「發心法身妙律，諸佛所持，悟解除疑，因之發趣。」

〔三〕案徑山藏本於此分卷，下作「卷第四」，標目「弟子品第三之餘」。

佛告羅睺羅〔一〕：

什曰：「阿修羅食月時名羅睺羅。『羅睺羅』，秦言『覆障』，謂障月明也。羅睺羅六年處母胎，母胎所覆障故〔二〕，因以爲名，明聲聞法中密行第一〔三〕。菩薩出家之日，諸相師言：『若今夜不出家，明日七寶自至，爲轉輪聖王，王四天下。』王即於其夜更增伎樂以悦其心。於時菩薩欲心内發，羅睺羅即時處胎，耶輸陀羅其夜有身。於時浄居諸天相與悲而言曰〔四〕：『菩薩爲欲所纏，迷於女色。衆生可愍，誰當度者？』即時變諸妓女皆如死人〔五〕，甚可怖畏，令菩薩心厭，即勸出家。車匿牽馬，四天王接足，踰城而去〔六〕。到菩提樹下，思惟苦行六年已，夜成佛時，羅睺羅乃生。生已，佛乳母問言：『悉達出家於是六年，汝今何從有身？若六年懷妊，世所未聞。』諸釋聞之，相與議言：『此是不祥，毁辱釋門，必是私竊。』欲依法殺之。耶輸曰：『願見大王，爾乃就死。』王於是隔幔與語〔七〕，具以事詰問其所由。耶輸如實自陳：『我非私竊，是太子之胤耳〔八〕。自太子出家〔九〕，我常愁毒〔一〇〕，寢卧冷地，故此兒不時成就耳。』語王言：『自看此兒顔貌色相，爲是孫子不？』王即抱而觀之，見其色相與太子相似。王乃流淚而言曰：『真是吾孫子也。』佛欲證明，化作梵志，來入王宫，見兒問言：『汝名何等？』答言：『我名羅睺羅。』梵志讃言：『善哉！汝以業因緣故，處胎六年，所覆障故〔一一〕，應名此也。』王問：『何業因緣？』答曰：『我知業因緣〔一二〕，不知何業。』佛後還國，羅睺羅見佛身相莊嚴，敬心内發，願欲出家。其母語言：『此人出家，得成聖道。道非汝分，何用出家？』羅睺羅言：『若令一人得道，我要當得。』使人剔髮〔一三〕。

髮已垂盡，唯有頂上少許〔一四〕。復言：『若髮都盡，則與死人無異。決定汝心，無從後悔。』答言：『國位寶珍無量妙樂〔一五〕，我能棄之，況惜少髮耶？』道心堅固，遂棄國出家，以舍利弗爲和尚〔一六〕。羅睺羅因緣及出家事，以聲聞法略説也。」〔一七〕

肇曰：「『羅睺羅』，秦言『覆障』。六年爲母胎所障，因以爲名，弟子中密行第一〔一八〕。」〔一九〕

〔一〕案關中釋抄卷下：「『羅睺羅』，此云『覆障』者，亦表密行第一。」

〔二〕「母胎」，原無，據永樂北藏本、徑山藏本、清藏本、金陵本補。

〔三〕「明」，貞享本、永樂北藏本、徑山藏本、清藏本、金陵本無。「密行第一」，平安本無。

〔四〕「時」，永樂北藏本、徑山藏本、清藏本、金陵本作「是」。

〔五〕「妓」，平安本作「伎」。

〔六〕「城」，原作「域」，據貞享本、永樂北藏本、徑山藏本、清藏本、金陵本改。

〔七〕「幔」，原作「慢」，據貞享本、永樂北藏本、徑山藏本、清藏本、金陵本改。平安本作「縵」。

〔八〕「胤」，平安本作「引」。

〔九〕「子」，平安本無。

〔一〇〕「常」，永樂北藏本、徑山藏本、清藏本、金陵本作「嘗」。

〔一一〕「故」，平安本無。

〔一二〕「因」，平安本無。

〔一三〕「剔」，平安本、徑山藏本、清藏本、金陵本作「剃」。

〔四〕「頂」，貞享本作「頭」。

〔五〕「寶珍」，平安本、永樂北藏本、徑山藏本、清藏本、金陵本作「有珍寶」。

〔六〕「尚」，平安本作「上」。

〔七〕「什曰」一段，徑山藏本、金陵本置後經「汝行詣維摩詰問疾」下。

〔八〕「密行第一」，平安本作「持戒第一」，關中疏作「持戒第一，又云密行第一」。

〔九〕「肇曰」一段，永樂北藏本、徑山藏本、清藏本、金陵本無。

「汝行詣維摩詰問疾。」羅睺羅白佛言：「世尊。我不堪任詣彼問疾。所以者何？憶念昔時，毗耶離諸長者子來詣我所，稽首作禮，問我言：『唯。羅睺羅。汝佛之子，

生曰：「言其承聖之基。」〔一〕

〔一〕「生曰」一段，永樂北藏本、徑山藏本、清藏本、金陵本無。

捨轉輪王位〔一〕，

什曰：「轉輪王亦有不入胎者，如頂生王是也。昔轉輪王頂上生瘡，王患其癢痛，婆羅門欲以刀破之。王時怒曰：『云何以刀著大王頂上耶？』更有婆羅門以藥塗之，至七日，頂瘡乃壞〔二〕。視瘡中，見有小兒威相端正，取而養之，後遂爲王。因從頂生，故名頂生王。或有從肩臂手足等生，此皆從男生也〔三〕。佛若不出家，則大轉輪王，王四天下。羅睺羅不出家，王一閻浮提，地下十由旬鬼神，空中十由旬鬼神，皆屬羅睺羅，爲其給使。羅睺羅失會〔四〕，其旨有四：一、不見人根，應非其藥；二、出家功德無量，而説之以限〔五〕；三、即是實相，而以相説之；四、出家法本爲實相及涅槃，出家即是二法方便，今雖未得〔六〕，已有其相〔七〕，羅睺羅雖説出家之美，而不説其終之相〔八〕，故違理喪真，受屈當時也。二人雖俱説世家功德，而羅睺羅以四失乖宗，維摩以四得應會〔九〕，其得失相反，差別若此也。」〔一〇〕

生曰：「羅云有轉輪王相，王閻浮提也。」〔一一〕

〔一〕案關中釋抄卷下：「『捨輪王位』者，輪王治世，舉國皆行十善，豈可捨衆善而尚獨善哉？」

〔二〕「頂」，原作「頭」，據永樂北藏本、徑山藏本、清藏本、金陵本改。

〔三〕「此」，平安本作「生」。「男」下，原有「女」，據平安本、永樂北藏本、徑山藏本、清藏本、金陵本删。

〔四〕「失會」，維摩經義疏卷三作「受屈」。

〔五〕「以」，維摩經義疏卷三作「有」。

〔六〕「未」，原作「主」，據平安本、貞享本、永樂北藏本、徑山藏本、清藏本、金陵本改。

〔七〕「其」，平安本無。

〔八〕「終之相」，維摩經義疏卷三作「本」。

〔九〕「摩」下，平安本有「請」。

〔一〇〕「什曰」一段，徑山藏本、金陵本置後經「我即如法，爲説出家功德之利」下。

〔二〕「生曰」一段，永樂北藏本、徑山藏本、清藏本、金陵本無。

出家爲道。

生曰：「意云：不應捨此而出家也。」〔一〕

〔一〕「生曰」一段，永樂北藏本、徑山藏本、清藏本、金陵本無。

其出家者，有何等利〔一〕**？』**

什曰：「長者子見其毁形龕衣，持鉢救命，徒見其所棄之利，而未見其所得。自外而觀，可愍之甚，戀昔悲今，冀其有利，故問其利也。」

肇曰：「佛不出家〔二〕，應爲金輪王，王四天下。羅睺羅不出家，應爲鐵輪王，王一天下。以其所捨不輕，所期必重，故問其利也。」

生曰：「然捨而出家，故當必有勝事耳，竟有何等利於此耶？」〔三〕

〔一〕案關中疏卷上：「諸長者子心慕出家，父母所制，覩羅睺羅捨轉輪王十善之化而剃落從道，必有大利勝在家修，故從而問焉。」

〔二〕「不」，平安本作「未」。

〔三〕「什曰」「肇曰」「生曰」三段，永樂北藏本、徑山藏本、清藏本、金陵本無。

我即如法，爲説出家功德之利〔一〕**。**

肇曰：「不善知其根，爲説有爲功德利也。」

生曰：「世榮雖樂，難可久保；出家之理，長樂無爲〔二〕，豈可同年語其優劣？」

〔一〕案關中疏卷上：「出家有二：一者，深厭生死，樂求涅槃，有證有得，有利可説，名爲小乘。二者，悟三界如幻，無生無滅，無證無得，無利可説，此名大乘。今羅睺羅謬讚小乘涅槃之利，既有利可説，非密行也。未若大乘不取不捨，無得無證，無利可説，真密行也。」關中釋抄卷下：「『出家功德之利』者，有云説剃落之利。如大悲經云：『但使性是沙門、污行沙門、形是沙門披著袈裟者，於彌勒佛乃至樓至佛所得入涅槃，無有遺餘。』」

〔二〕「長」，永樂北藏本、徑山藏本、清藏本、金陵本作「是」。

時維摩詰來謂我言：『唯。羅睺羅。不應説出家功德之利〔一〕。

生曰：「諸長者子本以貪樂存榮爲懷，聞之更移其著，則乖出家利矣。於彼爲不應，故言爾也。」〔二〕

〔一〕案關中疏卷上：「體本法身，三界如幻，不生不滅，名爲『出家』。此則損益兩云，無利可説，故呵不應也。」

〔二〕「生曰」一段，永樂北藏本、徑山藏本、清藏本、金陵本無。

所以者何？無利無功德是爲出家〔一〕。

肇曰：「夫出家之意妙存無爲，無爲之道豈容有功德利乎？」

生曰：「正以無利無功德爲出家理也。」〔二〕

〔一〕案關中釋抄卷下：「『無利無功德』者，竊尋出家略有三別：一、捨愛欲眷屬，名爲出家；二、斷除見修，出三界獄，名爲出家；三、深悟大乘，生死涅槃非縛非解，漏與無漏不垢不浄，不取不捨，無得無證，了法界之如幻，覺真性之亡依，名究竟大乘真出家也。故經云：『以無所得，故得阿耨多羅三藐三菩提。』此浄名大士無利無功德之出家，豈羅雲捨三界之過患得涅槃之功德名真出家？」

〔二〕「生曰」一段，永樂北藏本、徑山藏本、清藏本、金陵本無。

有爲法者，可説有利有功德。

生曰：「貪樂是無窮法，爲有爲也。」〔一〕

〔一〕「生曰」一段，永樂北藏本、徑山藏本、清藏本、金陵本無。

夫出家者，爲無爲法，無爲法中，無利無功德〔二〕。

什曰：「無漏道品，一切法及律儀皆名出家法〔三〕，出家法皆名無利也〔三〕。若世俗法，則受生死不絶，報利愈積。若出家法，於今雖有，終期則無。何以言之？本欲假事以息事，因有以之無，將出於功德之域，入於無利之境。無利之境，即涅槃也。今就有利而言無利，是因中説果也。」

肇曰：「夫有無爲之果，必有無爲之因。因果同相，自然之道也。出家者爲無爲，即無爲之因也〔四〕。無爲無利無功德，當知出家亦然矣。」

生曰：「無爲是表理之法，故無實功德利也。」〔五〕

〔一〕案關中疏卷上：「第一義諦，名法性無爲。森羅萬像，同歸此理。悟此理者，無得無證，名真出家。非二乘擇滅，有得證者，名出家也。」

〔二〕「法」，平安本無。

〔三〕「皆」，平安本作「即」。

〔四〕「即」下，平安本有「有」。

〔五〕「什曰」「生曰」兩段，永樂北藏本、徑山藏本、清藏本、金陵本無。

羅睺羅。夫出家者，無彼無此，亦無中間，

什曰：「此即因中明涅槃相也。」

肇曰：「僞出家者，惡此生死，尊彼涅槃，故有中間三處之異。真出家者，遣萬累〔一〕，亡彼此〔二〕，豈有是非三處之殊哉？」

生曰：「『彼』者，出家也；『此』者，我也；『中間』者，此二法也。功德之利，出於此三；三既爲無，何有功德利哉？」〔三〕

〔一〕「遣」，平安本、清藏本作「遺」。

〔二〕「亡」，關中疏作「忘」。

〔三〕「什曰」「生曰」兩段，永樂北藏本、徑山藏本、清藏本、金陵本無。

離六十二見〔一〕，

什曰：「無利故離見也。」〔二〕

〔一〕案關中疏卷上：「『六十二見』者，大品云：『外道依過去計神及世間常、無常等四見，依未來世計神及世間邊、無邊等四見，依涅槃計有如來、無如來等四見；依此十二見，歷五陰成六十見；又計身與神一斷見，身與神異常見，爲六十二見也。』」

〔二〕「什曰」一段，永樂北藏本、徑山藏本、清藏本、金陵本無。

處於涅槃，

什曰：「出家法名爲『處』，言是向涅槃處也。」〔一〕

肇曰：「既無彼此，則離衆邪見，同涅槃也。上直明出家之義，自此下明出家之事。雖云其事，然是無事事耳。何則？出家者以去累爲志，無爲爲心，以心無爲，故所造衆德皆無爲也。」

〔一〕「什曰」一段，永樂北藏本、徑山藏本、清藏本、金陵本無。

智者所受，

什曰：「一切賢聖大人，悉讚歎受持出家法也。」

聖所行處，

什曰：「衆聖履之而通也。」

肇曰：「賢智聞之而從，衆聖履之而通，可謂真出家之道乎！」

降伏衆魔〔一〕，

肇曰：「『衆魔』，四魔也。正道既夷，邪徑自塞。經曰：『一人出家，魔宮皆動。』」〔二〕

〔一〕案關中疏卷上：「見實相則蘊魔自空，蘊空則諸魔自伏。」

〔二〕「肇曰」一段，永樂北藏本、徑山藏本、清藏本、金陵本無。

度五道〔一〕，

什曰：「凡夫能出四趣，不能出於天道。出家求滅則五道斯越，物我通度也。」〔二〕

肇曰：「『五道』，非無爲之路也。」〔三〕

〔一〕案關中疏卷上：「生死五道，性是涅槃，故名『度』。」

〔二〕「什曰」一段，徑山藏本、金陵本置後經「立五根」下。

〔三〕「肇曰」一段，永樂北藏本、徑山藏本、清藏本、金陵本無。

浄五眼〔一〕，

肇曰：「浄五眼，如放光説也。」〔二〕

〔一〕案關中疏卷上：「體實相則垢曀永亡，曀亡則五眼自浄。」

〔二〕「肇曰」一段，徑山藏本、金陵本作羅什注，置前經「度五道」注「什曰」一段末。

得五力，立五根，不惱於彼，

什曰：「在家雖行善，然有父母、妻子、眷屬之累。若物來侵害，必還加報，是故在家是惱彼因緣。出家無此衆累，則惱因自息，故言『不惱彼』也。」

肇曰：「道超事外，與物無逆，何惱之有耶？」〔一〕

〔一〕「肇曰」一段，永樂北藏本、徑山藏本、清藏本、金陵本無。

離衆雜惡，

什曰：「凡以雜心而興福業，皆名『雜惡』也。出家修善，則滅除妄想。又爲涅槃，故離衆雜惡也。」

肇曰：「俗善雖善，猶雜不善〔一〕。道法真浄，故純善不雜也。」〔二〕

〔一〕「猶」，關中疏作「由」。

〔二〕「肇曰」一段，永樂北藏本、徑山藏本、清藏本、金陵本無。

摧諸外道，

什曰：「出家不以摧物，而諸惡自消；猶如日出，衆冥自滅也。」〔一〕

肇曰：「日月不期去闇，而闇自除。出家不期摧外道，而外道自消也。」

〔一〕「什曰」一段，永樂北藏本、徑山藏本、清藏本、金陵本無。

超越假名〔一〕**，**

什曰：「緣會無實，但假空名耳〔二〕。若得其真相，即於假不迷，故名『超越』也。」

肇曰：「萬事萬名，虚假以生。道在真悟，故超越假名。」〔三〕

〔一〕案關中釋抄卷下：「『假名』者，生死涅槃俱假名。故下文云：『我及涅槃，此二皆空。以何爲空？但以名字故空。』」

〔二〕「空」，平安本無。

〔三〕「肇曰」一段，永樂北藏本、徑山藏本、清藏本、金陵本無。

出淤泥〔一〕，

什曰：「在家没欲泥，出家没見泥。今明真出家，故總言『出』也。」〔二〕

〔一〕案關中釋抄卷下：「『出淤泥』者，凡夫以五欲爲淤泥，二乘以取證爲淤泥。」

〔二〕「什曰」一段，永樂北藏本、徑山藏本、清藏本、金陵本無。

無繫著，

什曰：「若有所繫，亦未爲出家。一切不著，是真出家也。」〔一〕

肇曰：「出生死愛見之淤泥，無出家受道之繫著也〔二〕。」

〔一〕「什曰」一段，永樂北藏本、徑山藏本、清藏本、金陵本無。

〔二〕「受」，原作「愛」，據平安本、永樂北藏本、徑山藏本、清藏本、金陵本、關中疏改。

無我所，

什曰：「於我所法中，一切捨離，故言『無』也。」

肇曰：「出家之道，本乎無爲〔一〕。」〔二〕

〔一〕「乎」，平安本作「于」。「爲」，關中疏作「我」。

〔二〕「什曰」「肇曰」兩段，永樂北藏本、徑山藏本、清藏本、金陵本無。

無所受〔一〕，

什曰：「受義言取，取有四種：在家人有愛取，出家人有戒取、見取、愛取。真出家者，無此四受，亦於一切法無所受也。」〔二〕

肇曰：「無四受也〔三〕。欲受、我受、戒受、見受。」

〔一〕案關中釋抄卷下：「『四取』者，即四受也。又云：不受三界及涅槃也。」

〔二〕「什曰」一段，永樂北藏本、徑山藏本、清藏本、金陵本無。

〔三〕關中疏此下有「離著則諸受永亡」。

無擾亂，

什曰：「凡心有所在，方便不息，是名『擾亂』。出家無事，一切永離也。」〔一〕

〔一〕「什曰」一段，永樂北藏本、徑山藏本、清藏本、金陵本無。

内懷喜，

什曰：「『喜』有二種：一者，有現世功德，自然欣預；二者，後得涅槃〔一〕，心常安悦。既具二喜，又無想著，乃真喜也。」〔二〕

肇曰：「夫擾亂出于多求，憂苦生乎不足。出家寡欲，擾亂斯無，道法内充，故懷喜有餘。」

〔一〕「得」，平安本無。

〔二〕「什曰」一段，永樂北藏本、徑山藏本、清藏本、金陵本無。

護彼意，

什曰：「謂能獎順衆生，不乖逆其心也。」

隨禪定，

什曰：「出家凡有三法：一持戒、二禪定、三智慧。持戒能折伏煩惱，令其勢微；禪定能遮，如石山斷流；智慧能滅，畢竟無餘。今持戒清浄，則結薄心静，與禪相順，故言『隨』也。」〔一〕

〔一〕「什曰」一段，永樂北藏本、徑山藏本、清藏本、金陵本無。

離衆過〔一〕。

肇曰：「諸長者子應聞出家無爲之道，而示以有爲功德之利。是由不隨禪以觀其根，不審法以將其意〔二〕，衆過之生，其在此乎？故因明出家以誡之也。」

〔一〕案關中疏卷上：「住實相，則不忤物心。不違禪定，生滅不起，焉有過患哉？」

〔二〕「將」，永樂北藏本、徑山藏本、清藏本、金陵本作「獎」。

若能如是，是真出家。』

肇曰：「若能不違上説，乃應出家之道。出家之道，非存利之所能也。」〔一〕

〔一〕「肇曰」一段，永樂北藏本、徑山藏本、清藏本、金陵本無。

於是維摩詰語諸長者子：『汝等於正法中，宜共出家。

生曰：「無利之利，真利也。故勸之耳。」〔一〕

〔一〕「生曰」一段，永樂北藏本、徑山藏本、清藏本、金陵本無。

所以者何？佛世難值。』

什曰：「佛常在世，於罪者爲難耳。」

肇曰：「浄名知其不得出家而勸之者，欲發其無上道心耳。」〔一〕

〔一〕「什曰」「肇曰」兩段，永樂北藏本、徑山藏本、清藏本、金陵本無。

諸長者子言：『居士。我聞佛言：父母不聽，不得出家。』

什曰：「長者子不得出家，而重出家之美，所以深其惱耳。」

肇曰：「非不欲出家，不欲違親耳〔一〕。」〔二〕

〔一〕「欲」，平安本、關中疏作「敢」。

〔二〕「什曰」「肇曰」兩段，永樂北藏本、徑山藏本、清藏本、金陵本無。

維摩詰言：『然。汝等便發阿耨多羅三藐三菩提心，是即出家，是即具足。』

什曰：「若發無上道心，心超三界，形雖有繫，乃真出家。」

什曰〔一〕：「雖爲白衣，能發無上心者，便爲出家，具足戒行矣。」〔二〕

生曰：「出家本欲離惡行道，若在家而能發意，即具足矣〔三〕，亦爲具足其道者也。」

〔一〕「什」，關中疏作「肇」。

〔二〕「什曰」一段，永樂北藏本、徑山藏本、清藏本、金陵本無。

〔三〕「具」，原作「是」，據平安本改。

爾時，三十二長者子皆發阿耨多羅三藐三菩提心。

生曰：「諸長者子既以有閡乖出家事，而聞在家有出家之理，欣然從之。」〔一〕

〔一〕「生曰」一段，永樂北藏本、徑山藏本、清藏本、金陵本無。

故我不任詣彼問疾。」

佛告阿難〔一〕：

什曰：「秦言『歡喜』也。問曰：『阿難持佛法藏，即其所聞，足知無病。今云何不達？』答曰：『真實及方便，悉是佛語，故二説皆信。』又云：『阿難亦共爲方便也。』」

肇曰：「『阿難』，秦言『歡喜』，弟子中總持第一。」〔二〕

〔二〕案關中釋抄卷下：「『阿難』，此云『歡喜』。佛得道夜，復生阿難，歡喜生故，父王名之也。復次，宿世善根，見者歡喜，故名也。」

〔三〕「什曰」「肇曰」兩段，徑山藏本、金陵本置後經「汝行詣維摩詰問疾」下。

「汝行詣維摩詰問疾。」阿難白佛言：「世尊。我不堪任詣彼問疾。所以者何？憶念昔時，世尊身小有疾，當用牛乳。

生曰：「佛而有疾現去物不遠，使得有企仰之情也。而用牛乳者，有遍應從此化故也。」〔一〕

〔一〕「生曰」一段，永樂北藏本、徑山藏本、清藏本、金陵本無。關中疏本條下有僧叡注：「現身有疾者，亦不可一途而論，特以淺識之流取信耳。因於如來身而起劣想，故彰阿難不達，使惑同衆人。浄名高呵，以開法身之唱，使見形之徒，悟應感難期，無方莫惻，兼寄迹取乳，除彼貪求。假過阿難，以明小乘之劣。」

我即持鉢，詣大婆羅門家門下立。

生曰：「未便乞乳，有待然乎？」〔一〕

〔一〕「生曰」一段，永樂北藏本、徑山藏本、清藏本、金陵本無。

時維摩詰來謂我言：『唯。阿難。何爲晨朝持鉢住此？』

生曰：「晨非乞食時〔一〕，必有以也。」

〔一〕「晨」下，關中疏有「朝」。

我言：『居士。世尊身小有疾，當用牛乳，故來至此〔一〕。』

生曰：「以事對也。」

〔一〕案關中疏卷上：「如來爲物受生，有疾用乳。阿難侍佛，故行求乞。」

維摩詰言：『止！止！阿難。莫作是語〔一〕。

肇曰：「至人舉動，豈虚也哉？如來現疾之所度，浄名致呵之所益，皆別載他經。」

生曰：「於不達者，爲不應也。」〔二〕

〔一〕案關中疏卷上：「佛身無生，應物現生，有身則有疾。小乘執實，故云謗也。大乘知應，故非謗也。豈復離此現疾，別有不謗之法身哉？」

〔二〕「肇曰」「生曰」兩段，永樂北藏本、徑山藏本、清藏本、金陵本無。

如來身者，金剛之體〔一〕，

什曰：「小乘人骨金剛〔二〕，肉非金剛也。大乘中内外金剛，一切實滿，有大勢力〔三〕，無病處故〔四〕。」

生曰：「如來身無可損，若金剛也。」〔五〕

〔一〕案關中疏卷上：「『金剛體』者，喻不生不滅常住法身也。」

〔二〕「人」下，平安本有「云」。

〔三〕「勢力」，平安本作「力勢」。

〔四〕「病」，平安本作「疾」。

〔五〕「生曰」一段，永樂北藏本、徑山藏本、清藏本、金陵本無。

諸惡已斷〔一〕，衆善普會〔二〕，當有何疾？當有何惱？

肇曰：「夫痛患之生〔三〕，行業所爲耳。如來善無不積，惡無不消，體若金剛，何患之有？」

生曰：「且略示其無病理也。言都無致病之本，而有樂因普會，自應有何疾耶？」〔四〕

〔一〕案關中疏卷上：「『諸惡斷』，解脱也。」

〔二〕案關中疏卷上：「『衆善會』，般若也。」

〔三〕「痛」，貞享本、永樂北藏本、徑山藏本、清藏本、金陵本、關中疏作「病」。

〔四〕「生曰」一段，永樂北藏本、徑山藏本、清藏本、金陵本無。

默往〔一〕，阿難。

肇曰：「默然而往。」〔二〕

〔一〕案關中疏卷上：「謗佛麁言，異人聞之必蔓説，故令默往。」

〔二〕「肇曰」一段，永樂北藏本、徑山藏本、清藏本、金陵本無。

勿謗如來〔一〕。

肇曰：「如來無疾，言疾則謗。」

生曰：「苟云是實，爲謗佛也。以此言之，無乞乳理，故令還去焉。」〔二〕

〔一〕案關中釋抄卷下：「『勿謗如來』者，小乘謂佛是業生身，現身成道。大乘以悟身本無身爲法身，應物現身爲跡身。是即應物爲疾，非實疾也。今執爲實業所招，豈非謗歟？」

〔二〕「肇曰」「生曰」兩段，永樂北藏本、徑山藏本、清藏本、金陵本無。

莫使異人聞此麁言，

生曰：「病爲常近麁之極也。不達聞之，必謂然矣〔一〕。」〔二〕

〔一〕「謂」，原作「爲」，據關中疏改。

〔二〕「生曰」一段，永樂北藏本、徑山藏本、清藏本、金陵本無。

無令大威德諸天，

什曰：「謂五净居天上，別有清净諸天〔一〕，名世間頂，悉十住菩薩所生也〔二〕。若聞此言，則知阿難不達方便而生劣想，故誡言『無令得聞』。恐此似當時所宜，非實言也。」〔三〕

〔一〕「清净諸天」，維摩經義疏卷三作「大自在天」。

〔二〕「住」，維摩經義疏卷三作「地」。

〔三〕「什曰」一段，永樂北藏本、徑山藏本、清藏本、金陵本無。

及他方净土諸來菩薩得聞斯語〔一〕。

生曰：「彼推己無疾〔二〕，必達佛矣。而此言實病，不亦哂斯語之不得乎？」〔三〕

〔一〕案關中疏卷上：「威德諸天、浄土菩薩以己福惠，不受疾報，方於如來知應現也。」

〔二〕「彼」上，關中疏有「以」。

〔三〕「生曰」一段，永樂北藏本、徑山藏本、清藏本、金陵本無。

阿難。轉輪聖王以少福故，尚得無病，

什曰：「有羅漢名薄拘羅，往昔爲賣藥師，語夏安居僧言：『若有須藥，就我取之。』衆竟無所須。唯一比丘小病，受一訶梨勒果。因是九十劫生天人中，受無量快樂。但聞病名，而身無微患，於此生年已九十，亦未曾有病。況佛積善無量，疾何由生？問曰：『善惡相對，報應宜同。五逆重罪，一劫受苦〔一〕，云何一果之善，受福無量耶？』答曰：『罪事重而力微，善事輕而勢强。譬有惡蛇將取人食〔二〕，先吐毒沫在地，人踐其上，即時昏熟，不能起去〔三〕，然後以氣吸之。三寶中作功德，亦復如是。初作功德時，其事雖微，冥益已深。然後方便引入佛道，究竟涅槃，其福乃盡。』」〔四〕

〔一〕「一」，永樂北藏本、徑山藏本、清藏本、金陵本作「億」。

〔二〕「有」，平安本、永樂北藏本、徑山藏本、清藏本、金陵本作「若」。

〔三〕「起」，平安本無。

〔四〕「什曰」一段，徑山藏本、金陵本置後經「豈況如來無量福會普勝者哉」下。

豈況如來無量福會普勝者哉？

肇曰：「轉輪聖王隨命脩短，終身無病。」

生曰：「以事推之，使人悟也。轉輪聖王乃不及欲界諸天，但以人中少福尚得無病，豈況如來普勝三界而有疾哉？」〔一〕

〔一〕「肇曰」「生曰」兩段，永樂北藏本、徑山藏本、清藏本、金陵本無。

行矣，阿難。勿使我等受斯耻也。

生曰：「推事既爾，必應還去也。苟執不去，非徒佛有斯謗，我等亦受其耻也。」〔一〕

〔一〕「生曰」一段，永樂北藏本、徑山藏本、清藏本、金陵本無。

外道梵志若聞此語，當作是念：何名爲師？自疾不能救，而能救諸疾人？

生曰：「師不可師之人，便應受此耻辱矣。」〔一〕

〔一〕「生曰」一段，永樂北藏本、徑山藏本、清藏本、金陵本無。

可密速去，勿使人聞。

肇曰：「正士聞，則謂汝不達；邪士聞〔一〕，則謂佛實有疾〔二〕。何名爲法之良醫？身疾不能救，而欲救人心疾乎？」

生曰：「急宜還去也。」〔三〕

〔一〕「士」，平安本作「外道」。

〔二〕「有」，平安本無。「疾」，關中疏作「病」。

〔三〕「生曰」一段，永樂北藏本、徑山藏本、清藏本、金陵本無。

當知，阿難。諸如來身，即是法身〔一〕，

什曰：「法身有三種：一、法化生身，金剛身是也〔二〕；二、五分法身；三、諸法實相〔三〕，和合爲佛，故實相亦名法身也。」〔四〕

〔一〕案關中釋抄卷下：「『即是法身』者，小乘以丈六爲生死身，五分法爲法身；大乘以即色豈空，丈六即真，真即法性常住。」

〔二〕「身」，平安本無。

〔三〕「諸」上，維摩經義疏卷三有「實相法身」。

〔四〕「什曰」一段，徑山藏本、金陵本置後經「非思欲身」下。

非思欲身〔一〕；

什曰〔二〕：「非肉身，即法化身也。非三界之形，故過於三界。雖有生滅，而無老病衆惱十事之患，故名無漏。無漏則體絶衆爲，故名無爲。形超五道，非物之數，故曰無數也。」

肇曰：「三界有待之形，名思欲身也。法身之義，已記之善權〔三〕。」

生曰：「以向來語，當知必如下説也。思欲是妄想之懷，致病本也。如來身從實理中來，起不由彼，應有何病耶？」〔四〕

〔一〕案關中疏卷上：「此初無相法身，大悲應現，非思業貪欲之所牽生，自在應物，是我德也。」關中釋抄卷下：「非思業生，即陰即空及過三界。空即清淨，何漏爲有？四相流動，生滅無性，即遷非遷，故曰無爲。」

〔二〕「曰」下，平安本有「胡本云」。

〔三〕「法身之義，已記之善權」，永樂北藏本、徑山藏本、清藏本、金陵本無。

〔四〕「什曰」「生曰」兩段，永樂北藏本、徑山藏本、清藏本、金陵本無。

佛爲世尊，過於三界〔一〕；

生曰：「既以思欲爲原，便不出三界，三界是病之境也。佛爲悟理之體，超越其域，應有何病耶？言佛爲世尊者，以明過於世間也。」〔二〕

〔一〕案關中疏卷上：「明三界受生苦也。悟界如幻，不受生故樂也。」

〔二〕「生曰」一段，永樂北藏本、徑山藏本、清藏本、金陵本無。

佛身無漏，諸漏已盡〔一〕；

肇曰：「夫法身虛微〔二〕，妙絶常境，情累不能染，心想不能議，故曰『諸漏已盡』『過於三界』。三界之内，皆有漏也。」

生曰：「雖出三界，容是最後邊身，猶是漏法，漏法豈得無病哉？佛既過之，無復斯漏，何病之有耶？」

〔一〕案關中疏卷上：「明惑染生身漏也。智證法身無漏，無漏即性浄也。」

〔二〕「微」，永樂北藏本、徑山藏本、清藏本、金陵本作「假」。

佛身無爲，不墮諸數〔一〕。

肇曰：「法身無爲而無不爲，無不爲故現身有病，無爲故不墮有數。」〔二〕

生曰：「雖曰『無漏』，或有爲也。有爲是起滅法，雖非四大，猶爲患也。佛既以無漏爲體，又非有爲，何病之有哉？爲則有數也。」

〔一〕案關中疏卷上：「明有爲之身，四相所遷數也。佛身無生，離生滅相，常也。」關中釋抄卷下：「『諸數』者，有爲四相數也。」

〔二〕「肇曰」一段，永樂北藏本、徑山藏本、清藏本、金陵本無。

如此之身，當有何疾〔一〕？』

生曰：「并合四句語也。」〔二〕

〔一〕案關中疏卷上：「如此常樂我浄金剛法身，當有何病？」

〔二〕「生曰」一段，永樂北藏本、徑山藏本、清藏本、金陵本無。

時我，世尊。實懷慚愧：『得無近佛而謬聽耶？』〔一〕

肇曰：「受使若此，致譏若彼，進退懷愧，或謂『謬聽』也〔二〕。」

生曰：「近佛而謬，所以應慚也。謬必致罪，不得不懼也。『得無』之言，誠是從容之辭，而意在必謬也。」〔三〕

〔一〕案關中疏卷上：「阿難慚愧。佛身理然，不合有疾。奉命聞疾，應是謬聞。近佛多聞，以此懷愧。」

〔二〕「或」，關中疏作「惑」。

〔三〕「生曰」一段，永樂北藏本、徑山藏本、清藏本、金陵本無。

即聞空中聲曰〔一〕：『阿難。如居士言，但爲佛出五濁惡世〔二〕，

什曰：「『五濁』〔三〕，劫濁、衆生濁、煩惱濁、見濁、命濁。多歲數，名由泓多；由泓多〔四〕，名爲劫。大劫，如賢劫比也。大劫中有小劫，多諸惡事，總名劫濁。善人既盡，淳惡衆生〔五〕，衆生濁也。除邪見已，諸煩惱如三毒等增上重者〔六〕，不以道理，能障聖道，必入惡趣，如是結使，煩惱濁也。除四見已，唯取邪見，謗無因果罪福及聖道涅槃〔七〕，是名見濁也。大劫初時，人壽無量，爾時佛未出世。後受命漸短，人壽六萬歲，爾時拘留孫佛出世。乃至百二十歲時，釋迦牟尼佛出現于世。自後漸短，乃至人壽三歲〔八〕。百二十歲已下，盡名命濁也。彌勒生時，小劫更始，人壽更長也。」

〔一〕案關中疏卷上：「空聲舉應顯真，疾身應物也，無爲本真也。」

〔二〕案關中釋抄卷下：「『五濁』者，亦云『五滓』，名異意一。一、劫濁，謂大小三災，時危在險；二、衆生濁，六道雜居，業苦相系；三、煩惱濁，貪瞋癡慢，甚增盛故；四、見濁，身邊邪等，執不可移；五、命濁，壽命短促，習善無成。」

〔三〕「五濁」，原無，據永樂北藏本、徑山藏本、清藏本、金陵本補。

〔四〕「多」，原無，據平安本補。

〔五〕「淳」，維摩經略疏垂裕記卷七作「純」。

〔六〕「如」，永樂北藏本、徑山藏本、清藏本、金陵本作「結」。

〔七〕「無」，平安本無。

〔八〕「三」下，貞享本有「十」。

現行斯法，

什曰：「梵本云『貧法』〔一〕，現病、行乞等是貧法也。」

〔一〕「梵」，平安本作「胡」。

度脱衆生。

生曰：「解阿難意，使得取乳也。實如維摩詰語，但佛應五濁惡世自應爾。」

行矣，阿難。取乳勿慚〔一〕。

肇曰：「以其愧惑，故空聲止之〔二〕。如居士言：『何有無漏之體、嬰世之患？但爲度五濁群生，故現斯疾耳。取乳勿慚也。』五濁者，劫濁、衆生濁、煩惱濁、見濁、命濁。」

生曰：「慚迹應在必行矣，故令『取乳勿慚』也。」〔三〕

〔一〕案關中疏卷上：「若知權化現疾，即非謗佛，取乳勿慚也。」

〔二〕「空」下，平安本、永樂北藏本、徑山藏本、清藏本、金陵本有「中」。

〔三〕「生曰」一段，永樂北藏本、徑山藏本、清藏本、金陵本無。

世尊，維摩詰智慧辯才爲若此也。是故不任詣彼問疾〔一〕**。」**

如是五百大弟子，各各向佛說其本緣，稱述維摩詰所言，皆曰「不任詣彼問疾」。

〔一〕案永樂北藏本、徑山藏本、清藏本、金陵本此下有「果報因緣經云：如來無疾，但爲婆羅門自恃智慧，廣求邪道，慳貪嫉妒，憍慢佛乘。於是如來善巧方便，假名有疾，權現三聖，誘婆羅門。先令菩薩向婆羅門家化一乳牛，復產二子，心性狠戾，好傷人命。佛遣阿難而往乞乳。婆羅門未諳佛意，見阿難來，瞋心頓起，便語妻言：『我今正欲令牛踐害阿難。』故言：『尊者。尊者。可往牛所，任意自覓。』牛見阿難，蹲踞告言：『尊者。佛欲我乳，可當搊左乳，留右乳；搊右乳，留左乳。何以故？我有二子，以我乳爲命爾。』牛二子亦復蹲踞，啓告尊者：『我今甘當受彼水草，此我母乳，盡當奉佛。』婆羅門見牛如是，深生敬仰，歎未曾有，即將種種妙寶及諸眷屬持往佛所，散花供養，求佛悔過。佛與說法，證無生忍。此佛化婆羅門之本意也」。

注維摩詰經卷第四〔一〕

菩薩品第四〔二〕

於是，佛告彌勒菩薩〔三〕：

什曰："彌勒既紹尊位，又當於此土而成佛，衆情所宗〔四〕，故先命之。彌勒、維摩大小之量，未可定也。或云維摩雖大，或有以而不成佛〔五〕；或云彌勒雖大，將有爲而故辭行〔六〕；或此是分身彌勒，非其正體。以此三緣，故有致屈之迹也。彌勒不堪，便應超命文殊〔七〕，而兼命餘人者，將以一雖不堪，衆不可抑，故推衆求能，廣命之也。亦欲令各稱所聞，以盡維摩之美也。"〔八〕

肇曰："『彌勒』，南天竺婆羅門姓〔九〕，出此姓即以爲名焉。"〔一〇〕

〔一〕徑山藏本於此未分卷，金陵本作"卷第三"。

〔二〕"第四"，原無，據貞享本補。　案關中疏卷上："此三明折伏方便菩薩，令歸圓妙。前既聲聞致辭，故次命菩薩。然發菩提心總名菩薩，而根有利鈍，教有漸頓，或事修而未悟於理，或悟偏而未進於圓，或漸證而未極於頓。今將回事以向理，折偏以進圓，斥漸而詣頓，故因命問疾以調伏之，皆菩薩佛事，故名品。」關中釋抄卷下：「前品既聲聞致辭，理應次命菩薩。所以不先命者，若大士致辭，即聲聞息命。引進之道，豈可無施？」

〔三〕案關中疏卷上：「『彌勒』，此云『慈氏』。」關中釋抄卷下：「『彌勒』，此云『慈氏』，姓也；名『阿逸多』，此云『無勝』。」

〔四〕「宗」，平安本作「崇」。

〔五〕「不」，清藏本作「取」。

〔六〕「行」，平安本無。

〔七〕「便應」，平安本作「任便」。

〔八〕「什曰」一段，徑山藏本、金陵本置後經「汝行詣維摩詰問疾」下。

〔九〕「天竺」，維摩經略疏垂裕記卷七作「竺國」。

〔一〇〕「肇曰」一段，永樂北藏本、徑山藏本、清藏本、金陵本無。

「汝行詣維摩詰問疾。」

肇曰：「五百弟子皆已不任，故復命菩薩者，將備顯淨名難疇德也。」

生曰：「『彌勒』者，婆羅門姓也。雖生兜率爲諸天師〔一〕，猶以本姓稱焉。以其親承佛弟子〔二〕，使亦宜在衆菩薩先也。」〔三〕

〔一〕「率」下，平安本有「天」。

〔二〕「子」，平安本無。

〔三〕「生曰」一段，永樂北藏本、徑山藏本、清藏本、金陵本無。

彌勒白佛言：「世尊。我不堪任詣彼問疾。所以者何？憶念我昔，爲兜率天王及其眷屬，

什曰：「是人中説法也。此天以彌勒將上爲天師，豫懷宗敬，故常來聽法也。」

説不退轉地之行〔一〕。

什曰：「即無生法忍也。維摩詰不先遣忍心〔二〕，而先遣受記者，良由諸天見彌勒受記，故有補處之尊，遂係心成得〔三〕，希想受記，故先明無受記。受記必由心生〔四〕，故尋生以求記。生壞則記亡，故推世以去生也。」

肇曰：「下呵云『實無發心，亦無退者』，以此而推，似存不退之行，以勸發無上之心也。雖曰勝期，猶未免乎累。教迹不泯，故致斯呵。然經云『補處大士，心無不一，智無不周，應物而動』，何闕之有？是由得失同懷，脩短迭應，利彼而動，無計諸己，故彌勒假有以啓始，净名居宗以濟終，互爲郢匠〔五〕，器彼淳樸。雖復迹同儒墨，致教不一，然相成之美，實存其中矣。」

生曰：「體如之行，不復退轉也。彌勒躬有此行，而現得受記。今説之者，將以引之，使見利樂法。」〔六〕

〔一〕案關中疏卷上：「『不退轉地』者，或六度行滿名爲不退，或證初地名爲不退。天王雖已發心，然内有五欲，外有勝境，恐其退轉，因以勸之。」關中釋抄卷下：「『不退行』者，兜率，欲界之天，著樂故多退轉，故彌勒爲説不退行也。但有進有退，偏教之所厭忻；非進非退，圓妙之所絶待。今浄名以經待之不退，破彌勒有待之進退也。」

〔二〕「詰」，平安本無。

〔三〕「得」，貞享本作「佛」。

〔四〕「心生」，平安本作「生心」，貞享本作「生」。

〔五〕案關中釋抄卷下：「『郢匠』者，事出莊子。彼云：『郢人以堊漫其鼻，匠石運斫成風，去其堊而不傷鼻。』引此意，匠雖能運斯，必藉郢人不動之質。今浄名雖能彈，亦須彌勒能受也。」

〔六〕「肇曰」「生曰」兩段，永樂北藏本、徑山藏本、清藏本、金陵本無。

時維摩詰來謂我言：『彌勒。世尊授仁者記，一生當得阿耨多羅三藐三菩提，

生曰：「『阿耨多羅』者，無上也。『三藐三』者，正遍也。『菩提』者，彼語有之，此無名也，實則體極居終智慧也〔一〕。然有三品：聲聞也，辟支佛也，佛也。二乘各於其道爲菩提耳，非所謂菩提也。唯佛菩提，爲無上正遍菩提也。『一生』者，無復無量生，餘一生也，有兩句義矣〔二〕。」

〔一〕「則」，關中疏作「即」。

〔二〕「有」，永樂北藏本、徑山藏本、清藏本、金陵本作「則無」。「兩句義矣」，關中疏作「兩向之義也」。

爲用何生得受記乎？

生曰：「彌勒向説行，意以受記引之耳，不爲説受記也。而彼生著情，便貪記以存行〔一〕，斯則復是見菩提可得也。是以維摩詰即推彌勒受記爲無，以呵其説行之意，遣彼著也，然後乃更釋其見菩提心焉。夫受記者，要以四事合成，一一推之皆無也。四事者：一、以人受記爲主；二、以體如爲本；三、無無量生；四、在一生中得佛。交在一生中，而以之受記，要應先推一生也。一生者，舉八萬歲生。唯一念現在〔二〕，餘皆過去、未來也，故言『爲用何生得受彌勒記乎』〔三〕。」

〔一〕「存」，原作「有」，據平安本、貞享本、永樂北藏本、徑山藏本、清藏本、金陵本改。

〔二〕「唯」上，平安本、永樂北藏本、徑山藏本、清藏本、金陵本有「八萬歲生」。

〔三〕「受」，平安本無。

過去耶？未來耶？現在耶？

肇曰：「發無上心，修不退行，受記成道〔一〕，彌勒致教之本意也。今將明平等大道以無行爲因，無上正覺以無得爲果。故先質彌勒，明無記無得，然後大濟群生。一萬物之致，以弘菩提莫二之道也。夫有生則有記〔二〕，無生則無記，故推斥三世，以何生

而得記乎？」〔三〕

〔一〕「受」，關中疏作「授」。

〔二〕「則」，關中疏作「即」。下同。

〔三〕「肇曰」一段，永樂北藏本、徑山藏本、清藏本、金陵本無。

若過去生，過去生已滅，

肇曰：「別推三世，明無生也。過去生已滅，已滅法不可謂之生也。」

生曰：「無復有也。」〔一〕

〔一〕「生曰」一段，永樂北藏本、徑山藏本、清藏本、金陵本無。

若未來生，未來生未至，

肇曰：「未來生未至則無法〔一〕，無法以何爲生？」

生曰：「竟未有也。」〔二〕

〔一〕「則」上，永樂北藏本、徑山藏本、清藏本、金陵本、關中疏有「未至」。

〔二〕「生曰」一段，永樂北藏本、徑山藏本、清藏本、金陵本無。

若現在生，現在生無住。

肇曰：「現法流速不住，以何爲生耶？若生滅一時，則二相俱壞；若生滅異時，則生時無滅〔一〕；生時無滅，則法無三相；法無三相，則非有爲也。若盡有三相，則有無窮之咎[二]。此無生之説，亦備之諸論矣。三世既無生，於何而得記乎？」

生曰：「生時已去，未始暫停，豈可得於中成佛耶？」[三]

〔一〕「則」，關中疏作「即」。下同。

〔二〕「咎」，關中疏作「名」。

〔三〕「生曰」一段，永樂北藏本、徑山藏本、清藏本、金陵本無。

如佛所説：比丘。汝今即時，亦生、亦老、亦滅。

肇曰：「證無住義也。新新生滅[一]，交臂已謝[二]，豈待白首然後爲變乎？」

生曰：「引佛語證不住也。『即時』者，不待變也。」[三]

〔一〕「新新」上，關中疏有「生曰」。

〔二〕案關中釋抄卷下：「『交臂』者，莊子云：『謂顔回曰：我與汝終身交一臂而失之。』意言：無常遷變，念念相失。」

〔三〕「生曰」一段，永樂北藏本、徑山藏本、清藏本、金陵本無。

若以無生得受記者[一]，無生即是正位，

什曰：「實相常定，故名『正位』。向以因緣明生非真實，故無無生[二]。今明生既非真則無生，無生則常定，常定中無受記也。」[三]

〔一〕案關中釋抄卷下：「『授記』者，覺性真常，無成無得。言授記者，引未悟之流也。若聞記而執著成得，非真得記也。未若悟陰體空，無得爲得，名真記也。」

〔二〕「無生」，原作「受記」，據永樂北藏本、徑山藏本、清藏本、金陵本改。

〔三〕「什曰」一段，徑山藏本、金陵本置後經「於正位中亦無受記，亦無得阿耨多羅三藐三菩提」下。

於正位中亦無受記，亦無得阿耨多羅三藐三菩提。

生曰：「次推無無量生也。夫『無無量生』者，體生是無，故得之矣。苟體生是無〔一〕，而無無量生者，無無量生復何有哉？斯乃爲正位者也。『正位』者，永與邪别也〔二〕。然則既以無無量生爲正位者，無有受記，理自明也。以得菩提，故有受記〔三〕，復云『亦無得菩提耳』〔四〕。前推生，直推其體〔五〕；今推無無量生。以正位推之者，生本根於癡愛，是有者之所惑，故宜於外推其體也。無無量生，原在悟理，是得者之所達，自應以正位於内明之也。」

〔一〕「生是」，平安本作「是生」。

〔二〕「别」，平安本、永樂北藏本、徑山藏本、清藏本、金陵本作「判」。

〔三〕「有」，永樂北藏本、徑山藏本、清藏本、金陵本作「得」。

〔四〕「亦」，原無，據永樂北藏本、徑山藏本、清藏本、金陵本補。「得」，平安本作「亦有」。

〔五〕「直」，平安本作「宜」。

云何彌勒受一生記乎？

肇曰：「上推有生無記，此推無生亦無記也。無生即七住無相，真正法位也。此位爲理，無記無成，彌勒於何受一生記乎？」

生曰：「并質之也。」〔一〕

〔一〕「生曰」一段，永樂北藏本、徑山藏本、清藏本、金陵本無。

爲從如生得受記耶？爲從如滅得受記耶？〔一〕

肇曰：「如雖無生滅，而生滅不異如。然記莂起于生滅〔二〕，冥會由於即真〔三〕，故假如之生滅，以明記莂之不殊也。」

生曰：「復次推體如也。『如生』者，體如之時，我本無如，如今始出爲生也。『如滅』者，如是始悟中名義，盡菩薩最後心爲滅也。夫爲得佛之因，既在於始，又在其終，故言『爲從如生、滅得受記耶』。」

別本云：「從如起滅。」

什曰：「此亦因其所存而遣之也。夫受記要由得如〔四〕，本未得而今得，似若有起；如起則累滅〔五〕，亦似有物於如中滅。故先問其起滅，以明無起滅。一切人皆如，以下更明如理無二，無受記也。」〔六〕

〔一〕案關中疏卷上：「此初雙定爲見。如智生授記爲見，如惑滅授記耶？」

〔二〕「莂」，關中疏作「別」。下同。案清藏本卷四末音釋：「莂，種概移時也。」徑山藏本卷四末、金陵本卷三末音釋：「莂，種植之謂。譬授記如種植，生繼不已也。」

〔三〕「由」，關中疏作「獨」。

〔四〕「受」，關中疏作「授」。

〔五〕「則」，關中疏作「即」。

〔六〕「生曰」「別本云」「什曰」三段，永樂北藏本、徑山藏本、清藏本、金陵本無。

若以如生得受記者，如無有生；若以如滅得受記者，如無有滅〔一〕。

肇曰：「如非不生滅，非有生滅。非不生滅，故假以言記；非有生滅，以知無記。」

生曰：「如是悟理之法，故即以明之也。理既已如，豈復有如之生滅哉？苟無生滅，與夫未體者不容有異，何得獨以爲無上道之因耶？若非因者，不得以之受記也。」〔二〕

〔一〕案關中疏卷上：「二明雙破生滅。若見如智生，如體不生，智亦無生。若見如惑滅，如體無滅，惑亦不滅。智無生即本覺，惑無滅即寂滅。此不生不滅，豈有授記哉？」

〔二〕「生曰」一段，永樂北藏本、徑山藏本、清藏本、金陵本無。

一切衆生皆如也，一切法亦如也，衆聖賢亦如也，至於彌勒亦如也〔一〕。

肇曰：「萬品雖殊，未有不如。『如』者，將齊是非，一愚智〔二〕，以成無記無得義也。」

生曰：「復次，推人受記也。受記誠非爲悟之法，已有體如在前，故復取其所體貼之以

事〔三〕，事既皆如，然後推焉。」〔四〕

〔一〕案關中疏卷上：「『一切衆生』，有情也；『一切法』，無情也；『衆聖賢』，二乘也；『彌勒』，大乘也。」
〔二〕「二」，永樂北藏本、清藏本無。
〔三〕「貼」，平安本作「怗」。
〔四〕「生曰」一段，永樂北藏本、徑山藏本、清藏本、金陵本無。

若彌勒得受記者，一切衆生亦應受記。所以者何？夫如者，不二不異。

肇曰：「凡聖一如，豈有得失之殊哉？」

生曰：「『夫如者』，無得與不得異也。既無得與不得異，而彌勒得者，是假以不得爲得也。若彌勒以不得無得者，一切衆生不得，便應亦是此得之理矣。然則言『衆生亦應受記』者，以明無彌勒實受記也。『二』者，直二事也。『異』者，二相殊也。其事既二，然後相與爲異，故先言『不二』，後言『不異』也。已取如事在上，是以釋但舉如義也。」〔一〕

〔一〕「生曰」一段，永樂北藏本、徑山藏本、清藏本、金陵本無。

若彌勒得阿耨多羅三藐三菩提者，一切衆生皆亦應得。所以者何？一切衆生即菩提相〔一〕。

肇曰：「無相之相是菩提相也。」

生曰：「『菩提』，既是無相理極之慧。言『得之』者，得即是菩提相也。果是其相，則非實矣。苟得非實〔二〕，一切衆生亦是此之得理也。所以然者，菩提本無不周，衆生即是其相故也。夫授記言得菩提者，懸指之耳。今云彌勒得者，就語之也。既就得時而無得相，豈應懸指有得乎所指？苟已驗無爲，指理自冥矣。」〔三〕

〔一〕案關中疏卷上：「『菩提』，此云『覺』，亦云『智』，謂無相極智平等本覺也。若煩惱即菩提，則一切衆生皆菩提相，豈彌勒獨得之耶？」

〔二〕「苟得」，平安本作「得苟」。

〔三〕「生曰」一段，永樂北藏本、徑山藏本、清藏本、金陵本無。

若彌勒得滅度者，一切衆生亦當滅度。所以者何？諸佛知一切衆生畢竟寂滅，即涅槃相，不復更滅〔一〕。

肇曰：「本性常滅，今復何滅也？」

生曰：「既得菩提至於滅度，於滅度中又無滅度也，故復極就其終以驗之焉。滅度非慧，事止於滅，故不得如菩提釋也。然終既至滅，始滅驗矣。始若果滅，終豈滅哉？終苟不滅，衆生亦此滅矣。唯驗終以悟始者，知其然耳。舉佛明之者，佛既親得滅度，又爲悟之極，必可以定之也〔二〕。且佛終日滅度衆生，然知衆生即涅槃相，不復更滅，是盡爲滅而不滅也。」〔三〕

〔一〕案關中疏卷上：「『涅槃』，此云『滅度』。若法本不生，今即無滅。爲寂滅者，即一切衆生本來滅度，豈彌勒獨證之耶？」

〔二〕「定之」，平安本作「之定」。

〔三〕「生曰」一段，永樂北藏本、徑山藏本、清藏本、金陵本無。

是故，彌勒。無以此法誘諸天子。

什曰：「梵本云誑也〔一〕。」

生曰：「既無受記，豈得以受記引之耶？若引之，以虚爲誘誑也。」〔二〕

〔一〕「梵」，平安本作「胡」。

〔二〕「什曰」「生曰」兩段，永樂北藏本、徑山藏本、清藏本、金陵本無。

實無發阿耨多羅三藐三菩提心者，亦無退者〔一〕。

肇曰：「平等之道，實無發心，亦無退者。而以不退之行誘其發心、示其受記者何耶〔二〕？」

生曰：「明不應存行也。於發有退，故須不退行耳。既無發退，何用行爲？若惡發中有退，而須不退行者，猶未免退矣，非所以不退。」〔三〕

〔一〕案關中疏卷上：「菩提果尚無記，豈有初心及不退行耶？」

〔二〕「受」，原作「美」，據永樂北藏本、徑山藏本、清藏本、金陵本改。

〔三〕「生曰」一段，永樂北藏本、徑山藏本、清藏本、金陵本無。

彌勒。當令此諸天子，捨於分别菩提之見〔一〕**。**

肇曰：「菩提以寂滅爲相，生死同相，而諸天卑生死〔二〕、尊菩提，雖曰勝求，更生塵累。宜開以正路，令捨分别，曷爲示以道記，增其見乎？」

生曰：「釋諸天見菩提心也。先訶，然後教矣。訶以遣著，教以釋見。著爲咎累，宜以訶遣之；見謂涉理，須以教釋之焉。」〔三〕

〔一〕案關中疏卷上：「無相平等，是菩提相。若分别始終有退不退，是見分别，非見菩提。」關中釋抄卷下：「『捨於分别菩提之見』者，有進有退、有得不得，而取捨交馳、忻厭異志，皆分别菩提之見，非真見也。」

〔二〕「天」下，關中疏有「子」。

〔三〕「生曰」一段，永樂北藏本、徑山藏本、清藏本、金陵本無。

所以者何？菩提者，不可以身得，不可以心得〔一〕**。**

肇曰：「自此下，大明菩提義也。道之極者，稱曰『菩提』，秦無言以譯之。『菩提』者，蓋是正覺無相之真智乎？其道虚玄，妙絶常境，聽者無以容其聽〔二〕，智者無以運其智，辯者無以措其言〔三〕，像者無以狀其儀。故其爲道也，微妙無相，不可爲有；用之彌懃，不可爲無。故能幽鑑萬物而不曜〔四〕，玄軌超駕而弗夷〔五〕，大包天地而罔寄〔六〕，曲濟群惑而無私。至能導達殊方〔七〕，開物成務，玄機必察，無思無慮〔八〕。然則無知而無不知，無爲而無不爲者，其唯菩提大覺之道乎〔九〕？此無名之法，固非名所能名也。不知所以言，故强名曰『菩提』。斯無爲之道，豈可以身心而得乎？」

生曰：「若見有菩提可得者，則有相情也〔一〇〕。苟以相爲情者，豈能不以之起身心行乎？若以身心行求菩提者，則求之愈遠者也〔一一〕。」〔一二〕

〔一〕案關中疏卷上：「身、心無所得相，是菩提相也。」關中釋抄卷下：「『不可以身得』者，方便教菩薩以相好之身爲身得菩薩，盡無生智爲心得菩薩，諸數類然。若既究竟説者，有相之身非菩提，有智之心非菩提。未若即相無相，即心無生，二俱寂滅，即寂滅是菩提。」

〔二〕「聽者」，貞享本、永樂北藏本、徑山藏本、清藏本、金陵本作「聰者」。

〔三〕「辯」，關中疏作「辨」。

〔四〕「曜」，永樂北藏本、徑山藏本、清藏本、金陵本作「耀」。

〔五〕案關中釋抄卷下：「『玄軌超駕』者，明玄軌萬行，超然獨駕，至平夷之處，而不見平夷之相也。」

〔六〕「包」，平安本作「苞」。

〔七〕「導」，關中疏作「道」。

〔八〕「無慮」，平安本作「不慮」。

〔九〕「其」上，關中疏有「不爲」。

〔一〇〕「有」，平安本無。

〔一一〕「求」，平安本作「乖」。

〔二〕「生曰」一段，永樂北藏本、徑山藏本、清藏本、金陵本無。

寂滅是菩提，滅諸相故〔一〕；

什曰：「菩提有三，所謂〔二〕：羅漢、緣覺、如來。三人漏盡，慧通達無閡，乃名『菩提』。此已下歎菩提真解，妙同實相，欲擬心求解，亦當如是。亦明菩提即是實相，以遣其著也。實相是菩提因，亦名『菩提』也。餘句類可尋知也。」

肇曰：「妙會真性，滅諸法相，故菩提之道與法俱寂。」

生曰：「既不以相得菩提，則無菩提相矣。若不能滅諸相者，豈得以寂滅爲體哉？」〔三〕

〔一〕案關中疏卷上：「前是能破，此是能立；又前破而不斷，此立而不常；又前破而不滅，此立而不生；又前會而不一，此別而不異；又前云而不去，此存而不來，斯妙道之無方也。觀夫聖人體極，因物立名，所以教名悉檀，理窮實相，非夫久殖善本，莫能究其深廣哉。是故，前以無生滅，故無菩提記；此以無生滅，故證寂滅，名寂滅菩提。寂滅無緣故不觀，寂滅無念故不行，寂滅無見故斷，寂滅無妄想故離，寂滅無願求故障，寂滅無著故無入，寂滅即真如故順理，寂滅即法性故安住，寂滅返生滅之際故至實際。諸句例然，不復廣説。」關中釋抄卷下：「『滅諸相故』，『諸相』者，生、住、異、滅等四相也。此下法句皆即破而立也。」

〔二〕「所謂」，平安本作「種」。

〔三〕「什曰」「生曰」兩段，永樂北藏本、徑山藏本、清藏本、金陵本無。

不觀是菩提，離諸緣故；

肇曰：「觀生於緣，離緣即無觀。」〔一〕

〔一〕「肇曰」一段，永樂北藏本、徑山藏本、清藏本、金陵本無。

不行是菩提，無憶念故；

肇曰：「行生於念，無念故無行。」〔一〕

〔一〕「肇曰」一段，永樂北藏本、徑山藏本、清藏本、金陵本無。

斷是菩提，捨諸見故；離是菩提，離諸妄想故；

肇曰：「諸見斷，妄想離，乃名『菩提』也。」

障是菩提，障諸願故；

肇曰：「真道無欲，障諸願求也。」

不入是菩提，無貪著故；

肇曰：「『入』謂受入可欲。」

順是菩提，順於如故；住是菩提，住法性故；至是菩提，至實際故；

肇曰：「不異三空，菩提義也。隨順本相謂之『如』，故繫之以『順』〔一〕；常住不變謂之『性』也，故繫之以『住』；到實相彼岸謂之『際』，故繫之以『至』。」

〔一〕「繫」，關中疏作「計」。下同。

不二是菩提，離意法故；

什曰：「六識對於六塵，未始相離。菩提所解，出六塵之表〔一〕，故言『離』也。」〔二〕

肇曰：「意與法爲二，菩提無心，何法之有哉？」

〔一〕「出」上，平安本有「超」。

〔二〕「什曰」一段，永樂北藏本、徑山藏本、清藏本、金陵本無。

等是菩提，等虚空故；

肇曰：「無心於等而無不等，故謂『若虚空』也。」

無爲是菩提，無生住滅故；知是菩提，了衆生心行故；

什曰：「智慧是菩提，知他心也。實相是智之因〔一〕，亦名知他心也。」〔二〕

肇曰：「菩提不有，故無生滅〔三〕；菩提不無，故了知衆生心也。」

〔一〕「智」，平安本作「知」。

〔二〕「什曰」一段，永樂北藏本、徑山藏本、清藏本、金陵本無。

〔三〕「無」，平安本作「不」。

不會是菩提，諸入不會故；

肇曰：「『諸入』，内外六入也。内外俱空，故諸入不會。諸入不會，即菩提相也。」

不合是菩提，離煩惱習故；

肇曰：「生死所以合，煩惱之所纏。離煩惱，故無合。無合，即菩提也。」

無處是菩提，無形色故；假名是菩提，名字空故；

肇曰：「外無形色之處，内無可名之實也。」

如化是菩提，無取捨故；

肇曰：「菩提無取捨，猶化人之無心也。」

無亂是菩提，常自静故；

肇曰：「内既常静〔一〕，外亂無由生焉。」

〔一〕「内」下，平安本、永樂北藏本、徑山藏本、清藏本、金陵本、關中疏有「心」。

善寂是菩提，性清浄故；

肇曰：「性無不浄，故寂無不善〔一〕。『善寂』，謂善順寂滅常浄之道也。」

〔一〕「寂」下，平安本有「滅」。

無取是菩提，離攀緣故；

肇曰：「情有所取〔一〕，故攀於前緣。若離攀緣〔二〕，則無所取也〔三〕。」

〔一〕「取」，永樂北藏本、徑山藏本、清藏本、金陵本作「趣」。

〔二〕「攀」，徑山藏本、金陵本作「前」。

〔三〕「則無所取」，關中疏作「即無取」。

無異是菩提，諸法等故；

肇曰：「萬法同體，是非一致。不異於異者，其唯菩提乎？」

無比是菩提，無可諭故；

肇曰：「第一大道，無有兩逕〔一〕。獨絶群方，故以無諭〔二〕。」

〔一〕「逕」，平安本、關中疏作「正」，永樂北藏本、徑山藏本、清藏本、金陵本作「匹」。

〔二〕「以無」，平安本、關中疏作「無以」。「諭」，平安本、永樂北藏本、徑山藏本、清藏本、金陵本、關中疏作「喻」。

微妙是菩提，諸法難知故。

肇曰：「諸法幽遠難測，非有智之所知〔一〕。以菩提無知，故無所不知。無知而無不知者，微妙之極也。」

生曰：「種種明之者，美而詠之也。豈曰爲美，以發人情矣。」〔二〕

〔一〕「智」，關中疏作「知」。

〔二〕「生曰」一段，永樂北藏本、徑山藏本、清藏本、金陵本無。

世尊。維摩詰説是法時，二百天子得無生法忍〔一〕。

生曰：「彌勒先引使樂法，然後維摩詰除其病情，所以得忍也。斯則相與成化，有何屈哉？」〔二〕

〔一〕案關中疏卷上：「明悟真記不記，真得不得獲益也。」

〔二〕「生曰」一段，永樂北藏本、徑山藏本、清藏本、金陵本無。

故我不任詣彼問疾。」

佛告光嚴童子：「汝行詣維摩詰問疾。」光嚴白佛言：「世尊。我不堪任詣彼問疾。所以者何？憶念我昔出毘耶離大城〔一〕，

生曰：「託在常出〔二〕，實有以也。」〔三〕

〔一〕案關中疏卷上：「光嚴接近，故託閑林爲道場。浄名詣理，故諠静一如爲道場。出入之迹，其在兹也。」

〔二〕「常」，平安本作「城」。

〔三〕「生曰」一段，永樂北藏本、徑山藏本、清藏本、金陵本無。

時維摩詰方入城，我即爲作禮〔一〕，

生曰：「城門是人所湊處，故得因廣化功也。『作禮』者，迹同鄉黨現修長幼禮也。」〔二〕

〔一〕案關中疏卷上：「此下三明廣引彈事。文五：一禮問，二略答，三重問，四廣答，五衆益，此初也。」

〔二〕「生曰」一段，永樂北藏本、徑山藏本、清藏本、金陵本無。

而問言：『居士從何所來？』

生曰：「交從外來，故可寄問，以取其來自有從也。」〔一〕

〔一〕「生曰」一段，永樂北藏本、徑山藏本、清藏本、金陵本無。

答我言：『吾從道場來〔一〕。』

什曰：「以光嚴心樂道場，故言『從道場來』〔二〕，以發悟其心也。光嚴雖欲得道場，而未知所以得。得必由因，故爲廣説萬行。萬行是道場因，而言『道場』者，是因中説果也。復次，佛所坐處，於中成道，故名『道場』。善心道場亦復如是，廣積衆善，故佛道得成，是以萬善爲一切智地，乃真道場也。」

肇曰：「閑宴修道之處，謂之『道場』也。光嚴志好閑獨，每以静處爲心，故出毘耶將求道場。浄名懸鑒，故現從外來，將示以真場，啓其封累，故逆云『吾從道場來』。『從道場來』者〔三〕，以明道無不之，場無不在。若能懷道場於胸中，遺萬累於身外者，雖復形處憒閙，迹與事隣，舉動所遊〔四〕，無非道場也。」

生曰：「得佛之處也。」〔五〕

〔二〕案關中疏卷上：「實相理遍爲場，萬行通證爲道。」關中釋抄卷下：「『光嚴道場』者，林泉幽棲之處，是事迹之道場；覺心即真，是悟理之真場。且一念惡心，頓迷法界；返妄得真，萬行常浄。斯即了一心而萬行即真道也，覺一塵而法界圓浄場也，豈能等閑地而爲道場哉？」

〔二〕「來」，原無，據平安本、永樂北藏本、徑山藏本、清藏本、金陵本補。

〔三〕「從」上，平安本有「吾」。

〔四〕「舉」，平安無，關中疏作「乘」。「遊」，平安本作「由」。

〔五〕「肇曰」「生曰」兩段，永樂北藏本、徑山藏本、清藏本、金陵本無。

我問：『道場者，何所是？』

肇曰：「會其所求，故尋問也。」

生曰：「夫得佛由行，行乃是道之場矣。然寄在地成，地有其名耳。既據答於常，是從地來也。又迹在不闇，故復得問『何所是』，以招下答之焉。」〔一〕

〔一〕「肇曰」「生曰」兩段，永樂北藏本、徑山藏本、清藏本、金陵本無。

答曰：『直心是道場，無虛假故〔一〕；

肇曰：「修心進道，無亂之境，便是道場耳。若能標心爲主，萬行爲場，不越方寸，道自修者，乃真道場也。曷爲近捨閑境，而遠求空地乎〔二〕？『直心』者，謂內心真直，外無虛假，斯乃基萬行之本，壇進道之場也〔三〕。自此已下，備列諸行，盡是修心之閑地，弘道之浄場也〔四〕。」

生曰：「以無虛假爲懷者，必得佛也。」〔五〕

〔一〕案關中疏卷上：「此下三十句，廣約諸法明道場……又解：如世間和麩之麥，皆詣場鞭打，麩去麥全，修道亦然。佛性精粹，雜煩惱麩，將修行者正見實相爲場，對治萬行爲鞭打，斷惑證真爲颺篩。如直心以虛假爲糠麩，布施以慳貪爲糠麩，諸句例知。」

〔二〕「修心進道」至「而遠求空地乎」，永樂北藏本、徑山藏本、清藏本、金陵本無。

〔三〕「壇」，原作「坦」，據關中疏改。

〔四〕「浄」，平安本、關中疏作「静」。

〔五〕「生曰」一段，永樂北藏本、徑山藏本、清藏本、金陵本無。

發行是道場，能辦事故；

肇曰：「心既真直，則能發迹造行。發迹造行，則事業斯辦〔一〕，衆行俱舉也。」〔二〕

〔一〕「則」，關中疏作「即」。

〔二〕「肇曰」一段，永樂北藏本、徑山藏本、清藏本、金陵本無。

深心是道場，增益功德故；

肇曰：「既能發行，則樹心彌深〔一〕。樹心彌深，則功德彌增者也。」〔二〕

〔一〕「則」，關中疏作「即」。

〔二〕「肇曰」一段，永樂北藏本、徑山藏本、清藏本、金陵本無。

菩提心是道場，無錯謬故；

什曰：「道心明正，不隨異路，不錯也。」〔一〕

肇曰：「直心本行轉深〔二〕，則變爲菩提心也。此心直正〔三〕，故所見不謬。凡弘道者，要始此四心。四心既生，則六度衆行無不成也。」

〔一〕「什曰」一段，永樂北藏本、徑山藏本、清藏本、金陵本無。

〔二〕「本」，永樂北藏本、徑山藏本、清藏本、金陵本、關中疏作「入」。

〔三〕「直」，永樂北藏本、徑山藏本、清藏本、金陵本、關中疏作「真」。又「心直」，平安本作「直心」。

布施是道場，不望報故〔一〕；

肇曰：「施不望報，無相行也。夫言有不失無，言無不失有。有無異説，而不乖其本者，其唯大乘道乎？何則？言有以明非無，不言有也；言無以明非有，不言無也。然則萬行雖殊〔二〕，以無相爲體。無而不無，故即有爲實；有而不有，故施戒爲一。然此經前後，至於辯列衆行有無不同，苟能領其所同，則無異而不同也。」〔三〕

〔一〕案關中疏卷上：「此下十六，約行明住實相真場，行皆造極。」

〔二〕「則」，關中疏作「即」。

〔三〕「肇曰」一段，永樂北藏本、徑山藏本、清藏本、金陵本無。

持戒是道場，得願具故；

肇曰：「未有戒具而願不具者。」〔一〕

〔一〕「肇曰」一段，永樂北藏本、徑山藏本、清藏本、金陵本無。

忍辱是道場，於諸衆生心無閡故；

肇曰：「忍忿則心存〔一〕，懷忿則心閡〔二〕。」〔三〕

〔一〕「忍」，平安本作「懷」。

〔二〕「忍忿則心存，懷忿則心閡」，平安本作「忍忿則心礙也」。

〔三〕「肇曰」一段，永樂北藏本、徑山藏本、清藏本、金陵本無。

精進是道場，不懈退故；禪定是道場，心調柔故；智慧是道場，現見諸法故〔一〕；

肇云〔二〕：「萬法彌廣〔三〕，現若目前，智慧之能也。」〔四〕

〔一〕案關中疏卷上：「即事見理，爲現見也。」關中釋抄卷下：「『智慧現見諸法』者，妄識取相，失真著僞，不名現見。正智照理，返僞得真，名現見也。」

〔二〕「云」，平安本作「曰」。

〔三〕「廣」，關中疏作「曠」。

〔四〕「肇曰」一段，永樂北藏本、徑山藏本、清藏本、金陵本無。

慈是道場，等衆生故；

肇曰：「等心怨親，欲其安樂，慈行也。」〔一〕

〔一〕「肇曰」一段，永樂北藏本、徑山藏本、清藏本、金陵本無。

悲是道場，忍疲苦故；

肇曰：「見苦必赴，不避湯炭，悲行也。」〔一〕

〔一〕「肇曰」一段，永樂北藏本、徑山藏本、清藏本、金陵本無。

喜是道場，悦樂法故；

什曰：「慈雖假想與衆生樂，樂從慈起〔一〕。還見其受苦，其心悲惻，則入悲心，欲令常得此樂。次入喜心，喜心雖是假想，而作意欲令常樂，故異於慈心也。復次，慈心與樂，喜心直觀其得樂，其心歡喜耳。」〔二〕

肇曰：「以己法樂，樂彼同悦，喜行也。」

〔一〕「樂」，平安本無。

〔二〕「什曰」一段，永樂北藏本、徑山藏本、清藏本、金陵本無。

捨是道場，憎愛斷故；

肇曰：「夫慈生愛〔一〕，愛生著，著生累，累生悲〔二〕，悲生憂，憂生惱，惱生憎。慈悲雖善，而累想已生，故兩捨以平等觀，謂之捨行也。」

〔一〕「夫」，關中疏作「人」。

〔二〕「累生悲」，原無，據永樂北藏本、徑山藏本、清藏本、金陵本補。

神通是道場，成就六通故〔一〕；解脱是道場，能背捨故〔二〕；

肇曰：「『解脱』，八解脱也。觀青爲黄，觀黄爲青，捨背境界，從心所觀，謂之『背捨』。」

〔一〕案關中疏卷上：「四禪世定，但發五道。實相真禪，得漏盡也。」

〔二〕案關中疏卷上：「『解脱』，八解脱。二乘八解，背捨八邪。大乘八解，邪正俱背，深證實相，背捨萬累也。」

方便是道場，教化衆生故；四攝是道場，攝衆生故；

什曰：「一、惠施，惠施有二種：施下人以財，施上人以法〔一〕。二、愛語，愛語復有二種：於下人則以煖言將悦〔二〕，於上人則以法語慰諭，皆以愛心作愛語也。三、利行〔三〕，利行亦有二種：下人則爲設方便令得俗利〔四〕，上人則爲作方便令得法利。四、同事，同事亦有二種：同惡人則誘以善法〔五〕，同善人則令增善根〔六〕，隨類而入，事與彼同，故名『同事』也。」

肇曰：「方便起乎弘化，四攝生乎來衆焉。」〔七〕

〔一〕「法」下，原有「施」，據平安本删。

〔二〕「煖」，永樂北藏本、徑山藏本、清藏本、金陵本作「輭」。「言」，維摩經義疏卷四作「語」。

〔三〕「行」，平安本、永樂北藏本、徑山藏本、清藏本、金陵本作「語」。下同。

〔四〕「設」，平安本、永樂北藏本、清藏本作「作」。

〔五〕「誘」，平安本、維摩經義疏卷四作「訓」。

〔六〕「同善人則令增」，平安本作「令增長」。

〔七〕「肇曰」一段，永樂北藏本、徑山藏本、清藏本、金陵本無。

多聞是道場，如聞行故；

肇曰：「聞不能行，與禽獸同聽也。」

伏心是道場，正觀諸法故〔一〕**；**

什曰：「或以事伏心，或以理伏心。今正觀則以無常等觀制伏其心也。」

肇曰：「心之性也，强梁則觀邪〔二〕，調伏則觀正也。」〔三〕

〔一〕案關中疏卷上：「木非繩不直，心非理不正，故心之調也，必正觀實相。」

〔二〕「則」，關中疏作「即」。下同。

〔三〕「肇曰」一段，永樂北藏本、徑山藏本、清藏本、金陵本無。

三十七品是道場，捨有爲法故；

什曰：「道品斷受生，故名『捨有爲』。亦以空空三昧等，捨三三昧及一切善法，故名『捨』也。」

肇曰：「三十七品，無爲之因也〔一〕。」〔二〕

〔一〕案關中疏卷上：「『無爲』，即涅槃也。」

〔二〕「肇曰」一段，永樂北藏本、徑山藏本、清藏本、金陵本無。

諦是道場，不誑世間故；

什曰：「小乘中説四諦，大乘中説一諦。今言『諦』，是則一諦〔一〕。一諦，實相也。俗數法虚妄，謂言有而更無，謂言無而更有，是誑人也。見餘諦，謂言必除我惑，而不免妄想，亦是誑也。今一諦無此衆過，故不誑人也。從一諦乃至諸法無我，是諸法實相，即一諦中異句異味也。由此一諦，故佛道得成。一諦即是佛因，故名『道場』也。」

肇曰：「四諦，真實無虚誑也。」〔二〕

〔一〕「則」，關中疏作「即」。

〔二〕「肇曰」一段，永樂北藏本、徑山藏本、清藏本、金陵本無。

緣起是道場，無明乃至老死皆無盡故〔一〕；

肇曰：「十二緣起，因緣相生，無窮盡也。悟其所由，則智心自明；智心既明，則道心自成。然則道之成也，乃以緣起爲地，故即以爲道場也。」〔二〕

〔一〕案關中疏卷上：「『緣起』，十二因緣相生起也。小乘觀十二緣，無明滅即行滅，非實相真場。大乘觀因緣，不生不滅，無無明亦無無明盡，此實相真場也。」

〔二〕「肇曰」一段，永樂北藏本、徑山藏本、清藏本、金陵本無。

諸煩惱是道場，知如實故；**衆生是道場，知無我故**；**一切法是道場，知諸法空故**〔一〕；

肇曰：「煩惱之實性，衆生之無我，諸法之空義，皆道之所由生也。」

〔一〕案關中疏卷上：「此三科約所治惑明道場，謂迷即衆惑。」

降魔是道場，不傾動故；三界是道場，無所趣故；師子吼是道場，無所畏故〔一〕；

肇曰〔二〕：「此即是佛所得也。雖則非佛，名爲場〔三〕。總名爲佛，佛即道也。上以菩薩行爲場，今果中以佛爲道、衆事爲場也。」〔四〕

〔一〕案關中疏卷上：「此下諸科約佛果德，明坐菩提樹，住寂滅場，不著三界，不惑四魔，能師子吼也。」

〔二〕「肇曰」，平安本無。

〔三〕「雖」，平安本作「離」。「雖則非佛，名爲場」，永樂北藏本、徑山藏本、清藏本、金陵本無。

〔四〕「肇曰」一段，徑山藏本、金陵本置後經「三明是道場，無餘閡故」下。

力、無畏、不共法是道場，無諸過故；三明是道場，無餘閡故〔一〕；

肇曰：「降魔兵而不爲所動，遊三界而不隨其趣〔二〕，演無畏法音而無難，具佛三十二業而無闕〔三〕，三明通達而無閡，斯皆大道之所由生也。」

〔一〕案關中疏卷上：「法身無過即衆德自顯，心無餘翳則惠明普照。」

〔二〕「遊」下，關中疏有「歷」。

〔三〕「具佛」，關中疏作「佛具」。「無闕」，永樂北藏本、徑山藏本、清藏本、金陵本作「無一缺」，關中疏作「無一闕」。

一念知一切法是道場，成一切智故〔一〕。

什曰：「二乘法以三十四心成道〔二〕，大乘中唯以一念，則豁然大悟〔三〕，具一切智也。」

肇曰：「『一切智』者，智之極也。朗若晨曦，衆冥俱照〔四〕，澄若静淵，群象並鑒。無知而無所不知者，其唯一切智乎？何則？夫有心則有封，有封則有疆，封疆既形則其智有涯，其智有涯則所照不普。至人無心，無心則無封，無封則無疆，封疆既無則其智無涯，其智無涯則所照無際，故能以一念一時畢知一切法也〔五〕。一切智雖曰行標，蓋亦萬行之一耳。會萬行之所成者，其唯無上道乎？故所列衆法皆爲場也〔六〕。」

生曰：「一念無不知者，始乎大悟時也。以向諸行終得此事，故以名焉。以直心爲行初義，極一念知一切法，不亦是得佛之處乎？」〔七〕

〔二〕案關中釋抄卷下：「『一念知一切法』者，小乘以四諦真理釋滅異品，有苦可厭、惑可斷，故三十四心成佛。大乘以一色一香無非中道，一心一智俱含萬行，故即一念而能知也。此乃不思議之智，豈彼三十四心可思議智也？」

〔三〕「二乘」，永樂北藏本、徑山藏本、清藏本、金陵本作「三乘」。案關中釋抄卷下：「言『三十四心』者，出俱舍論。俱如來菩提樹下魔軍退後，以八智、八忍斷見，九無礙、九解脱即修，故云『三十四』也。」

〔三〕「豁」，平安本、關中疏作「確」。

〔四〕「照」，平安本作「滅」。

〔五〕「畢」，關中疏作「必」。

〔六〕「列」，平安本作「引」。「場」上，關中疏有「道」。

〔七〕「肇曰」「生曰」兩段，永樂北藏本、徑山藏本、清藏本、金陵本無。

如是。善男子。菩薩若應諸波羅蜜教化衆生，諸有所作，舉足下足，當知皆從道場來，

生曰：「若行上諸行皆使應諸波羅蜜者，無復生死往來也。然有之者，隨應出也。出若爲應，豈非道場來耶？推向所明，便知其然矣。」〔一〕

〔一〕「生曰」一段，永樂北藏本、徑山藏本、清藏本、金陵本無。

住於佛法矣。』

肇曰：「若能應上諸度以化天下者，其人行則遊道場，止則住佛法，舉動所之，無非道場也。」

生曰：「應悟群生，爲佛義矣。既從行來，而理極於斯，故云『住』也。」〔一〕

〔一〕「生曰」一段，永樂北藏本、徑山藏本、清藏本、金陵本無。

説是法時，五百天人皆發阿耨多羅三藐三菩提心。故我不任詣彼問疾。」

佛告持世菩薩：「汝行詣維摩詰問疾。」持世白佛言：「世尊。我不堪任詣彼問疾。所以者何？憶念我昔，住於静室〔一〕。**時魔波旬，**

什曰：「『波旬』，秦言『殺者』，常欲斷人慧命，故名『殺者』，亦名爲『惡中惡』〔二〕，惡有三種：一曰惡，二曰大惡，三曰惡中惡。若以惡加己，還以惡報，是名爲『惡』。若人不侵己，無故加害〔三〕，是名『大惡』。若人來供養恭敬，不念報恩，而反害之，是名『惡中惡』。惡中惡，魔王惡最甚也〔四〕。諸佛常欲令衆生安隱〔五〕，而反壞亂，故言『甚』也。」〔六〕

肇曰：「『波旬』，秦言或名『殺者』，或名『極惡』。斷人善根，因名『殺者』。違佛亂僧，罪莫之大，故名『極惡』也。」〔七〕

〔一〕案關中疏卷上：「持世避諠住静，捨惡化善，皆迹示方便，軌之初學。」關中釋抄卷下：「『持世住静』者，此爲諸方便教菩薩不修定之方便執也。然捨喧就静，似乖平等之旨，故浄名呵也。」

〔二〕「爲」，永樂北藏本、徑山藏本、清藏本、金陵本無。

〔三〕「害」，永樂北藏本、徑山藏本、清藏本、金陵本作「惡」。

〔四〕「惡」，平安本、永樂北藏本、徑山藏本、清藏本、金陵本無。

〔五〕「常」，永樂北藏本、徑山藏本、清藏本、金陵本作「嘗」。

〔六〕「什曰」一段，徑山藏本、金陵本置後經「我意謂是帝釋」下。

〔七〕「肇曰」一段，永樂北藏本、徑山藏本、清藏本、金陵本無。

從萬二千天女，狀如帝釋，

什曰：「釋是佛弟子〔一〕，知其不疑，故作釋形來也。持世不作意觀他心，故不見也。」

生曰：「『魔』者，害人智慧命之稱也〔二〕。『惡中之惡』，謂之波旬也。夫善惡理隔，無相干之道，況乎至善之與極惡得相惱哉？而有其事者，皆大權菩薩託以爲化然也。誠以爲託，要使跡全是也。跡是爲何？此雖善交是人，彼雖惡居爲天，天可以惡降迹，人亦標善致改，可假之良，其不然乎〔三〕？『狀若帝釋』者，帝釋是佛弟子，常宗有道，故以其狀使持世不覺也。持世跡在沙門，而沙門以化人爲體，彼有非法〔四〕，必致教矣，可得因之有女事惑焉。」〔五〕

〔一〕「釋」上，關中疏有「帝」。
〔二〕「智」，平安本無。
〔三〕「其不」，平安本作「不其」。
〔四〕「彼」，平安本作「往」。
〔五〕「什曰」「生曰」兩段，永樂北藏本、徑山藏本、清藏本、金陵本無。

鼓樂弦歌，來詣我所，與其眷屬，稽首我足，合掌恭敬，於一面立。我意謂是帝釋，

肇曰：「魔以持世宴靜，欲亂其心，若現本形，恐不與言，故變爲釋像〔一〕。時持世不以通觀，故謂是帝釋也。」

生曰：「彼事是帝釋也。持世據人言之，故可云爾也。」〔二〕

〔一〕「像」，永樂北藏本、徑山藏本、清藏本、金陵本作「相」。

〔三〕「生曰」一段，永樂北藏本、徑山藏本、清藏本、金陵本無。

而語之言：『善來。憍尸迦。

什曰：「『憍尸』，姓也，字『摩迦陀』〔一〕。」

肇曰：「『憍尸迦』，帝釋姓也。」〔二〕

〔一〕「迦」，徑山藏本、金陵本作「伽」。

〔二〕「什曰」「肇曰」兩段，徑山藏本、金陵本置後經「雖福應有，不當自恣」下。

雖福應有，不當自恣。

生曰：「以供養而來，故善之也。從女弦歌，是自恣法也。福有而自恣者，復爲罪之根也〔一〕。」

〔一〕「復」，關中疏作「覆」。

當觀五欲無常，以求善本，

生曰：「『五欲』者，五情所欲也〔一〕。夫用爲自恣，實之必深。若覺其無常，然後能以之求善本矣〔二〕。」

〔一〕「欲」，平安本作「樂」。

〔二〕「善」，原無，據平安本、永樂北藏本、徑山藏本、清藏本、金陵本、關中疏補。

於身、命、財而修堅法〔一〕。』

什曰：「若雖有命而不能行道，無異禽獸之命。若於今能不惜身命修行善者，則來世所得命必能修善行道，是名清浄之命，非爲使生也。」

肇曰：「『堅法』，三堅法，身、命、財寶也。若忘身、命，棄財寶，去封累，而修道者〔二〕，必獲無極之身、無窮之命、無盡之財也。此三，天地焚而不燒，劫數終而不盡，故名『堅法』。以天帝樂著五欲，不慮無常，故勸修堅法也。」

生曰：「以求善本事也。身既無常，便應運使爲善；命既危脆，便應盡以行道；財有五家，便應用爲施與。此皆無常所不能壞，謂之『堅法』也。」〔三〕

〔一〕案關中疏卷上：「持世不識，謬爲説法，誡之以自恣，厭之以無常，修之以三堅。」

〔二〕「道」，平安本、關中疏作「是」。

〔三〕「什曰」「生曰」兩段，永樂北藏本、徑山藏本、清藏本、金陵本無。

即語我言：『正士。受是萬二千天女，可備掃灑〔一〕。』

生曰：「因其説法，故可詭以從善〔二〕，實欲以女亂之。」

〔一〕案關中疏卷上：「魔更施女爲亂也。」

〔二〕「詭」，關中疏作「説」。

我言：『憍尸迦。無以此非法之物〔一〕，要我沙門釋子〔二〕，

肇曰：「持世菩薩時爲比丘也。」

生曰：「向教其行施，彼既從之〔三〕，理應爲受，然非所宜。夫施者之懷，唯欲人取，故言勿以向語其施要我使受也〔四〕。言『沙門釋子』者，明己理所不應，非苟逆人善也。」〔五〕

〔一〕案關中釋抄卷下：「『非法之物』者，女爲壞道之緣，特爲菩提所忌，故云也。亦表方便教菩薩未能會理，故爲浄名所呵。」

〔二〕案關中釋抄卷下：「『沙門』者，舊云『桑門』，此云『功德多』。言修道勞，又云『勤勞』。言志誠義名爲息，次得無漏生死休息，或云『浄志』也。」

〔三〕「從」下，平安本有「於」。

〔四〕「施」下，平安本有「彼」。

〔五〕「肇曰」「生曰」兩段，永樂北藏本、徑山藏本、清藏本、金陵本無。

此非我宜〔一〕。』所言未訖，維摩詰來謂我言：『非帝釋也。是爲魔來，嬈固汝耳。』

生曰：「因其不覺，故復可得託語，以明魔不能隱於己也，斯則力能制之矣〔二〕。將欲使魔懼，有不得不與之迹。『固』者，非虛焉。」〔三〕

〔一〕案關中疏卷上：「不受女非順道之緣，故捨而不受。若法身正觀，萬品一如，無非不順。」

〔二〕「則」，平安本作「乃」。

〔三〕「生曰」一段，永樂北藏本、徑山藏本、清藏本、金陵本無。

即語魔言：『是諸女等，可以與我，如我應受。』

肇曰：「以持世未覺〔一〕，故發其狀也。將化諸女，故現從其索。我爲白衣，應受此女，曷爲以與沙門釋子乎？」

生曰：「施本唯欲捨物，不應擇主。既能行之，便應與我，我是受此物者。」〔二〕

〔一〕「未」，關中疏作「不」。

〔二〕「生曰」一段，永樂北藏本、徑山藏本、清藏本、金陵本無。

魔即驚懼，念：『維摩詰將無惱我？』

生曰：「既不能隱於維摩詰，知力必不如，復得發斯念也。」〔一〕

〔一〕「生曰」一段，永樂北藏本、徑山藏本、清藏本、金陵本無。

欲隱形去，而不能隱，盡其神力，亦不得去。

肇曰：「淨名神力之所制也。」

生曰：「現盡魔之神力也。」〔一〕

〔一〕「肇曰」「生曰」兩段，永樂北藏本、徑山藏本、清藏本、金陵本無。

即聞空中聲曰：『波旬。以女與之，乃可得去。』

肇曰：「淨名以魔迷固，故化導之也。」

生曰：「非維摩詰〔一〕，則是持世也，亦可魔自作之耳。」〔二〕

〔一〕「詰」，平安本無。

〔二〕「肇曰」「生曰」兩段，永樂北藏本、徑山藏本、清藏本、金陵本無。

魔以畏故，俛仰而與〔一〕。

生曰：「權其輕重〔二〕，留女故當勝自不得去也。」〔三〕

〔一〕案關中釋抄卷下：「『俛仰』者，低頭也。仰者，舉首也。言閔默不已，强自與之。」

〔二〕「權其」，關中疏作「推」。

〔三〕「生曰」一段，永樂北藏本、徑山藏本、清藏本、金陵本無。

爾時，維摩詰語諸女言：『魔以汝等與我，今汝皆當發阿耨多羅三藐三菩提心。』

什曰：「女人從主爲心，屬魔則受邪教，屬菩薩則從道化，故受而誨之。」〔一〕

肇曰：「在魔故從欲教，在我宜從道教也。」

生曰：「既以與我，便屬於我，不得不從我教也。」

〔一〕「什曰」一段，永樂北藏本、徑山藏本、清藏本、金陵本無。

即隨所應，而爲説法，令發道意。復言：『汝等已發道意，

生曰：「發道意不可苟從於人，故復爲説法使其悟，然後爲發也。」〔一〕

〔一〕「生曰」一段，永樂北藏本、徑山藏本、清藏本、金陵本無。

有法樂可以自娱，不應復樂五欲樂也。』

什曰：「夫魚之爲性，惟水是依。女人之性，唯樂是欲。初發道意〔一〕，自厲修善，未能樂也。積德既淳，則欣樂彌深。經難不變，履苦愈篤。内心愛樂〔二〕，外無餘歡。令其以此自娱，則厭天樂。自此以下，列萬法者，旨取法中之樂，不取法也。」

肇曰：「女人之性，唯欲是樂。以其初捨天樂，故示以法樂。夫能以弘道爲美，積德爲欣者，雖復經苦履難而不改其美〔三〕，天地所重無易其欣〔四〕，以此自娱樂之極也，豈五欲之所存〔五〕？自此下〔六〕，備列諸行，以明超世之道，至歡之所由生也。」

生曰：「入理未深，不能無樂。若無有代，必思舊樂而退矣。故説法樂，以易其昔五欲樂也。」〔七〕

〔一〕「意」，平安本作「心」。

〔二〕「愛樂」，永樂北藏本、徑山藏本、清藏本、金陵本作「實愛」。

〔三〕「美」，關中疏作「樂」。

〔四〕「無」下，平安本有「以」。「欣」，關中疏作「忻」。

〔五〕「所」，平安本、關中疏作「足」。

〔六〕「此」下，關中疏有「已」。

〔七〕「肇曰」「生曰」兩段，永樂北藏本、徑山藏本、清藏本、金陵本無。

天女即問：『何謂法樂？』答曰：『樂常信佛，

生曰：「魔天以不信正爲本，故令信佛也。夫理本無定，苟能樂之則爲樂矣。既樂而恒，又益樂也。」〔一〕

〔一〕「生曰」一段，永樂北藏本、徑山藏本、清藏本、金陵本無。

樂欲聽法，樂供養衆，

什曰：「三寶中生信也。」

肇曰：「信而後悦，莫若三寶也。」〔一〕

〔一〕「什曰」「肇曰」兩段，永樂北藏本、徑山藏本、清藏本、金陵本無。

樂離五欲〔一〕，

什曰：「是信戒也。得四信時，先信法、次信佛、後信僧及戒也。問曰：『四信云何先信法、次信佛、後信僧及戒耶？』答曰：『譬如人重病服藥〔二〕，若病愈則信藥妙。藥妙必由師〔三〕，則信師也。雖師妙藥良，要由善看病人，則信看病人也。三事雖妙，要由我能消息，則信我也。法中四信亦復如是，觀實相見諦時，煩惱即除，則信法妙也。三寶雖妙，要行之由我，我戒業清浄〔四〕，故累病得除，則信戒也。深信四法，心常悦豫，可以諧神通性〔五〕，故非天樂所擬哉。』」

〔一〕案關中疏卷上：「樂生四信，謂歸三寶及厭欲持戒。」

〔二〕「如」，平安本無。

〔三〕「藥」上，平安本有「信」。

〔四〕「我」，永樂北藏本、徑山藏本、清藏本、金陵本無。

〔五〕「通」，永樂北藏本、徑山藏本、清藏本、金陵本作「適」。

樂觀五陰如怨賊，樂觀四大如毒蛇，樂觀内入如空聚〔一〕，

什曰：「如方便品中說也。」

肇曰：「善惡必察，何樂如之？」〔二〕

〔一〕案關中疏卷上：「樂厭苦報也。」

〔二〕「什曰」「肇曰」兩段，永樂北藏本、徑山藏本、清藏本、金陵本無。

樂隨護道意〔一〕，

什曰：「謂能將御無上道心，令不忘失、不錯亂也。」

肇曰：「將護無上道心，令無差失。」〔二〕

〔一〕案關中疏卷上：「明樂修出道。内護道意，下益衆生、上敬養師並行本也。」

〔二〕「什曰」「肇曰」兩段，永樂北藏本、徑山藏本、清藏本、金陵本無。

樂饒益衆生，樂敬養師，樂廣行施，樂堅持戒，樂忍辱柔和，

什曰：「如羼提比丘，雖割截身體，心愈欣樂，恬然無變。法中生樂，類如此也。」〔一〕

〔一〕「什曰」一段，永樂北藏本、徑山藏本、清藏本、金陵本無。

樂勤集善根，樂禪定不亂，樂離垢明慧〔一〕，

什曰：「世俗慧中不能生樂，要得無漏慧、離塵垢，則至樂自生也〔二〕。」〔三〕

〔一〕案關中疏卷上：「明六度正行也。」

〔二〕「則」，關中疏作「即」。

〔三〕「什曰」一段，永樂北藏本、徑山藏本、清藏本、金陵本無。

樂廣菩提心〔一〕，

什曰：「令衆生同己，無所齊限，故言『廣』也。」

肇曰：「彼我兼得，謂之『廣』也。」〔二〕

〔一〕案關中疏卷上：「遍修萬行。」

〔二〕「什曰」「肇曰」兩段，永樂北藏本、徑山藏本、清藏本、金陵本無。

樂降伏衆魔，

肇曰：「『衆魔』，四魔也。」〔一〕

〔一〕「肇曰」一段，永樂北藏本、徑山藏本、清藏本、金陵本無。

樂斷諸煩惱〔一〕，

肇曰：「『諸煩惱』，衆結之都名。」〔二〕

〔一〕案關中疏卷上：「魔怨散而惑病消，故樂也。」

〔二〕「肇曰」一段，永樂北藏本、徑山藏本、清藏本、金陵本無。

樂浄佛國土，樂成就相好故修諸功德〔一〕，樂嚴道場〔二〕，

肇曰：「『道場』，如釋迦文佛菩提樹下初成道處〔三〕，三千二百里金剛地爲場。諸佛各隨國土之大小，而取場地之廣狹，無定數也。」

〔一〕案關中疏卷上：「依報浄而正報圓，何樂如也？」

〔二〕案關中疏卷上：「嚴萬行之因場，詣道樹之果場。」

〔三〕「文佛」，平安本作「牟尼」。

樂聞深法不畏，

什曰：「心無近著，心不邪疑，又能信諸佛有不思議法，故能聞深法，心不生畏也。」

肇曰：「樂法之情不深者，聞深法必生畏也。」〔一〕

〔一〕「什曰」「肇曰」兩段，永樂北藏本、徑山藏本、清藏本、金陵本無。

樂三脱門，不樂非時，

什曰：「功行未滿，則果不可得。未至而求得〔一〕，是非時行也。」〔二〕

肇曰：「『三脱』，空、無相、無作也。縛以之解〔三〕，謂之『脱』。三乘所由，謂之『門』。二乘入三脱門，不盡其極，而中路取證，謂之『非時』，此大士之所不樂也。」

〔一〕「得」，平安本無。

〔二〕「什曰」一段，永樂北藏本、徑山藏本、清藏本、金陵本無。

〔三〕「以之」，永樂北藏本作「之以」。

樂近同學，樂於非同學中心無恚閡，

什曰：「我學大乘，彼亦如是，是名『同學』；所習不同，名『不同學』。處同則樂，處異亦夷，其心平等，無增減也。」

肇曰：「異我自彼，曷爲生恚？非同學，外道黨也。」〔一〕

〔一〕「肇曰」一段，永樂北藏本、徑山藏本、清藏本、金陵本無。

樂將護惡知識，樂近善知識〔一〕**，樂心喜清淨，**

什曰：「於諸禪定及實法中，清淨喜也。」

肇曰：「清淨實相〔二〕，真淨法也〔三〕。」〔四〕

〔一〕案關中疏卷上：「護惡不捨大悲，近善能成大智。」

〔二〕「淨」下，關中疏有「是」。

〔三〕「淨法」，關中疏作「法喜」。

〔四〕「什曰」「肇曰」兩段，永樂北藏本、徑山藏本、清藏本、金陵本無。

樂修無量道品之法〔一〕，

什曰：「是上所説之餘一切善法也。」

肇曰：「法樂無量，上略言之耳。」

生曰：「始於信，終於道品，皆隨魔所病而明義焉〔二〕。」〔三〕

〔一〕案關中疏卷上：「適化無方，故道品無量。」

〔二〕「皆」，原作「背」，據平安本、貞享本改。

〔三〕「什曰」「肇曰」「生曰」三段，永樂北藏本、徑山藏本、清藏本、金陵本無。

是爲菩薩法樂。』於是，波旬告諸女言：『我欲與汝俱還天宮〔一〕**。』**

肇曰：「先聞空聲〔二〕，畏而言與，非其真心，故欲俱還〔三〕。」

生曰：「本不實與，故可得喚其還去也。復恐其不去，以天宮誘之。夫本同而變，反化則易，將女還宮，實在斯也。」〔四〕

〔一〕案關中疏卷上：「此下波旬誘女也。」

〔二〕「空」下，關中疏有「中」。

〔三〕「欲」，平安本作「告」。

〔四〕「肇曰」「生曰」兩段，永樂北藏本、徑山藏本、清藏本、金陵本無。

諸女言：『以我等與此居士，

生曰：「既已屬人〔一〕，不得自在。若欲竊去，彼自有力，俱不得脱也。答其喚還之語矣。」〔二〕

〔一〕「已」，平安本作「以」。

〔二〕「生曰」一段，永樂北藏本、徑山藏本、清藏本、金陵本無。

有法樂，我等甚樂，不復樂五欲樂也。』

肇曰：「已屬人矣，兼有法樂，何由而反也〔一〕？」

生曰：「明己自更有樂，不樂五欲樂也〔二〕。答其以天宫誘之之語也。」〔三〕

〔一〕「反」，關中疏作「返」。

〔二〕「不」下，平安本有「復」。

〔三〕「肇曰」「生曰」兩段，永樂北藏本、徑山藏本、清藏本、金陵本無。

魔言：『居士。可捨此女，

什曰：「先無真與之心，見維摩詰教化已畢，知其不惜，故請之耳。」〔一〕

〔一〕「什曰」一段，永樂北藏本、徑山藏本、清藏本、金陵本無。

一切所有施於彼者，是爲菩薩。』

肇曰：「浄名化導既訖，魔知其不恪，故從請也。菩薩之道一切無悋〔一〕，想能見還也。」

生曰：「女誠不樂天宫，故不去。苟主遣之，亦不得自在。故還乞之也，恐不必得，是

以說法也。」〔二〕

〔一〕「愔」，關中疏作「惜」。

〔二〕「肇曰」「生曰」兩段，永樂北藏本、徑山藏本、清藏本、金陵本無。

維摩詰言：『我已捨矣〔一〕。汝便將去，令一切衆生得法願具足。』

什曰：「居士以女還魔，則魔願具足。故因發願，令衆生得法願具足〔二〕，此是維摩詰願也〔三〕。」

肇曰：「因事興願，菩薩常法也。以女還魔，魔願具滿。故因以生願，願一切衆生得法願具足，如魔之願滿足也〔四〕。」

〔一〕案關中釋抄卷下：「『我已捨矣』者，明大士常住捨心，法願具足。女聞法，法足；順魔願，願足也。」

〔二〕「令」上，永樂北藏本、徑山藏本、清藏本、金陵本有「願」。「得」上，永樂北藏本、清藏本有「願」。

〔三〕「詰」，平安本無。

〔四〕「如」，平安本作「若」。「足」，平安本無。

於是，諸女問維摩詰：『我等云何止於魔宮？』〔一〕

肇曰：「昔在魔宮，以五欲爲樂。今在菩薩，以法樂爲樂。復還魔天，當何所業耶？」

生曰：「既不復樂於魔宮，當復有理使樂之不耶？」〔二〕

〔一〕案關中釋抄卷下：「『云何止於魔宮』者，弟子解師理會請誨也。」

〔二〕「生曰」一段，永樂北藏本、徑山藏本、清藏本、金陵本無。

維摩詰言：『諸姊。有法門名無盡燈，汝等當學。

肇曰：「將遠流大法之明，以照魔宮癡冥之室，故説此門也。」

生曰：「以此法門，便得樂魔宮也。」〔一〕

〔一〕「生曰」一段，永樂北藏本、徑山藏本、清藏本、金陵本無。

無盡燈者，譬如一燈然百千燈，冥者皆明，明終不盡。如是，諸姊。夫一菩薩開導百千衆生，令發阿耨多羅三藐三菩提心，於其道意亦不滅盡。隨所説法，而自增益一切善法，是名無盡燈也〔一〕。

肇曰：「自行化彼，則功德彌增，法光不絶，名『無盡燈』也。」〔二〕

〔一〕案關中釋抄卷下：「不以無盡燈一者，是明來即法樂以自利者，則無盡燈以化他。是即二利行圓，去來常益，無礙妙辯，其在兹焉。」

〔二〕「肇曰」一段，永樂北藏本、徑山藏本、清藏本、金陵本無。

汝等雖住魔宮，以是無盡燈，令無數天子天女發阿耨多羅三藐三菩提心者，爲報佛恩，亦大饒益一切衆生。』

肇曰：「報恩之上〔一〕，莫先弘道。」〔二〕

〔一〕「報」上，平安本有「恩」。

〔二〕「肇曰」一段，永樂北藏本、徑山藏本、清藏本、金陵本無。

爾時，天女頭面禮維摩詰足，隨魔還宮，忽然不現。世尊，維摩詰有如是自在神力、智慧辯才。故我不任詣彼問疾。」

佛告長者子善德〔一〕：「汝行詣維摩詰問疾。」善德白佛言：「世尊。我不堪任詣彼問疾。所以者何？憶念我昔，自於父舍，

什曰：「從父得，不從非法得，故名『父舍』也。」

肇曰：「元嗣相承祖宗之宅，名『父舍』焉。」〔二〕

〔一〕案關中疏卷上：「梵云『須達多』，亦云『善得』，亦云『二施』，即『給孤獨』也。」關中釋抄卷下：「善得亦云『善施』者，大士妙證，何行不圓？然隨門引物，故各有所美。善得迹於事施無悋，而未能窮施之原，妙通萬行，故爲淨名開以法也。亦蓋屬爲唱和，豈曰必然？」

〔二〕「什曰」「肇曰」兩段，永樂北藏本、徑山藏本、清藏本、金陵本無。

設大施會〔一〕，

什曰：「大施會有二種：一、不用禮法，但廣布施；二、用外道經書，種種禮法祭祀，兼行大施。今善德禮法施也。」

生曰：「婆羅門法，七日祀梵天〔二〕，行大施，期生彼也。言己承嫡繼業於父舍然也，寄之可以致明法施之大矣。」

〔一〕案關中釋抄卷下：「『設大施會』者，昔父母行施邪祠法，或殺牛羊人等祀天求福。善德詭跡居之，迴邪祠爲正施，而未能即事入理，行大法施，故浄名因呵以通之也。」

〔三〕「祀」，關中疏作「祠」。

供養一切沙門、

什曰：「佛法及外道，凡出家者皆名『沙門』。異學能大論議者，名『外道』也。」〔一〕

〔一〕「什曰」一段，徑山藏本、金陵本置後經「婆羅門，及諸外道、貧窮下賤、孤獨乞人」下。

婆羅門，及諸外道、貧窮下賤、孤獨乞人〔一〕**，**

什曰：「『乞人』有三種：一、沙門，二、貴人，三、下賤。隨其所求，皆名爲『乞人』也。」

〔一〕案關中疏卷上：「在家大士，故於父舍行施，化同類也。」

期滿七日。

什曰：「是第七日。所以乃至第七日方來譏者〔一〕，欲令其功德滿心淳熟也。」

生曰：「本期七日而滿也。須滿然後呵者，滿爲功成必恃焉。」〔二〕

〔一〕「曰」，原無，據平安本、關中疏補。

〔二〕「什曰」「生曰」兩段，永樂北藏本、徑山藏本、清藏本、金陵本無。

時維摩詰來入會中，謂我言：『長者子。夫大施會不當如汝所設，

肇曰：「天竺大施會法，於父舍開四門，立高幢，告天下。諸有所須，皆詣其舍。於七日中，傾家而施，以求梵福。時浄名以其俗施既滿，將進以法施，故先譏其所設，以明爲施之殊也。」

生曰：「非謂大也。」〔一〕

〔一〕「肇曰」「生曰」兩段，永樂北藏本、徑山藏本、清藏本、金陵本無。

當爲法施之會，

生曰：「施從理出爲『法施』也，『爲會』謂辨具足也〔一〕。」〔二〕

〔一〕「足」，關中疏作「祠」。

〔二〕「生曰」一段，永樂北藏本、徑山藏本、清藏本、金陵本無。

何用是財施會爲？』

什曰：「見其布施，不行隨喜，而反譏嫌者。『施』有三種〔一〕：一、財施，二、心施，三、法施。以財施人，爲布施〔二〕；慈心等心與人樂，爲心施〔三〕；説法利人，名爲法施。亦菩薩所行衆善，皆爲饒益衆生。『饒益衆生』有二種：一、即時饒益，二、爲饒益因〔四〕，此二者皆名法施。今欲令善德行法施、心施，故去其財施也。」

肇曰：「夫形必有所礙，財必有所窮，故會人以形者不可普集，施人以財者不可周給。且施既不普，財不益神。未若會群生於十方，而即之本土；懷法施於胸中，而惠無不普。以此而會，會無不均；以此而施，施不遺人。曷爲置殊方而集近賓，捨心益而獨潤身乎？」

生曰：「財是有限之物，施從此出，理自不得普而等也。」〔五〕

〔一〕「施有三種」，平安本無。

〔二〕「爲布施」，永樂北藏本作「名爲布施」，徑山藏本、清藏本、金陵本作「名爲財施」。

〔三〕「爲」上，永樂北藏本、徑山藏本、清藏本、金陵本有「名」。

〔四〕「爲」下，貞享本、永樂北藏本、徑山藏本、清藏本、金陵本有「未來」。

〔五〕「肇曰」「生曰」兩段，永樂北藏本、徑山藏本、清藏本、金陵本無。

我言：『居士。何謂法施之會？』

生曰：「旨問法施會爲大之理也。」〔一〕

〔一〕「生曰」一段，永樂北藏本、徑山藏本、清藏本、金陵本無。

『法施會者，無前無後，

什曰：「財施不能一時周，則有前後。若法施之會，一時普至。若一起慈心，則十方同緣〔一〕。施中之等，莫先於此，故曰『無前後』也。」〔二〕

〔一〕「則」，關中疏作「即」。「同」，平安本作「周」。

〔二〕「什曰」一段，永樂北藏本、徑山藏本、清藏本、金陵本無。

一時供養一切衆生，

生曰：「佛爲真梵天也，行法以供養則祠之矣，終必生其境也。又此爲施理，無不周亦無不等。無不等者，不先於此而後彼也；無不周者，能一時與之。」〔一〕

〔一〕「生曰」一段，永樂北藏本、徑山藏本、清藏本、金陵本無。

是名法施之會。

肇曰：「夫以方會人，不可一息期；以財濟物，不可一時周〔一〕。是以會通無際者〔二〕，彌綸而不漏〔三〕；法澤冥被者，不易時而周覆。故能即無疆爲一會，而道無不潤；虚心懷德，而萬物自賓。曷爲存濡沫之小惠，捨夫江海之大益？置一時之法養，而設前後之俗施乎？」

〔一〕「可」下，平安本有「以」。

〔二〕「際」，平安本作「嵎」，永樂北藏本、徑山藏本、清藏本、金陵本、關中疏作「隅」。

〔三〕「綸」，平安本作「淪」。

何謂也？

肇曰：「群生無際而受化不俱，欲無前無後一時而養者，何謂耶？」

生曰：「問爲會之方也。」〔一〕

〔一〕「肇曰」「生曰」兩段，永樂北藏本、徑山藏本、清藏本、金陵本無。

謂以菩提，起於慈心；

什曰：「『起慈心』也有三種：凡夫爲生梵天，二乘則爲求功德，菩薩則爲求佛度脱衆生。今欲令其爲求佛道而起慈心〔一〕。自此已下〔二〕，隨文求義，不必盡類，但令不乖法施耳。」

肇曰：「夫財養養身，法養養神。養神之道，存乎冥益；冥益之義，豈待前後？經曰：『一人出世，天下蒙慶〔三〕。』何則？群生流轉，以無窮爲路，冥冥相承，莫能自反〔四〕。故大士建德，不自爲身，一念之善，皆爲群生，以爲群生，故願行俱果。行果則己功立，願果則群生益。己功立則有濟物之能，群生益則有反流之分。然則菩薩始建德於内，群生已蒙益於外矣。何必待哺養啓導，然後爲益乎？『菩提』者，弘濟之道也。是以爲菩提而起慈心者〔五〕，一念一時所益無際矣。」

生曰：「施是救物之懷，以四等爲主，故先明焉。然要在行實四等也，虛則不成法施會矣。慈本所念在彼，理不得偏。不偏念者，唯欲普益也。菩提既無不等，又能實益，若以此理爲懷，豈虛也哉？」〔六〕

〔一〕「爲」「心」，永樂北藏本、徑山藏本、清藏本、金陵本無。

〔二〕「已」，永樂北藏本、徑山藏本、清藏本、金陵本作「以」。

〔三〕「慶」，平安本作「益」。

〔四〕「反」，關中疏作「返」。下同。

〔五〕「心」，平安本無。

〔六〕「肇曰」「生曰」兩段，永樂北藏本、徑山藏本、清藏本、金陵本。

以救衆生，起大悲心；

什曰：「若起悲而不爲救物者，乖於悲也。當爲救物而起悲心。」

肇曰：「大悲之興，救彼而起。所以悲生於我，而天下同益也。」

生曰：「悲本所念在苦，欲拔之也。若以實救爲悲，悲之大者也。」〔一〕

〔一〕「什曰」「肇曰」「生曰」三段，永樂北藏本、徑山藏本、清藏本、金陵本無。

以持正法，起於喜心〔一〕**；**

什曰：「凡夫及小乘則見衆生樂，故起喜心。今欲令持正法，故起喜心，心於法中生喜也。」

肇曰：「欲令彼我俱持正法，喜以之生也。」

生曰：「喜本欣彼，得離非法，是意存法也。若以持正法爲喜，喜之實者也。」〔二〕

〔一〕案關中釋抄卷下：「『持正法起隨喜心』者，此隨喜之喜心，亦法喜之喜。以令彼我持法，皆行隨喜心也。亦以俱持正法，故同得法喜。」

〔三〕「什曰」「肇曰」「生曰」三段，永樂北藏本、徑山藏本、清藏本、金陵本無。

以攝智慧，行於捨心；

什曰：「凡夫及小乘爲捨怨親，故行捨心。今欲令其爲平等智慧一切捨離，以行捨心。復次，捨心中唯見衆生無分別想，同於無明，欲令其捨心中行智慧也。」

肇曰：「小捨，捨於怨親〔一〕；大捨，捨於萬有〔二〕。捨萬有者，正智之性也。故行捨心，以攝智慧。」

生曰：「『捨』，以捨憎愛爲懷也。『攝智慧』，慧無不攝也。若以無不攝慧爲捨者，捨亦無不捨也。」〔三〕

〔一〕「於」，平安本無。下同。

〔二〕案關中釋抄卷下：「『大捨，捨萬有』者，方便大士捨怨親，亦捨無量心。圓頓大士捨萬有，方名捨無量。亦以行窮實相，故云捨也。」

〔三〕「什曰」「肇曰」「生曰」三段，永樂北藏本、徑山藏本、清藏本、金陵本無。

以攝慳貪，起檀波羅蜜；以化犯戒，起尸波羅蜜；以無我法，起羼提波羅蜜；

肇曰：「忿生於我，無我無競〔一〕。」

別本云：「以無我法起忍。」

什曰："初行忍時，則爲我求福；習行既深，則忘我而忍。復次，若能即我無我，則無受苦者；無受苦者，故能無事不忍。若以無我行忍，則其福無盡；譬如水中生火，無能滅盡者也。"〔二〕

〔一〕"我"下，關中疏有"即"。

〔二〕"肇曰""别本云""什曰"三段，永樂北藏本、徑山藏本、清藏本、金陵本無。

以離身心相，

什曰："『遠離』有二種：身棲事表〔一〕，名『身遠離』；心無累想，名『心遠離』。於身、心不著，亦名爲『遠離』也〔二〕。"〔三〕

〔一〕"表"，平安本無。

〔二〕"爲"，永樂北藏本、徑山藏本、清藏本、金陵本無。"遠"，平安本無。

〔三〕"什曰"一段，徑山藏本、金陵本置後經"起毘梨耶波羅蜜"下。

起毘梨耶波羅蜜〔一〕；

肇曰："精進之相起于身心，而云離身心相者，其唯無相精進乎〔二〕？"〔三〕

〔一〕案關中釋抄卷下："『離身心相起精進』者，此有二解：一云一心非道，不悟身心，亡身受命，名精進。與實相理合，常住實相，身心相空，名真精進。有相心生，即名懈怠，故云『以離身心相起』也。"

〔二〕關中疏此下有「復次，愛著身心不能精進，能精進者其在亡身心乎」。

〔三〕「肇曰」一段，永樂北藏本、徑山藏本、清藏本、金陵本無。

以菩提相，起禪波羅蜜；

什曰：「令其爲佛道故以起禪，不爲樂及受福。復次，梵本中菩提相亦名寂滅相〔一〕，當爲此相起禪也。」

肇曰：「菩提之相，無定無亂，以此起禪，禪亦同相〔二〕。」〔三〕

〔一〕「梵」，平安本作「胡」。

〔二〕「禪亦同相」，關中疏作「亦同相也」。

〔三〕「什曰」「肇曰」兩段，永樂北藏本、徑山藏本、清藏本、金陵本無。

以一切智，起般若波羅蜜〔一〕；

什曰：「欲令其標心大覺，不爲名利也。」

肇曰：「在佛名『一切智』，在菩薩名『般若』，因果異名也〔二〕。然一切智以無相爲相，以此起般若，般若亦無相。因果雖異名，其相不殊也。」〔三〕

〔一〕案關中疏卷上：「明六度法施。大士以一毫之善，普施衆生，永除六蔽，圓滿六度。」

〔二〕「異」，原作「果」，據關中疏改。

〔三〕「什曰」「肇曰」兩段，永樂北藏本、徑山藏本、清藏本、金陵本無。

教化衆生，而起於空〔一〕；

什曰：「是棄衆生法也，當爲化衆生而起空也。」〔二〕

肇曰：「存衆生則乖空義，存空義則捨衆生。善通法相，虚空其懷〔三〕，終日化衆生，終日不乖空也。」

〔一〕案關中釋抄卷下：『教化衆生起空等』者，若依小乘及諸論，明三三昧緣四諦十六行；摩訶衍經，明三三昧因緣諸法實相者，即與經文甚相符會。何者？大乘四諦即無生四諦，俱以苦集等無生爲諦，不以苦集而爲諦也。若以苦集等無生爲諦，諦即實相緣。此實相起三三昧，即與小乘永異也。而經文云『教化衆起空等』者，實相之照，權實智圓，故即化而空，在空者常化，空有不二，權實雙照，故云也。」

〔二〕「什曰」一段，永樂北藏本、徑山藏本、清藏本、金陵本無。

〔三〕「虚空」，平安本、永樂北藏本、徑山藏本、清藏本、金陵本作「空虚」。

不捨有爲法，而起無相〔一〕；

什曰：「無相則絶有爲〔二〕，故誨令不捨也。」

肇曰：「即有而無，故能起無相；即無而有，故能不捨。不捨，故萬法兼備；起無，故美惡齊旨也。」〔三〕

〔一〕案關中釋抄卷下：『不捨有爲起無相』者，小乘滅諦滅相爲無相，大乘即相爲無相。即此無相名爲實相，故不捨有而自無也。」

〔二〕「有」，原無，據貞享本、永樂北藏本、徑山藏本、清藏本、金陵本補。

〔三〕「肇曰」一段，永樂北藏本、徑山藏本、清藏本、金陵本無。

示現受生，而起無作〔一〕；

什曰：「『無作』，不作受生行也。無作則絶於受生，故誨令爲示現而起無作也。」〔二〕

肇曰：「『作』，謂造作生死也。爲彼受生者，非作生而受生也〔三〕。是以大士受生，常起無作。」

〔一〕案關中疏卷上：「約三脱，明法施。」關中釋抄卷下：「『示現受生而起無作』者，小乘以息諸求作，名爲無作；大乘以體作無作，故終日作而不求於無作，此不思議實相之無作也。乃至下不思二法門品，於一解脱門即三解脱，皆同此道，會理無二也。」

〔二〕「什曰」一段，永樂北藏本、徑山藏本、清藏本、金陵本無。

〔三〕「而」下原衍「受」，據平安本、永樂北藏本、徑山藏本、清藏本、金陵本、關中疏删。

護持正法，起方便力；

什曰：「無方便慧則取相，取相則壞正法。有方便慧則無取相，無取相則是持正法。」〔一〕

〔一〕「什曰」一段，永樂北藏本、徑山藏本、清藏本、金陵本無。

以度衆生，起四攝法；

肇曰：「非方便無以護正法，非四攝無以濟群生〔一〕。」〔二〕

〔一〕「群生」，平安本「衆生」。

〔二〕「肇曰」一段，永樂北藏本、徑山藏本、清藏本、金陵本無。

以敬事一切，起除慢法；於身、命、財，起三堅法；於六念中，起思念法；

肇曰：「念佛、法、僧、施、戒、天，六念也。」〔一〕

〔一〕「肇曰」一段，永樂北藏本、徑山藏本、清藏本、金陵本無。

於六和敬，起質直心〔一〕**；**

什曰：「欲令衆和，要由六法：一、以慈心起身業；二、以慈心起口業；三、以慈心起意業；四、若得食時，減鉢中飯，供養上座一人、下座二人；五、持戒清浄；六、漏盡智慧。若行此六法，則衆常和順，無有乖諍。昔有二衆共行諍，佛因是説六和敬也。」

肇曰：「以慈心起身、口、意業，爲三也；四、若得重養，與人共之；五、持戒清浄；六、修漏盡慧。非直心無以具六法，非六法無以和群衆。群衆不和，非敬順之道也。」〔二〕

〔一〕案關中疏卷上：「息諸慢以修敬，厭三僞而修三堅，内思六念，外順六和，此之謂『法施』。」

〔二〕「肇曰」一段，永樂北藏本、徑山藏本、清藏本、金陵本無。

正行善法，起於浄命〔一〕**；**

肇曰：「凡所行善，不以邪心爲命。」〔二〕

〔一〕案關中釋抄卷下：「『正行善法起於淨命』者，言邪命者謂邪利活命。若修行之人，執陰求善，著見起修，邪心求善，欲活慧命，皆邪命也。若正觀中道，即法本真，萬善自圓，功德常淨，既不取相求利資神，故云『淨命』。」

〔二〕「肇曰」一段，永樂北藏本、徑山藏本、清藏本、金陵本無。

心淨歡喜，起近賢聖；不憎惡人，起調伏心〔一〕；

肇曰：「近聖生淨喜〔二〕，見惡無憎心。」〔三〕

〔一〕案關中疏卷上：「『心淨』者，信也。信樂賢聖，常近三寶；不憎惡人，能調不善。」

〔二〕「近」下，關中疏有「賢」。

〔三〕「肇曰」一段，永樂北藏本、徑山藏本、清藏本、金陵本無。

以出家法，起於深心〔一〕；

什曰：「出家則能深入佛法，具行淨戒。」

肇曰：「出家之法，非淺心所能弘也。」〔二〕

〔一〕案關中疏卷上：「厭患三界，誓求菩提，大事因緣，非小志之所爲也。」

〔二〕「什曰」「肇曰」兩段，永樂北藏本、徑山藏本、清藏本、金陵本無。

以如說行，起於多聞；

肇曰：「聞不能行，非多聞也。」〔一〕

〔一〕「肇曰」一段，永樂北藏本、徑山藏本、清藏本、金陵本無。

以無諍法，起空閑處〔一〕；

什曰：「與物無逆，又不乖法，是名『無諍』。當爲此而起閑居也。」〔二〕

肇曰：「忿競生乎衆聚，無諍出乎空閑也。」

〔一〕案關中疏卷上：「法性平等，名爲無諍；棲心此理，是住空閑。」

〔二〕「什曰」一段，永樂北藏本、徑山藏本、清藏本、金陵本無。

趣向佛慧，起於宴坐；

肇曰：「佛慧深遠，非定不趣。」〔一〕

〔一〕「肇曰」一段，永樂北藏本、徑山藏本、清藏本、金陵本無。

解衆生縛，起修行地〔一〕；

什曰：「謂修禪定道品法也。當爲兼解衆縛起修行地〔二〕，不應自爲而修行也。」〔三〕

肇曰：「己行不修，安能解彼矣？」

〔一〕案關中疏卷上：「理圓無漸而解縛者，必修之以次位。」關中釋抄卷下：「『解衆生縛起修行地』者，法性常寂，非淺非深，而經殊行位陳淺深者，皆引物方便起行次第。此雖法性之外事，而是起行之次位也。又云：真理非淺非深，故無修行次位也。以惑是有爲結縛，解之即有次位也。」

〔二〕「衆」下，平安本有「生」。

〔三〕「什曰」一段，永樂北藏本、徑山藏本、清藏本、金陵本無。

以具相好及浄佛土，起福德業；

什曰：「一切善法分爲二業，謂福德、慧明業也。六度中，前三度屬福德〔一〕，後三度屬慧明〔二〕。二業具足，必至佛道；譬如兩輪，能有所至。福德業〔三〕，則致相好、浄土諸果報也；慧明業，得一切智業者也。」

〔一〕「德」下，平安本、永樂北藏本、徑山藏本、清藏本、金陵本有「業」。

〔二〕「明」下，平安本、永樂北藏本、徑山藏本、清藏本、金陵本有「業」。

〔三〕「德」，平安本、永樂北藏本、徑山藏本、清藏本、金陵本無。

知一切衆生心念，如應説法，起於智業；

肇曰：「大乘萬行，分爲二業：以智爲行標，故别立智業；諸行隨從，故總立德業。凡所修立，非一業所成，而衆經修相浄土〔一〕，繫以德業；知念説法，繫以智業。此蓋取其功用之所多耳，未始相無也。」

〔一〕「相」下，永樂北藏本、徑山藏本、清藏本、金陵本、關中疏有「好」。

知一切法不取不捨，入一相門〔一〕，起於慧業；

肇曰：「決定審理謂之『智』，造心分别謂之『慧』。上決衆生念，定諸法相，然後説法，故繫之以『智』。今造心分別法相，令入一門，故繫之以『慧』也。」

別本云：「智業慧業。」

什曰：「二業中慧明勝，故有二種分別。內自見法名爲『慧』；外爲衆生知其心相，決定不疑，而爲説法，名爲『智』也。」〔二〕

〔一〕案關中釋抄卷下：「『知一切法不取不捨』者，而注云『知造心分別』者，謂分別相而無相，方入實相。實相之相，即是一相。一相無相，假名通物，故名『一』也。」

〔二〕「什曰」一段，永樂北藏本、徑山藏本、清藏本、金陵本無。

斷一切煩惱、

什曰：「即慧明業也。」〔一〕

〔一〕「什曰」一段，永樂北藏本、徑山藏本、清藏本、金陵本無。

一切障閡、

什曰：「還總福德、慧明二業。二業具，則罪閡悉除〔一〕。下二句亦總二業也。」〔二〕

〔一〕「閡」，徑山藏本、金陵本作「礙」。

〔二〕「什曰」一段，徑山藏本、金陵本置後經「一切不善法，起一切善業」下。

一切不善法，起一切善業；

肇曰：「無善不修，故無惡不斷也。」〔一〕

〔一〕「肇曰」一段，永樂北藏本、徑山藏本、清藏本、金陵本無。

以得一切智慧、一切善法，起於一切助佛道法。

什曰：「『佛法』有二種：一者世間，二者出世間〔一〕。出世者，名爲『助佛道法』也〔二〕。」

肇曰：「『一切智慧』，即智業也；『一切善法』，即德業也。『助佛道法』，大乘諸無漏法也。智、德二業，非有漏之所成；成之者，必由助佛道法也〔三〕。」

生曰：「若盡以一切智慧、一切善法，爲助佛道之法者，法施會必辦矣。」〔四〕

〔一〕「間」，平安本無。

〔二〕「佛」，平安本無。

〔三〕「由」，關中疏作「猶」。

〔四〕「什曰」「生曰」兩段，永樂北藏本、徑山藏本、清藏本、金陵本無。

如是，善男子，是爲法施之會。

肇曰：「若能備上諸法，則冥潤無涯。其爲會也，不止一方；其爲施也，不止形骸。不止形骸，故妙存濟神；不止一方，故其會彌綸。斯可謂大施〔一〕，可謂大會矣。」〔二〕

〔一〕「斯」，平安本無。

〔二〕「肇曰」一段，永樂北藏本、徑山藏本、清藏本、金陵本無。

若菩薩住是法施會者，爲大施主，

生曰：「無不與，大之極。」〔一〕

〔一〕「生曰」一段，永樂北藏本、徑山藏本、清藏本、金陵本無。

亦爲一切世間福田。

什曰：「若行財施，但名施主，不名福田。若行法施，亦名施主，又名福田。」

肇曰：「『福田』，謂人種福於我，我無穢行之稊稗，人獲無量之果報福田也。」

生曰：「施主易，受施難也。要當德必能福，然後是耳。」〔一〕

〔一〕「什曰」「肇曰」「生曰」三段，永樂北藏本、徑山藏本、清藏本、金陵本無。

世尊。維摩詰説是法時，婆羅門衆中二百人，

什曰：「既用其禮法，亦以其有福德、智慧，故以爲坐之宗主也。」〔一〕

〔一〕「什曰」一段，永樂北藏本、徑山藏本、清藏本、金陵本無。

皆發阿耨多羅三藐三菩提心。我時心得清淨，

肇曰：「心累悉除，得清淨信也。」〔一〕

〔一〕「肇曰」一段，永樂北藏本、徑山藏本、清藏本、金陵本無。

歎未曾有，稽首禮維摩詰足，即解瓔珞，價直百千，以上之。

生曰：「七日施而此物在者〔一〕，最所重也。而以上維摩詰者，現崇法施情也。」〔二〕

〔一〕「施」下，平安本有「中」。

〔二〕「生曰」一段，永樂北藏本、徑山藏本、清藏本、金陵本無。

不肯取，

什曰：「本來意爲説法故，亦爲譏財施故，懷此二心，所以不受者也。」〔一〕

〔一〕「生曰」一段，永樂北藏本、徑山藏本、清藏本、金陵本無。

我言：『居士。願必納受，隨意所與。』維摩詰乃受瓔珞，分作二分，持一分施此會中一最下乞人，持一分奉彼難勝如來。

肇曰：「上直進以法施，未等致施之心。故施極上窮下，明施心平等，以成善德爲施之意也〔一〕。」〔二〕

〔一〕「德」，關中疏作「得」。

〔二〕「肇曰」一段，永樂北藏本、徑山藏本、清藏本、金陵本無。

一切衆會，皆見光明國土難勝如來。

什曰：「以彼佛威德殊勝，國土清浄，將欲發起衆會，令生勝求，故先奉施，後使其見也。」〔一〕

〔一〕「什曰」一段，永樂北藏本、徑山藏本、清藏本、金陵本無。

又見珠瓔在彼佛上，變成四柱寶臺。

什曰：「爲善德現將來果報如此之妙也〔一〕。」〔二〕

〔一〕「德」，平安本作「得」。

〔二〕「什曰」一段，永樂北藏本、徑山藏本、清藏本、金陵本無。

四面嚴飾，不相障蔽。

生曰：「『分作二分』者，欲以明等也。現神力，驗法施也。變成四柱寶臺，豈財施能爲之乎？是法施會然也，故能無不周耳。」

時維摩詰現神變已，作是言：『若施主等心施一最下乞人，猶如如來福田之相〔一〕，

什曰：「施佛以地勝，故心濃；施貧以地苦，故悲深。是以福田同相〔二〕，致報一也。」〔三〕

〔一〕案關中疏卷上：「施佛神通，若此施貧初無善事，施者未能亡於分別，故淨名示之以平等。」關中釋抄卷下：「『施主等心』者，施佛敬深，施貧悲厚。以淳厚之慈悲，崇重之誠義，俱隳壞生死到大涅槃，故云『等以福田同相』也。」

〔二〕「是」，關中釋抄作「等」。

〔三〕「什曰」一段，永樂北藏本、徑山藏本、清藏本、金陵本無。

無所分別〔一〕，等于大悲，不求果報，是則名曰具足法施。』

肇曰：「若能齊尊卑、一行報〔二〕，以平等悲而爲施者〔三〕，乃具足法施耳。」

生曰：「用心如此，非財之施也，乃所以具足法施會也。」〔四〕

〔一〕案關中釋抄卷下：「『無所分別』者，諸相非相是如來身，五陰皆空名貧士質，法性無二，施報俱亡，以此而施，故無分別。」

〔二〕「行」，維摩經義疏卷四作「相」。

〔三〕「悲」下，維摩經義疏卷四有「心」。

〔四〕「生曰」一段，永樂北藏本、徑山藏本、清藏本、金陵本無。

城中一最下乞人見是神力，聞其所說，皆發阿耨多羅三藐三菩提心。故我不任詣彼問疾。」

如是諸菩薩各各向佛說其本緣，稱述維摩詰所言，皆曰：「不任詣彼問疾。」

肇曰：「三萬二千菩薩皆說不任之緣〔一〕，文不備載之耳。」〔二〕

〔一〕「緣」，平安本作「辭」。

〔二〕「肇曰」一段，永樂北藏本、徑山藏本、清藏本、金陵本無。

中國佛教典籍選刊

注維摩詰經校補

下

〔後秦〕僧肇 述

王孺童 校補

中華書局

注維摩詰經卷第五〔一〕

文殊師利問疾品第五

爾時，佛告文殊師利〔二〕：

肇曰：「『文殊師利』，秦言『妙德』。經曰：『曾已成佛〔三〕，名曰龍種尊也。』」〔四〕

〔一〕案永樂北藏本、清藏本於此未分卷，金陵本作「卷第四」。

〔二〕案關中釋抄卷下：「『文殊師利』，此云『妙德』，新云『妙吉祥』。首楞嚴經下卷云：『曾已化佛，號龍種上尊。』」

〔三〕「曾已」，原作「已曾」。據貞享本、永樂北藏本、徑山藏本、清藏本、金陵本、關中疏改。案鳩摩羅什譯佛説首楞嚴三昧經卷下：「爾時，長老摩訶迦葉白佛言：『世尊。我謂文殊師利法王子，曾於先世，已作佛事。』」

〔四〕「肇曰」一段，徑山藏本、金陵本置後經「汝行詣維摩詰問疾」下。

「汝行詣維摩詰問疾。」文殊師利白佛言：「世尊。彼上人者，難爲酬對，

什曰：「言乃超出我上，豈直諸賢？此蓋深往之情耳〔一〕，豈其實哉？」〔二〕

肇曰：「三萬二千何必不任？文殊師利何必獨最？意謂至人變謀無方，隱顯殊迹，故迭爲脩短，應物之情耳〔三〕，孰敢定其優劣、辯其得失乎？文殊將適群心而奉使命，故先歎淨名之德，以生衆會難遭之想也。其人道尊，難爲酬對，爲當承佛聖旨，行問疾耳。」

〔一〕案關中釋抄卷下：「『深往者之情』者，謂歎上淨名，令同往法人深生信義，故曰『深』也。」

〔二〕「什曰」一段，永樂北藏本、徑山藏本、清藏本、金陵本無。

〔三〕「耳」，關中疏作「事」。

深達實相，

肇曰：「實相難測〔一〕，而能深達。」〔二〕

〔一〕「實」上，關中疏有「由」。

〔二〕「肇曰」一段，永樂北藏本、徑山藏本、清藏本、金陵本無。

善説法要〔一〕，

什曰：「此文不便，依經本應言：『以要言説法。』謂能簡要之言折繁理也。」

肇曰：「善以約言而舉多義，美其善得説法之要趣也〔二〕。」〔三〕

〔一〕案關中疏卷下：「内能深達實理，外能談法要旨。」

〔二〕「得」，關中疏作「德」。

〔三〕「什曰」「肇曰」兩段，永樂北藏本、徑山藏本、清藏本、金陵本無。

辯才無滯，智慧無閡〔一〕**，**

肇曰：「辭辯圓應而無滯〔二〕，智慧周通而無閡〔三〕。」〔四〕

〔一〕案關中疏卷下：「此歎權智，亦内惠外辨也。」

〔二〕「辭」，關中疏作「詞」。

〔三〕「閡」，關中疏作「礙」。

〔四〕「肇曰」一段，永樂北藏本、徑山藏本、清藏本、金陵本無。

一切菩薩法式悉知，

什曰：「謂神通變化諸威儀也。」〔一〕

〔一〕「什曰」一段，永樂北藏本、徑山藏本、清藏本、金陵本無。

諸佛祕藏無不得入〔一〕**，**

什曰：「如密迹經說『身、口、意』是也。」〔二〕

肇曰：「近知菩薩之儀式，遠入諸佛之祕藏。『祕藏』，謂佛身、口、意祕密之藏〔三〕。」

〔一〕案關中疏卷下：「此歎因果德滿。因知菩薩修行之法，或果入諸佛化物之祕藏。」

〔二〕「什曰」一段，永樂北藏本、徑山藏本、清藏本、金陵本無。

〔三〕「謂」，關中疏作「諸」。

降伏衆魔，

肇曰：「『衆魔』，四魔。」

遊戲神通〔一〕，

什曰：「神通變化是爲『遊』〔二〕，引物於我非真〔三〕，故名『戲』也。復次，神通雖大，能者易之，於我無難，猶如戲也。亦云〔四〕：於神通中，善能入住出〔五〕，自在無礙〔六〕。」〔七〕

肇曰：「遊通化人，以之自娛。」〔八〕

〔一〕案關中疏卷下：「降魔利他。」

〔二〕「是爲『遊』」，平安本作「爲迹」。

〔三〕「變化是爲『遊』，引物於我」，關中疏作「化物」。

〔四〕「云」，永樂北藏本、徑山藏本、清藏本、金陵本作「言」。又「亦云」，關中疏作「復次」。

〔五〕「能入住出」，關中疏作「入出住」。

〔六〕「礙」下，關中疏有「如戲」。

〔七〕「什曰」一段，徑山藏本、金陵本置後經「其慧方便，皆已得度」下。

〔八〕「肇曰」一段，永樂北藏本、徑山藏本、清藏本、金陵本無。

其慧方便，皆已得度〔一〕。

肇曰：「窮智用，盡權道，故稱『度』也。」〔二〕

〔一〕案關中疏卷下：「得度自利。」

〔二〕「肇曰」一段，永樂北藏本、徑山藏本、清藏本、金陵本無。

雖然，當承佛聖旨，詣彼問疾。」

肇曰：「其德若此，非所堪對，當承佛聖旨〔一〕，然後行耳。」

〔一〕「佛」，平安本、永樂北藏本、徑山藏本、清藏本、金陵本無。

於是，衆中諸菩薩、大弟子、釋、梵、四天王等，咸作是念：「今二大士文殊師利、維摩詰共談，必説妙法。」即時八千菩薩、五百聲聞、

什曰：「餘聲聞專以離苦爲心，不求深法，故不同舉耳。五百弟子智慧深入，樂聞深法，所以俱行也。」〔一〕

〔一〕「什曰」一段，徑山藏本、金陵本置後經「百千天人，皆欲隨從」下。

百千天人，皆欲隨從。

肇曰：「大士勝集，必有妙説，故率欲同舉也。」〔一〕

〔一〕「肇曰」一段，永樂北藏本、徑山藏本、清藏本、金陵本無。

於是，文殊師利與諸菩薩、大弟子衆，及諸天人恭敬圍遶，入毘耶離大城。

肇曰：「菴羅園在城外，浄名室在城内也。」

爾時，長者維摩詰心念：「今文殊師利與大衆俱來。」即以神力，空其室内，除去所有，

什曰：「將欲明宗〔一〕，故現空相，以發興也。盡敬致供〔二〕，必稱其所安。以文殊樂虚静〔三〕，故應之以空也。」〔四〕

生曰：「『發斯念』者，因以空室，示有虚納之懷；有去故空，密在用標宗致也。『現神力』者，念之使也〔五〕。」〔六〕

〔一〕「宗」，平安本作「空」。

〔二〕「盡」，平安本作「設」。

〔三〕「樂」上，平安本有「常」。

〔四〕「什曰」一段，永樂北藏本、徑山藏本、清藏本、金陵本無。

〔五〕「念之使也」，平安本作「使有不改位而實得去也，以明變化若斯者必無虚言也」。

〔六〕「生曰」一段，徑山藏本、金陵本置後經「唯置一床，以疾而卧」下。

及諸侍者，

生曰：「爲妨己陪侍者，須別將，又以明體夫宗致無捨群生之懷，苟不棄之，莫非皆侍矣。」〔一〕

〔一〕「生曰」一段，永樂北藏本、徑山藏本、清藏本、金陵本無。

唯置一床，以疾而卧〔一〕。

肇曰：「現病之興〔二〕，事在今也。空室去侍，以生言端，事證於後。唯置一床，借座之所由也。」

生曰：「衆多室小，雖床亦妨。且坐、卧、行、立，本隨人體所宜，須之便設，何必在豫？以此去之，豈曰不延？乃所以有客故爾，而實設之。待須者，將現神力，以表説理之功。功既非測，以驗所説是實。」〔三〕

〔一〕案關中疏卷下：「此經宗明浄土悲化，故三相：一、室空表文殊問疾，入室顯浄穢同爲法性之土；二、除侍表愛見衆生，同歸法身無相；三、一床現疾，表大悲現化。」

〔二〕「病」，平安本、永樂北藏本、徑山藏本、清藏本、金陵本、關中疏作「疾」。

〔三〕「生曰」一段，永樂北藏本、徑山藏本、清藏本、金陵本無。

文殊師利既入其舍，見其室空，無諸所有，獨寢一床〔一〕。

生曰：「見之者，得其旨也。」〔二〕

〔一〕案關中疏卷下：「見相知有表也。」

〔二〕「生曰」一段，永樂北藏本、徑山藏本、清藏本、金陵本無。

時維摩詰言：「善來。文殊師利。

什曰：「若默然無言，以賓主不諧。讚言『善來』者，欲明賓來得會，主亦虚受也。」〔一〕

〔一〕「什曰」一段，永樂北藏本、徑山藏本、清藏本、金陵本無。

不來相而來，不見相而見。」〔一〕

肇曰：「將明法身大士〔二〕，舉動進止，不違實相。實相不來，以之而來。實相無見，以之相見。不來而能來，不見而能見。法身若此，何善如之？」

生曰：「既以體理爲懷，來則旋其爲不來相之來矣〔三〕。有不來相之來者，善之極也。」〔四〕

〔一〕關中疏本條下有羅什注：「又『相見』者，發彼菴園故來覲斯現疾故也。今見法身大士不殺也，故『善』」。

〔二〕「明」上，關中疏有「顯」。

〔三〕「旋」，平安本作「於」。

〔四〕「生曰」一段，永樂北藏本、徑山藏本、清藏本、金陵本無。

文殊師利言：「如是。居士。若來已，更不來；若去已，更不去〔一〕。

生曰：「『如是』者，謂前理爾也。『若』者，設使來不能自表於不來。既來不復更來，來爲不來相居然顯矣。體之無功，我何有善哉〔二〕？」〔三〕

〔一〕案關中疏卷下：「文殊述成不來不見，法住本無來，而要因大士應化，來已方悟於無來。生死往來，輪轉無際，若悟無來，法身常住，更不來也。」

〔二〕「何有」，平安本作「有何」。

〔三〕「生曰」一段，永樂北藏本、徑山藏本、清藏本、金陵本無。

所以者何？來者無所從來，去者無所至。

生曰：「來本生於不來〔一〕，來者尚無所從而來，況來者可得更來耶？以去對來相明也。」〔二〕

〔一〕「生」，平安本作「在」。「不來」，平安本無。

〔二〕「生曰」一段，永樂北藏本、徑山藏本、清藏本、金陵本無。

所可見者，更不可見〔一〕。

肇曰：「明無來去相〔二〕，成淨名之所善也。夫去來相見，皆因緣假稱耳。未來亦非來，來已不更來，捨來已、未來〔三〕，復於何有來去？見亦然耳。其中曲辯〔四〕，當求之諸論也。」

生曰：「已備前文，故不復廣之也。」〔五〕

〔一〕案關中疏卷下：「釋世妄相見，去來實無，有去來故能令返悟矣。去見準釋，王宮應來，雙林現去，例可見也。」

〔二〕「相」，平安本作「明」。

〔三〕「未」，金陵本作「不」。

〔四〕「辯」，徑山藏本、金陵本作「辨」。

〔五〕「生曰」一段，永樂北藏本、徑山藏本、清藏本、金陵本無。

且置是事。

肇曰：「雖貪微言而使命未宣，故且止其論而問疾矣〔一〕。」〔二〕

〔一〕「止」，關中疏作「心宣」。

〔二〕「肇曰」一段，永樂北藏本、徑山藏本、清藏本、金陵本無。

居士。是疾寧可忍不？

什曰：「若病重難忍，則廢其道業也，問疾輕重寧可忍不也。」〔一〕

〔一〕「什曰」一段，永樂北藏本、徑山藏本、清藏本、金陵本無。

療治有損，不至增乎？世尊慇懃，致問無量。居士。是疾何所因起？

什曰：「外道經書唯知有三大病〔一〕，不知地大〔二〕；佛法中説四大病〔三〕。病之所生，生於四大增損。四大增損，必自有因而然，故問其因起也。」〔四〕

〔一〕「經書唯知有」，維摩經義疏卷四作「但説」。

〔二〕「知」，維摩經義疏卷四作「説」。

〔三〕「中説四大病」，維摩經義疏卷四作「具明四大起病」。

〔四〕「什曰」一段，徑山藏本、金陵本置後經「其生久如？當云何滅」下。

其生久如？當云何滅？

肇曰：「使命既宣，故復問疾之所由生也。是病何因而起〔一〕？起來久近？云何而得滅乎？」

生曰：「作問實疾之迹，以求假病之意也。」〔二〕

〔一〕「病」，永樂北藏本、徑山藏本、清藏本、金陵本、關中疏作「疾」。「何因」，關中疏作「因何」。

〔二〕「生曰」一段，永樂北藏本、徑山藏本、清藏本、金陵本無。

維摩詰言：「從癡有愛，則我病生。

道融曰：「衆生受癡故有愛，有愛故受身，受身則病〔一〕。以彼病故，則我病生矣。『衆生有病，而我病生』者，明爲物故生。毘摩爲物來久〔二〕，故知不近也〔三〕。下言『彼病滅，則我病滅』，明其起病不齊限衆生也。新學菩薩未能久處生死，爲一切起病。故明大士曠懷處疾，推其前際〔四〕，以發心爲始；尋其後際，則與衆生俱滅。新學聞之，局心自曠。病生、滅二句，言雖在病，意在明悲，故但説病生滅久近。久近既明，則大悲自顯〔五〕。是以先答生滅，後答大悲起也。此集以明宗爲本，而先説大悲者，有二門入佛法：一大悲，二智慧。階淺至深，弘之有漸，故先説大悲，後説實相也。什公作空解云：『癡無前際，無前則亦無中後〔六〕。病亦如是，無久近也。』此中不似有空義，故別記私通如上。」

肇曰：「答『久近』也。菩薩何疾？悲彼而生疾耳。群生之疾，癡愛爲本；菩薩之疾，大悲爲源〔七〕。夫高由下起，疾因悲生〔八〕。所以悲疾之興，出于癡愛〔九〕。而癡愛無緒，莫識其源。吾疾久近，與之同根。此明悲疾之始，不必就己爲言也〔一〇〕。」生曰：「夫現疾之意，欲拔衆生無始癡愛，盡其無窮之源。雖我今生，而實無我今生，意存彼昔義，乃是彼昔病。然則病起於有癡愛之時，非適今也。不以一切言之者，今答病久，義不在普故也。然汎云癡愛，普亦在其中矣。又不以衆生言之者，菩薩無復癡愛，居然有屬故也。」〔一一〕

〔一〕「有愛故受身，受身則病」，關中疏作「愛故受，受故身，身則病」。

〔二〕「毘」，平安本作「維」。「物」，關中疏作「初」。

〔三〕「知」下，關中疏有「悲」。

〔四〕「其」，關中疏作「求」。下一「其」同。

〔五〕「則」，關中疏作「即」。

〔六〕「前」下，平安本有「際」。

〔七〕「源」，平安本作「原」。

〔八〕「疾」，平安本、關中疏作「是」。「悲」，平安本作「非」。

〔九〕「于」，平安本作「乎」。

〔一〇〕「爲」，永樂北藏本、徑山藏本、清藏本、金陵本無。

〔二〕「道融曰」「生曰」兩段，永樂北藏本、徑山藏本、清藏本、金陵本無。

以一切衆生病，是故我病；若一切衆生病滅，則我病滅。

肇曰：「答『滅』也。大士之病，因彼生耳。彼病既滅，吾復何患？然以群生無邊，癡愛無際，大悲所被，與之齊量。故前悲無窮，以癡愛爲際；後悲無極，與群生俱滅。此因悲所及，以明悲滅之不近也。」

生曰：「癡愛是衆生染病之源，源盡其病亦除也。菩薩之病本在於此，而彼病既愈，得無滅乎？又菩薩病以汎濟爲主，衆生有不蒙者，彼自不應從，化非有偏也。然則雖曰一人病愈，菩薩便愈，乃所以是一切衆生得不復病，然後菩薩病滅也。以衆生言之者，菩薩友亦有病，不得不以別之也。」〔一〕

〔一〕「生曰」一段，永樂北藏本、徑山藏本、清藏本、金陵本無。

所以者何？菩薩爲衆生，故入生死，有生死，則有病；若衆生得離病者，則菩薩無復病。

肇曰：「夫法身無生，況復有形？既無有形，病何由起？然爲彼受生，不得無形；既有形也，不得無患〔一〕，故隨其久近，與之同疾〔二〕。若彼離病，菩薩無復病也〔三〕。」〔四〕

〔一〕「患」，平安本作「病」。

〔二〕「之」，關中疏作「久」。

〔三〕「薩」下，永樂北藏本、徑山藏本、清藏本、金陵本有「則」。

〔四〕案永樂北藏本、清藏本於此分卷，下作「卷第五」，標目「菩薩品第五」。

譬如長者，唯有一子，其子得病，父母亦病；若子病愈，父母亦愈。菩薩如是，於諸衆生，愛之若子，衆生病，則菩薩病；衆生病愈，菩薩亦愈。又言：『是疾何所因起？』

生曰：「問本在前〔一〕，今答居後，故稱之焉。不先答者，其病之因，以生滅而顯故也。」〔二〕

〔一〕「問本」，平安本作「本問」。

〔二〕「生曰」一段，永樂北藏本、徑山藏本、清藏本、金陵本無。

菩薩病者，以大悲起。」

肇曰：「菩薩之疾，以大悲爲根。因之而起，答初問也。」

生曰：「自非大悲，病不妄起也。」〔一〕

〔一〕「肇曰」「生曰」兩段，永樂北藏本、徑山藏本、清藏本、金陵本無。

文殊師利言：「居士。此室何以空無侍者？」〔一〕

肇曰：「空室之興，事在於此〔二〕。問室何空，又無侍者。無侍者，後別答。」

生曰：「問疾既畢，次問室空意也。夫人所住，自應有資生之物，而今廓然，其故何耶？又凡病者，理必須侍，亦莫知其所，復何在乎？并問二事者，以侍者在空而別故

也。」〔三〕

〔一〕案關中疏卷下：「此下問室空無侍。有身必藉資生，有疾理宜侍奉，何以俱無？此先問也。」關中釋抄卷下：「『空室』者，此表浄土之廣宗也。」

〔二〕「在」，平安本作「存」。

〔三〕「肇曰」「生曰」兩段，永樂北藏本、徑山藏本、清藏本、金陵本無。

維摩詰言：「諸佛國土亦復皆空〔一〕。」

肇曰：「平等之道，理無二迹〔二〕。十方國土無不空者，曷爲獨問一室空耶？」

生曰：「有今可得而去〔三〕，居然非實，以明諸佛國土，雖若湛安，然亦空矣。『諸佛國』者，有佛之國也。舉此爲言者，良以佛得自在，尚不能使己國爲有，況餘事乎？亦以是人情所重，故標爲悟端也。」〔四〕

〔一〕案關中疏卷下：「此先答室空也。衆生迷則三界，室空以明之。」關中釋抄卷下：「釋迦説法，佛國現土表於蓋中。浄名示不乖宗，空室顯於方丈。故文殊問室空，所以答云：『諸佛國土亦復皆空。』復次，昔衆生迷，故浄土變爲三界，法身變爲天魔外道，浄名悲化亦不現。今文殊入室談論，群生剋悟，悟則三界性空，故空室表之。」

〔二〕「迹」，永樂北藏本、徑山藏本、清藏本、金陵本作「途」。

〔三〕「有」上，平安本有「有去故空者，空則非實也。苟以不實爲空，有亦空歟？所以然者，空既不實，有獨也；有若不實，與夫向空豈有異哉？」

〔四〕「肇曰」「生曰」兩段，永樂北藏本、徑山藏本、清藏本、金陵本無。

又問：「以何爲空？」

什曰：「室中以無物爲空，國土復以何理爲空耶？」

肇曰：「室以無物爲空，佛土以何爲空？將辯畢竟空義〔一〕。」

生曰：「猶存國安爲有，不悟同此所無。然居士言其同〔二〕，以何獨得之耶？」〔三〕

〔一〕「辯」，關中疏作「辨」。

〔二〕「士」，原無，據平安本補。

〔三〕「什曰」「生曰」兩段，永樂北藏本、徑山藏本、清藏本、金陵本無。

答曰：「以空空。」

什曰：「無以無物故空，以國土性空即是畢竟空〔一〕，故空也。」

肇曰：「夫有由心生，心因有起，是非之域〔二〕，妄想所存〔三〕。故有無殊論，紛然交競者也。若能空虛其懷、冥心真境、妙存環中、有無一觀者，雖復智周萬物，未始爲有；幽鑑無照〔四〕，未始爲無。故能齊天地爲一旨，而不乖其實；鏡群有以玄通，而物我俱一。物我俱一，故智無照功；不乖其實，故物物自同〔五〕。故經曰：『聖智無知，以虛空爲相；諸法無爲，與之齊量也。』故以空智而空於有者，即有而自空矣〔六〕。豈假屏除然後爲空乎〔七〕？上空智空，下空法空也。直明法空，無以取定，故内引真智，外證法空也。」

生曰：「上空是空慧空也，下空是前理空也。言要當以空慧，然後空耳。若不以空慧，終不空也。豈可以我謂爲不空哉？」〔八〕

〔一〕「即」上，平安本有「性空故」。

〔二〕「域」，原作「城」，據平安本、貞享本、永樂北藏本、徑山藏本、清藏本、金陵本改。關中疏作「滅」。

〔三〕「想」，關中疏作「相」。

〔四〕「鑑」，貞享本、永樂北藏本、徑山藏本、清藏本、金陵本作「塗」。

〔五〕「同」，貞享本、永樂北藏本、徑山藏本、清藏本、金陵本作「周」。

〔六〕「即」上，平安本、永樂北藏本、徑山藏本、清藏本、金陵本有「則」。又「即」，關中疏作「則」。

〔七〕「假」，關中疏作「更」。

〔八〕「生曰」一段，永樂北藏本、徑山藏本、清藏本、金陵本無。

又問：「空何用空？」

什曰：「若法性自空，則應直置而自空。諸賢聖復何用空慧空諸法耶？」

肇曰：「上空法空，下空智空也。諸法本性自空〔一〕，何假智空然後空耶？」

生曰：「若理果是空，何用空慧然後空耶？自有得解之空慧。此空即是慧之所爲，非

理然也。何可以空慧然後空，便言理爲空哉？」〔二〕

〔一〕「本」，平安本無。

〔二〕「什曰」「生曰」兩段，永樂北藏本、徑山藏本、清藏本、金陵本無。

答曰：「以無分别空故空。」

什曰：「上空是空慧也，下空是法空也。雖法性自空，不待空慧，若無空慧，則於我爲有。用此無分别空慧，故得其空，則於我爲空也。」

肇曰：「智之生也，起於分别。而諸法無相，故智無分别。智無分别，即智空也。諸法無相，即法空也。以智不分别於法，即知法空已矣〔一〕。豈别有智空，假之以空法乎？然則智不分别法時，爾時智、法俱同一空，無復異空，故曰『以無分别爲智空』。故智知法空矣，不别有智空以空法也〔二〕。」

生曰：「向言空慧者，非謂分别作空之慧也，任理得悟者耳。若以任理爲悟而得此〔三〕，然後空者，理可不然乎哉？」〔四〕

〔一〕「知」，平安本作「智」。又「知法空」，關中疏作「有智空」。

〔二〕「故智知法空矣，不别有智空以空法也」，永樂北藏本、徑山藏本、清藏本、金陵本無。

〔三〕「此」下，平安本有「空」。

〔四〕「什曰」「生曰」兩段，永樂北藏本、徑山藏本、清藏本、金陵本無。

又問：「空可分別耶？」

什曰：「問解空慧也。向雖明空慧不見空有分別，未明慧體空無分別，故問此空慧可分別耶？」

肇曰：「上以無分別爲慧空〔一〕，故知法空，無復異空。雖云無異，而異相已形。異相已形，則分別是生矣。若知、法無異空者〔二〕，何由云以無分別爲智空故知法空乎？故問智空、法空可分別耶〔三〕。智、法俱空，故單言一空則滿足矣。」

生曰：「即空之言，空似有相。有相，便與餘事分別也。空苟分別而慧不分別者，則空與慧異矣。空既異慧，復不從慧來也。」〔四〕

〔一〕「上」下，平安本、永樂北藏本、徑山藏本、清藏本、金陵本有「云」。「慧」，平安本、永樂北藏本、徑山藏本、清藏本、金陵本作「智」。

〔二〕「知」，平安本、永樂北藏本、徑山藏本、清藏本、金陵本作「智」。

〔三〕「故」，平安本、永樂北藏本、徑山藏本、清藏本、金陵本無。

〔四〕「什曰」「生曰」兩段，永樂北藏本、徑山藏本、清藏本、金陵本無。

答曰：「分別亦空。」

什曰：「慧異於空，則是分別。雖有分別，其性亦空也。」

肇曰：「向之言者，有分別於無分別耳〔一〕。若能無心分別〔二〕，而分別於無分別者，雖復終日分别，而未嘗分别也。故曰：『分别亦空。』」

生曰：「夫言空者，空相亦空。若空相不空，空爲有矣。空既爲有，有豈無哉？然則皆有而不空也。是以分别亦空，然後空耳。」〔三〕

〔一〕「有」，平安本、永樂北藏本、徑山藏本、清藏本、金陵本無。

〔二〕「心」下，平安本、永樂北藏本、徑山藏本、清藏本、金陵本有「於」。

〔三〕「什曰」「生曰」兩段，永樂北藏本、徑山藏本、清藏本、金陵本無。

又問：「空當於何求？」

肇曰：「上因正智明空，恐惑者將謂空義在正不在邪，故問空義之所在，以明邪正之不殊也。」

生曰：「言之誠已盡，然而惑者猶未能全信，故復請效斯語以悟之焉〔一〕。前推理實爲空極，分别亦空，空則無相矣。若果以無相空爲實者，於何求之得其然耶？」〔二〕

〔一〕「悟」，平安本作「括」。

〔二〕「生曰」一段，永樂北藏本、徑山藏本、清藏本、金陵本無。

答曰：「當於六十二見中求。」

什曰：「上明畢竟空，則無法不空。然造心求解，要必有津。求津之要，必有所惑。惑之所生，生於見異。異之甚者，莫過邪正。邪正之極，莫過於此。故問於何求，而答以二法也。」

肇曰：「夫邪因正生，正因邪起，本其爲性，性無有二。故欲求正智之空者，當於邪見中求。」

生曰：「夫以相爲懷者，極不出六十二見，見則邪矣。而此中無空，空不然乎？」〔一〕

〔一〕「什曰」「生曰」兩段，永樂北藏本、徑山藏本、清藏本、金陵本無。

又問：「六十二見當於何求？」

生曰：「若六十二見以存相爲邪者，復於何求得其然邪〔一〕？」〔二〕

〔一〕「其」，關中疏作「無」。

〔二〕「生曰」一段，永樂北藏本、徑山藏本、清藏本、金陵本無。

答曰：「當於諸佛解脱中求。」

肇曰：「捨邪見名『解脱』〔一〕，背解脱名『邪見』。然則邪解相靡〔二〕，孰爲其原〔三〕？爲其原者〔四〕，一而已矣。故求諸邪見，當本之解脱也。」

生曰：「『解脱』者，解脱結縛也。若存相不邪，不可去矣。而解脱中無之者，故知諸見理必然也。言『諸佛』者，明妙必同。」〔五〕

〔一〕「名」下，關中疏有「爲」。下同。

〔二〕「邪解相」，關中疏作「解邪於」。

〔三〕「原」，永樂北藏本、徑山藏本、清藏本、金陵本、關中疏作「源」。下同。

〔四〕「其」，關中疏作「無」。

〔五〕「生曰」一段，永樂北藏本、徑山藏本、清藏本、金陵本無。

又問：「諸佛解脱當於何求？」

生曰：「若諸佛解脱解脱結縛者，復於何求得其然耶？」〔一〕

〔一〕「生曰」一段，永樂北藏本、徑山藏本、清藏本、金陵本無。

答曰：「當於一切衆生心行中求。」

肇曰：「衆生心行，即縛行也。縛行，即解脱之所由生也。又邪正同根，脱縛一門〔一〕，本其真性，未嘗有異〔二〕。故求佛解脱〔三〕，當於衆生心行也。」

生曰：「心行者，不從理爲懷也。懷不從理者，纏縛生死不相出也。若一切衆生心行中都無解脱者，故知解脱解脱之也。心行亦六十二見耳，但其爲義不同，故取之有彼此。若無以明諸佛解脱爲解脱結縛，猶未足以驗六十二見爲邪；若無以明六十二見爲邪，亦不足以驗空之爲實，是以次請問則明矣。」

別本云：「六十二見，諸佛解脱，衆生意行。」

什曰：「二見，有之根、邪之極也。解脱，有之終、正之妙也。衆生意行，二見之中也〔四〕。此三聚法，衆情所滯，決定見其異也。夫取相興惑〔五〕，因兹而起；反迷求宗，亦必至於此。三性同致，故展轉相涉者也。」〔六〕

〔一〕「脱」，貞享本、永樂北藏本、徑山藏本、清藏本、金陵本作「解」。又「脱縛」，關中疏作「縛脱」。

〔二〕「嘗」，關中疏作「當」。

〔三〕「求」，關中疏作「剩」。

〔四〕「見」下，平安本有「有」。

〔五〕「興」，平安本作「與」。

〔六〕「生曰」「别本云」「什曰」三段，永樂北藏本、徑山藏本、清藏本、金陵本無。

又仁所問『何無侍者』，一切衆魔及諸外道皆吾侍也。

肇曰：「世之侍者，唯恭己順命，給侍所須，謂之『侍者』。菩薩侍者，以慢己違命，違背道者〔一〕，同其大乘〔二〕，和以冥順，侍養法身，謂之『侍者』。所以衆魔異學，爲給侍之先也。」

〔一〕「背」，原無，據永樂北藏本、徑山藏本、清藏本、金陵本補。

〔二〕「乘」，原作「乖」，據永樂北藏本、徑山藏本、清藏本、金陵本、關中疏改。

所以者何？衆魔者樂生死，菩薩於生死而不捨。

生曰：「魔樂生死，則住其中矣。若不就化，永與之乖，豈得使悟有宗理乎〔一〕？」〔二〕

〔一〕「宗」下，平安本有「侍」。

〔二〕「生曰」一段，永樂北藏本、徑山藏本、清藏本、金陵本無。

外道者樂諸見，菩薩於諸見而不動。」

什曰：「言不見其有異相也。」

肇曰：「魔樂著五欲，不求出世，故繫以生死。異學雖求出世，而執著己道，故繫以邪見。大士觀生死同涅槃，故能不捨；觀邪見同於正見〔一〕，故能不動；不動不捨，故能即之爲侍也。」

生曰：「亦不捨諸見也。魔與外道，是背理之極，而得其宗已。自此以外，復何言哉？」〔二〕

〔一〕「於」，永樂北藏本、徑山藏本、清藏本、金陵本無。

〔二〕「什曰」「生曰」兩段，永樂北藏本、徑山藏本、清藏本、金陵本無。

文殊師利言：「居士所疾，爲何等相〔一〕？」

什曰：「即事而觀，若無病，而云有，又未見其相，故求其相也。」〔二〕

肇曰：「既知病起之所由，復問由生之疾相也。四百四病各有異相，大悲之疾以何爲相乎？將明無相大悲應物生病者，雖終日現疾，終日無相也。」

生曰：「問疾之狀，應在空前。前以答依實[三]，妨問空意。又空義既明，其狀乃顯故也。」[四]

[一] 案關中疏卷下：「此下約法身問病相也，所以重有此問者。」

[二] 關中疏本條下有道融注：「有二門入佛法：一、大悲，二、智慧。階淺至深，弘之由淺，故先說大悲，後說實相也。」

[三] 「依」，平安本作「必表」。

[四] 「肇曰」「生曰」兩段，永樂北藏本、徑山藏本、清藏本、金陵本無。

維摩詰言：「我病無形，不可見。」

肇曰：「大悲無緣，而無所不緣。無所不緣，故能應物生疾。應物生疾，則於我未嘗疾也。未嘗疾[一]，故能同衆疾之相，而不違無相之道。何者？大悲無緣，無緣則無相。以此生疾，疾亦無相，故曰『我病無形，不可見』也。」

生曰：「病是形，理有必可見，而無其實，故言爾也。」[二]

[一] 「未嘗疾」，永樂北藏本、徑山藏本、清藏本、金陵本無。

[二] 「生曰」一段，永樂北藏本、徑山藏本、清藏本、金陵本無。

又問：「此病身合耶？心合耶？」

什曰：「上答『無形，不可見』，即是說畢竟空也。就言迹似是有病不見[一]，故生此問耳。」

肇曰：「或者聞病不可見〔二〕，將謂心病無形，故不可見；或謂身病微細，故不可見，爲之生問也。病於身、心，與何事合，而云不可見乎？」

生曰：「夫身爲受病之本，心爲覺痛之主，病或合之爲無形矣。故假兹以問，乃致明病無所寄，然後盡無形也。」〔三〕

〔一〕「迹」，原作「亦」，據平安本改。

〔二〕「或」，貞享本作「惑」。

〔三〕「什曰」「生曰」兩段，永樂北藏本、徑山藏本、清藏本、金陵本無。

答曰：「非身合，身相離故；

什曰：「無身，故無病也。」〔一〕

〔一〕「什曰」一段，永樂北藏本、徑山藏本、清藏本、金陵本無。

亦非心合，心如幻故。」

什曰：「心無真實，故無病也。」

肇曰：「身相離，則非身；心如幻，則非心。身心既無，病與誰合？無合故無病，無病故不可見也。」

生曰：「身本殊表〔一〕，故言『離相』也。心動無方，故言『幻』也。身心既無，何所合哉？」〔二〕

〔一〕「殊」，平安本作「外」。

〔二〕「什曰」「生曰」兩段，永樂北藏本、徑山藏本、清藏本、金陵本無。

又問：「地大、水大、火大、風大，於此四大，何大之病？」

什曰：「此將明病所由起。病所由起，不以一事，必由四大假會而生。假會而生，則病無自性。病無自性〔一〕，則同上不可見也。此雖明病所因起，乃明所以無病也。」

肇曰：「身之生也，四大所成。上總推身，今别推四大，曲尋其本也。」〔二〕

生曰：「身、心本是四大合之所成，身、心可無，四大或有。而四大各起百一諸病，便可是之，故無形也。復得寄斯爲問，以明因四大有病，無實形矣。」

〔一〕「病」，永樂北藏本、徑山藏本、清藏本、金陵本無。

〔二〕「肇曰」「生曰」兩段，永樂北藏本、徑山藏本、清藏本、金陵本無。

答曰：「是病非地大，亦不離地大；水、火、風大，亦復如是。

肇曰：「四大本性，自無患也。衆緣既會，增損相剋，患以之生耳。欲言有病，本性自無；欲言無病，相假而有。故病非地，亦不離地；餘大，類爾也。」

而衆生病，從四大起，

生曰：「實因之也。」〔一〕

〔一〕「生曰」一段，永樂北藏本、徑山藏本、清藏本、金陵本無。

以其有病，是故我病。」

肇曰：「四大本無，病亦不有。而衆生虛假之疾〔一〕，從四大起，故我以虛假之疾，應彼疾耳〔二〕。逆尋其本，彼我無實，而欲觀其形相，何耶〔三〕？」

生曰：「亦是因之，而非實病。」〔四〕

〔一〕「疾」，關中疏作「病」。

〔二〕「耳」，關中疏作「身」。

〔三〕「何」，平安本、關中疏作「當何」，永樂北藏本、徑山藏本、清藏本、金陵本作「當何有」。

〔四〕「生曰」一段，永樂北藏本、徑山藏本、清藏本、金陵本無。

爾時，文殊師利問維摩詰言：「菩薩應云何慰諭有疾菩薩？」〔一〕

肇曰：「慰諭有疾〔二〕，應自文殊，而逆問净名者，以同集諸人注心有在。又取證於疾者，乃所以審慰諭之會也。此將明大乘無證之道，以慰始習現疾菩薩〔三〕，故生此問也。」

生曰：「夫慰諭有疾本是無疾所爲。維摩詰既能無之，故次以問焉。雖爲菩薩而未免病者，不能不爲病所苦，以之戀生而畏死也。苟有戀生畏死之情，必以增生死也。是以同道之體，宜相慰諭。慰諭之方，除其此懷。此懷若除，生死幾乎息矣。」〔四〕

〔一〕案關中釋抄卷下：「『慰喻』等者，恐新學菩薩畏懼生死，退失大悲，故安慰之。若悟有爲、無常、苦等，即不貪世間。既不貪世間，既不著世間，即能廣積福惠。福惠既積，自然生死不能爲患。若能不畏生死，大悲之行成矣。」

〔二〕「諭」，永樂北藏本、徑山藏本、清藏本、金陵本、關中疏作「喻」。下一「諭」同。

〔三〕「習」，關中疏作「集」。

〔四〕「生曰」一段，永樂北藏本、徑山藏本、清藏本、金陵本無。關中疏本條下有僧叡注：「凡夫之病，爲憂苦所惱。不安所病則生愁憂，爲病所逼則生苦惱。憂心外感，須聞法以自慰；苦心内切，宜觀空以自調。」

維摩詰言：「説身無常，不説厭離於身；

什曰：「凡有三種法，謂世間法〔一〕、出世間法〔二〕：觀無常而厭身者，是聲聞法；著身而不觀無常者〔三〕，是凡夫法也；觀無常而不厭身者，是菩薩法。今爲病者説菩薩法，以此處病，則心不亂也。」

肇曰：「慰諭之法〔四〕，應爲病者説身無常，去其貪著；不應爲説厭離，令取證也。不觀無常不厭離者，凡夫也；觀無常而厭離者，二乘也；觀無常不厭離者，菩薩也。是以應慰諭初學，令安心處疾，以濟群生，不厭生死，不樂涅槃，此大士慰諭之法也。」

生曰：「夫戀生者，是愛身情也。情既愛之，無有厭已。苟曰『無常』，豈可愛戀哉？若能從悟，不期遣惑，而惑自亡矣。亡乎惑者，無復身也〔五〕。雖已亡惑無身，終不掇理。於理不掇，必能窮之。窮理盡性，勢歸兼濟。至於在惑之時，固應患惑求通。求通之懷，必以無常厭身。然則厭身出於在惑，非理中懷也。」〔六〕

〔一〕「謂」，永樂北藏本、徑山藏本、清藏本、金陵本作「有」。

〔二〕「出」上，永樂北藏本、徑山藏本、清藏本、金陵本有「有」。

〔三〕「常」下，永樂北藏本、徑山藏本、清藏本、金陵本有「法」。

〔四〕「諭」，永樂北藏本、徑山藏本、清藏本、金陵本、關中疏作「喻」。下同。

〔五〕「復」，平安本無。

〔六〕「生曰」一段，永樂北藏本、徑山藏本、清藏本、金陵本無。

説身有苦，不説樂於涅槃；

生曰：「理若無常〔一〕，則以失所愛致惱，曲而辯之〔二〕。八苦之聚，尤不可戀也。向在惑以無常厭離，今亦取苦樂涅槃樂，就理爲言，豈得然乎？」〔三〕

〔一〕「若」，平安本作「苟」。

〔二〕「而」，原無，據平安本補。

〔三〕「生曰」一段，永樂北藏本、徑山藏本、清藏本、金陵本無。

説身無我，而説教導衆生，

生曰：「凡愛身者，起於著我。苟是無常而苦，豈有宰之者乎？若無宰於内，復何以致戀哉？亦據其患惑人用之獨善而已〔一〕。既在悟懷，謂之教導也〔二〕。」〔三〕

〔一〕「人」，平安本作「久」。

〔二〕「謂」，平安本作「理」。

〔三〕「生曰」一段，永樂北藏本、徑山藏本、清藏本、金陵本無。

説身空寂，

什曰：「隨其利鈍，故説有廣略。譬如大樹，非一斧所傾；累根既深，非一法能除。或有雖聞無常，謂言不苦，則爲説『苦』。既聞苦，便謂有苦樂之主，故説『無我』及『空』也。」〔一〕

〔一〕「什曰」一段，徑山藏本、金陵本置後經「不説畢竟寂滅」下。

不説畢竟寂滅，

肇曰：「雖見身苦，而不樂涅槃之樂。雖知無我，不以衆生空故闕於教導。雖解身空〔一〕，而不取涅槃畢竟之道，故能安住生死，與衆生同疾。是以慰諭之家〔二〕，宜説其所應行；所不應行，不宜説也。」

生曰：「既無能爲宰，我身何有耶？若不有身〔三〕，戀復從何生乎？所言空寂，明無實耳，非謂無也。然此四句，皆隨義作次，理盡兼矣。」〔四〕

〔一〕「解」，永樂北藏本、徑山藏本、清藏本、金陵本、關中疏作「見」。
〔二〕「諭」，永樂北藏本、徑山藏本、清藏本、金陵本、關中疏作「喻」。
〔三〕「不」，平安本作「無」。
〔四〕「生曰」一段，永樂北藏本、徑山藏本、清藏本、金陵本無。

説悔先罪，而不説入於過去〔一〕；

什曰：「利根者聞上四句，則能處疾不亂。自此已下，便爲鈍根者也〔二〕。説近切之言，諭其心也〔三〕。今日之病，必由先罪，故教令悔先罪也。既言有先罪，則似罪有常性入於過去，故爲説『不入過去』，去其常想也。」

肇曰：「教有疾菩薩悔既往之罪。往罪雖繫人，不言罪有常性，從未來至現在，從現在入過去也。」

生曰：「夫戀生畏死者，恐有罪故也。若能改而悔之，則出其境矣。復何畏哉？是以教悔前罪，以除其畏也。此則據緣故耳，不言有實。」〔四〕

〔一〕案關中疏卷下：「病由先罪，但可責己，不可具病，廢捨大悲，入過去也。」
〔二〕「便」，平安本、永樂北藏本、徑山藏本、清藏本、金陵本作「更」。

〔三〕「諭」，永樂北藏本、徑山藏本、清藏本、金陵本作「喻」。

〔四〕「生曰」一段，永樂北藏本、徑山藏本、清藏本、金陵本無。

以己之疾，愍於彼疾；

什曰：「令其推己而悲物也。當念言：『我今微疾，苦痛尚爾。況惡趣衆生，受無量苦也。』」

肇曰：「勸疾者，推己之疾，愍於他疾也。」

生曰：「我有智慧，猶有疾苦〔一〕，況乃不達者乎？推己愍彼，是兼濟之懷，豈得自畏死焉？」〔二〕

〔一〕「猶有」，關中疏作「由以」。

〔二〕「肇曰」「生曰」兩段，永樂北藏本、徑山藏本、清藏本、金陵本無。

當識宿世無數劫苦，

生曰：「無數劫來，經苦無量，如何一旦忽忘之耶？」〔一〕

〔一〕「生曰」一段，永樂北藏本、徑山藏本、清藏本、金陵本無。

當念饒益一切衆生。

什曰：「無數劫來，受苦無量，未曾爲道。爲道受苦，必獲大利。既以此自諭〔一〕，又當念饒益衆生，令得此利也〔二〕。」

肇曰：「當尋宿世，受苦無量〔三〕。今苦須臾，何足致憂？但當力疾〔四〕，救彼苦耳。」

生曰：「『念欲饒益一切衆生』者，方入生死，不得有畏也。」〔五〕

〔一〕「諭」，永樂北藏本、徑山藏本、清藏本、金陵本作「喻」。

〔二〕「此」，永樂北藏本、徑山藏本、清藏本、金陵本無。

〔三〕「受」，平安本、永樂北藏本、徑山藏本、清藏本、金陵本、關中疏作「更」。

〔四〕「疾」，原作「勵」，據平安本、永樂北藏本、徑山藏本、清藏本、金陵本、關中疏改。

〔五〕「生曰」一段，永樂北藏本、徑山藏本、清藏本、金陵本無。

憶所修福，

什曰：「外國法，從生至終所作福業，一一書記。若命終時，傍人爲説，令其恃福，心不憂畏也。」

肇曰：「恐新學菩薩爲疾所亂，故勸憶所修福〔一〕，悦其情也。」

生曰：「若有福者，所生必勝，有何畏哉〔二〕？」〔三〕

〔一〕「所」，關中疏作「於」。

〔二〕「有何」，關中疏作「何有」。

〔三〕「肇曰」「生曰」兩段，永樂北藏本、徑山藏本、清藏本、金陵本無。

念於浄命；

什曰：「『淨命』，即正命也。自念從生至今，常行正命，必之善趣，吾將何畏也？」

肇曰：「勿爲救身疾起邪命也。『邪命』，謂爲命諂飾，要利存生也。」

生曰：「行善之時，本爲得道度世，未始求利衣食，尚不畏爲生死所牽，況罪苦者乎？」〔一〕

〔一〕「生曰」一段，永樂北藏本、徑山藏本、清藏本、金陵本無。

勿生憂惱，

生曰：「憂之無益，徒以致惱耳。」〔一〕

〔一〕「生曰」一段，永樂北藏本、徑山藏本、清藏本、金陵本無。

常起精進，

什曰：「雖身逝命終，而意不捨也。」

生曰：「因病致懈〔一〕，懈乃愈生其憂。勤與命競〔二〕，恒患不至，豈復容惱哉〔三〕？」〔四〕

〔一〕「病」，平安本作「疾」。

〔二〕「勤」上，平安本有「總」。「競」，關中疏作「覺」。

〔三〕「容」下，平安本有「於」。

〔四〕「生曰」一段，永樂北藏本、徑山藏本、清藏本、金陵本無。

當作醫王，療治衆病。

什曰：「令其因疾發弘誓[一]：『如是諸病無能救者，當作法醫療衆病也[二]。』」

肇曰：「當爲大法醫王，療治群生之疾，自疾何足憂乎？」

生曰：「唯當勤求療方，以兼一切，勿起憂惱，徒苦而無益也。」[三]

[一]「令其因疾」，永樂北藏本、徑山藏本、清藏本、金陵本作「念其因病」。

[二]「療」下，永樂北藏本、徑山藏本、清藏本、金陵本有「治」。

[三]「肇曰」「生曰」兩段，永樂北藏本、徑山藏本、清藏本、金陵本無。

菩薩應如是慰諭有疾菩薩，令其歡喜。」

文殊師利言：「居士。有疾菩薩云何調伏其心[一]？」

肇曰：「上問慰諭之宜[二]，今問調心之法。外有善諭[三]，內有善調，則能彌歷生死與群生同疾，辛酸備經而不以爲苦，此即淨名居疾之所由也。將示初學處疾之道，故生斯問也。」

生曰：「夫心爲事馳，無惡不作，譬猶放逸之馬，難可禁制。是以波流生死，莫出其境，將欲自拔，要在伏而調之。調伏之方，必有道也。譬猶調馬以埒，豈能不從？既得其道，然後伏矣。而菩薩未免乎疾者，必爲病切所牽，愈難制也，故復問之爾焉。」[四]

[一] 案關中疏卷下：「問內調法也。五陰患身但可漸暫慰，究竟常樂須住此身，此勸修無求觀以內

調也。」

〔二〕「諭」，永樂北藏本、徑山藏本、清藏本、金陵本作「喻」。下同。

〔三〕「外」上，關中疏有「此」。

〔四〕「生曰」一段，永樂北藏本、徑山藏本、清藏本、金陵本無。

維摩詰言：「有疾菩薩應作是念：『今我此病，皆從前世妄想顛倒諸煩惱生，

生曰：「苟爲病切所牽，不得不推病理也。病理是無，何能牽我哉？夫從緣起者，已自非有，況乎惑想顛倒所生者哉？」〔一〕

〔一〕「生曰」一段，永樂北藏本、徑山藏本、清藏本、金陵本無。

無有實法，誰受病者？

肇曰：「處疾之法，要先知病本。病疾之生也〔一〕，皆由前世妄想顛倒。妄想顛倒，故煩惱以生。煩惱既生，不得無身。既有身也，不得無患。逆尋其本，虛妄不實。本既不實，誰受病者？此明始行者，初習無我觀也。」

生曰：「又無所病也。既無所病，病又無矣。」〔二〕

〔一〕「疾」，永樂北藏本、徑山藏本、清藏本、金陵本無。

〔二〕「生曰」一段，永樂北藏本、徑山藏本、清藏本、金陵本無。

所以者何？四大合故，假名爲身；四大無主，身亦無我。

什曰：「四大是身之本，本既無主，故身亦無我也。」〔一〕

肇曰：「釋『無我』義也。四大和合，假名爲身耳。四大既無主，身我何由生？譬一沙無油，聚沙亦無也〔二〕。主、我，一物異名耳。」

生曰：「夫計我者，或即以身爲我，或謂身中有我也。今推身爲理，唯以四大合成，無復別法。四大無主，身亦無我，四大四矣，我則一矣。苟云處中爲主之矣，然其無主則我無中矣。身爲一也，我亦一也。苟云即是身是之也，然無我則我不即也。我果是無，何所病哉？」〔三〕

〔一〕「什曰」一段，原置前經「四大無主」下，據文義改。又永樂北藏本、徑山藏本、清藏本、金陵本無。

〔二〕「無」，貞享本、永樂北藏本、徑山藏本、清藏本、金陵本作「然」。

〔三〕「生曰」一段，永樂北藏本、徑山藏本、清藏本、金陵本無。

又此病起，皆由著我；

什曰：「『病起』有二事〔一〕：一者，由過去著我，廣生結業，結業果孰〔二〕，則受於苦〔三〕；二者，由現在著我心惱，著我心惱故病增也。」〔四〕

〔一〕「二」，原作「一」，據永樂北藏本、徑山藏本、清藏本、金陵本改。

〔二〕「孰」，貞享本、永樂北藏本、徑山藏本、清藏本、金陵本作「熟」。

〔三〕「受於」，平安本作「應受」。

〔四〕「什曰」一段，徑山藏本、金陵本置後經「是故於我，不應生著」下。

是故於我，不應生著。』

肇曰：「我若是實，曷爲生病？」〔一〕

生曰：「復原此病本空〔二〕，而有病者，皆由著我起也。若能於我不著，病何有哉？」

〔一〕「肇曰」一段，永樂北藏本、徑山藏本、清藏本、金陵本無。

〔二〕「原」，徑山藏本、金陵本作「源」。

既知病本，

什曰：「著我是也〔一〕。」〔二〕

〔一〕「著我是也」，維摩經義疏卷四作「其病本者，所謂我也」。

〔二〕「什曰」一段，永樂北藏本、徑山藏本、清藏本、金陵本無。

即除我想及衆生想，

什曰：「此三者，事同而義異耳。」

肇曰：「『病本』者，即上妄想也〔一〕。因有妄想，故現我及衆生〔二〕。若悟妄想之顛倒〔三〕，則無我、無衆生。」

生曰：「既知病由著我而起，便應即除之也。衆生雖即是我，而將欲推衆法合中無我，

故以帖之徵現此義焉。」〔四〕

〔一〕「即」，關中疏作「則」。

〔二〕「現」，平安本、永樂北藏本、徑山藏本、清藏本、金陵本、關中疏作「見」。

〔三〕「之」，維摩經義疏卷四作「是」。

〔四〕「什曰」「生曰」兩段，永樂北藏本、徑山藏本、清藏本、金陵本無。

當起法想，

什曰：「此假法以遣我，猶人養此怒以滅彼怒也。」

肇曰：「『我想』，患之重者〔一〕，故除我想而起法想。『法想』，於空爲病，於我爲藥，昇降相靡〔二〕，故假之以治也〔三〕。」

生曰：「除之爲何？教起法想。『起法想』者，非謂著法也。」〔四〕

〔一〕「患之重」，關中疏作「重之患」。

〔二〕「昇降」，平安本、永樂北藏本、徑山藏本、清藏本、金陵本、關中疏作「卑隆」。「相」，關中疏作「求」。

〔三〕「之以治」，關中疏作「知始」。

〔四〕「什曰」「生曰」兩段，永樂北藏本、徑山藏本、清藏本、金陵本無。

應作是念：『但以衆法合成此身，

生曰：「『衆法』者，陰、界、入也〔一〕。『合成身』者，明其爲因也。言『但』者，因中無我也。」〔二〕

〔一〕「界、入」，平安本作「入、界」。

〔二〕「生曰」一段，永樂北藏本、徑山藏本、清藏本、金陵本無。

起唯法起，滅唯法滅。

肇曰：「釋『法想』也。五陰諸法，假會成身〔一〕。起唯諸法共起，真滅唯諸法共滅，無別有真宰主其起滅者也。既除我想，唯見緣起諸法，故名『法想』〔二〕。」

生曰：「『起、滅』者，是果也。言『唯』者，果中亦無我也。」〔三〕

〔一〕「成」，關中疏作「我」。

〔二〕「名『法想』」，關中疏作「不法相」。

〔三〕「生曰」一段，永樂北藏本、徑山藏本、清藏本、金陵本無。

又此法者各不相知〔一〕，

生曰：「此下二句又明因果即非我也。衆法合成之時，相緣而起。相緣起者，不能不相起，非能相起也。若能相起者，必有相起之知，而所知在彼不在於己，反覆爲相知矣，是即自在爲我義焉。」〔二〕

〔一〕案關中疏卷下：「此推法互不相知也。」

〔二〕「生曰」一段，永樂北藏本、徑山藏本、清藏本、金陵本無。

起時不言我起，滅時不言我滅。』

肇曰：「萬物紛紜，聚散誰爲〔一〕？緣合則起，緣散則離。聚散無先期，故法法不相知也〔二〕。」

生曰：「從緣起者，亦不能不從起，非能從他起也〔三〕。若能從起者，必有從起之知，而所知在己不在於彼，故無相知之義也，是亦自在爲我義焉。」〔四〕

〔一〕「爲」下，平安本有「主」。

〔二〕「法不」，關中疏作「所」。

〔三〕「他」，平安本無。

〔四〕「生曰」一段，永樂北藏本、徑山藏本、清藏本、金陵本無。

彼有疾菩薩爲滅法想，

什曰：「向以法遣我。自此以下，以空遣法也。」〔一〕

〔一〕「什曰」一段，徑山藏本、金陵本置後經「顛倒者，是即大患，我應離之」注「肇曰」一段下。

當作是念：『此法想者，亦是顛倒。顛倒者，是即大患，我應離之。

肇曰：「法想雖除我，於真猶爲倒。未免於患，故應離之。」

生曰：「夫以法想除我想者，豈復有法生著也哉？有於言迹生惑〔一〕，故次除之。又兼

得對明，以盡其義焉。」〔二〕

〔一〕「生」，平安本作「致」。

〔二〕「生曰」一段，永樂北藏本、徑山藏本、清藏本、金陵本無。

云何爲離？離我、我所。

肇曰：「我爲萬物主，萬物爲我所。若離我、我所，則無法不離。」

生曰：「有我之情，自外諸法，皆以爲我之所有。我之所有，是對我之法；我既已無，所有豈獨存乎？」〔一〕

〔一〕「生曰」一段，永樂北藏本、徑山藏本、清藏本、金陵本無。

云何離我、我所？謂離二法。

生曰：「向直云二事耳。今言要當離二事，相對爲二，然後是離也。」〔一〕

〔一〕「生曰」一段，永樂北藏本、徑山藏本、清藏本、金陵本無。

云何離二法？謂不念内外諸法，行於平等。

肇曰：「有我、我所，則二法自生。二法既生，則内外以形。内外既形，則諸法異名。諸法異名，則是非相傾。是非相傾，則衆患以成。若能『不念内外諸法，行心平等』者，則入空行，無法想之患。内外〔一〕，情塵也。」

生曰：「『内』者，我也。『外』者，一切法也。此則相對爲二矣。『謂不念之行於平等』，爲離也。」〔二〕

〔一〕「外」下，平安本、永樂北藏本、徑山藏本、清藏本、金陵本有「法者」。

〔二〕「生曰」一段，永樂北藏本、徑山藏本、清藏本、金陵本無。

云何平等？謂我等、涅槃等。

肇曰：「極上窮下，齊以一觀，乃應平等也。」

生曰：「涅槃雖非無，是表無之法也。故於外法中指擧此一事〔一〕，以對我明等也。」〔二〕

〔一〕「指」，平安本作「旨」。

〔二〕「生曰」一段，永樂北藏本、徑山藏本、清藏本、金陵本無。

所以者何？我及涅槃，此二皆空。

肇曰：「即事無不異，即空無不一。」

以何爲空？但以名字故空。

生曰：「名下無實。」〔一〕

〔一〕「生曰」一段，永樂北藏本、徑山藏本、清藏本、金陵本無。

如此二法，無決定性。

肇曰：「因背涅槃，故名吾我。以捨吾我，故名涅槃。二法相假，故有名生〔一〕。本其自性，性無決定，故二俱空也矣。」

生曰：「無定爾也。」〔二〕

〔一〕「名」下，貞享本、永樂北藏本、徑山藏本、清藏本、金陵本有「字而」。

〔二〕「生曰」一段，永樂北藏本、徑山藏本、清藏本、金陵本無。

得是平等，無有餘病，唯有空病，

生曰：「亦以言迹除之也，義以麁妙故云爾也〔一〕。」〔二〕

〔一〕「以」，平安本作「似」。

〔二〕「生曰」一段，永樂北藏本、徑山藏本、清藏本、金陵本無。

空病亦空。』

什曰：「上明無我、無法，而未遣空。未遣空，則空爲累。累則是病，故明空病亦空也。」

肇曰：「群生封累深厚，不可頓捨，故階級漸遣，以至無遣也。上以法除我、以空除法，今以畢竟空空於空者，乃無患之極耳。」

生曰：「空理無病，病有空耳。就病言之，故謂空爲病也。」〔一〕

〔一〕「生曰」一段，永樂北藏本、徑山藏本、清藏本、金陵本無。

是有疾菩薩以無所受而受諸受〔一〕，

什曰：「『受』，謂苦、樂、捨三受也。若能解受無受，則能爲物受生，而忍受三受也。」

生曰：「『諸受』者，謂三受也。既觀病空，三受皆無也。能無三受者，三受自除也。非是欲捨，故有入受爲化之情焉。」〔二〕

〔一〕案關中釋抄卷下：「『以無受諸受』者，此是大士大悲入假化物。」

〔二〕「生曰」一段，永樂北藏本、徑山藏本、清藏本、金陵本無。

未具佛法，亦不滅受而取證也。

肇曰：「善自調伏者〔一〕，處有不染有，在空不染空，此無受之至也。以心無受，故無所不受。無所不受，故能永與群生同受諸受。『諸受』者，謂苦受、樂受、不苦不樂受也。佛法未具，衆生未度，不獨滅三受而取證也。」

生曰：「據患受之情欲求無滅之者，必取其足能除患之處以爲妙極，不復希盡理也。是則證明無義，中道而止矣。」〔二〕

〔一〕「伏」，原無，據永樂北藏本、徑山藏本、清藏本、金陵本補。

〔二〕「生曰」一段，永樂北藏本、徑山藏本、清藏本、金陵本無。

設身有苦，念惡趣衆生，起大悲心：

什曰：「我功德智慧之身，尚苦痛如是，況惡趣衆生受苦無量耶？即起悲心，志拔苦也。」

生曰：「向有入受爲化之情，是大悲心也。大悲爲何？設身有苦，以念惡趣衆生而拔濟之。前雖觀病空，正可使情不惑苦〔一〕，未得便實無之。若久觀理明，後生則無矣，是以言『設身有苦』也。以念惡趣衆生者，言我在人中有福，又資智慧之明，猶尚有苦如是，況三惡道中無福慧者？但念惡趣者，夫在生死皆不免之，故以爲發大悲之緣矣。」〔二〕

〔一〕「正」，平安本作「政」。

〔二〕「生曰」一段，永樂北藏本、徑山藏本、清藏本、金陵本無。

『我既調伏，亦當調伏一切衆生。

肇曰：「要與群生同其苦樂也。」

生曰：「自非調伏，則不免三惡道矣。」〔一〕

〔一〕「生曰」一段，永樂北藏本、徑山藏本、清藏本、金陵本無。

但除其病，而不除法。

什曰：「謂妄見者所見常、樂、浄等法也。所以言無者〔一〕，不以有樂、浄法而以無除之，直爲除妄想病耳。無法可除，故能處之，不除其法也。」

生曰：「調伏除其所惑之有，不除法有也。」〔二〕

〔一〕「言」上，永樂北藏本、徑山藏本、清藏本、金陵本有「説」。

〔二〕「生曰」一段，永樂北藏本、徑山藏本、清藏本、金陵本無。

爲斷病本，而教導之。』

肇曰：「諸法緣生，聚散非己，會而有形，散而無像，法自然耳，於我何患？患之生者〔一〕，由我妄想於法，自爲患耳。法豈使我生妄想乎？然則妄想爲病本，法非我患也。故教導之興，但除病本，不除法也。」

生曰：「病本斷，然後病除也。」〔二〕

〔一〕「患」，原無，據平安本、貞享本、永樂北藏本、徑山藏本、清藏本、金陵本補。

〔二〕「生曰」一段，永樂北藏本、徑山藏本、清藏本、金陵本無。

何謂病本？謂有攀緣。

生曰：「所取之相爲攀緣也。『有』者，彼有之矣。」〔一〕

〔一〕「生曰」一段，永樂北藏本、徑山藏本、清藏本、金陵本無。

從有攀緣，則爲病本。

什曰：「上説菩薩自尋病本，以理處心，故能處疾不亂。今明爲斷衆生病，故推其病原〔一〕，然後應其所宜耳。機神微動，則心有所屬〔二〕。心有所屬，名爲『攀緣』。攀緣取相，是妄動之始〔三〕，病之根也。」

肇曰：「『攀緣』，謂妄想微動，攀緣諸法也。妄想既緣，則美惡已分。美惡既分，則憎愛並熾。所以衆結煩於內，萬疾生於外，自茲以往，巧歷不能記。本其所由，微想而已，故曰『攀緣爲本』。」

生曰：「向言有之，今言始有也矣。」〔四〕

〔一〕「原」，永樂北藏本、徑山藏本、清藏本、金陵本作「源」。

〔二〕「則」上，永樂北藏本、徑山藏本、清藏本、金陵本有「動」。

〔三〕「動」，永樂北藏本、徑山藏本、清藏本、金陵本作「想」。

〔四〕「肇曰」「生曰」兩段，永樂北藏本、徑山藏本、清藏本、金陵本無。

何所攀緣？謂之三界。

肇曰：「明攀緣之境也。三界外法，無漏無爲。其法無相，非是妄想所能攀緣。所能攀緣者，三界而已耳〔一〕。」

生曰：「三界之法耳，非實理也。」〔二〕

〔一〕「而已」，平安本作「之法非理實」。

〔二〕「生曰」一段，永樂北藏本、徑山藏本、清藏本、金陵本無。

云何斷攀緣？

肇曰：「既知其根，何由而斷？」〔一〕

〔一〕「肇曰」一段，永樂北藏本、徑山藏本、清藏本、金陵本無。

以無所得。

生曰：「以無所得，理斷之也。」〔一〕

〔一〕「生曰」一段，永樂北藏本、徑山藏本、清藏本、金陵本無。

若無所得，則無攀緣。

肇曰：「所以攀緣，意存有取；所以有取，意存有得。若能知法虚誑、無取無得者，則攀緣自息矣。」

何謂無所得？謂離二見。

生曰：「二見無所得也。」〔一〕

〔一〕「生曰」一段，永樂北藏本、徑山藏本、清藏本、金陵本無。

何謂二見？謂内見、外見，是無所得。

肇曰：「内有妄想，外有諸法，此二虚假，終已無得。」

生曰：「二見本以得内、外法爲懷，智慧觀之，理無内、外，然後二見不復得内、外也。」〔一〕

〔一〕「生曰」一段，永樂北藏本、徑山藏本、清藏本、金陵本無。

文殊師利，是爲有疾菩薩調伏其心。爲斷老、病、死苦，是菩薩菩提。

生曰：「菩提以實濟爲道，菩薩若能如是，雖未得之，便是有矣。」〔一〕

〔一〕「生曰」一段，永樂北藏本、徑山藏本、清藏本、金陵本無。

若不如是，己所修治，爲無慧利。

肇曰：「若能善調其心，不懷異想，而永處生死斷彼苦者，是菩薩菩提之道。若不能爾，其所修行，内未足爲有慧，外未足爲有利也。」

生曰：「無慧利於物也。」〔一〕

〔一〕「生曰」一段，永樂北藏本、徑山藏本、清藏本、金陵本無。

譬如勝怨，乃可爲勇。

生曰：「己及所親皆無復怨也。」〔一〕

〔一〕「生曰」一段，永樂北藏本、徑山藏本、清藏本、金陵本無。

如是兼除老、病、死者，菩薩之謂也。

生曰：「菩薩念衆生如親無異，若不除其老、病、死怨，便是己怨亦不除矣。」〔一〕

〔一〕「生曰」一段，永樂北藏本、徑山藏本、清藏本、金陵本無。

彼有疾菩薩應復作是念：『如我此病非真非有，衆生病亦非真非有。』

什曰：「解病非真，故能處之不亂也。言若以病爲真有〔一〕，則病不可除。衆生無邊，病亦無盡。無盡之病，其性實有，云何可度？即時迷亂，心生退轉。若病非真，易可除耳。悲心即生，弘誓兼濟也。」

生曰：「又以此念起大悲心也。『如我此病非真非有』者，言己已達也。『衆生病亦非真非有』者〔二〕，云彼不悟也。是欲教之令知此法也。然其起大悲之懷，已自備於前文，故今但明念而已矣。」〔三〕

〔一〕「言」，永樂北藏本、徑山藏本、清藏本、金陵本作「云」。

〔二〕「非有」，平安本作「有」。

〔三〕「生曰」一段，永樂北藏本、徑山藏本、清藏本、金陵本無。

作是觀時，於諸衆生若起愛見大悲，即應捨離。

什曰：「謂未能深入實相，見有衆生心生愛著，因此生悲，名爲『愛見大悲』。愛見大悲虛妄不淨，有能令人起疲厭想〔一〕，故應捨離也。」

肇曰：「若自調者，應先觀己病及衆生病，因緣所成，虛假無實，宜以此心而起悲也〔二〕。若此觀未純，見衆生愛之而起悲者，名『愛見悲』也。此悲雖善，而雜以愛見有心之境，未免于累〔三〕，故應捨之。」

生曰：「作上二觀起大悲之時，若於觀中有愛念心，又見衆生而欲拔濟之者，爲愛見大悲也。」〔四〕

〔一〕「有」，貞享本、永樂北藏本、徑山藏本、清藏本、金陵本無。
〔二〕「宜」，平安本、永樂北藏本、徑山藏本、清藏本、金陵本作「但」。
〔三〕「于」，永樂北藏本、徑山藏本、清藏本、金陵本作「爲」。
〔四〕「生曰」一段，永樂北藏本、徑山藏本、清藏本、金陵本無。

所以者何？菩薩斷除客塵煩惱，

什曰：「心本清淨，無有塵垢。塵垢事會而生，於心爲客塵也。」〔一〕

〔一〕「什曰」一段，永樂北藏本、徑山藏本、清藏本、金陵本無。

而起大悲。

肇曰：「心遇外緣，煩惱橫起，故名『客塵』。菩薩之法，要除客塵而起大悲。若愛見未斷，則煩惱彌滋，故應捨之。」

生曰：「愛見是惑想所起，爲客塵也。除之，乃可以起大悲者矣。」〔一〕

〔一〕「生曰」一段，永樂北藏本、徑山藏本、清藏本、金陵本無。

愛見悲者，則於生死有疲厭心。

什曰：「若因愛生見悲者，有疲厭也。」〔一〕

〔一〕「什曰」一段，永樂北藏本、徑山藏本、清藏本、金陵本無。

若能離此，無有疲厭，

生曰：「若以愛拔之，憎必捨焉〔一〕。既見而無除，能盡化哉〔二〕？」〔三〕

〔一〕「憎」，原作「增」，據平安本改。

〔二〕「能」上，貞享本有「豈」。

〔三〕「生曰」一段，永樂北藏本、徑山藏本、清藏本、金陵本無。

在在所生，不爲愛見之所覆。

什曰：「若能除愛見，即棄捨結業，受法化生，自在無礙也。」

肇曰：「夫有所見必有所滯，有所愛必有所憎。此有極之道，安能致無極之用？若能離此則法身化生，無在不在，生死無窮，不覺爲遠。何有愛見之覆、疲厭之勞乎？」

生曰：「『在在生』者，無疲厭故也。豈爲愛見所覆然耶？」〔一〕

〔一〕「生曰」一段，永樂北藏本、徑山藏本、清藏本、金陵本無。

所生無縛，能爲衆生説法解縛。

肇曰：「愛見既除，法身既立，則所生無縛，亦能解彼縛也。」

生曰：「大悲既不爲愛見所覆而生者，不復於生縛也矣。」〔一〕

〔一〕「生曰」一段，永樂北藏本、徑山藏本、清藏本、金陵本無。

如佛所說：『若自有縛，能解彼縛，無有是處；若自無縛，能解彼縛，斯有是處。』是故菩薩不應起縛。何謂縛？何謂解？

肇曰：「將因縛、解釋内調之義也。」〔一〕

〔一〕「肇曰」一段，永樂北藏本、徑山藏本、清藏本、金陵本無。

貪著禪味，是菩薩縛；

什曰：「『貪著禪味』有二障：障涅槃及菩薩道也。」

肇曰：「三界受生，二乘取證，皆由著禪味，所以爲縛。」

生曰：「貪報行禪，則有味於行矣。既於行有味，報必惑焉。夫惑報者，縛在生矣。」〔一〕

〔一〕「生曰」一段，永樂北藏本、徑山藏本、清藏本、金陵本無。

以方便生，是菩薩解。

肇曰：「自既離生，方便爲物而受生者，則彼我無縛，所以爲解也〔一〕。」

生曰：「欲濟群生而生者〔二〕，爲方便生也。以本不爲己，故報無惑焉。」〔三〕

〔一〕「解」，平安本無。

〔二〕「群」，平安本作「衆」。

〔三〕「生曰」一段，永樂北藏本、徑山藏本、清藏本、金陵本無。

又無方便慧縛，有方便慧解；無慧方便縛，有慧方便解。

肇曰：「巧積衆德，謂之『方便』。直達法相，謂之『慧』。二行俱備，然後爲解耳。若無方便而有慧，未免於縛。若無慧而有方便，亦未免於縛。」

生曰：「復廣縛、解義也。『方便』凡有二種：一、造行有功，終致妙果；二、以之爲化，使必成遂。『慧』亦二種：一、爲觀理伏心，二、爲於觀結盡。『觀理伏心』者，三乘所同，偏執則縛，在小也；若以爲化，方便用之，則不縛矣。『行功致果』者，有結便受三界之報，則縛在生也；若得結盡之慧，則解矣。」〔一〕

〔一〕「生曰」一段，永樂北藏本、徑山藏本、清藏本、金陵本無。

何謂無方便慧縛？謂菩薩以愛見心莊嚴佛土，成就衆生，於空、無相、無作法中而自調伏，是名無方便慧縛。

什曰：「觀空不取〔二〕，涉有不著，是名『巧方便』也〔三〕。今明六住已還〔三〕，未能無礙，當其觀空，則無所取著；及其出觀淨國〔四〕、化人則生見取相，心愛著〔五〕；拙於涉動〔六〕，妙於靜觀。觀空慧不取相〔七〕，雖是方便，而從慧受名。此中但取涉有不著爲方便〔八〕，故言『無方便而有慧』也。七住以上〔九〕，其心常定，動靜不異，故言『有方便慧』也〔一〇〕。」

肇曰：「六住以下，心未純一，在有則捨空，在空則捨有，未能以平等真心有無俱涉，所以嚴土、化人則雜以愛見。此非巧便修德之謂，故無方便；而以三空自調，故有慧也。」

〔一〕「取」，維摩經義疏卷四作「證」。

〔二〕「是名『巧方便』也」，維摩經義疏卷四作「此之二巧名爲『方便』」。

〔三〕「住」，原作「生」，據永樂北藏本、徑山藏本、清藏本、金陵本改。維摩經義疏卷四作「地」，下一「住」同。

〔四〕「淨國」，維摩經義疏卷四作「嚴土」。

〔五〕「見取相，心愛著」，維摩經義疏卷四作「愛見」。

〔六〕「拙」上，維摩經義疏卷四有「故」。

〔七〕「觀空慧」，維摩經義疏卷四作「然觀空」。

〔八〕「此中」，維摩經義疏卷四作「故此文」。「爲」上，維摩經義疏卷四有「名」。

〔九〕「以」，永樂北藏本、徑山藏本、清藏本、金陵本作「已」。下一「以」同。

〔一〇〕「其心常定」至「故言『有方便慧』也」，維摩經義疏卷四作「得於並觀，故能動静不二，名『有方便慧解』」。

何謂有方便慧解？謂不以愛見心莊嚴佛土，成就衆生，於空、無相、無作法中，以自調伏而不疲厭，

生曰：「觀理伏心，必惡生死，以爲化方便造之而得耳。」〔一〕

〔一〕「生曰」一段，永樂北藏本、徑山藏本、清藏本、金陵本無。

是名有方便慧解。

肇曰：「七住以上〔一〕，二行俱備，遊歷生死而不疲厭，所以爲解。」

〔一〕「以」，永樂北藏本、徑山藏本、清藏本、金陵本作「已」。

何謂無慧方便縛？謂菩薩住貪欲、瞋恚、邪見等諸煩惱，而植衆德本，是名無慧方便縛。

什曰：「七住以還〔二〕，又優劣不同也。此明新學不修正觀，不制煩惱，故言『無慧』也。而能修德迴向，仰求大果，故言『有方便』也〔三〕。若能修四念處，除四顛倒，是名『離煩惱慧』也。又善能迴向，心不退轉，是能求方便也。六住以還，雖通在縛境，若能具此二法，則是縛中之解也。此説『有相慧』及『能求方便』，是二門世間法也。上説『無相慧』及『涉有不著方便』，是二門出世間法也。」

肇曰：「不修空慧以除煩惱，是爲慧也。而勤積衆德〔三〕，有方便也。」〔四〕

〔二〕「以」，永樂北藏本、徑山藏本、清藏本、金陵本作「已」。下「以」同。

〔二〕「有」，平安本無。

〔三〕「勤」，原作「勸」，據平安本、貞享本改。

〔四〕「肇曰」一段，永樂北藏本、徑山藏本、清藏本、金陵本無。

何謂有慧方便解？謂離諸貪欲、瞋恚、邪見等諸煩惱，而殖衆德本，迴向阿耨多羅三藐三菩提，

生曰：「雖以無結免縛於生，容可資以成小，故須言『迴向』也。」〔一〕

〔一〕「生曰」一段，永樂北藏本、徑山藏本、清藏本、金陵本無。

是名有慧方便解。

肇曰：「上有方便慧解，今有慧方便解，致解雖同，而行有前後。始行者，自有先以方便積德然後修空慧者，亦有先修空慧而後積德者，各隨所宜，其解不殊也。離煩惱，即三空自調之所能。積德、向菩提，即嚴土、化人之流也。前後異說，互盡其美矣〔一〕。」

〔一〕「互」，平安本無。

文殊師利，彼有疾菩薩應如是觀諸法。

肇曰：「非真以下，無縛之觀也。」〔一〕

〔一〕「肇曰」一段，永樂北藏本、徑山藏本、清藏本、金陵本無。

又復觀身，無常、苦、空、無我，是名爲慧；

什曰：「上四句雜說世間、出世間慧方便，今此四句偏明出世間慧方便。亦云上統慧方便，此旨明處疾中用慧方便，故能不滅身取證也。若以身爲有，病至則惱；若知身非實，則處疾不亂。出世間慧亦有深淺，無常則空言初相，故先説無常。無常是出世間淺慧也。」

雖身有疾，常在生死，饒益一切而不厭倦，是名方便；

什曰：「生死可厭而能不厭，善處嶮難〔一〕，故名『方便』也。」

肇曰：「大乘四非常觀，即平等真觀，故名爲『慧』。以平等心而處世不倦，故名『方便』。慰諭之説，即其事也。」〔二〕

〔一〕「難」，平安本作「塗」。

〔二〕「肇曰」一段，永樂北藏本、徑山藏本、清藏本、金陵本無。

又復觀身，身不離病，病不離身，

什曰：「離身則無病，故不相離。又云身病一相，故不相離也。」

〔一〕「什曰」一段，永樂北藏本、徑山藏本、清藏本、金陵本無。

是病是身，非新非故，

什曰：「此明身病實相，無有新故，説出世間深慧也。」〔一〕

〔一〕「什曰」一段，永樂北藏本、徑山藏本、清藏本、金陵本無。

是名爲慧；〔一〕設身有疾，而不永滅，

生曰：「雖云方便有慧，而方便中不復更有慧也。以方便造慧者，慧中又有方便也。是以明之，而因廣義焉。」〔二〕

〔一〕「；」

〔二〕「生曰」一段，永樂北藏本、徑山藏本、清藏本、金陵本無。

是名方便。

什曰：「不取可滅之相，故能不滅，是方便力也。涉有應取相而不取相，不取相則理與有絶，而能涉有巧於難事，故名『方便』也。」〔一〕

肇曰：「新故之名，出於先後。然離身無病，離病無身，衆緣所成，誰後誰先？既無先後，則無新故。新故既無，即入實相，故名『慧』也。既有此慧，而與彼同疾，不取涅槃，謂之『方便』。自調初説，即其事也。慰諭自調，略爲權智。權智此經之關要，故會言有之矣。」

〔一〕「什曰」一段，永樂北藏本、徑山藏本、清藏本、金陵本無。

文殊師利。有疾菩薩應如是調伏其心，

生曰：「觀察得失，亦調伏矣。」〔一〕

〔一〕「生曰」一段，永樂北藏本、徑山藏本、清藏本、金陵本無。

不住其中，

生曰：「若欲除不調伏，必以調伏爲懷。」〔一〕

〔一〕「生曰」一段，永樂北藏本、徑山藏本、清藏本、金陵本無。

亦復不住不調伏心。

肇曰：「大乘之行，無言無相。而調伏之言，以形前文〔一〕。今將明言外之旨，故二俱不住。二俱不住，即寄言之本意。寄言之本意，即調伏之至也。」

生曰：「不以調伏爲懷耳，非不調伏也。」〔二〕

〔一〕「形」下，永樂北藏本、徑山藏本、清藏本、金陵本有「於」。

〔二〕「生曰」一段，永樂北藏本、徑山藏本、清藏本、金陵本無。

所以者何？若住不調伏心，是愚人法；若住調伏心，是聲聞法。是故菩薩不當住於調伏、不調伏心，離此二法，是菩薩行；

肇曰：「不調之稱，出自愚人。調伏之名，出自聲聞。大乘行者，本無名相〔一〕，欲言不調，則同愚人；欲言調伏，則同聲聞。二者俱離，乃應菩薩處中之行。」

〔一〕「本」，永樂北藏本、徑山藏本、清藏本、金陵本作「並」。

在於生死，不爲污行，住於涅槃，不永滅度，是菩薩行；

肇曰：「欲言在生死，生死不能污。欲言住涅槃〔一〕，而復不滅度。是以處中道而行者，非在生死，非住涅槃。」

〔一〕「住」，永樂北藏本、清藏本作「在」。

非凡夫行，

什曰：「『凡夫行』者有三種：善、不善、無動行。無動行，色、無色界行也。上二界，壽命劫數長久，外道以爲有常，不動義也〔一〕。佛亦因世所名，而名之也。」

〔一〕「不」上，永樂北藏本、徑山藏本、清藏本、金陵本有「有常」。

非賢聖行，

什曰：「謂行三脱而不證也。」〔一〕

〔一〕「什曰」一段，徑山藏本、金陵本置後經「是菩薩行」下。

是菩薩行；非垢行，非浄行，是菩薩行；

肇曰：「不可得而名者也。」〔一〕

〔一〕「肇曰」一段，永樂北藏本、徑山藏本、清藏本、金陵本無。

雖過魔行，而現降伏衆魔，是菩薩行；

肇曰：「不可得而有，不可得而無者，其唯大乘行乎？何則？欲言其有，無相無名；欲言其無，萬德斯行。萬德斯行，故雖無而有；無相無名，故雖有而無。然則言有不乖無，言無不乖有。是以此章或説有行，或説無行，有無雖殊，其致不異也。『魔行』，四魔行也。久已超度，而現降魔者，示有所過耳。」

雖求一切智，無非時求，是菩薩行；

什曰：「功行未足，而求至足之果，名『非時求』也〔一〕。」

肇曰：「一切智未成，而中道求證，名『非時求』也。」

〔一〕「求」，平安本無。

雖觀諸法不生，而不入正位，是菩薩行；

什曰：「『觀無生』，是取證法。『不入正位』，明不證也。」

肇曰：「『正位』，取證之位也。三乘同觀無生，慧力弱者不能自出；慧力强者，超而不證也。」

雖觀十二緣起，而入諸邪見，是菩薩行；

肇曰：「觀緣起，斷邪見之道也。而能反同邪見者〔一〕，豈二乘之所能乎？」

〔一〕「反」，永樂北藏本、清藏本作「及」。

雖攝一切衆生，而不愛著，是菩薩行；

什曰：「四攝法也。四攝是愛念衆生法，今明愛而不著也。」

肇曰：「『四攝』，攝彼慈惠之極。視彼猶己，而能無著也。」〔一〕

〔一〕「肇曰」一段，永樂北藏本、徑山藏本、清藏本、金陵本無。

雖樂遠離，而不依身心盡，是菩薩行；

什曰：「心識滅盡，名爲『遠離』。遠離即空義也。『不依』者，明於空不取相也。」

肇曰：「小離，離憒鬧〔一〕。大離，身心盡〔二〕。菩薩雖樂大離而不依恃也。」

〔一〕「離」下，永樂北藏本、徑山藏本、清藏本、金陵本有「世」。

〔二〕「身」上，平安本、永樂北藏本、徑山藏本、清藏本、金陵本有「離」。

雖行三界，

什曰：「現生三界。」〔一〕

〔一〕「什曰」一段，永樂北藏本、徑山藏本、清藏本、金陵本無。

而不壞法性，是菩薩行；

什曰：「處而不惑也。」〔一〕

肇曰：「三界即法性，處之何所壞焉？」

〔一〕「什曰」一段，永樂北藏本、徑山藏本、清藏本、金陵本無。

雖行於空，而殖衆德本，是菩薩行；

肇曰：「行空欲以除有〔一〕，而方殖衆德也〔二〕。」

〔一〕「行」下，貞享本、徑山藏本、金陵本有「於」。 〔二〕「以」，徑山藏本、金陵本無。

雖行無相，而度衆生，是菩薩行；

肇曰：「行無相欲除取衆生相，而方度衆生也。」

〔一〕「衆」，原作「有」，據平安本、貞享本、永樂北藏本、徑山藏本、清藏本、金陵本改。

雖行無作，而現受身，是菩薩行；

肇曰：「行無作欲不造生死，而方現受身也。」

雖行無起，而起一切善行，是菩薩行；

肇曰：「行無起欲滅諸起心，而方起諸善行〔一〕。」

〔一〕「諸」，平安本、永樂北藏本、徑山藏本、清藏本、金陵本無。

雖行六波羅蜜，而遍知衆生心心數法，是菩薩行；

什曰：「六度是自行法，自行既足，然後化人，化人乃知衆生心。今雖自行，而已能知彼。復次，第六度觀法無相，不以無相爲礙，亦能知衆生心也。」

肇曰：「『六度』，無相行也。無相則無知，而方遍知衆生心行也。」

雖行六通，而不盡漏，是菩薩行；

肇曰：「雖具六通，而不爲漏盡之行也。何者？菩薩觀漏，即是無漏，故能永處生死，與之同漏。豈以漏盡而自異於漏乎？」

雖行四無量心，而不貪著生於梵世，是菩薩行；

什曰：「四無量行，則應生四禪地。今偏言『梵』者，以衆生宗事梵天，舉其宗也。亦四禪地，通名『梵』耳。」

雖行禪定解脱三昧，

什曰：「『禪』，四禪也。『定』，四空也。『解脱』，八解脱也。『三昧』，空、無相、無作也。」〔一〕

〔一〕「什曰」一段，永樂北藏本、徑山藏本、清藏本、金陵本置後經「而不隨禪生，是菩薩行」下。

而不隨禪生，是菩薩行；

肇曰：「取其因而不取其果，可謂自在行乎？」

雖行四念處，而不永離身受心法，是菩薩行；

什曰：「雖觀此四法，而不永滅而取證也。」〔一〕

肇曰：「小乘觀身受心法，離而取證。菩薩雖觀此四，不永離而取證也。」

〔一〕「什曰」一段，永樂北藏本、徑山藏本、清藏本、金陵本無。

雖行四正勤，而不捨身心精進，是菩薩行；

什曰：「『精進』，即四正勤也。不取，故言離也。」〔一〕

肇曰：「小乘法行四正勤〔二〕，功就則捨入無爲。菩薩雖同其行，而不同其捨也。」

〔一〕「什曰」一段，永樂北藏本、徑山藏本、清藏本、金陵本無。

〔二〕「行」，永樂北藏本、徑山藏本、清藏本、金陵本無。

雖行四如意足，而得自在神通，是菩薩行；

什曰：「雖現學神足，實已神通自在也。」〔一〕

肇曰：「雖同小乘行如意足，而久得大乘自在神通。『如意足』，神通之因也。」

〔一〕「什曰」一段，永樂北藏本、徑山藏本、清藏本、金陵本無。

雖行五根，而分别衆生諸根利鈍，是菩薩行；

肇曰：「小乘唯自修己根，不善人根。菩薩雖同其自修，而善知人根，令彼我俱順也。」

雖行五力，而樂求佛十力，是菩薩行；雖行七覺分，而分别佛之智慧，是菩薩行；雖行八正道，而樂行無量佛道，是菩薩行；

什曰：「盡明現行淺法，而内已實入深法也。」〔一〕

肇曰：「雖同聲聞根、力、覺、道，其所志求常在佛行也。」

〔一〕「什曰」一段，永樂北藏本、徑山藏本、清藏本、金陵本無。

雖行止觀，

什曰：「初係心在緣名爲『止』，止相應名爲『觀』也。」〔一〕

〔一〕「什曰」一段，永樂北藏本、徑山藏本、清藏本、金陵本無。

助道之法，而不畢竟墮於寂滅，是菩薩行；

肇曰：「係心於緣謂之『止』，分别深達謂之『觀』。『止、觀』，助涅槃之要法，菩薩因之而行，不順之以墮涅槃也。」

雖行諸法不生不滅，而以相好莊嚴其身，是菩薩行；

肇曰：「修無生滅無相行者，本爲滅相，而方以相好嚴身也。」

雖現聲聞、辟支佛威儀，而不捨佛法，是菩薩行；

肇曰：「雖現行小乘威儀，而不捨大乘之法。」

雖隨諸法究竟浄相，而隨所應爲現其身，是菩薩行；

肇曰：「究竟浄相，理無形貌〔一〕，而隨彼所應，現若干象也〔二〕。」

〔一〕「貌」，永樂北藏本、徑山藏本、清藏本、金陵本作「象」。

〔二〕「象」，平安本作「像」。

雖觀諸佛國土永寂如空，而現種種清浄佛土，是菩薩行；

肇曰：「空本無現，而爲彼現。」

雖得佛道，轉于法輪，入於涅槃，而不捨於菩薩之道，是菩薩行。」

肇曰：「雖現成佛、轉法輪、入涅槃而不永寂，還入生死，修菩薩法。如上所列，豈二乘之所能乎？獨菩薩行耳。」

説是語時，文殊師利所將大衆，其中八千天子皆發阿耨多羅三藐三菩提心。

注維摩詰經卷第六〔一〕

不思議品第六〔二〕

爾時，舍利弗見此室中無有床座，作是念：

什曰：「法身大士，身心無倦。聲聞結業之形，心雖樂法，身有疲厭，故發息止之想。身子於弟子中年耆體劣，故先發念，不用現其累迹。又以維摩必懸得其心，故直念而不言也〔三〕。尋下言『諸大人當於何坐』，似是推己之疲，以察衆人之體，恐其須，故發念之也。」〔四〕

〔一〕案平安本於此未分卷，金陵本作「卷第五」。

〔二〕案平安本於此未分品。

〔三〕「不言也」，平安本作「已」。

〔四〕「什曰」一段，永樂北藏本、徑山藏本、清藏本、金陵本置前經「不思議品第六」下。

「斯諸菩薩、大弟子衆，當於何坐？」

生曰：「前除座待須，故舍利弗發須之念也。」〔一〕

〔一〕「生曰」一段，永樂北藏本、徑山藏本、清藏本、金陵本無。

長者維摩詰知其意，語舍利弗言：「云何？仁者。爲法來耶？

什曰：「不直譏而問者，欲現其所念乖理，進退入負門也。」〔一〕

〔一〕「生曰」一段，永樂北藏本、徑山藏本、清藏本、金陵本無。

求床座耶？」

肇曰：「獨寢一床〔一〕，旨現於此。舍利弗默領懸機〔二〕，故扣其興端。浄名將辨無求之道〔三〕，故因而詰之也〔四〕。」

生曰：「須座之念，迹在有求。有求則乖法，非所以來意者也。」〔五〕

〔一〕「一」，原無，據平安本、永樂北藏本、清藏本補。又「獨寢一床」，徑山藏本、金陵本作「牀座獨寢」。

〔二〕「默」，永樂北藏本、清藏本作「獨」。「懸」，徑山藏本、金陵本作「玄」。「機」，永樂北藏本、徑山藏本、清藏本、金陵本作「幾」。

〔三〕「辨」，永樂北藏本、徑山藏本、清藏本、金陵本作「辯」。

〔四〕「詰」，永樂北藏本、徑山藏本、清藏本、金陵本作「語」。

〔五〕「生曰」一段，永樂北藏本、徑山藏本、清藏本、金陵本無。

舍利弗言：「我爲法來，非爲床座〔一〕。」維摩詰言：「唯，舍利弗。夫求法者，

什曰：「不取法相，理會於法，名爲『求法』。若取相生著，心與法乖，非求法也。」〔二〕

〔一〕案關中釋抄卷下：「『我爲法來，非爲床坐』者，身子若意云：『我從菴園本爲法來，非爲床坐。而想此中忽然念床，非本心也。」

〔二〕「什曰」一段，永樂北藏本、徑山藏本、清藏本、金陵本無。

不貪軀命，何況床座？夫求法者，非有色、受、想、行、識之求〔一〕**，**

肇曰：「真求乃不求法，況安身之具乎？自此下，遍於諸法明無求義也。」〔二〕

〔一〕案關中釋抄卷下：「『非有色、受、想、行、識之』者，此一段文，浄名不以法性無生，故無法可求也。復次，文殊奉命五百八千爲法隨從，然忻法之情既慇，保著之心亦固，既情慇、執固所已，前品雖略明三觀，但得天子發心，而未能深悟無生法忍。今將因念座，欲顯不思議品之大用，故先遣滯法之心，忘彼求取之意。諸來隨從自然息機會，□遺喪滯，近即得法眼浄，遠能不二法門也。」

〔二〕「肇曰」一段，永樂北藏本、徑山藏本、清藏本、金陵本無。

非有界、入之求，

肇曰：「『界』，十八界。『入』，十二入也。」

非有欲、色、無色之求。

肇曰：「無三界之求也。」

唯，舍利弗。夫求法者，不著佛求，不著法求，不著衆求；夫求法者，無見苦求，無斷集求，

無造盡證、修道之求〔一〕。所以者何？法無戲論。若言我當見苦、斷集、滅證、修道，是則戲論〔二〕，非求法也。

肇曰：「有求則戲論，戲論則非求，所以知真求之無求也。」〔三〕

〔一〕案關中釋抄卷下：「『無見苦求』者，四諦有二種：小乘以見苦、斷集、證滅、修道爲四，此苦實苦爲深諦，乃至滅道亦然。大乘了苦無生名苦真諦，乃至集、滅亦然，此之四諦即一真諦。此乃名四而體一，不同前小乘名四而體四也。」

〔二〕案關中釋抄卷下：「『若言我當見苦、斷集、證滅、修道』者，此既不了生，是乖實相，非真言論，名『戲論』也。」

〔三〕「肇曰」一段，永樂北藏本、徑山藏本、清藏本、金陵本無。

唯，舍利弗。法名寂滅，若行生滅，是求生滅，非求法也；法名無染，若染於法，乃至涅槃，是則染著，非求法也；法無行處，若行於法，是則行處，非求法也；法無取捨，若取捨法，是則取捨，非求法也；法無處所，若著處所，是則著處，非求法也；法名無相，若隨相識，是則求相，非求法也；法不可住，若住於法，是則住法，非求法也；法不可見聞覺知，若行見聞覺知，是則見聞覺知，非求法也；

肇曰：「六識略爲四名：見，聞，眼、耳識也。覺，鼻、舌、身識也。知，意識也。」〔一〕

〔一〕「肇曰」一段，原置前經「法不可見聞覺知」下，據徑山藏本、金陵本改。

法名無爲，若行有爲，是求有爲，非求法也。是故，舍利弗。若求法者，於一切法應無所求。」

肇曰：「法相如此，豈可求乎？若欲求者，其唯無求，乃真求耳〔一〕。」

生曰：「夫求法者非謂求也，以無復諸求爲求耳。」〔二〕

〔一〕「真」，永樂北藏本、清藏本作「爲」。

〔二〕「生曰」一段，永樂北藏本、徑山藏本、清藏本、金陵本無。

説是語時，五百天子於諸法中得法眼淨。

肇曰：「大乘法眼淨也。」〔一〕

〔一〕「肇曰」一段，永樂北藏本、徑山藏本、清藏本、金陵本無。案平安本於此分品，下作「維摩詰經不思議品第六集解」。

爾時，長者維摩詰問文殊師利言：「仁者遊於無量千萬億阿僧祇國，何等佛土有好上妙功德成就師子之座？」

什曰：「自知而問者，欲令衆會取信也。借座彼國，其義有二：一者，欲現諸佛嚴淨功德，致殊特之座〔一〕，令始行菩薩深其志願也。二者，欲因往反之迹，使化流二國也。」

肇曰：「文殊大士遊化無疆，必見諸國殊妙之座。淨名欲生時會敬信之情，故問而後取，示審其事也。」

生曰：「先問之者，欲明後所致是實也。」〔二〕

〔一〕「特」，永樂北藏本、徑山藏本、清藏本、金陵本作「勝」。

〔二〕「肇曰」「生曰」兩段，永樂北藏本、徑山藏本、清藏本、金陵本無。

文殊師利言：「居士。東方度三十六恒河沙國，有世界名須彌相，其佛號須彌燈王，今現在。彼佛身長八萬四千由旬〔一〕，

肇曰：「『由旬』，天竺里數名也〔二〕。上由旬六十里，中由旬五十里，下由旬四十里也。」〔三〕

〔一〕案關中釋抄卷下：「『由旬』者，或云『逾闍那』，或云『由延』『俞旬』『逾繕那』，此云『計合應爾』，謂計度量合爾，同此方驛也。古聖王一日行，俱舍十六里，餘經論或三十、六十、八十，無定數也。」

〔二〕「名也」，維摩經義疏卷四作「不定」。

〔三〕「肇曰」一段，徑山藏本、金陵本置後經「嚴飾第一」下。

其師子座高八萬四千由旬，嚴飾第一。」於是，長者維摩詰現神通力，即時彼佛遣三萬二千師子之座，高廣嚴净，來入維摩詰室。

肇曰：「净名雖以神力往取，彼佛不遣，亦無由致。」〔一〕

〔一〕「肇曰」一段，永樂北藏本、徑山藏本、清藏本、金陵本無。

諸菩薩、大弟子、釋、梵、四天王等，昔所未見。其室廣博，悉苞容三萬二千師子之座，無所妨閡。於毘耶離城及閻浮提四天下亦不迫迮，悉見如故。爾時，維摩詰語文殊師利：「就師子座，與諸菩薩上人俱坐。當自立身，如彼座像。」其得神通菩薩，即自變形爲四萬二千由旬，坐師子座；諸新發意菩薩及大弟子，皆不能昇。爾時，維摩詰語舍利弗：「就師子座。」舍利弗言：「居士。此座高廣，吾不能昇。」〔一〕

什曰：「維摩神力所制，欲令衆知大小乘優劣若此之懸也〔二〕。亦云：諸佛功德之座，非無德所昇，理自冥純，非所制也。」

〔一〕案關中釋抄卷下：「『此座高廣，吾不能昇』者，如來昔日鹿苑説小乘生滅四諦十二緣，斷三界九地惑。至非相想九解脱床，證盡無生智，名坐解脱床。如來撫接二乘乃云：『我與汝等三人同坐解脱床。』此諸聲聞等不了如來隨宜所説，實理如來同坐此解脱床，故法花云：『佛説一解脱義，（我）等不得此法。』二乘既謂佛同坐，豈能進求？今將欲奪小乘解脱，使知非真床，令證不思議解脱之真座。然理不可頓，悟必有漸，故假燈王之床座，因遣權即實也。故法花云：『汝等但離虛妄，名爲解脱。』其實未得一切解脱。何故喻床？答：解脱止息，故如來床也。」

〔二〕「衆」下，平安本有「會」。

維摩詰言：「唯，舍利弗。爲須彌燈王如來作禮，乃可得坐。」於是，新發意菩薩及大弟子，即爲須彌燈王如來作禮，便得坐師子座。舍利弗言：「居士，未曾有也。如是小室，乃容受

此高廣之座，於毘耶離城無所妨閡，又於閻浮提聚落城邑，及四天下諸天、龍王、鬼神宮殿，亦不迫迮。」維摩詰言：「唯，舍利弗。諸佛、菩薩有解脱名『不可思議』。

肇曰：「夫有不思議之迹顯於外，必有不思議之德著於内，覆尋其本，權智而已乎？何則？智無幽而不燭，權無德而不修。無幽不燭，故理無不極；無德不修，故功無不就。功就在于不就〔一〕，故一以成之；理極存于不極，故虚以通之。所以智周萬物而無照，權積衆德而無功，冥寞無爲〔二〕，而無所不爲，此不思議之極也。巨細相容，殊形並應，此蓋耳目之麁迹，遽足以言乎？然將因末以示本，託麁以表微，故因借座略顯其事耳。此經自始于浄土，終于法供養，其中所載大乘之道，無非不思議法者也。故囑累云〔三〕：『此經名不思議解脱法門，當奉持之。』此品因現外迹，故別受名耳。『解脱』者，自在心法也。得此解脱，則凡所作爲，内行外應，自在無閡〔四〕，此非二乘所能議也。七住法身已上，乃得此解脱也。」

別本云：「神足三昧解脱。」

什曰：「同體異名也。夫欲爲而不能，則爲縛也。應念即成解脱無不能〔五〕，名爲『解脱』。能然而莫知所以然，故曰『不思議』也。」〔六〕

〔一〕「于」，平安本作「乎」。下一「于」同。

〔二〕「寘」，永樂北藏本、徑山藏本、清藏本、金陵本作「漠」。

〔三〕「囑」，平安本作「屬」。

〔四〕「閡」，徑山藏本、金陵本作「礙」。

〔五〕「無」，平安本無。

〔六〕「什曰」一段，永樂北藏本、徑山藏本、清藏本、金陵本無。

若菩薩住是解脱者，以須彌之高廣内芥子中，無所增減，須彌山王本相如故。

什曰：「『須彌』，地之精也，此地大也。下説水、火、風、地，其四大也。惑者〔一〕，謂四大有神，亦云最大，亦云有常。今制以道力，明不神也。内之纖芥，明不大也。巨細相容，物無定體，明不常也。此皆反其所封，拔其幽滯，以去其常習，令歸宗有塗焉。」〔二〕

〔一〕「惑」，永樂北藏本、徑山藏本、清藏本、金陵本作「或」。

〔二〕「什曰」一段，徑山藏本、金陵本置後經「唯應度者，乃見須彌入芥子中，是名不可思議解脱法門」下。

而四天王、忉利諸天，不覺不知己之所入。唯應度者，乃見須彌入芥子中，是名不可思議解脱法門。又以四大海水入一毛孔，不嬈魚、鼈、黿、鼉水性之屬，而彼大海本相如故。諸龍、鬼神、阿修羅等，不覺不知己之所入，於此衆生亦無所嬈。又舍利弗，住不可思議解脱菩

薩，斷取三千大千世界，如陶家輪，著右掌中，擲過恒沙世界之外，其中衆生不覺不知己之所往；又復還置本處，都不使人有往來想，而此世界本相如故。又舍利弗，或有衆生樂久住世而可度者，菩薩即演七日以爲一劫，

什曰：「或者亦云〔一〕：『時爲常法〔二〕。』令脩短改度，示不常也。」〔三〕

〔一〕「或」，貞享本作「惑」。

〔二〕「常」，平安本無。

〔三〕「什曰」一段，永樂北藏本、徑山藏本、清藏本、金陵本無。

令彼衆生謂之一劫；或有衆生不樂久住而可度者，菩薩即促一劫以爲七日，令彼衆生謂之七日。又舍利弗，住不可思議解脱菩薩，以一切佛土嚴飾之事，集在一國，示於衆生；又菩薩以一佛土衆生置之右掌，飛到十方，遍示一切，而不動本處。又舍利弗，十方衆生供養諸佛之具，菩薩於一毛孔皆令得見；又十方國土所有日、月、星宿，於菩薩一毛孔普使見之。又舍利弗，十方世界所有諸風，菩薩悉能吸著口中，而身無損，外諸樹木亦不摧折；又十方世界劫盡燒時，以一切火内於腹中，火事如故，而不爲害。又於下方過恒河沙等諸佛世界，取一佛土，舉著上方過恒河沙無數世界，如持鍼鋒舉一棗葉，而無所嬈。又舍利弗，住不可思議解脱菩薩，能以神通現作佛身，或現辟支佛身，或現聲聞身，或現帝釋身，或現梵王身，

或現世主身，或現轉輪王身。又十方世界所有衆聲，上、中、下音皆能變之，令作佛聲，演出無常、苦、空、無我之音，及十方諸佛所説種種之法，皆於其中普令得聞。舍利弗。我今略説菩薩不可思議解脱之力，若廣説者，窮劫不盡。」是時，大迦葉聞説菩薩不可思議解脱法門，歎未曾有，謂舍利弗：「譬如有人，於盲者前現衆色像，非彼所見。一切聲聞聞是不可思議解脱法門，不能解了爲若此也。智者聞是，其誰不發阿耨多羅三藐三菩提心？我等何爲永絶其根〔一〕？於此大乘已如敗種。一切聲聞聞是不可思議解脱法門，皆應號泣，聲震三千大千世界；

肇曰：「所乖處重，故假言應號泣耳。二乘憂悲永除，尚無微泣，況震三千乎？」

〔一〕案關中釋抄卷下：「『我等何爲永絶其根』者，昔聞隨宜所謂實與佛同座解脱床，今聞别有解脱名不思議，量己外用之不如，亦審内證之非實，又增大士之行數越三祇，我今斷結，生涯甚近，既無進修之分，故致永絶之哀。又審已證不與佛同。又聞聲聞執佛同解脱果，理不進求。故此經偏折解脱不同，遂懷絶分之歎言。」

一切菩薩應大欣慶，頂受此法。

肇曰：「迦葉將明大小之殊，抑揚時聽，故非分者宜致絶望之泣，已分者宜懷頂受之歡也。」

若有菩薩信解不可思議解脱法門者，一切魔衆無如之何。」

肇曰：「但能信解，魔不能嬈，何況行應者乎？」〔一〕

〔一〕「肇曰」一段，永樂北藏本、徑山藏本、清藏本、金陵本無。

大迦葉説是語時，三萬二千天子皆發阿耨多羅三藐三菩提心。爾時，維摩詰語大迦葉：「仁者。十方無量阿僧祇世界中作魔王者，多是住不可思議解脱菩薩，以方便力，教化衆生，現作魔王。

肇曰：「因迦葉云『信解不可思議者，魔不能嬈』，而十方亦有信解菩薩爲魔所嬈者，將明不思議大士所爲自在，欲進始學，故現爲魔王，非魔力之所能也。此明不思議〔一〕，亦成迦葉言意。」

〔一〕「此」下，永樂北藏本、徑山藏本、清藏本、金陵本有「亦」。

又迦葉，十方無量菩薩，或有人從乞手、足、耳、鼻、頭、目、髓、腦、血、肉、皮、骨、聚落、城邑、妻子、奴婢、象馬、車乘、金銀、琉璃、車栗、瑪瑙、珊瑚、琥珀、真珠、珂貝、衣服、飲食，如此乞者，多是住不可思議解脱菩薩，以方便力而往試之，令其堅固。

什曰：「結業菩薩於施度將盡而未極，是以不思議菩薩强從求索，令其無惜心盡，具足堅固。亦令衆生知其堅固，亦使其自知堅固。」

肇曰：「凡試之興，出于未分。不思議大士神通已備，逆覩人根，何試之有？然爲堅固彼志，故不須而索。不須而索者，同魔試迹，故以試爲言耳，豈待試而後知耶？」〔一〕

〔一〕「肇曰」一段，永樂北藏本、徑山藏本、清藏本、金陵本無。

所以者何？住不可思議解脱菩薩有威德力，故行逼迫，示諸衆生如是難事。凡夫、下劣無有力勢，不能如是逼迫菩薩〔一〕。

肇曰：「截人手足，離人妻子，强索國財，生其憂悲。雖有目前小苦，而致永劫大安。是由深觀人根，輕重相權。見近不及遠者，非其所能爲也。」

〔一〕案關中釋抄卷下：「『凡夫、下劣不能如是逼迫菩薩』者，凡夫者，凡夫人也。下劣者，二乘及地前菩薩，名下劣位人也。故無垢稱經云：『凡夫、劣位非其所堪也。』」

譬如龍象蹴蹋，非驢所堪，

肇曰：「能不能爲諭〔一〕。象之上者，名『龍象』也。」〔二〕

〔一〕「諭」，平安本作「喻」。

〔二〕「肇曰」一段，永樂北藏本、徑山藏本、清藏本、金陵本無。

是名住不可思議解脱菩薩智慧方便之門。」

肇曰：「智慧遠通，方便近導。異迹所以形，衆庶所以成。物不無由〔一〕，而莫之能測，故權智二門爲不思議之本也。」

〔一〕「不無」，平安本作「無不」。

觀衆生品第七〔一〕

爾時，文殊師利問維摩詰言：「菩薩云何觀於衆生？」

什曰：「衆生若有真實定相者，則不思議大士不應徒行逼試，令其受苦。以非真實，易可成就，故行惱逼也〔二〕。復次，佛法有二種：一者有，二者空。若常在有，則累於想著；若常觀空，則捨於善本。若空有迭用，則不設二過〔三〕；猶日月代用，萬物以成。上已説有，故今明空門也。觀衆生爲若此，衆生神、主、我是一義耳。如一癡人行路，遇見遺匣〔四〕，匣中有大鏡〔五〕，開匣視鏡，自見其影，謂是匣主，稽首歸謝，捨之而走。衆生入佛法藏珍寶鏡中，取相計我，棄之而去，亦復如是。亦如一盲人行道中，遇值國王子，堅抱不捨，須臾王官屬至，加極楚痛，强逼奪之〔六〕，然後放捨。如邪見衆生，於非我見我，無常苦至，隨緣散壞，乃知非我，亦復如是。如空中雲，近之則無也〔七〕。真實慈觀諸法空，則是真實慧。真實慧中生無緣慈，名爲『真慈』。亦以慈爲本，爲人説真實法〔八〕，名『真慈』。亦慈爲本〔九〕，然後行布施等衆行爲名，或以自性爲名，或以所因爲名。自此已下，例可尋也〔一〇〕。」

肇曰：「悲疾大士自調之觀，微言幽旨，亦備之前文矣。然法相虛玄〔一一〕，非有心之所覩；真觀冥默，非言者之所辯。而云何不證涅槃〔一二〕，與群生同疾；又現不思議，其迹無端；或爲魔王，逼迫初學？斯皆自調大士之所爲也。自調之觀，彼我一空。然其事爲喻，乃更彌甚。至令希宗者惑亡言之致〔一三〕，存己者增衆生之見〔一四〕。所以無言之道，難爲言也。將近取諸喻，遠況真觀，以去時人封言之累，故生斯問也。」

生曰：「上不思議是應化衆生之迹，無方應之，似有衆生之情矣。有衆生情者，不能爲化，故須問焉。」〔一五〕

〔一〕「觀」上，平安本有「維摩詰經」。下同不出校。案關中釋抄卷下：「『衆生』者，大論經云：『衆緣生故名爲衆生。』此緣生無自性釋也。般若燈論云：『數數生故名爲衆生。』即餘經云：『補特迦羅，翻名數取趣。』釋同此也。大品經云：『無有法可名衆生，但假名故號爲衆生。』此上經論三釋，言異理同。雖有爲衆生之名，乃是返悟無生之教。諸釋言有情，即似定有衆生。然於簡異無情之門，似精於致教悟理之門。非無小失，幸諸達者深審詳佛旨焉。」

〔二〕「什曰」至「故行惱逼也」，徑山藏本、金陵本置前經「譬如龍象蹴蹋，非驢所堪」下。

〔三〕「設」，永樂北藏本、徑山藏本、清藏本、金陵本作「没」。

〔四〕「匣」，平安本作「篋」。下同。

〔五〕「大」，平安本無。

〔六〕「强」，徑山藏本、金陵本作「苦」。

〔七〕「觀衆生爲若此」至「近之則無也」，徑山藏本、金陵本置後經「菩薩觀衆生爲若此」下。

〔八〕「實」，平安本無。

〔九〕「慈」下，平安本有「中」。

〔一〇〕「真實慈觀諸法空」至「例可尋也」，貞享本、徑山藏本、金陵本置後經「是即真實慈也」下。

〔一一〕「然」，平安本無。

〔一二〕「何」，平安本無。

〔一三〕「惑」，平安本作「或」。

〔一四〕「存」，平安本、永樂北藏本、清藏本作「彼」。

〔一五〕「生曰」一段，永樂北藏本、徑山藏本、清藏本、金陵本無。

維摩詰言：「譬如幻師，見所幻人，菩薩觀衆生爲若此。

肇曰：「幻師觀幻，知其非真。大士觀衆生，亦若此也〔一〕。」

生曰：「非不有幻人，但無實人耳。既無實人，以悟幻人亦無實矣。苟幻人之不實，衆生豈獨實哉？」〔二〕

〔一〕「亦」，平安本、永樂北藏本、徑山藏本、清藏本、金陵本作「有」。

〔二〕「生曰」一段，永樂北藏本、徑山藏本、清藏本、金陵本無。

如智者見水中月，如鏡中見其面像，如熱時炎，如呼聲響，如空中雲，如水聚沫，如水上泡，如芭蕉堅，如電久住，如第五大〔一〕，如第六陰〔二〕，如第七情，如十三入，如十九界，

肇曰：「遠見有形，近則無像。」

肇曰：「經有定數。」〔三〕

〔一〕案關中釋抄卷下：「『第五大』等者，前四大實有，故不取爲喻；五大本無，故喻衆生本無生也。」

〔二〕案關中釋抄卷下：「『第六陰』等，準釋亦然。餘教云：第二頭、第三手、龜毛、兔角皆同此，喻本無生也。」

〔三〕「肇曰」一段，永樂北藏本、徑山藏本、清藏本、金陵本無。

菩薩觀衆生爲若此。如無色界色，如燋穀牙，如須陀洹身見，如阿那含入胎，

肇曰：「阿那含雖有暫退，必不經生也。」

如阿羅漢三毒，

什曰：「大乘法中，云通三界，直輕微耳〔一〕。」

〔一〕「直」，原作「外」，據平安本、永樂北藏本、徑山藏本、清藏本、金陵本改。

如得忍菩薩貪恚毀禁，

肇曰：「七住得無生忍，心結永除，況毀禁麁事乎？」

如佛煩惱習，

肇曰：「唯有如來結習都盡。」

如盲者見色，如入滅盡定出入息，

肇曰：「心馳動於内，息出入於外。心想既滅，故息無出入也。」

如空中鳥跡，如石女兒，如化人煩惱，如夢所見已寤，如滅度者受身，

肇曰：「未有入涅槃，而復受身者。」

如無煙之火，

肇曰：「火必因質。」〔一〕

〔一〕「肇曰」一段，永樂北藏本、徑山藏本、清藏本、金陵本無。

菩薩觀衆生爲若此。」

文殊師利言：「若菩薩作是觀者，云何行慈？」

肇曰：「慈以衆生爲緣，若無衆生，慈心何寄乎〔一〕？將明真慈無緣而不離緣，成上無相真慈義也。」

生曰：「既悟衆生不實，必自兼物，是以有慈矣。然復似無所加慈〔二〕，故復次問之焉。」〔三〕

〔一〕「心」，平安本作「行」。

〔二〕「復似」，平安本無。

〔三〕「生曰」一段，永樂北藏本、徑山藏本、清藏本、金陵本無。

維摩詰言：「菩薩作是觀已，自念：『我當爲衆生説如斯法。』

生曰：「理常皎然若此〔一〕，而衆生乖之彌劫。菩薩既以悟之〔二〕，能不示諸？此假爲觀意設念，非實念也。」〔三〕

〔一〕「皎」，平安本作「皦」。

〔二〕「以」，平安本作「已」。

〔三〕「生曰」一段，永樂北藏本、徑山藏本、清藏本、金陵本無。

是即真實慈也。

肇曰：「衆生本空，不能自覺，故爲説斯法，令其自悟耳，豈我有彼哉〔一〕？若能觀衆生空，則心行亦空。以此空心而於空中行慈者，乃名無相真實慈也。若有心於衆生而爲慈者，此虚誑慈耳，何足以稱乎？」

生曰：「必能實濟，非虚念而已矣。」〔二〕

〔一〕「我有彼」，平安本作「我彼有」，永樂北藏本、徑山藏本、清藏本、金陵本作「有我彼」。

〔二〕「生曰」一段，永樂北藏本、徑山藏本、清藏本、金陵本無。

行寂滅慈，無所生故〔一〕；

什曰：「知諸法寂滅無生，因此生慈而不失寂滅，故以『寂滅』爲名也。」

肇曰：「七住得無生忍已後，所行萬行皆無相無緣，與無生同體。無生同體〔二〕，無分別也。真慈無緣，無復心相。心相既無，則泊然永寂。未嘗不慈，未嘗有慈，故曰『行寂滅慈』，無所生也〔三〕。自此下廣明無相慈行，以成真實之義。名行雖殊，而俱出慈體，故盡以『慈』爲名焉。」

生曰：「欲以衆生如幻爲説之者，是即如幻慈也。凡曰可以爲慈〔四〕，莫不皆然。是以推而名之〔五〕，不復甲乙言也。如幻已自辨之於前，無所釋也。下既無辨，得不釋乎？」〔六〕

〔一〕案關中釋抄卷下：「『行寂滅慈』者，菩薩觀衆生空，入無生觀已，還爲衆生説是無生觀門。衆生得無生忍，即是與衆生無生忍樂，故名『慈』也。已下寂滅慈等，諸名雖異，體只是一。今悟無生忍，即此忍上廣依義建立諸名也。何者？只令生悟無生，無生即寂滅。」

〔二〕「無生同體」，平安本無。

〔三〕「生」下，平安本有「故」。

〔四〕「凡」，平安本作「汎」。

〔五〕「推」，平安本作「準」。

〔六〕「什曰」「生曰」兩段，永樂北藏本、徑山藏本、清藏本、金陵本無。

行不熱慈，無煩惱故〔一〕：

肇曰：「煩惱之興，出于愛見。慈無愛見，故無熱惱也。」

〔一〕案關中釋抄卷下：「煩惱不生即不熱。」

行等之慈，等三世故〔一〕：

肇曰：「慈被三世，而不覺三世之異也。」〔二〕

〔一〕案關中釋抄卷下：「三世無生即名等。」

〔二〕「肇曰」一段，永樂北藏本、徑山藏本、清藏本、金陵本無。

行無諍慈，無所起故〔一〕：

什曰：「見法有起，則與法諍也。」

肇曰：「彼我一虚，諍訟安起？」〔二〕

〔一〕案關中釋抄卷下：「無生即無起，無起故無諍法。」

〔二〕「什曰」「肇曰」兩段，永樂北藏本、徑山藏本、清藏本、金陵本無。

行不二慈，内外不合故〔一〕：

什曰：「『内外』，内外入也。内外爲二，相對爲合。」

肇曰：「内慈外緣，俱空無合。」〔二〕

〔一〕案關中釋抄卷下：「無生故内外不合，不合即不二。」

〔二〕「肇曰」一段，永樂北藏本、徑山藏本、清藏本、金陵本無。

行不壞慈，畢竟盡故〔一〕；

肇曰：「無緣真慈，慈相永盡，何物能壞？」〔二〕

〔一〕案關中釋抄卷下：「無生即無盡，故不壞。」

〔二〕「肇曰」一段，永樂北藏本、徑山藏本、清藏本、金陵本無。

行堅固慈，心無毀故〔一〕；

肇曰：「上明外無能壞，此明内自無毀。」

〔一〕案關中釋抄卷下：「無生信，故無毀。」

行清浄慈，諸法性浄故〔一〕；

肇曰：「真慈無相，與法性同浄也。」

〔一〕案關中釋抄卷下：「無生不染，故即性浄。」

行無邊慈，如虛空故〔一〕；

肇曰：「無心於覆，而心無所不覆也〔二〕。」

〔一〕案關中疏卷下：「取相故功德有邊，證無相故空無邊也。」關中釋抄卷下：「無生本無，故如虛空。」

〔二〕「所」，貞享本、永樂北藏本、徑山藏本、清藏本、金陵本無。

行阿羅漢慈，破結賊故〔一〕；

什曰：「秦言『殺結使賊』也〔二〕。此從除結中生，因以爲名；亦能除結，故因能受名也。」

肇曰：「『阿羅漢』，秦言『破結賊』。嫉、恚、邪、疑諸惱結，因慈而滅，可名『羅漢』矣。」〔三〕

〔一〕案關中疏卷下：「阿羅漢，破結賊，得無生忍，賊自亡也。」關中釋抄卷下：「無生破法，故名『阿羅漢』。」

〔二〕「結使賊」，平安本作「賊結使」。

〔三〕「肇曰」一段，永樂北藏本、徑山藏本、清藏本、金陵本無。

行菩薩慈，安衆生故〔一〕；

肇曰：「菩薩之稱，由安衆生。慈安衆生，可名『菩薩』。」

〔一〕案關中疏卷下：「既得無生，行無緣慈，能利一切。」關中釋抄卷下：「無生即至安人，故名『菩薩』。」

行如來慈，得如相故〔一〕；

肇曰：「如來之稱，由得如相。慈順如相，可名『如來』。」

〔一〕案關中疏卷下：「既得法身，去來相如。今悟如相，名『如來慈』。」關中釋抄卷下：「無生即真如相，無去來故名『如來』。」

行佛之慈，覺衆生故〔一〕；

什曰：「群生長寢，菩薩覺之。」〔二〕

肇曰：「自覺覺彼，謂之『佛』也。慈既自悟，又能覺彼，可名爲『佛』也。」

〔一〕案關中疏卷下：「既身得無生，必能覺未覺者。」關中釋抄卷下：「覺法無生名『佛慈』。」

〔二〕「什曰」一段，永樂北藏本、徑山藏本、清藏本、金陵本無。

行自然慈，無因得故〔一〕；

什曰：「無因即自然，自然即無師義也〔二〕。」〔三〕

肇曰：「大乘之道無師而成，謂之『自然』。菩薩真慈，亦無因而就，可名『自然』乎？」

〔一〕案關中疏卷下：「法身真常，妄惑所覆。除妄修因，非真要修。」關中釋抄卷下：「無生理常，非因緣生，故自然。」

〔二〕維摩經義疏卷五此下有「真慈無師而得，名『自然慈』」。

〔三〕「什曰」一段，永樂北藏本、徑山藏本、清藏本、金陵本無。

行菩提慈，等一味故〔一〕；

什曰：「唯佛菩提能解一切法一相一味也。今無相解中生慈，故遠同菩提也。」

肇曰：「平等一味無相之道，謂之『菩提』。無相真慈，亦平等一味，可名『菩提』也。」

〔一〕案關中疏卷下：「菩提無相，怨親平等，故一味也。」關中釋抄卷下：「無生無是非，故菩提一味。」

行無等慈，斷諸愛故〔一〕；

什曰：「凡夫有愛結而行慈，則可與等。愛斷行慈者，無能等也。」

肇曰：「二乘六住已下，皆愛彼而起慈。若能無心愛彼而起慈者，此慈超絶，可名『無等』。」

〔一〕案關中疏卷下：「既證法身，超然絶得，離愛著也。」關中釋抄卷下：「無生維待故無比。」

行大悲慈，導以大乘故〔一〕；

肇曰：「濟彼苦難，導以大乘，大悲之能。慈欲彼樂，亦導以大乘，可名『大悲』也。」

〔一〕案關中疏卷下：「令悟無生，超度衆生苦，名『大乘』也。」關中釋抄卷下：「無生大乘救大苦，故大悲。」

行無厭慈，觀空、無我故〔一〕；

肇曰：「疲厭之情，出于存我。以空、無我心而爲慈者，與生死相畢，無復疲厭也。」

〔一〕案關中疏卷下：「既亡彼我，疲厭永絶焉，樂濟人不休息也。」關中釋抄卷下：「無生離彼我，故無厭忻。」

行法施慈，無遺惜故〔一〕；

肇曰：「未有得真實慈而悋法財者，可名『法施』也。」

〔一〕案關中疏卷下：「令悟真空，名爲『法施』。理含方德，故無遺惜。」關中釋抄卷下：「令悟無生即萬行慈施名『無惜』。」

行持戒慈，化毁禁故〔一〕，

肇曰：「未有得真實慈而爲殺盜不兼化者，可名『持戒』〔二〕。」

〔一〕案關中疏卷下：「悟空法身，尸羅自淨。悲願既滿，能化毁禁。」關中釋抄卷下：「無生毁禁罪滅，悟無生故忘彼我。」

〔二〕「戒」，永樂北藏本無。

行忍辱慈，護彼我故〔一〕，

什曰：「若能行忍辱〔二〕，則内不自累，外不傷物，故言『護彼我』也。凡此中慈上行字，梵本中無〔三〕。」

肇曰：「未有得真實慈而不護彼己致忿諍者，可名『忍辱』也。」〔四〕

〔一〕案關中疏卷下：「諦見無生，彼我自絶。誰云彼辱？孰是我忍？」關中釋抄卷下：「悟無生故忘彼我。」

〔二〕「辱」，原無，據平安本補。

〔三〕「梵」，平安本作「胡」。

〔四〕「肇曰」一段，永樂北藏本、徑山藏本、清藏本、金陵本無。

行精進慈，荷負衆生故〔一〕，

肇曰：「未有得真實慈而不荷負衆生者，可名『精進』也。」

〔一〕案關中疏卷下：「有我則疲於化人，無生則荷物不倦也。」關中釋抄卷下：「無生能忘懈怠惑，故名『精進』。」

行禪定慈，不受味故〔一〕；

肇曰：「未有得真實慈而以亂心受五欲味者，可名『禪定』也。」

〔一〕案關中疏卷下：「攝心住禪，禪悦爲味。悟心無生，味無味也。」關中釋抄卷下：「無生即定味不生。」

行智慧慈，無不知時故〔一〕；

什曰：「行未滿而求果，名『不知時』也。」

肇曰：「未有得真實慈而爲不知時行者，可名『智慧』也。」〔二〕

〔一〕案關中疏卷下：「無生正觀，了本忘除。對病皆藥，悉知時故。」關中釋抄卷下：「無生即二智並明，故知時也。」

〔二〕「肇曰」一段，永樂北藏本、徑山藏本、清藏本、金陵本無。

行方便慈，一切示現故〔一〕；

肇曰：「未有得真實慈而不權現普應者，可名『方便』也。」

〔一〕案關中疏卷下：「既證無相法身，故能隨物現相也。」關中釋抄卷下：「無生即能應物現生，故示現。」

行無隱慈，直心清净故〔一〕；

什曰：「其心質直，有罪必悔，不隱其過，此二業也〔二〕。」〔三〕

肇曰：「未有得真實慈而心有曲隱不清净者，可名『無隱』耳。」

〔一〕案關中疏卷下：「中道正觀理曲隱，永離二邊，故云『直心』。」關中釋抄卷下：「無生即二邊見破，故直心無隱。」

〔二〕「二」，平安本作「口」。

〔三〕「什曰」一段，永樂北藏本、徑山藏本、清藏本、金陵本無。

行深心慈，無雜行故〔一〕；

什曰：「直心中猶有累結，今深入佛法〔二〕，無雜想也。」

肇曰：「未有得真實慈而雜以淺行者，可名『深心』。」〔三〕

〔一〕案關中疏卷下：「無生正觀，唯取佛行，不離二乘。」關中釋抄卷下：「無生即深入一相，故不雜。」

〔二〕「今」下，永樂北藏本、徑山藏本、清藏本、金陵本有「則」。

〔三〕「肇曰」一段，永樂北藏本、徑山藏本、清藏本、金陵本無。

行無誑慈，不虚假故〔一〕；

什曰：「身業直正〔二〕，不誑物也。」〔三〕

肇曰：「未有得真實慈而虚假無實者，可名『無誑』也。」

〔一〕案關中疏卷下：「觀空見真，稱理無虛也。」關中釋抄卷下：「無生真鏡，故不假。」

〔二〕「身」上，平安本有「言」。

〔三〕「什曰」一段，永樂北藏本、徑山藏本、清藏本、金陵本無。

行安樂慈，令得佛樂故〔一〕。

什曰：「梵本云〔二〕：『住涅槃樂。』」〔三〕

肇曰：「未有得真實慈而不令彼我得佛樂者，可名『安樂』。」〔四〕

〔一〕案關中疏卷下：「無生正觀，必得佛果。」關中釋抄卷下：「無生即究竟涅槃，故云『佛樂』。」

〔二〕「梵」，平安本作「胡」。

〔三〕「什曰」一段，永樂北藏本、徑山藏本、清藏本、金陵本無。

菩薩之慈爲若此也〔一〕。

肇曰：「自上諸名皆真實慈體，自有此能故有此名耳，不外假他行以爲己稱也。真慈若此，豈容衆生見乎？」〔二〕

〔一〕案關中疏卷下：「上慈名雖殊，俱出正觀。經云：『般若雖空，一心具足萬行。』是爲説法空，令悟萬行，得菩提樂，名『菩薩慈』。」關中釋抄卷下：「可謂一念無生，萬行剋備。一行一切行，一慈一切慈。故大品云：『般若雖空，一心具足萬行。』即其事也。」

〔二〕「肇曰」一段，永樂北藏本、徑山藏本、清藏本、金陵本無。

文殊師利又問：「何謂爲悲？」答曰：「菩薩所作功德，皆與一切衆生共之。」

什曰：「功德及功德果報悉施衆生，此布施救苦衆生也。三等盡就施中明等，若廣説亦應如慈等。」

肇曰：「因觀問慈，備釋四等也。哀彼長苦，不自計身，所積衆德，願與一切〔一〕，先人後己，大悲之行也。」

生曰：「夫欲拔苦，要當捨己之樂以濟之也，又爲實悲矣。」〔二〕

〔一〕「願」上，關中疏有「得」。

〔二〕「什曰」「生曰」兩段，永樂北藏本、徑山藏本、清藏本、金陵本無。

「何謂爲喜？」答曰：「有所饒益，歡喜無悔。」

肇曰：「自得法利，與衆同歡，喜於彼己俱得法悦〔一〕，謂之『喜』。」

生曰：「慈悲既以益之，唯喜而無悔也，亦爲實喜矣。」〔二〕

〔一〕「喜」，關中疏作「欣」。

〔二〕「生曰」一段，永樂北藏本、徑山藏本、清藏本、金陵本無。

「何謂爲捨？」答曰：「所作福祐，

什曰：「亦施中明等也〔一〕。」〔二〕

（一）「等」，原作「空」，據平安本改。

（二）「什曰」一段，永樂北藏本、徑山藏本、清藏本、金陵本無。

無所希望。」

什曰：「現世不求恩，未來不求報也。聲聞行四等，不能實益衆生。今菩薩行四等，已實能利益衆生，故四等皆名『大』也。」

肇曰：「大悲苦行，憂以之生。慈喜樂行，喜以之生。憂喜既陳，則愛惡徵起。是以行者，捨苦樂行，平觀衆生。大乘正捨，行報俱亡，故無所希望也。三等俱無相無緣，與慈同行。慈行既備，類之可知也。」

生曰：「虛想衆生以捨憎愛者，非實捨也。若能不望功德之報，捨之極者也。」（一）

（一）「肇曰」「生曰」兩段，永樂北藏本、徑山藏本、清藏本、金陵本無。

文殊師利又問：「生死有畏，菩薩當何所依？」

什曰：「爲物受身，而未離結業。結業之體未能無畏，必有所依，然後能剋終大業，故問其所依趣能不廢退也。」

肇曰：「生死爲畏，畏莫之大（一）。悲疾大士何所依恃（二），而能永處生死，不以爲畏乎（三）？」

生曰：「行實等者，必入生死也。而據生死言之，是可畏之境。苟未能免，或爲所

得〔四〕，菩薩何所依怙，不畏之耶？」〔五〕

〔一〕「之大」，永樂北藏本、徑山藏本、清藏本、金陵本作「大之」。
〔二〕「悲」上，永樂北藏本有「大」。
〔三〕「以」，關中疏作「已」。又「以」下，貞享本有「畏」。
〔四〕「或爲」，平安本作「爲惑」。
〔五〕「什曰」「生曰」兩段，永樂北藏本、徑山藏本、清藏本、金陵本無。

維摩詰言：「菩薩於生死畏中，當依如來功德之力〔一〕。」

什曰：「如來功德如是深妙，我當得之，寧可以此微苦而生疲厭？一心求佛道，直進不迴，則衆苦自滅，恐畏斯除〔二〕，亦以念爲依，亦以求趣爲依。」

肇曰：「生死之畏，二乘所難。自不依如來功德力者，孰能處之？」

生曰：「夫以等入生死者，必欲濟生死也。苟以濟而入，終成如來果矣。若以利重推之，故不應難于小苦。又乃有此冥報，生死豈能加諸苦〔三〕？」〔四〕

〔一〕案關中疏卷下：「上云菩薩行成，皆是諸佛威神之所建立也。」
〔二〕「斯」，平安本作「自」。
〔三〕「苦」下，平安本有「如來功德之力，能使衆願不加之者也」。
〔四〕「肇曰」「生曰」兩段，永樂北藏本、徑山藏本、清藏本、金陵本無。

文殊師利又問：「菩薩欲依如來功德之力，當於何住？」

什曰：「欲依趣如來功德，要標心有在，故問其所住也。」

生曰：「若直欲濟而入，或不必能濟。不必能濟，不成大果，故復問入當何住也。」〔一〕

〔一〕「什曰」「生曰」兩段，永樂北藏本、徑山藏本、清藏本、金陵本無。

答曰：「菩薩欲依如來功德力者，當住度脱一切衆生〔一〕。」

肇曰：「住化一切則其心廣大，廣大其心則所之無難，此住佛功德力之謂也〔二〕。」

生曰：「明以濟而入，必住度脱中者也。」〔三〕

〔一〕案關中疏卷下：「住大悲心，諸佛護念也。」

〔二〕「功」，原無，據永樂北藏本、徑山藏本、清藏本、金陵本補。

〔三〕「生曰」一段，永樂北藏本、徑山藏本、清藏本、金陵本無。

又問：「欲度衆生，當何所除？」

生曰：「所謂『度脱』，必有所度、有所脱，故問之焉。」〔一〕

〔一〕「生曰」一段，永樂北藏本、徑山藏本、清藏本、金陵本無。

答曰：「欲度衆生，除其煩惱〔一〕。」

肇曰：「將尋其本，故先言其末也。」

生曰：「度煩惱之河，脱煩惱之縛矣。」〔二〕

〔一〕案關中疏卷下：「濟物之大，斷惑爲先。惑因既亡，生死自度。」

〔二〕「生曰」一段，永樂北藏本、徑山藏本、清藏本、金陵本無。

又問：「欲除煩惱，當何所行？」

生曰：「問衆生既有煩惱，當作何行乃得除之耶？」〔一〕

〔一〕「生曰」一段，永樂北藏本、徑山藏本、清藏本、金陵本無。

答曰：「當行正念〔一〕。」

生曰：「夫有煩惱，出於惑情耳〔二〕。便應觀察法理，以遣之也〔三〕。然始觀之時，見理未明，心不住理，要須念力，然後得觀也。念以不忘爲用，故得存觀焉〔四〕。」

别本云：「正憶念。」

什曰：「正憶念，通始終，兼精麁。凡非邪想，念不乖理，皆名『憶念』也。」〔五〕

〔一〕案關中疏卷下：「始於正念，終圓萬善。萬善不邪，皆正念也。」

〔二〕「惑」，永樂北藏本、徑山藏本、清藏本、金陵本作「戀」。

〔三〕「以」，關中疏作「次」。

〔四〕「觀」下，平安本、永樂北藏本、徑山藏本、清藏本、金陵本有「而觀」。

〔五〕「别本云」「什曰」兩段，永樂北藏本、徑山藏本、清藏本、金陵本無。

又問：「云何行於正念？」

生曰：「問正念爲行也。重問也。」〔一〕

〔一〕「生曰」一段，永樂北藏本、徑山藏本、清藏本、金陵本無。

答曰：「當行不生不滅〔一〕。」

肇曰：「『正念』，謂正心念法，審其善惡，善者增而不滅，惡者滅令不生〔二〕。」

生曰：「以不生不滅爲行。」〔三〕

〔一〕案關中疏卷下：「不善永息，善法圓滿，佛道成也。」

〔二〕「令」，關中疏作「而」。

〔三〕「肇曰」「生曰」兩段，永樂北藏本、徑山藏本、清藏本、金陵本無。

又問：「何法不生？何法不滅？」答曰：「不善不生，善法不滅。」

什曰：「惡法生則滅之〔一〕，未起不令生也。善法不滅，令其增廣也。」

生曰：「念力而觀爲造理之初始，是制惡就善者。」〔二〕

〔一〕「法」，平安本無。

〔二〕「生曰」一段，永樂北藏本、徑山藏本、清藏本、金陵本無。

又問：「善不善孰爲本〔一〕？」

肇曰：「既知善之可生、惡之可滅，將兩捨以求宗，故逆尋其本也。」

生曰：「夫一善一惡者，迭爲根本，永無判也〔二〕。要當求其本原而觀之者，然後判

矣。」〔三〕

〔一〕案關中疏卷下：「窮惑源之本妄，悟妄即自性空矣。不同二乘，斷惑證空。」

〔二〕「判」，關中疏作「制」。下同。

〔三〕「肇曰」「生曰」兩段，永樂北藏本、徑山藏本、清藏本、金陵本無。

答曰：「身爲本〔一〕。」

什曰：「『身』，謂五陰也。」

肇曰：「善惡之行，非身不生。」

生曰：「所以爲善惡者，爲身故也。」〔二〕

〔一〕案關中疏卷下：「見一處住地煩惱也。」

〔二〕「肇曰」「生曰」兩段，永樂北藏本、徑山藏本、清藏本、金陵本無。

又問：「身孰爲本？」答曰：「欲貪爲本〔一〕。」

什曰：「由欲著情深，故廣生結業。亦以愛潤所以受生，是以於諸結中偏舉欲貪也。」

肇曰：「愛爲生本，長衆結縛。凡在有身，靡不由之。」

生曰：「欲者貪使在我，故受身者矣。」〔二〕

〔一〕案關中疏卷下：「欲愛住地也。」

〔二〕「肇曰」「生曰」兩段，永樂北藏本、徑山藏本、清藏本、金陵本無。

又問：「欲貪孰爲本？」答曰：「虚妄分别爲本〔一〕。」

什曰：「法無定相，相由惑生，妄想分别，是好是醜〔二〕。好惡既形，欲心自發，故爲欲本也。」

肇曰：「法無美惡，虚妄分别，謂是美是惡。美惡既形，則貪欲是生也。」

生曰：「妄分别法，故有可貪著也。」〔三〕

〔一〕案關中疏卷下：「色愛住地也。」

〔二〕「是」上，平安本有「言」。

〔三〕「什曰」「生曰」兩段，永樂北藏本、徑山藏本、清藏本、金陵本無。

又問：「虚妄分别孰爲本？」答曰：「顛倒想爲本〔一〕。」

什曰：「有無見反於法相，名爲『顛倒』。先見有無，然後分别好惡。然則有無見是惑累之本，妄想之初，故偏受倒名也。」

肇曰：「法本非有，倒想爲有。既以爲有，然後擇其美惡〔二〕，謂之『分别』也。」

生曰：「惑心内轉爲『倒』，然後妄分别外事。」〔三〕

〔一〕案關中疏卷下：「有愛住地也。」

〔二〕「擇」，關中疏作「適」。

〔三〕「什曰」「生曰」兩段，永樂北藏本、徑山藏本、清藏本、金陵本無。

又問：「顛倒想孰爲本？」答曰：「無住爲本〔一〕。」

什曰：「法無自性，緣感而起。當其未起，莫知所寄。莫知所寄，故無所住。無所住故則非有無，非有無而爲有無之本。無住則窮其原〔二〕，更無所出，故曰『無本』。無本而爲物之本，故言立一切法也。」

肇曰：「心猶水也，静則有照，動則無鑒。癡愛所濁，邪風所扇，湧溢波蕩，未始暫住。以此觀法，何住不倒〔三〕？譬如臨面湧泉，而責以本狀者，未之有也。倒想之興本乎不住，義存於此乎？一切法從衆緣會而成體〔四〕，緣未會則法無寄。無寄則無住，無住則無法〔五〕，以無法爲本，故能立一切法也。」

生曰：「所謂『顛倒』，正反實也，爲不實矣。苟以不實爲體，是自無住也。既不自住，豈他住哉？若有所住，不得爲顛倒也。」

〔一〕案關中疏卷下：「無明住地，妄心構立，無别依住，故名『無住』。」

〔二〕「原」，永樂北藏本、徑山藏本、清藏本、金陵本作「源」。

〔三〕「住」，原作「往」，據關中疏改。「倒」，關中疏作「到」。

〔四〕「切」，平安本作「義」。

〔五〕「則」，永樂北藏本作「别」。

又問：「無住孰爲本？」答曰：「無住則無本〔一〕。」

肇曰：「若以心動爲本，則因有有相生〔二〕。理極初動，更無本也。若以無法爲本，則有因無生。無不因無〔三〕，故更無本也。」〔四〕

生曰：「無住即是無本之理也。」〔五〕

〔一〕案關中疏卷下：「此窮無明無依本也。」

〔二〕「因」，永樂北藏本、徑山藏本、清藏本、金陵本無。又「因有」，平安本作「相有」，貞亨本作「有因」。

〔三〕「因無」下，貞亨本有「由有無生」。

〔四〕「肇曰」一段，徑山藏本、金陵本置前經「無住爲本」注「肇曰」一段末。

〔五〕「生曰」一段，永樂北藏本、徑山藏本、清藏本、金陵本無。

文殊師利。從無住本，立一切法〔一〕。」

肇曰：「無住故想倒〔二〕，想倒故分別，分別故貪欲，貪欲故有身。既有身也則善惡並陳，善惡既陳則萬法斯起。自茲以往〔三〕，言數不能盡也。若善得其本〔四〕，則衆末可除矣〔五〕。」〔六〕

生曰：「一切諸法莫不皆然。但爲理現於顛倒，故就顛倒取之爲所明矣〔七〕。以此爲觀，復得有煩惱乎？」〔八〕

〔一〕案關中疏卷下：「此則一切法妄也。」

〔二〕「想倒」，關中疏作「到想」。下同。

〔三〕「以」，關中疏作「已」。

〔四〕「若」，關中疏作「亦不」。

〔五〕「未」，關中疏作「本」。

〔六〕「肇曰」一段，徑山藏本、金陵本置前經「無住則無本」注「肇曰」一段末，又置前經「無住爲本」注「肇曰」一段末。

〔七〕「所」，平安本無。

〔八〕「生曰」一段，永樂北藏本、徑山藏本、清藏本、金陵本無。

時維摩詰室有一天女〔一〕，

什曰：「無宅無神，隨宅主有優劣，故神有精麁。未曾有室，故以天女爲神也〔二〕。」〔三〕

生曰：「外國亦以神爲天也。夫有福之家必有福神附焉，是以菩薩託爲之矣，是入生死事也。」〔四〕

〔一〕案關中釋抄卷下：「『室有一天女』者，前淨名方丈一室多座，此室何以空？諸佛國土亦復皆空。即知淨名方丈非寬非狹，應物度生，示寬狹爾。今天女法身菩薩，法身非女而現女身，以表淨名非男現男也。故下文云：『天女得無生忍，以本願故，隨意能現。』復次，衆生空如第五等，而諸聽衆未知何以故空，故因天女現身，廣示天女無相也。」

〔二〕「天女」，維摩經略疏垂裕記卷八作「大士」。

〔三〕案維摩經義疏卷五：「什公云：天女是居士宅神。隨有宅必有神，宅有精麁，神有優劣。今入未曾有室，故以法身菩薩爲神。而名爲『天』者，外國貴重神，故名爲『天』也。」

〔四〕「什曰」「生曰」兩段，永樂北藏本、徑山藏本、清藏本、金陵本無。

見諸大人，聞所説法，便現其身，即以天華散諸菩薩、大弟子上。

什曰：「諸菩薩上嫌其室空，今所以供養，將以宅主處疾，故其神承旨而致供也〔一〕。」

肇曰：「『天女』，即法身大士也。常與淨名共弘大乘不思議道，故現爲宅神，同處一室。見大衆集〔二〕，聞所説法，故現身散華，欲以生論也。」

生曰：「現女神散華者，示卑而重法，以敦仰法之懷。密欲因事暢理〔三〕，以明不畏生死，故雖入而不染也。若畏而避之，愈致著也。」〔四〕

〔一〕「致」，平安本作「設」。

〔二〕「衆」，原作「士」，據平安本、永樂北藏本、徑山藏本、清藏本、金陵本、關中疏改。

〔三〕「欲」下，平安本有「先」。

〔四〕「什曰」「生曰」兩段，永樂北藏本、徑山藏本、清藏本、金陵本無。

華至諸菩薩即皆墮落，

生曰：「任之自墮〔一〕。」〔二〕

〔一〕「墮」下，平安本有「先」。

〔二〕「生曰」一段，永樂北藏本、徑山藏本、清藏本、金陵本無。

至大弟子便著不墮。

什曰：「天以此未曾有室無雜教〔一〕，故毀賤小乘，顯揚大道。所以共爲影響，發明勝致也。」

生曰：「雖曰天力使然，招之自有在矣〔二〕。」〔三〕

〔一〕「室」，平安本、永樂北藏本、徑山藏本、清藏本、金陵本作「室室」。

〔二〕「自」，關中疏作「身」。

〔三〕「生曰」一段，永樂北藏本、徑山藏本、清藏本、金陵本無。

一切弟子神力去華，不能令去。

肇曰：「將辨大小之殊〔一〕，故使華若此。」

生曰：「夫制飾華者，本欲除其好情也。苟無情於好飾，終日在己，豈有犯哉？而用神力去華，惡其著身者，蓋託全戒，將明惡必致好〔二〕，雖欲順律，乃反違其意矣。然則以致好之本排之，豈可去乎？故因事以明斯義，理亦如事也。」〔三〕

〔一〕「辨」，永樂北藏本、徑山藏本、清藏本、金陵本、關中疏作「辯」。

〔二〕「將」，平安本作「招」。

〔三〕「生曰」一段，永樂北藏本、徑山藏本、清藏本、金陵本無。

爾時，天問舍利弗：「何故去華？」

生曰：「怪而問之。」〔一〕

〔一〕「生曰」一段，永樂北藏本、徑山藏本、清藏本、金陵本無。

答曰：「此華不如法，是以去之。」

肇曰：「香華著身非沙門法，是以去之。一義：華法散身應墮，不墮非華法也。」

生曰：「不如律法。」〔一〕

〔一〕「生曰」一段，永樂北藏本、徑山藏本、清藏本、金陵本無。

天曰：「勿謂此華爲不如法。

別本云：「不如法分別。」

什曰：「梵本云『不浄』〔一〕，沙門絶於飾好，故以華爲不浄也〔二〕。」〔三〕

〔一〕「梵」，平安本作「胡」。

〔二〕「故」，平安本無。

〔三〕「別本云」「什曰」兩段，永樂北藏本、徑山藏本、清藏本、金陵本無。

所以者何？是華無所分別〔一〕**，**

什曰：「華性本不二，故無分別也。」

生曰：「華性無實，豈有如法、不如法之分別哉？」

〔一〕案關中釋抄卷下：「『是華無所分別』者，天女法身菩薩，觀華無相，不見著身爲犯，離身爲轉，故云

『是華無所分別』。」

仁者自生分別想耳〔一〕。

肇曰：「華豈有心於墮不墮乎？分別之想出自仁者耳。」

生曰：「如法、不如法出惑想之情耳，非華理然也。」〔二〕

〔一〕案關中釋抄卷下：「『仁者自生分別』者，身子小乘，不了華性無生，乃見著身爲犯戒，證身爲持戒也。」

〔二〕「生曰」一段，永樂北藏本、徑山藏本、清藏本、金陵本無。

若於佛法出家有所分別，爲不如法；若無分別，是則如法〔一〕。

肇曰：「如法不如法，在心不在華。」

生曰：「若體華理無好惡者〔二〕，乃合律之法耳。」〔三〕

〔一〕案關中疏卷下：「身子以犯戒爲不如法，大士以分別持犯爲不如法。」

〔二〕「體」，關中疏作「厭」。

〔三〕「生曰」一段，永樂北藏本、徑山藏本、清藏本、金陵本無。

觀諸菩薩華不著者，已斷一切分別想故〔一〕。

生曰：「非直不致著，亦不能使著也。」

〔一〕案關中疏卷下：「明菩薩離分別習故不著。不二法品明菩薩於漏無漏、爲無爲等皆亡分別，入不二法門得無生忍，意皆然也。」關中釋抄卷下：「『已斷一切分別想』者，五陰性空，不見著之爲犯，離之爲持也。戒既爾，定、慧亦然。小乘入定爲定，出定爲亂；大乘定、亂一相，亦無分別也。又小乘入觀緣真名慧，出觀緣僧非慧；大乘觀真僧不二，即心無生名慧，故無異緣分別也。」

譬如人畏時，非人得其便。

什曰：「如一羅刹變形爲馬，有一士夫乘之不疑。中道馬問士夫：『馬爲好不？』士夫拔刀示之〔一〕，問言：『此刀好不？』知其心正無畏〔二〕，竟不敢加害〔三〕。若不如是，非人得其便也。」

生曰：「恐畏之時情已怯弱〔四〕，故得便者矣。」〔五〕

〔一〕「拔」，維摩經義疏卷五作「投」。

〔二〕「知」上，維摩經義疏卷五有「馬」。「畏」，維摩經義疏卷五作「恐」。

〔三〕「竟」，維摩經義疏卷五作「遂」。「敢」，平安本無。

〔四〕「已」，平安本作「以」，關中疏作「既」。

〔五〕「生曰」一段，永樂北藏本、徑山藏本、清藏本、金陵本無。

如是弟子畏生死故〔一〕，

生曰：「華香致好，則增生死。然惡之者，是畏生死也。」〔二〕

〔一〕案關中疏卷下：「菩薩生死即涅槃，故大悲無畏。小乘生死異涅槃，故畏生死。」

〔三〕「生曰」一段，永樂北藏本、徑山藏本、清藏本、金陵本無。

色、聲、香、味、觸得其便〔一〕；

生曰：「苟曰惡之，好得便矣。」〔二〕

〔一〕案關中疏卷下：「又有分别故習氣不亡，六塵得便也。」

〔二〕「生曰」一段，永樂北藏本、徑山藏本、清藏本、金陵本無。

已離畏者，一切五欲無能爲也。

生曰：「既已離惡，正使五情所欲陳列於前，不復能使好之矣〔一〕。」〔二〕

〔一〕「好之」，關中疏作「之好」。

〔二〕「生曰」一段，永樂北藏本、徑山藏本、清藏本、金陵本無。

結習未盡〔一〕**，華著身耳；結習盡者，華不著也。」**

什云：「問曰：『菩薩結習亦未盡，云何不著耶？』答曰：『有二種習：一結習，二佛法中愛習。得無生忍時結習都盡，而未斷佛法愛習〔二〕。亦云法身菩薩雖有結習，以器净故習氣不起也。』」〔三〕

肇曰：「著與不著一由内耳，華何心乎？」

生曰：「向惡華去之，雖非結病，然是其習矣。習尚招華著身而不可去〔四〕，況有結乎？」〔五〕

〔一〕案關中釋抄卷下：「『結習未盡』者，聲聞餘惑，對小乘教言，正使已斷，但餘習氣。若對大乘，聲聞所餘煩惱，直是結使，非習氣也。故知聲聞已斷之惑但是離妄，非名斷是正結。若得菩薩一切解脱，方始斷正使爾。未斷者『習』，理實所斷虚妄，其惑甚微；未斷無明，其累至厚，故名『結』也。」

〔二〕「愛」，永樂北藏本作「受」。

〔三〕案維摩經義疏卷五：「問：『經云二乘菩薩俱無正使，同有於習，何故聲聞著華、大士不著？』答：『羅什有二解：一云菩薩器浄，習氣不起，故華不著；二乘器不浄，習氣則起，是故華著。二釋云習有二種：一、間結習，二、愛佛功德習。菩薩得無生忍時結習都盡，而未斷佛法愛習。』」

〔四〕「招」，關中疏作「投」。

〔五〕「生曰」一段，永樂北藏本、徑山藏本、清藏本、金陵本無。

舍利弗言：「天止此室其已久如？」

什曰：「梵本云〔一〕：『幾久也？』」

肇曰：「止浄名大乘之室久近，妙辯若此乎？」

生曰：「既已屈之，便嫌其止室爲天，而不欲便相指斥，故寄久爲問焉。」〔二〕

〔一〕「梵」，平安本作「胡」。

〔二〕「什曰」「生曰」兩段，永樂北藏本、徑山藏本、清藏本、金陵本無。

答曰：「我止此室如耆年解脱〔一〕。」

肇曰：「將明第一無久近之義，故以『解脱』爲諭〔二〕。『解脱』，即無爲解脱也。」

生曰：「止室是有縛矣。如解脱，明無實縛矣。」〔三〕

〔一〕案關中疏卷下：「身子以執身止此室問，天以聞法故悟心止解脱答。」

〔二〕「諭」，平安本、關中疏作「喻」。

〔三〕「生曰」一段，永樂北藏本、徑山藏本、清藏本、金陵本無。

舍利弗言：「止此久耶？」

肇曰：「解脱之道，無形無相。逆之，不見其首；尋之，不見其後。眇莽無朕，謂之『解脱』。若止此猶解脱久近不可知者，乃大久也。」〔一〕

生曰：「舍利弗前問，意雖云『止室』，而語交在『久』。於不達者取之，便謂向答是矣。苟答其語，則云如舍利弗解脱來久也。今舍利弗解脱來實久，止室得不久乎？止室既已有久，不復得同解脱也〔二〕，是以不得不以久爲問焉。」

〔一〕「肇曰」一段，永樂北藏本、徑山藏本、清藏本、金陵本無。

〔二〕「不」上，永樂北藏本、徑山藏本、清藏本、金陵本有「便」。

天曰：「耆年解脱亦何如久？」

肇曰：「逆問其所得，令自悟也。耆年所得無爲解脱，寧可稱久乎？」

生曰：「言耆年解脱之爲久，亦何所似乎？」〔一〕

〔一〕「生曰」一段，永樂北藏本、徑山藏本、清藏本、金陵本無。

舍利弗默然不答〔一〕。

肇曰：「言久於前，責實於後，故莫知所答也。」

生曰：「既言解脱無久，跡爲實無也。解脱苟以無爲實者，言亦實有也。有無相乖，豈可得以言解脱？是以託用斯默，以明解脱非實無矣〔二〕。解脱既非實無，然後止言乃可得必同之矣。」〔三〕

〔一〕案關中疏卷下：「身子自思解脱無久近，故默。」

〔二〕「無」，平安本無。

〔三〕「生曰」一段，永樂北藏本、徑山藏本、清藏本、金陵本無。

天曰：「如何耆舊大智而默？」

肇曰：「五百弟子，仁者智慧第一，默然何耶？」

生曰：「默然，似有所不達故爾也〔一〕。」〔二〕

〔一〕「故」下，平安本有「言」。

〔二〕「肇曰」「生曰」兩段，永樂北藏本、徑山藏本、清藏本、金陵本無。

答曰：「解脱者無所言説〔一〕，**故吾於是不知所云**〔二〕。**」**

肇曰：「向聞如解脱謂始終難知〔三〕，説以爲久〔四〕。而解脱相者，非心所知，非言所及。

將順解脱無言之旨，故莫知所云焉。」

生曰：「不知其會也。」〔五〕

〔一〕案關中釋抄卷下：「『解脱無所言説』者，小乘解脱離俗證真，故名證者亡言；大乘即俗而真，故即言無言，故名字、言説皆解脱相也。」

〔二〕案關中疏卷下：「身子已離三界惑，得心解脱，永絶言教，故言『不知所云』。」

〔三〕「謂」，原作「請」，據平安本改。

〔四〕「説」，平安本作「脱」。

〔五〕「肇曰」「生曰」兩段，永樂北藏本、徑山藏本、清藏本、金陵本無。

天曰：「言説文字，皆解脱相〔一〕。

肇曰：「舍利弗以言久爲失〔二〕，故默然無言，謂順真解。未能語默齊致，觸物無閡〔三〕，故天説等解以曉其意也。」

生曰：「有會矣乎？」〔四〕

〔一〕案關中疏卷下：「天辯不思議解脱即文字也。」

〔二〕「舍利弗」，維摩經略疏垂裕記卷九作「身子」。

〔三〕「閡」，徑山藏本、金陵本、關中疏作「礙」。

〔四〕「生曰」一段，永樂北藏本、徑山藏本、清藏本、金陵本無。

所以者何？解脱者不内、不外、不在兩間，

生曰：「夫解脱者，我解於縛也。不偏在我，故不内也。亦不偏在縛，故不外也〔一〕。會成解脱，又不兩在也〔二〕。」〔三〕

〔一〕「不」下，平安本有「在」。

〔二〕「兩在」，維摩經義疏卷五作「在兩間」。

〔三〕「生曰」一段，永樂北藏本、徑山藏本、清藏本、金陵本無。

文字亦不内、不外、不在兩間。

生曰：「我爲内，所説爲外，合之爲兩間矣。」〔一〕

〔一〕「生曰」一段，永樂北藏本、徑山藏本、清藏本、金陵本無。

是故，舍利弗，無離文字説解脱也。

肇曰：「法之所在，極於三處。三處求文字、解脱俱不可得。如之何欲離文字〔一〕，而別説解脱乎？」

生曰：「舍利弗向言『解脱無所言説』故默者，是謂言説異於解脱。既明無異，故誡之焉。」〔二〕

〔一〕「離」下，關中疏有「可得」。

〔二〕「生曰」一段，永樂北藏本、徑山藏本、清藏本、金陵本無。

所以者何？一切諸法是解脱相。」

肇曰：「萬法雖殊，無非解脱相，豈文字之獨異焉？」〔一〕

生曰：「無不是解脱相故也。」

〔一〕「肇曰」一段，永樂北藏本、徑山藏本、清藏本、金陵本無。

舍利弗言：「不復以離婬怒癡爲解脱乎？」

肇曰：「二乘結盡無爲爲解脱，聞上等解乖其本趣，故致斯問。」

生曰：「以佛言『離婬怒癡爲解脱』而問之耳。」〔一〕

〔一〕「生曰」一段，永樂北藏本、徑山藏本、清藏本、金陵本無。

天曰：「佛爲增上慢人説離婬怒癡爲解脱耳〔一〕**；**

生曰：「增上慢人以得法爲懷，不能即婬怒癡爲解脱也。故驗終以語之，令其悟耳。」〔二〕

〔一〕案關中疏卷下：「『增上慢』者，未得謂得也。身子據小乘所證非增上慢，自謂共佛同坐解脱床，名『增上慢』也。既未悟縛、脱平等，故爲説離縛爲脱。」關中釋抄卷下：「『增上慢』者，有七慢，有此一數也。一、慢於劣計勝，或等計等；二、過慢，於等計勝；三、慢過慢，於勝計勝；四、乘慢，於五取陰執我；五、增上慢，無漏勝法名增上，未爲得爲慢；六、卑慢，於多分殊勝，計己少分下劣；七、邪慢，謂實無得計有。故今聲聞解脱，非是諸佛解脱，計己同佛，即是未得爲增上慢。」

〔二〕「生曰」一段，永樂北藏本、徑山藏本、清藏本、金陵本無。

若無增上慢者，佛説婬怒癡性即是解脱。」

肇曰：「卑生死，尊己道，謂增上慢人也，爲此人説離結爲解脱。若不卑生死，不尊己道者，則爲説三毒、諸結性即解脱，無别解脱也。二乘雖無結慢，然卑生死，尊涅槃，猶有相似慢。結慢者，未得道言已得以生慢。」

生曰：「以無執爲懷者，不復待驗然後悟矣。」〔一〕

〔一〕「生曰」一段，永樂北藏本、徑山藏本、清藏本、金陵本無。

舍利弗言：「善哉！善哉！天女。汝何所得，以何爲證，

什曰：「有爲果言『得』，無爲果言『證』。」〔一〕

〔一〕「什曰」一段，徑山藏本、金陵本置後經「辯乃如是」下。

辯乃如是？」

肇曰：「善其所説，非己所及，故問得何道、證何果，辯乃如是乎？」

生曰：「既解而善其言也。要有所得、有所證〔一〕，然後有如此之辯，故問之焉。」〔二〕

〔一〕「有」，平安本無。

〔二〕「生曰」一段，永樂北藏本、徑山藏本、清藏本、金陵本無。

天曰：「我無得無證，故辯如是〔一〕**。**

什曰：「若見有得、證，則情有所封。有所封則有所閡，有閡則無辯。以無得、證，故能若是也。」

肇曰：「夫有閡之道〔二〕，不能生無閡之辯。無閡之辯，必出于無閡之道。道有得有證者，必有所不得、有所不證。以大乘之道無得無證，故無所不得、無所不證。從此生辨〔三〕，故無所不辨也。」

生曰：「無得爲得，無證爲證，故辨如是也。」〔四〕

〔一〕案關中疏卷下：「二乘捨縛求脱，故有得、證。大士悟縛脱平等，非縛非脱，故無得無證。既智窮不二之門，故辯無礙也。」

〔二〕「閡」，徑山藏本、金陵本、關中疏作「礙」。下同。

〔三〕「辨」，永樂北藏本、徑山藏本、清藏本、金陵本作「辯」。下同。

〔四〕「什曰」「生曰」兩段，永樂北藏本、徑山藏本、清藏本、金陵本無。

所以者何？若有得有證者，則於佛法爲增上慢。」

肇曰：「若見己有所得，必見他不得。此於佛平等之法，猶爲增上慢人，何能致無閡之辨乎〔一〕？」

生曰：「若有得者，則不得也。以不得爲得，增上慢矣。」〔二〕

〔一〕「閡」，徑山藏本、金陵本、關中疏作「礙」。「辨」，永樂北藏本、徑山藏本、清藏本、金陵本、關中疏作「辯」。

〔三〕「生曰」一段，永樂北藏本、徑山藏本、清藏本、金陵本無。

舍利弗問天：「汝於三乘爲何志求〔一〕？」

什曰：「伏其德音，知其不常。然則未測其所乘，故問其志也。」

肇曰：「上直云『無得無證』，未知何乘，故復問也。」

生曰：「三乘同以無得爲懷，故不知爲何志也。」〔二〕

〔一〕案關中疏卷下：「小乘有法執，故有差别乘。大乘不二平等，故無乘之乘。」

〔二〕「什曰」「生曰」兩段，永樂北藏本、徑山藏本、清藏本、金陵本無。

天曰：「以聲聞法化衆生故，我爲聲聞；以因緣法化衆生故，我爲辟支佛；以大悲法化衆生故，我爲大乘。

肇曰：「大乘之道，無乘不乘〔一〕。爲彼而乘，吾何乘也？」〔二〕

生曰：「隨彼爲之，我無定也。」

〔一〕「不」，關中疏作「之」。

〔二〕「肇曰」一段，永樂北藏本、徑山藏本、清藏本、金陵本無。

舍利弗。如人入瞻蔔林，唯嗅瞻蔔，不嗅餘香。

什曰：「非謂有而不嗅，謂足於所聞不復外求耳。依喻義可知也矣〔一〕。」

〔一〕「喻」，永樂北藏本、徑山藏本、清藏本、金陵本作「諭」。

如是若入此室，但聞佛功德之香，不樂聞聲聞、辟支佛功德香也。

肇曰：「無乘不乘，乃爲大乘。故以香林爲諭〔一〕，明淨名之室不雜二乘之香。止此室者，豈他嗅哉？以此可知吾志何乘也。」

生曰：「維摩詰居此室而應者〔二〕，大明宗極之理也。而宗極之理無取小義，此則表佛功德外勳矣。」〔三〕

〔一〕「諭」，平安本、關中疏作「喻」。

〔二〕「居」下，平安本有「止」。

〔三〕「生曰」一段，永樂北藏本、徑山藏本、清藏本、金陵本無。

舍利弗。其有釋、梵、四天王、諸天、龍、鬼神等入此室者，聞斯上人講説正法，皆樂佛功德之香，發心而出。舍利弗。吾止此室十有二年，初不聞説聲聞、辟支佛法，但聞菩薩大慈大悲不可思議諸佛之法。

肇曰：「大乘之法皆名『不可思議』。上問『止室久近』，欲生論端，故答以『解脱』。今言實年〔一〕，以明所聞之不雜也。」

生曰：「諸天、鬼神暫入此室，尚無不發大意而出，況我久聞妙法乎？然則不能不爲

大，非能爲大矣。」〔二〕

〔一〕「實」，永樂北藏本、清藏本作「十」。

〔二〕「生曰」一段，永樂北藏本、徑山藏本、清藏本、金陵本無。

舍利弗。此室常現八未曾有難得之法〔一〕。

生曰：「既聞妙法，又見未曾有事，豈得不爲大哉〔二〕？」〔三〕

〔一〕案關中疏卷下：「明未曾有室，不説二乘之法也。」

〔二〕「得」，平安本作「能」。

〔三〕「生曰」一段，永樂北藏本、徑山藏本、清藏本、金陵本無。

何等爲八？此室常以金色光照，

生曰：「應主在慈，豈不有照時乎？而不見之者，彼自絶耳，非室無也。」〔一〕

〔一〕「生曰」一段，永樂北藏本、徑山藏本、清藏本、金陵本無。

晝夜無異，不以日月所照爲明〔一〕**，是爲一未曾有難得之法。此室入者，不爲諸垢之所惱也**〔二〕**，**

什曰：「其室清浄，無逆氣惡神〔三〕，垢緣絶故，垢不生也。惡神起如十頭羅刹，入一王體，怒害即生，是其類也。」〔四〕

肇曰：「入此室者煩惱自息。」

生曰：「此室常表於理，見之乃爲入耳。果得入之，不復爲諸垢所惱矣。」〔五〕

〔一〕案關中疏卷下：「大士所陳，必有所表。金色光照，晝夜不二，表大乘寂照無生滅也。」
〔二〕案關中疏卷下：「諸垢不惱，表真室之室，入者無垢。」
〔三〕「氣惡」，永樂北藏本、徑山藏本、清藏本、金陵本作「惡氣」。
〔四〕「什曰」一段，徑山藏本、清藏本置後經「是爲二未曾有難得之法」下。
〔五〕「肇曰」「生曰」兩段，永樂北藏本、徑山藏本、清藏本、金陵本無。

是爲二未曾有難得之法。此室常有釋、梵、四天王、他方菩薩，來會不絶〔一〕，是爲三未曾有難得之法。此室常説六波羅蜜不退轉法〔二〕，是爲四未曾有難得之法。此室常作天人第一之樂，絃出無量法化之聲〔三〕，是爲五未曾有難得之法。此室有四大藏，衆寶積滿，周窮濟乏，求得無盡〔四〕，是爲六未曾有難得之法。此室釋迦牟尼佛、阿彌陀佛、阿閦佛、寶德、寶炎、寶月、寶嚴、難勝、師子響、一切利成，如是等十方無量諸佛，是上人念時即皆爲來〔五〕，

生曰：「佛理常在其心，念之便至矣。」〔六〕

〔一〕案關中疏卷下：「釋、梵常會，表無緣大悲，常與物會。」
〔二〕案關中疏卷下：「常説不退，表遊真寂路，萬行無退。」
〔三〕案關中疏卷下：「法化之樂，表住此理者，言皆稱法。」
〔四〕案關中疏卷下：「四大寶藏，表住寶藏，慈濟無盡。」
〔五〕案關中疏卷下：「諸佛念來，表佛理在心，念之便至。」

〔六〕「生曰」一段，永樂北藏本、徑山藏本、清藏本、金陵本無。

廣説諸佛祕要法藏，説已還去，是爲七未曾有難得之法。此室一切諸天嚴飾宫殿、諸佛浄土〔一〕，皆於中現，

什曰：「如有方寸金剛，數十里内〔二〕，石壁之表，所有形色，悉於是現〔三〕。此室明徹，其諭如此〔四〕。」〔五〕

〔一〕案關中疏卷下：「宫殿、浄土，表凡聖所居，不離法性。」

〔二〕「數」上，維摩經義疏卷五有「照」。

〔三〕「悉於是現」，維摩經義疏卷五作「於是悉現」。

〔四〕「諭」，平安本、永樂北藏本、徑山藏本、清藏本、金陵本、維摩經義疏卷五作「喻」。「此」，維摩經義疏卷五作「斯」。

〔五〕「什曰」一段，徑山藏本、清藏本置後經「是爲八未曾有難得之法」下。

是爲八未曾有難得之法。舍利弗。此室常現八未曾有難得之法，誰有見斯不思議事而復樂於聲聞法乎？」

肇曰：「顯室奇特之事，以成香林之義。」〔一〕

〔一〕「肇曰」一段，永樂北藏本、徑山藏本、清藏本、金陵本無。

舍利弗言：「汝何以不轉女身〔一〕？」

肇曰：「汝以無礙之智，受有礙之身，而不轉捨，何耶？」〔二〕

〔一〕案關中疏卷下：「小乘執相，定有所轉。大乘相本無相，故無所轉。」

〔二〕「肇曰」一段，永樂北藏本、徑山藏本、清藏本、金陵本無。

天曰：「我從十二年來，求女人相，了不可得，當何所轉？

肇曰：「止此室來，所聞正法，未覺女人異於男子〔一〕，當何所轉？天悟女相，豈十二年而已乎〔二〕？欲明此室純一等教，無有雜聲，故齊此爲言耳。天爲女像，爲生斯論矣〔三〕。」

〔一〕「人」，關中疏作「身」。

〔二〕「豈」，原作「焉」，據平安本、永樂北藏本、徑山藏本、清藏本、金陵本、關中疏改。

〔三〕「論」，永樂北藏本、徑山藏本、清藏本、金陵本作「語」。

譬如幻師化作幻女，若有人問：『何以不轉女身？』是人爲正問不？」舍利弗言：「不也。幻無定相，當何所轉？」天曰：「一切諸法亦復如是，無有定相，云何乃問不轉女身？」

肇曰：「萬物如幻，無有定相。誰好誰醜而欲轉之乎？」

即時天女以神通力，變舍利弗令如天女，天自化身如舍利弗而問言：「何以不轉女身？」

肇曰：「將成幻化無定之義，故現變而問，令其自悟也。」〔一〕

〔一〕「肇曰」一段，永樂北藏本、徑山藏本、清藏本、金陵本無。

舍利弗以天女像而答言：「我今不知所轉，而變爲女身。」

什曰：「此從解中據理而言。」〔一〕

〔一〕「什曰」一段，永樂北藏本、徑山藏本、清藏本、金陵本無。

肇曰：「吾不知所以轉而爲此身，如之何又欲轉之乎〔一〕？」

〔一〕「如」，關中疏作「復」。

天曰：「舍利弗。若能轉此女身，則一切女人亦當能轉。

肇曰：「仁者不知所以轉而轉爲女身，衆女亦不知所以轉而爲女也。若仁者無心於爲女，而不能轉女身者，則衆女亦然，不能自轉，如何勸人轉女身乎？此明女雖無定相，而因緣所成，不得自在轉也〔一〕。」

〔一〕「此明女雖無定相」至「不得自在轉也」，永樂北藏本、徑山藏本、清藏本、金陵本無。

如舍利弗非女而現女身，一切女人亦復如是，雖現女身而非女也〔一〕。

肇曰：「如舍利弗實非女，而今現是女像；衆女亦現是女像，實非女也。男女無定相〔二〕，類己可知矣。」〔三〕

〔一〕案關中疏卷下：「若身子自悟雖神通變女，而實性非女。亦悟一切女人雖妄心變女，而法性非女。

又知天女雖大悲現女，而法身非女。若能悟女非女，一切女人亦復如是，名爲『轉』也。」關中釋抄卷下：「『一切女人亦當能轉』者，大士法身非男非女，應物故現女。舍利弗報身本非女，神通所轉乃作女。衆生法性本非女，煩惱妄業變成爲女。身子若了自女即非女，亦了一切女人即女無生故非女也，故云『非女而現女』也。以此妙悟，説以示人。今悟即女非女，此乃轉爲法身，不同二乘轉女爲男也。」

〔二〕「男女」，關中疏作「界」。

〔三〕「肇曰」一段，徑山藏本、清藏本置後經「一切諸法非男非女」下。

是故佛説：『一切諸法非男非女。』」

肇曰：「佛語豈虚妄哉？」〔一〕

〔一〕「肇曰」一段，永樂北藏本、徑山藏本、清藏本、金陵本無。

即時天女還攝神力，舍利弗身還復如故。天問舍利弗：「女身色相，今何所在？」

肇曰：「將推女相之所在〔一〕，故復身而問。」〔二〕

〔一〕「推」，關中疏作「權」。

〔二〕「肇曰」一段，永樂北藏本、徑山藏本、清藏本、金陵本無。

舍利弗言：「女身色相，無在無不在。」

肇曰：「欲言『有在』，今見無相〔一〕；欲言『無在』，向復有相。猶幻化無定，莫知所在也。」

〔一〕「見」，關中疏作「現」。

天曰：「一切諸法亦復如是，無在無不在。夫無在無不在者，佛所説也。」

肇曰：「豈唯女相〔一〕，諸法皆爾。稱佛所説〔二〕，以明理不可易。」〔三〕

〔一〕「相」下，平安本、關中疏有「無在」。

〔二〕「所説」，關中疏作「説者」。

〔三〕「肇曰」一段，永樂北藏本、徑山藏本、清藏本、金陵本無。

舍利弗問天：「汝於此没，當生何所〔一〕？」

肇曰：「既知現相之無在，又問當生之所在。」〔二〕

〔一〕案關中疏卷下：「此就報明生滅、不生滅異。二乘業生，故有生没；菩薩法身，故無生没。」

〔二〕「肇曰」一段，永樂北藏本、徑山藏本、清藏本、金陵本無。

天曰：「佛化所生〔一〕，

什曰：「不直説無生而説生者，欲據有生相結，而理無生滅也。」

〔一〕案關中疏卷下：「法身無生之生，如幻化也。」

吾如彼生。」

肇曰：「此生身相既如幻化，没此更生，豈得異也〔一〕？」

〔一〕「異」下，平安本作「化」。

曰：「佛化所生，非没生也。」天曰：「衆生猶然，無没生也。」

肇曰：「豈我獨如化〔一〕，物無非化也。」

〔一〕「獨如」，關中疏作「知」。

舍利弗問天：「汝久如當得阿耨多羅三藐三菩提〔一〕？」

肇曰：「身相没生，可如幻化。菩提真道，必應有實，故問『久如當成』。」

〔一〕案關中疏卷下：「此就修明得、不得異。以小乘進修有斷有得，大乘無相無修無證無得。」

天曰：「如舍利弗還爲凡夫，我乃當成阿耨多羅三藐三菩提。」

肇曰：「所期必無〔一〕。」〔二〕

〔一〕「所期」，平安本、關中疏作「取其」。

〔二〕「肇曰」一段，永樂北藏本、徑山藏本、清藏本、金陵本無。

舍利弗言：「我作凡夫，無有是處。」

肇曰：「聖人還爲凡夫，何有是處耶？」

天曰：「我得阿耨多羅三藐三菩提，亦無是處。

肇曰：「彼聖人爲凡夫，我成菩提道，無處一也〔一〕。」

〔一〕「無處一」，關中疏作「有一處」。

所以者何？菩提無住處，是故無有得者〔一〕。」

肇曰：「菩提之道無爲無相，自無住處，誰有得者〔二〕？」

〔一〕案關中疏卷下：「無所得故爲得。」

〔二〕「有得」，平安本、關中疏作「得之」。

舍利弗言：「今諸佛得阿耨多羅三藐三菩提，已得當得如恒河沙〔一〕，皆謂何乎〔二〕？」

肇曰：「據得以問。」〔三〕

〔一〕案關中釋抄卷下：「『已得當得如恒河沙』者，當已二世，不言今世者何？一釋云：小乘唯知一娑婆，不知有十方佛土。當已相累成佛，可言恒沙。今唯一佛，與恒沙之文不便，故不舉。一解說云：文舉當已，現在例有，但來有得之難，何要三世之數？」

〔二〕案關中疏卷下：「身子不了無所得故謂得，故有此難。」

〔三〕「肇曰」一段，永樂北藏本、徑山藏本、清藏本、金陵本無。

天曰：「皆以世俗文字數故說有三世，非謂菩提有去、來、今。」

什曰：「菩提性空，故超於三世。菩提既空，則無得佛。無得佛者〔一〕，則亦無菩提。緣會而生，理不相離，故有無宜同也。」〔二〕

肇曰：「世俗言數有三世得耳，非謂菩提第一真道有去、來、今也。」

〔一〕「者」，維摩經義疏卷五作「故」。

〔二〕「什曰」一段，永樂北藏本、徑山藏本、清藏本、金陵本無。

天曰：「舍利弗。汝得阿羅漢道耶？」

什曰：「佛道深妙，有之真極；己所未得，猶謂不無。即其所得，了其非有，故問令推己，以悟佛也。」〔一〕

肇曰：「羅漢入無漏心，不見得道〔二〕；入有漏心，則見有得。今問以第九解脱自證成道時，見有得耶？欲令自悟無得義也。」

〔一〕「什曰」一段，永樂北藏本、徑山藏本、清藏本、金陵本無。

〔二〕「得道」，關中疏作「有得」。

曰：「無所得故而得〔一〕。」

什曰：「以其解法無得，則理會於法，故因其所會，假名爲『得』。」〔二〕

肇曰：「推心而答也。無得故有得，有得則無得，此明真得乃在於不得。」

〔一〕案關中疏卷下：「謂斷九地惑故無得，得第九解脱故而得。」

〔二〕「什曰」一段，永樂北藏本、徑山藏本、清藏本、金陵本無。

天曰：「諸佛菩薩亦復如是，無所得故而得〔一〕。」

什曰：「二乘取證〔二〕，無得俱同。但大乘悟法既深，又無出入之異耳。」

〔一〕案關中疏卷下：「謂諸佛菩薩悟本無所得故而得。」

〔二〕「二」，平安本作「三」。

爾時，維摩詰語舍利弗：「是天女曾已供養九十二億佛，已能遊戲菩薩神通，所願具足，得無生忍，住不退轉，以本願故，隨意能現，教化衆生。」

肇曰：「上但即言生論，未知其道深淺。浄名傍顯其實，以生衆會敬信之情。」

注維摩詰經卷第七〔一〕

佛道品第八〔二〕

爾時，文殊師利問維摩詰言：「菩薩云何通達佛道？」

什曰：「因上章天女隨願受身，流通佛法，故廣圓應之迹，以明通達之功也。」〔三〕

肇曰：「上云諸佛之道〔四〕，以無得爲得。此道虚玄，非常行之所通，通之必有以，故問所以通也〔五〕。」

生曰：「應化無方，爲佛之道。既能體之，爲通達矣。」〔六〕

〔一〕案金陵本作「卷第六」。

〔二〕「佛道品第八」，平安本無。案關中疏卷下：「諸佛以悲化爲道，故六道、二乘皆佛道也。」關中釋抄卷下：「上問疾品云：『以無所受而受諸受。』今此品廣明三界六道、二乘異學，皆是無受也。」

〔三〕「什曰」一段，永樂北藏本、徑山藏本、清藏本、金陵本無。

〔四〕「上」上，永樂北藏本、徑山藏本、清藏本、金陵本有「如」。

〔五〕「通」，永樂北藏本、徑山藏本、清藏本、金陵本無。

〔六〕關中疏本條下有僧叡注：「上以示女内體妙惠，而託質陋形，未達之流所以生惑。欲因其所惑，廣明大士莫礙之道。」

維摩詰言：「若菩薩行於非道，

什曰：「『非道』有三種：一者惡趣果報，二者惡趣行業，三者世俗善業及善業果報也。凡非其本實而處之〔一〕，皆名『非道』。處非而不失其本，故能因非道以弘道〔二〕，則斯通達矣〔三〕。譬如良醫觸物爲藥，故醫術斯行，遇病斯治。」〔四〕

〔一〕「凡」下，永樂北藏本、徑山藏本、清藏本、金陵本有「夫」。

〔二〕「弘道」下，永樂北藏本、徑山藏本、清藏本、金陵本有「因非道以弘道」。

〔三〕「斯通達」，原作「通斯通」，據永樂北藏本、徑山藏本、清藏本、金陵本改。「矣」，平安本作「達」。

〔四〕「什曰」一段，徑山藏本、金陵本置後經「是爲通達佛道」下。

是爲通達佛道。」

肇曰：「夫以道爲道、非道爲非道者，則愛惡並起〔一〕，垢累兹彰〔二〕，何能通心妙旨，達平等之道乎？若能不以道爲道、不以非道爲非道者，則是非絶於心，遇物斯可乘矣。所以處是無是是之情，乘非無非非之意，故能美惡齊觀，履逆常順，和光塵勞，愈晦愈明，斯可謂通達無礙平等佛道也〔三〕。」

生曰：「既出其表而行之者，皆應化然也。因天女即是其事，故廣之焉。」〔四〕

〔一〕「愛」，永樂北藏本、徑山藏本、清藏本、金陵本作「穢」。

〔二〕「玆」，關中疏作「滋」。

〔三〕「無礙平等」，關中疏作「平等無礙」。

〔四〕「生曰」一段，永樂北藏本、徑山藏本、清藏本、金陵本無。

又問：「云何菩薩行於非道？」答曰：「若菩薩行五無間〔一〕，而無惱恚〔二〕，

什曰：「五無間，罪業也。地獄至餓鬼，惡趣果報也。」〔三〕

肇曰：「五逆罪必由惱恚生。此罪捨身必入地獄，受苦無間也。菩薩示行五逆而無惱恚，是由不以逆爲逆，故能同逆耳。若以逆爲逆者，孰敢同之〔四〕？」

〔一〕案關中疏卷下：「『五無間』者，殺父、殺母、殺阿羅漢、出佛身血、破法輪僧。初二違恩，後三背德，故名『逆』也。」關中釋抄卷下：「『無間』，梵云『阿鼻』。新云『阿鼻』者，此云『無間』。此五種業，有四無間：一、趣報無間，二、身量無間，三、壽命無間，四、苦無間。」

〔二〕案關中疏卷下：「夫法身大士內裏沖虛，外權道俗是非俱乘，逆順斯入，善惡反論，靡不通達，和光塵穢，而其心常寂。和光同穢故能行五無間，真心常寂故能而無惱恚。乃至不斷生死，是名和光現於涅槃，所謂常寂類皆然也。」

〔三〕「什曰」一段，永樂北藏本、徑山藏本、清藏本、金陵本無。

〔四〕「之」，永樂北藏本、徑山藏本、清藏本、金陵本無。

至于地獄〔一〕，無諸罪垢；

肇曰：「罪垢，地獄因也。示受其報，實無其因。」

〔一〕案關中釋抄卷下：「『地獄』者，梵云『那落迦』，此云『苦具』；舊云『泥黎邪』，或言『泥羅夜』，此云『非行』，爲非法行處。」

至于畜生，無有無明憍慢等過；

肇曰：「癡慢偏重，多墮畜生。」

至于餓鬼，而具足功德；

肇曰：「慳貪無福，多墮餓鬼。」

行色、無色界道，不以爲勝〔一〕；

什曰：「梵本云：『至色、無色界。』凡夫生彼，則謂爲涅槃第一最勝。今有爲而生，不以爲勝也。」

肇曰：「上二界道，受有之因。雖同其行，知其卑陋也。」〔二〕

〔一〕案關中疏卷下：「無想、非想外道計著，以爲涅槃第一最勝。菩薩和光，知其卑陋。」

〔二〕「肇曰」一段，永樂北藏本、徑山藏本、清藏本、金陵本無。

示行貪欲，離諸染著；示行瞋恚，於諸衆生無有恚閡；示行愚癡，而以智慧調伏其心；

肇曰：「示行三毒，而不乖三善也。」

示行慳貪，而捨内外所有，不惜身命；示行毁禁，而安住浄戒，乃至小罪猶懷大懼；示行瞋恚，而常慈忍；示行懈怠，而勤修功德；示行亂意，而常念定；示行愚癡，而通達世間、出世間慧；

肇曰：「示行六弊〔一〕，而不乖六度也。」

〔一〕「弊」，永樂北藏本、徑山藏本、清藏本、金陵本、關中疏作「蔽」。

示行諂僞，而善方便隨諸經義；

什曰：「雖迹與諂同，而實不乖正，所謂『善方便隨諸經義』也。」

肇曰：「外現隨俗諂僞〔一〕，内實隨經方便也。」〔二〕

〔一〕「僞」，關中疏作「詐」。

〔二〕「肇曰」一段，永樂北藏本、徑山藏本、清藏本、金陵本無。

示行憍慢，而於衆生猶如橋梁；

什曰：「言其謙下，爲物所淩踐〔一〕，忍受無慢，猶如橋梁也。」

肇曰：「使物皆踐我上〔二〕，取卑下之極也。」〔三〕

〔一〕「淩踐」，永樂北藏本、徑山藏本、清藏本、金陵本作「陵賤」。

〔二〕「踐」，關中疏作「蹈」。

〔三〕「肇曰」一段，永樂北藏本、徑山藏本、清藏本、金陵本無。

示行諸煩惱，而心常清浄；

肇曰：「煩惱顯於外，心浄著於内。」〔一〕

〔一〕「肇曰」一段，永樂北藏本、徑山藏本、清藏本、金陵本無。

示入於魔，而順佛智慧，不隨他教；

肇曰：「外同邪教，内順正慧也。」〔一〕

〔一〕「肇曰」一段，永樂北藏本、徑山藏本、清藏本、金陵本無。

示入聲聞，而爲衆生説未聞法；

什曰：「處非不捨其本，則勝習愈明，故不待聞而後説也。」

肇曰：「聲聞不從人聞，不能自悟，況能爲人説所未聞。」

示入辟支佛，而成就大悲，教化衆生；

肇曰：「大悲，大乘法，非辟支佛所能行。」

示入貧窮，而有寶手功德無盡；

什曰：「手能出寶，廣施無盡。」

肇曰：「手出自然寶，周窮無盡。」〔一〕

〔一〕「什曰」「肇曰」兩段，永樂北藏本、徑山藏本、清藏本、金陵本無。

示入形殘，而具諸相好，以自莊嚴；示入下賤，而生佛種姓中，具諸功德〔一〕**；**

什曰：「『佛種姓』〔二〕，即是無生忍。得是深忍，名曰『法生』。則已超出下賤〔三〕，入佛境也〔四〕。」

肇曰：「得無生忍，必繼佛種，名『生佛種姓中』也。」〔五〕

〔一〕案關中疏卷下：「外現形殘，内圓法相；外示下賤，内宿殖德，本生佛種性也。」

〔二〕「姓」，徑山藏本、金陵本作「性」。

〔三〕「賤」下，清藏本有「而生佛種姓」。

〔四〕「境」下，永樂北藏本、徑山藏本、清藏本、金陵本有「界」。

〔五〕「肇曰」一段，永樂北藏本、徑山藏本、清藏本、金陵本無。

示入羸劣醜陋，而得那羅延身，

什曰：「天力士，堅固端正身也。」〔一〕

〔一〕「什曰」一段，永樂北藏本、徑山藏本、清藏本、金陵本無。

一切衆生之所樂見；

肇曰：「『那羅延』，天力士名也。端正殊妙，志力雄猛。」

示入老病，而永斷病根，超越死畏；

肇曰：「法身大士生死永盡，況老病乎？」〔一〕

〔一〕「肇曰」一段，永樂北藏本、徑山藏本、清藏本、金陵本無。

示有資生，而恒觀無常，實無所貪；示有妻、妾、綵女，而常遠離五欲淤泥；

什曰：「如太子慕魄，比之也。」〔一〕

〔一〕「什曰」一段，徑山藏本、金陵本置後經「總持無失」下。

現於訥鈍，而成就辯才，總持無失；示入邪濟，而以正濟，

什曰：「渡處名爲『濟』也。」

度諸衆生；

肇曰：「津河可度處名『正濟』〔一〕，險難處名『邪濟』〔二〕。佛道名『正濟』，外道名『邪濟』也。」

〔一〕「度」，關中疏作「渡」。

〔二〕「險」，關中疏作「嶮」。「難」下，永樂北藏本、徑山藏本、清藏本、金陵本有「註」。又「難處」，關中疏作「註受」。

現遍入諸道，而斷其因緣；

肇曰：「遍入異道，豈曰慕求？欲斷其緣耳〔一〕。」

〔一〕「緣」上，關中疏有「因」。

現於涅槃，而不斷生死。

肇曰：「現身涅槃而方入生死。自上所列，於菩薩皆爲非道，而處之無閡〔一〕，乃所以爲道，故曰『通達佛道』也。」

〔一〕「閡」，徑山藏本、金陵本、關中疏作「礙」。

文殊師利。菩薩能如是行於非道，是爲通達佛道。」

於是維摩詰問文殊師利：

什曰：「自相遇以來，維摩獨説，似是辯慧之功，偏有所歸。今令彼説，欲顯其德者也〔一〕。亦云：推美以爲供養也。」〔二〕

〔一〕「者」，永樂北藏本、徑山藏本、清藏本、金陵本作「音」。

〔二〕「什曰」一段，徑山藏本、金陵本置後經「何等爲如來種」下。

「何等爲如來種〔一〕？」

什曰：「種、根本、因緣，一義耳。因上大士隨類化物，通達佛道，固知積惡衆生能發道心。能發道心則是佛道因緣，故問佛種也。亦云：新學欲得佛而未知佛因，故問其因也。」

肇曰：「既辯佛道所以通，又問其道之所出也。維摩、文殊迭爲問答，應物而作，孰識其故？」

生曰：「『如來種』，是擬穀種爲言也。向以示衆惡爲佛，今明實惡爲種，故次反問焉。」〔二〕

〔一〕案關中疏卷下：「前生死雖非道，菩薩化之爲佛道。今煩惱雖生死種，衆生悟之爲如來種也。」

〔二〕「什曰」「生曰」兩段，永樂北藏本、徑山藏本、清藏本、金陵本無。

文殊師利言：「有身爲種，

什曰：「『有身』，謂有漏五受陰也。義云：有身應是身見，身見三有之原，結累根本，故直言身見。身見計我，欲令得樂，則能行善，故爲佛種也。」〔一〕

肇曰：「『有身』，身見。夫心無定所，隨物而變，在邪而邪，在正而正，邪正雖殊，其種不異也。何則？變邪而正，改惡而善，豈别有異邪之正、異惡之善，超然無因，忽爾自得乎？然則正由邪起，善因惡生故。」

曰〔二〕：「衆結煩惱，爲如來種也。」

〔一〕「什曰」一段，永樂北藏本、徑山藏本、清藏本、金陵本無。

〔二〕「曰」上，關中疏有「生」。

無明有愛爲種〔一〕，

什曰："向總説，此開爲二門也。一切結屬二門，故偏舉二門也。自此已下〔二〕，次第廣開者也。"

〔一〕案關中疏卷下："無明性即是明，不滅癡愛起於明脱。"

〔二〕"已"，永樂北藏本、徑山藏本、清藏本、金陵本作"以"。

貪恚癡爲種，四顛倒爲種，五蓋爲種，

什曰："四倒爲因，五蓋爲果，是則名曰『生死兩輪』。兩輪既具，六趣斯遊。"

六入爲種，

什曰："義言六情愛也。愛爲生本，故偏廣開也。"

七識住爲種〔一〕，

什曰："初禪中，除劫初梵王及劫初諸小梵，自後合爲第一識住〔二〕。劫初唯有梵王，未有餘梵〔三〕。梵王念欲有餘梵，餘梵爾時遇會來生。梵王因起邪見，謂是己造；餘梵亦自謂從梵王生。雖有精麁，其邪想不異，是名異身一想，第二識住也。二禪形無優劣，而心有若干，除入解脱，種種異念，是名一形異想，是第三識住也。三禪形無精麁，心無異想，所謂一樂想〔四〕，第四識住也〔五〕。并無色前三地，是名七識住也。

『識住』，識得安住也。識念分明，無有惱患。無壞者，是名爲住〔六〕。惡趣則苦痛壞，四禪則無想壞〔七〕，非想滅定壞。亦彼地心想微昧，念不分明，故識不安住也〔八〕。問曰：『欲界亦惡趣所壞，云何立識住也？』答曰：『取地壞，不取界壞。欲界惡趣善趣，趣乖地異。苦樂殊致，義不相涉，故不相壞也。又義云：應爲七使也〔九〕。』」

〔一〕案關中疏卷下：「欲界人天，初識住；劫初初禪，二識住；二禪，三識住；三禪，四識住；空處，五識住；識處，六識住；無所有處，七識住。」

〔二〕「自」下，維摩經義疏卷五有「此」。「第」，永樂北藏本、徑山藏本、清藏本、金陵本無。

〔三〕「餘」，維摩經義疏卷五作「後」。

〔四〕「樂」，維摩經義疏卷五作「形一」。

〔五〕「第」上，永樂北藏本、徑山藏本、清藏本、金陵本、維摩經義疏卷五有「是」。

〔六〕「名爲」，關中疏作「爲識」。

〔七〕「想」，關中疏作「相」。

〔八〕案維摩經略疏卷九：「『七識處』者，什師云：『欲界人天爲一，三禪、三空爲六，合七識住。所以然者，三惡苦多，識不樂住；第四禪識色微故，又以有無想天，故識不樂住；第四無色，以非想法微，故識不樂住。隨識樂住，即是法性。』」

〔九〕「應爲七使也」，永樂北藏本、徑山藏本、清藏本、金陵本作「何應爲七住」。

八邪法爲種〔一〕，九惱處爲種，

什曰：「愛我怨家，憎我知識，惱我己身。一世則三，三世爲九〔二〕。義云〔三〕：九結也。」

〔一〕案關中疏卷下：「謂邪見、邪思惟等。」關中釋抄卷下：「『八邪法』者，謂邪見、邪思惟、邪精進、邪語、邪業、邪命、邪念、邪定也。」

〔二〕「爲」，徑山藏本、金陵本作「則」。

〔三〕「義」上，永樂北藏本、徑山藏本、清藏本、金陵本有「又」。

十不善道爲種〔一〕。以要言之，六十二見及一切煩惱皆是佛種〔二〕。」

肇曰：「塵勞衆生即成佛道〔三〕，更無異人之成佛，故是佛種也。」

生曰：「夫大乘之悟，本不近捨生死、遠更求之也。斯爲在生死事中，即用其實爲悟矣。苟在其事而變其實爲悟始者，豈非佛之萌芽起於生死事哉？其悟既長，其事必巧，不亦是種之義乎？所以始於有身，終至一切煩惱者，以明理轉扶疎至結大悟實也。」〔四〕

〔一〕案關中疏卷下：「謂殺生等如前。」

〔二〕案關中疏卷下：「迷理爲見，著事爲煩惱。」

〔三〕「生」，關中疏作「力」。

〔四〕「生曰」一段，永樂北藏本、徑山藏本、清藏本、金陵本無。

曰：「何謂也？」

肇曰：「夫妙極之道，必有妙極之因。而曰『塵勞爲種』者，何耶？」

生曰：「佛爲至極之慧，而以衆惡爲種，未可孑孤，故問云爾。」〔一〕

〔一〕「生曰」一段，永樂北藏本、徑山藏本、清藏本、金陵本無。

答曰：「若見無爲入正位者，

什曰：「苦法忍至羅漢〔一〕，無生至佛，皆名正位也。言『無爲而入』者，由取相見，故入正位而取證。又言『見無爲』，無爲者盡諦，盡諦是其證法，決定分明。見前二諦時，雖無反勢，未決定分明，言據其決定取證處。」〔二〕

〔一〕「苦」，永樂北藏本、徑山藏本、清藏本、金陵本作「若」。

〔二〕「什曰」一段，徑山藏本、金陵本置後經「不能復發阿耨多羅三藐三菩提心」下。

不能復發阿耨多羅三藐三菩提心〔一〕。

生曰：「以現事明之也。『見無爲入正位』者，苦法忍已上，結使已斷，既至其所，始爲見之。以本欲捨生死求悟，悟則在生死外矣。無復不捨，即悟之義，故不能復發菩提心也。」

〔一〕案關中疏卷下：「既煩惱性，即菩提性。而二乘斷煩惱、見無爲，妄安涅槃之樂，故自犯大心。凡夫爲生死所迫，慕勝心猛，故能發大志也。」

譬如高原陸地不生蓮華，卑濕淤泥乃生此華〔一〕。如是見無爲法入正位者〔二〕，終不復能生於佛法；煩惱泥中，乃有衆生起佛法耳。

生曰：「諭入正位〔三〕。」

〔一〕案關中疏卷下：「初喻煩惱泥中有菩提蓮花也。二乘捨之證無爲，如高原也。」

〔二〕案關中釋抄卷下：「『見無爲』者，取小乘見道十六心已去也。此有二緣不得如來種：一、以斷惑故，無復悟惑即菩薩也。二、爲捨生死，故不能返入起大悲也。故下文云：『如菩薩者，不盡有爲，不住無爲也。』」

〔三〕「諭」，永樂北藏本、徑山藏本、清藏本、金陵本作「喻」。

又如殖種於空〔一〕，終不得生；糞壤之地〔二〕，乃能滋茂〔三〕。如是入無爲正位者，不生佛法；起於我見如須彌山，

什曰：「言其見深而高也。」

肇曰：「我心自高，如須彌之在衆山也。」〔四〕

〔一〕案關中釋抄卷下：「『高原陸地』及『殖種於空』者，譬二乘於擇滅無爲中求如來種也。此是捨生死之滅，非不生不滅之寂滅，故不得如來種也。」

〔二〕案關中釋抄卷下：「『卑濕淤泥』及『糞壤之地』，譬凡夫煩惱，若能聞種妙悟煩惱即菩提者，得見如來種。」

〔三〕案關中疏卷下：「我見之地，生滋茂慧芽。二乘斷滅諸見，如空中種也。」

〔四〕「什曰」「肇曰」兩段，永樂北藏本、徑山藏本、清藏本、金陵本無。

猶能發于阿耨多羅三藐三菩提心，生佛法矣。

生曰：「諭見無爲也〔一〕。此二諭以明萌發其事焉。」

〔一〕「諭」，永樂北藏本、徑山藏本、清藏本、金陵本作「喻」。

是故當知，一切煩惱爲如來種。

什曰：「謂爲衆生無央數劫以煩惱受身〔一〕，深入生死，廣積善本，兼濟衆生，然後得成佛道，所以爲種也。」〔二〕

〔一〕「央」，原作「鞅」，據貞亨本改。

〔二〕「什曰」一段，永樂北藏本、徑山藏本、清藏本、金陵本無。

譬如不下巨海，終不能得無價寶珠；如是不入煩惱大海，則不能得一切智寶〔一〕。

肇曰：「二乘既見無爲，安住正位，虚心静漠，宴寂恬怡，既無生死之畏，而有無爲之樂，澹泊自足，無希無求，孰肯蔽蔽以大乘爲心乎？凡夫沈淪五趣，爲煩惱所蔽，進無無爲之歡，退有生死之畏，兼我心自高，唯勝是慕，故能發迹塵勞，標心無上，樹根生死，而敷正覺之華。自非凡夫没命洄淵、遊盤塵海者〔二〕，何能致斯無上之寶乎？是以凡夫有反覆之名，二乘有根敗之耻也。」

生曰：「無價寶珠是海之所成，一切智寶亦是煩惱所作也。要入煩惱海中求之，然後得矣。此一諭以明既不捨結，有反入義焉。」〔三〕

〔一〕案關中疏卷下：「若悟煩惱性得菩提智，如不離大海得無價珠。二乘捨煩惱求菩提，如人捨大海求無價寶，其可得乎？」關中釋抄卷下：「『不入煩惱大海，即不能得一切寶』者，二乘偏真，捨生死，證涅槃。既能捨此證彼，安能返入生死、大悲廣濟，以無所受而受諸受哉？如是偏悟，即不能得無上菩提。菩提，一切種智也。若菩薩中道，即生死、即涅槃，既不能捨生便證涅槃，亦能不離涅槃便入生死。未嘗不離，未嘗不濟，所以煩惱泥中起佛法身耳。」

〔二〕「盤」，永樂北藏本、徑山藏本、清藏本、金陵本作「泳」。

〔三〕「生曰」一段，永樂北藏本、徑山藏本、清藏本、金陵本無。

爾時，大迦葉歎言：「善哉！善哉！文殊師利。快説此語，誠如所言：『塵勞之儔爲如來種〔一〕』。我等今者，不復堪任發阿耨多羅三藐三菩提心。乃至五無間罪，猶能發意生於佛法，而今我等永不能發〔二〕。譬如根敗之士，其於五欲不能復利；如是聲聞諸結斷者，於佛法中無所復益，永不志願〔三〕。

肇曰：「迦葉自知己心微弱，不能發大道意，至於勝求，乃後五逆之人，傷己無堪，故善文殊之説。」

〔一〕案關中疏卷下：「文殊呵意，以實相真理，煩惱即菩提，捨之則非正求也。今迦葉領意，夫求菩提亦無數劫久住生死，廣度衆生，滿弘誓願。今阿羅漢已斷煩惱，不受後有，於大悲願永絶因緣，如根敗之士。凡夫業惑猶在，生死未亡，若能發菩提心，即能滿三祇劫剋終悲願，故不斷三寶，能報佛恩。」

〔二〕案關中疏卷下：「聲聞結盡，不堪五逆，惑在能發也。」

〔三〕案關中疏卷下：「五根若敗，不能欲五塵也。」

是故，文殊師利。凡夫於佛法有反復，而聲聞無也。所以者何？凡夫聞佛法，能起無上道心，不斷三寶；正使聲聞終身聞佛法力、無畏等，永不能發無上道意〔一〕。」

肇曰：「凡夫聞法，能續佛種，則報恩有反復也〔二〕。聲聞獨善其身，不弘三寶，於佛法爲無反復也。又法華云：『二乘中止，終必成佛。』而此經以根敗爲諭〔三〕，無復志求。夫涅槃者，道之真也，妙之極也。二乘結習未盡，闇障未除，如之何以垢累之神，而求真極之道乎？以其三有分盡，故假授涅槃，非實涅槃也。此經將以二乘疲厭生死，進向已息，潛隱無爲，綿綿長久，方於凡夫，則爲永絶。又抑揚時聽，卑鄙小乘，至人殊應，其教不一，故令諸經有不同之説也。」

〔一〕案關中疏卷下：「凡夫能成菩提以報佛恩，二乘息滅而永斷也。」關中釋抄卷下：「『不絶其根』者，昔者佛爲聲聞説生身佛，菩提樹下三十四心成道，雙林涅槃；不説如來常住法身，不生不滅，應跡爲人，現其生滅。是如聲聞但知三乘同有生身成道、灰滅涅槃，不知有法身常住、應跡生滅。今此經忽聞大士行非道爲佛道，即惑種爲佛種，謬自思惟，煩惱已盡，餘報未機。將欲廣遊非道，漏業已除，即取菩提，三祇行缺。復未知法性，應生大悲遊化，所以根敗之歎，由此生焉。若至法花，大悟權實，深知真應，故無此歎也。復次，聲聞滅惑取真，偏悟乖中，以此取於無上佛法，失之遠矣。或有凡夫雖具足煩惱，然未曾捨惑取證，若聞大乘迷即垢即浄、即色即定，圓真佛種由此而生也。或有尋經，未了此意，將聲聞決定畢竟不得無上菩提，謬之甚矣。何者？若以煩惱爲佛性，二乘有無明住定煩惱，何得此惑獨非佛性乎？若以生死性即涅槃性，二乘有變易生死，何得此生死非涅槃性耶？且如嚴冬之月，水結成冰；仲春之時，冰即爲水。迷時煩惱，覺了菩提，理況若斯，更何惑意？況聲聞即指丈六爲生死之身。大經云：『吾今此身，即是常身法身。』唯此，生死即涅槃、煩惱即佛性之理盡矣。」

〔二〕「則」下，永樂北藏本、徑山藏本、清藏本、金陵本有「爲」。

〔三〕「諭」，永樂北藏本、徑山藏本、清藏本、金陵本作「喻」。

爾時，會中有一菩薩名普現色身，問維摩詰言：「居士。父母、妻子、親戚、眷屬、吏民、知識，悉爲是誰？奴婢、僮僕、象馬、車乘，皆何所在〔一〕？」

肇曰：「浄名權道無方，隱顯難測，外現同世家屬，内以法爲家屬，恐惑者見形不及其道，故生斯問也。」

生曰：「普現色身以通達佛道爲迹也。問此義者，欲明其事，要必有本，反于生死之致，故能無不入矣。是以答終戒品，便云所爲無方也。」〔二〕

〔一〕案關中疏卷下：「無上法身，非一真所成。萬行爲資生，萬德爲眷屬，方能成就。」

〔二〕「生曰」一段，永樂北藏本、徑山藏本、清藏本、金陵本無。

於是，維摩詰以偈答曰：「智度菩薩母，

生曰：「所謂菩薩以智慧爲主，而智慧以内解爲用，有『母』義焉。」〔一〕

〔一〕「生曰」一段，永樂北藏本、徑山藏本、清藏本、金陵本無。

方便以爲父〔二〕**，**

什曰：「窮智之原故稱『度』，梵音中有『母』義，故以爲母。亦云：智度雖以明照爲體，成濟萬行，比其功用，不及方便，故以爲母。正方便父，梵音中有『父』義。『方便』有二種：一、深解空而不取相受證；二、以實相理深，莫能信受，要須方便誘引群生，令其漸悟。方便義深而功重，故爲父也。」

肇曰：「智爲内照，權爲外用，萬行之所由生，諸佛之所因出。故菩薩以智爲母，以權爲父。」

生曰：「方便以外濟爲用，成菩薩道『父』義也。」〔二〕

〔一〕案關中疏卷下：「内有正智，外有方便，法身生焉。」關中釋抄卷下：「『智度菩薩母』者，『智度』者，正見也。『方便』者，萬行也。智而能信，法身始生焉。」

〔二〕「什曰」「生曰」兩段，永樂北藏本、徑山藏本、清藏本、金陵本無。

一切衆導師，無不由是生。

什曰：「菩薩、如來通名導師，以新學謂其未離受生，應有父母。今欲顯其以法化生，絶於受身，故答之以法也。」

生曰：「菩薩以上至佛也。」〔一〕

〔一〕「生曰」一段，永樂北藏本、徑山藏本、清藏本、金陵本無。

法喜以爲妻，

什曰：「如二禪中自欣離下地，故生喜，亦於諸善及實法深心愛樂，發大歡喜，以此自娱，外無餘欣。喜爲樂具，其諭如妻也。」

肇曰：「『法喜』，謂見法生内喜也。世人以妻色爲悦，菩薩以法喜爲悦也。」

生曰：「妻以守節爲欣，失節則憂。喜於法者，此之謂也。」〔一〕

〔一〕「什曰」「生曰」兩段，永樂北藏本、徑山藏本、清藏本、金陵本無。

慈悲心爲女〔二〕**，**

什曰：「慈悲性弱，從物入有，猶如女之爲性，弱而隨物也。」

肇曰：「慈悲之情，像女人性，故以爲女。」

生曰：「慈悲以外適爲用，有『女』義焉。」〔二〕

〔一〕案關中釋抄卷下：「『女』者，權智。大非曲順物心如女。」

〔二〕「肇曰」「生曰」兩段，永樂北藏本、徑山藏本、清藏本、金陵本無。

善心誠實男〔一〕，

什曰：「誠實之心，於事能辦〔二〕。猶男有貞固之性，濟成於家業也〔三〕。」

肇曰：「誠實貞直〔四〕，男子之性。亦有爲惡而實，故標以『善心』。」

生曰：「其心既善，加以誠實，必能幹濟菩薩家而成大業，有男事焉，故云『誠實男』也。」〔五〕

〔一〕案關中釋抄卷下：「『男』者，實智。正直百非俱破，如男子發不受邪諂。」

〔二〕「辦」，原作「辨」，據永樂北藏本、徑山藏本、清藏本、金陵本改。

〔三〕「濟」，永樂北藏本、徑山藏本、清藏本、金陵本無。

〔四〕「貞」，關中疏作「真」。

〔五〕「肇曰」「生曰」兩段，永樂北藏本、徑山藏本、清藏本、金陵本無。

畢竟空寂舍。

什曰：「障蔽風雨〔一〕，莫過於舍；滅除衆想，莫妙於空。亦能絶諸問難，降伏魔怨，猶密宇深重，寇患自消。亦云：有非真要，時復暫遊，空爲理宗，以爲常宅也。」

肇曰：「堂宇以蔽風霜，空寂以障塵想。」

生曰：「於緣爲有，是外有也；自性則無，爲内虚也。可以庇非法風雨，而障結賊之患，是舍之理也」〔二〕。

〔一〕「蔽」，原作「薂」，據永樂北藏本、徑山藏本、清藏本、金陵本改。

〔二〕「肇曰」「生曰」兩段，永樂北藏本、徑山藏本、清藏本、金陵本無。

弟子衆塵勞〔一〕，

什曰：「『衆塵』，即塵勞衆生。化使從已，令受正道也。」〔二〕

〔一〕案關中釋抄卷下：「『弟子塵身』者，菩薩昔明日迴爲無明郎主、恩愛魔王之所策使。今成正覺，智圓惑盡，諸塵勞門皆爲佛事隨意策使，故如弟子也。」

〔二〕「什曰」一段，永樂北藏本、徑山藏本、清藏本、金陵本無。

隨意之所轉〔一〕，

什曰：「轉令從己化也。」

肇曰：「塵勞衆生隨意所化，無非弟子也。」

生曰：「轉衆塵之愚，以爲智慧之明，豈非從化義哉？」〔二〕

〔一〕案關中疏卷下：「昔無明郎主、恩愛魔王，今化令隨道爲弟子也。」

〔二〕「生曰」一段，永樂北藏本、徑山藏本、清藏本、金陵本無。

道品善知識，

什曰：「三十七品，三乘通用。菩薩兼以六度爲道品，取其親附守護，利益成就，義同三益，故類之知識。」〔一〕

〔一〕「什曰」一段，徑山藏本、金陵本置後經「由是成正覺」下。

由是成正覺。

肇曰：「成益我者，三十七道品也，可謂善知識乎？」

生曰：「益我以道，由之而成，善友義也。」〔一〕

〔一〕「肇曰」「生曰」兩段，永樂北藏本、徑山藏本、清藏本、金陵本無。

諸度法等侶，

什曰：「或有雖爲知識，不必能爲剋終之伴；或雖爲伴〔一〕，而不爲知識〔二〕。又言伴侶，明善始令終，必至道場也。」

肇曰：「六度，大乘之要行。發心爲侶，俱至道場，吾真侶也。」

生曰：「我本欲到諸法彼岸，而假諸度得至，伴之良者也。」〔三〕

〔一〕「或」下，貞享本、永樂北藏本、徑山藏本、清藏本、金陵本有「有」。

〔二〕「而」下，貞享本有「有」。　「爲」下，永樂北藏本、徑山藏本、清藏本、金陵本有「善」。

〔三〕「肇曰」「生曰」兩段，永樂北藏本、徑山藏本、清藏本、金陵本無。

四攝爲妓女，

什曰：「四攝聚衆，猶衆妓之引物也〔一〕。」

肇曰：「四攝悦衆，以當妓女也〔二〕。」

生曰：「悦以取人，四攝理也。」〔三〕

〔一〕「衆」，永樂北藏本、徑山藏本、清藏本、金陵本無。　「妓」，永樂北藏本作「伎」。

〔二〕「以」，關中疏作「如」。

〔三〕「肇曰」「生曰」兩段，永樂北藏本、徑山藏本、清藏本、金陵本無。

歌詠誦法言，以此爲音樂。

肇曰：「口詠法言，以當音樂。」

生曰：「悦耳致樂，莫善於此。」〔一〕

〔一〕「生曰」一段，永樂北藏本、徑山藏本、清藏本、金陵本無。

總持之園苑〔一〕**，**

什曰：「總持廣納，爲衆妙之林。奇翫娱心，猶如園苑也。」

生曰：「持諸法使不得散失，爲『園苑』義也。」〔二〕

〔一〕案關中疏卷下：「『總持』，實相理也。」

〔二〕「生曰」一段，永樂北藏本、徑山藏本、清藏本、金陵本無。

無漏法林樹〔一〕，

生曰：「無漏之法，既根深不可拔，又理高而扶疎〔二〕，爲『樹』之像。漏法不復得間錯其間，『林』之義矣。」〔三〕

〔一〕案關中疏卷下：「無漏萬行，林樹也。」關中釋抄卷下：「『無漏林樹』者，離煩惱熱，如蔭覆於樹，得大清涼。」

〔二〕「疎」，金陵本作「疏」。

〔三〕「生曰」一段，永樂北藏本、徑山藏本、清藏本、金陵本無。

覺意浄妙華〔一〕，

什曰：「華之體合則不妙，開過則毀，開合得適乃盡其妙也。調順覺意亦復如是，高則放散，下則沈没，高下得中，乘平直往，開合之相，其猶浄華也。」

生曰：「七覺以開悟爲道，無染爲浄，華之法者也。」〔二〕

〔一〕案關中釋抄卷下：「『覺意花』者，此花結草花也，結慧果故。」

〔二〕「生曰」一段，永樂北藏本、徑山藏本、清藏本、金陵本無。

解脱智慧果〔一〕。

什曰：「『解脱』，無爲果也；『智慧』，有爲果也。」

生曰：「結盡爲解脱也。從智慧生，即以名之，終期所得爲果矣。」〔二〕

〔一〕案關中疏卷下：「此樹開七覺之花，結解脱之果。此明慧也。」關中釋抄卷下：「『解脱』者，此是九無礙九解脱。此已智慧斷非想既惑，至第九解脱名『智慧果』也。」

〔二〕「生曰」一段，永樂北藏本、徑山藏本、清藏本、金陵本無。

八解之浴池〔一〕，

什曰：「水之爲用，除垢去熱。解脱之性，亦除執去閡也〔二〕。」〔三〕

生曰：「『八』，以擬八方也。『解脱』者，除垢懷也，故有『浴池』義焉。」〔四〕

〔一〕案關中釋抄卷下：「『八解脱』者，此是攝定解脱，非智慧法也。『八解脱』者，一、内有色觀外色，二、内無色觀外色，三、浄解脱具足住身作證，四、空處，五、識處，六、無所有處，七、非想非非想處，八、滅盡定解脱。」

〔二〕「執」，永樂北藏本、徑山藏本、清藏本、金陵本作「熱」。「閡」，徑山藏本、金陵本作「礙」。

〔三〕「什曰」一段，徑山藏本、金陵本置後經「定水湛然滿」下。

〔四〕「生曰」一段，永樂北藏本、徑山藏本、清藏本、金陵本無。

定水湛然滿，

生曰：「止則能鑒，『水』之義也。既定意足，湛然滿矣。」

布以七浄華〔一〕，

什曰：「一、戒浄：始終浄也。身口所作，無有微惡；意不起垢，亦不取相，亦不願受生。施人無畏，不限衆生。二、心浄：三乘制煩惱心、斷結心，乃至三乘漏盡心，名爲心浄。三、見浄：見法真性，不起妄想，是名見浄。四、度疑浄：若見未深，當時雖了，後或生疑。若見深疑斷，名度疑浄。五、分別道浄：善能見是道宜行〔二〕，非道宜捨，是名分別道浄。六、行斷知見浄：行，謂苦難、苦易、樂難、樂易四行也。斷，謂斷諸結也。學地中盡，未能自知所行所斷。既得無學盡智、無生智，悉自知見所行所斷，通達分明，是名行斷知見浄。七、涅槃浄也。」

生曰：「一、戒浄，二、心浄，三、見浄，四、度疑浄，五、道非道知見浄，六、行知見浄，七、斷知見浄。此七既以浄好爲理，而從定水中出，義爲水中華焉。」〔三〕

〔一〕案關中疏卷下：「『七浄』者，一、戒浄，二、心浄，三、見浄，四、度疑浄，五、分別浄，六、行浄，七、涅槃浄。」關中釋抄卷下：「『七浄花』者，戒、心二浄，在七方便位。見浄、度疑浄、分別道非道浄，此三在見道位。離身邊邪三見，名見浄。離疑，名度疑浄。惑見取善識，取邪道正道，名分別道非道浄。行浄，世修道位，離九地修惑，名爲行浄。七、涅槃浄，世無學道。」

〔二〕「善」，永樂北藏本、徑山藏本、清藏本、金陵本作「若」。

〔三〕「生曰」一段，永樂北藏本、徑山藏本、清藏本、金陵本無。

浴此無垢人〔一〕。

什曰：「無垢而浴者，爲除熱取適也。菩薩無結而入八解者〔二〕，外將爲衆生〔三〕，内自娱心也。」

肇曰：「總持强記，萬善之苑也。於此苑中〔四〕，樹無漏之林，敷七覺之華，結解脱之果，嚴八解之池。積禪定之水，湛然充滿；布七淨之華，羅列水上。然後無垢之士〔五〕，遊此林苑，浴此華池，閑宴嬉遊，樂之至也。豈等俗苑林水之歡乎〔六〕？覺意，七覺意也。解脱，有爲、無爲果也。智慧，即果智也。」

生曰：「浴此則乃無復垢矣。」〔七〕

〔一〕案關中疏卷下：「八解之池，止禪定之水，敷七淨之花。五欲熱惱、貪愛諸塵，浴此則清涼矣。此行明定也。」

〔二〕「菩薩無結」，維摩經義疏卷五作「大士無垢」。

〔三〕「將」，永樂北藏本、清藏本作「特」。

〔四〕「中」，永樂北藏本、徑山藏本、清藏本、金陵本無。

〔五〕「然」，永樂北藏本、徑山藏本、清藏本、金陵本、關中疏作「而」。

〔六〕「苑林」，關中疏作「林苑」。

〔七〕「生曰」一段，永樂北藏本、徑山藏本、清藏本、金陵本無。

象馬五通馳，

什曰：「駕大乘車遊於十方，自在無閡〔一〕，兼運衆生，俱至道場也。」〔二〕

生曰：「五通不疾而速，以諭象馬。」〔三〕

〔一〕「閡」，徑山藏本、金陵本作「礙」。

〔二〕「什曰」一段，徑山藏本、金陵本置後經「遊於八正路」下。

〔三〕「生曰」一段，永樂北藏本、徑山藏本、清藏本、金陵本無。

大乘以爲車，

生曰：「駕以大乘車矣。」〔一〕

〔一〕「生曰」一段，永樂北藏本、徑山藏本、清藏本、金陵本無。

調御以一心，

什曰：「『一心』，梵本云『和合』。道品心中有三相〔一〕：一、發動，二、攝心，三、名捨。若發動過則心散，散則攝之。攝之過則没〔二〕，没則精進令心發動〔三〕。若動靜得適，則任之令進，容豫處中〔四〕，是名爲捨。捨即調御，調御即和合也。譬如善御，遲則策之，疾則制之，舒疾得宜〔五〕，則放之令去，縱步夷塗，必之所往也。」〔六〕

生曰：「『一心』，謂捨也。若無復高下遲疾，便宜任之，以一心矣。」〔七〕

〔一〕「相」，維摩經義疏卷五作「能」。

〔二〕「攝」上，維摩經義疏卷五有「若」。「没」上，維摩經義疏卷五有「沉」。

〔三〕「没則」，維摩經義疏卷五作「故」。

〔四〕「處中」，維摩經義疏卷五作「令宜」。

〔五〕「舒」，維摩經義疏卷五作「遲」。

〔六〕「什曰」一段，徑山藏本、金陵本置後經「遊於八正路」下，接前經「象馬五通馳」下「什曰」一段後。

〔七〕「生曰」一段，永樂北藏本、徑山藏本、清藏本、金陵本無。

遊於八正路。

肇曰：「五通爲象馬，大乘爲上車，一心爲御者，遊於八正道也。」

生曰：「八正爲通衢，而遊其上矣。」〔一〕

〔一〕「生曰」一段，永樂北藏本、徑山藏本、清藏本、金陵本無。

相具以嚴容〔一〕，衆好飾其姿〔二〕，

什曰：「嚴飾足於體，不假外也。」

生曰：「相好爲嚴飾具者也。」〔三〕

〔一〕案關中疏卷下：「『相具』，三十二相。」

〔二〕案關中疏卷下：「『衆好』，八十種好。」

〔三〕「什曰」「生曰」兩段，永樂北藏本、徑山藏本、清藏本、金陵本無。

慚愧之上服〔一〕，

什曰：「旨取其防非止惡，猶衣服可以禦風寒也。」

肇曰：「慚愧障衆惡，法身之上服。」

生曰：「衣服障形者，耻露其醜也。慚愧不爲惡事，此之謂者也。」〔二〕

〔一〕案關中疏卷下：「『慚愧』，蔽陋惡。」

〔二〕「肇曰」「生曰」兩段，永樂北藏本、徑山藏本、清藏本、金陵本無。

深心爲華鬘〔一〕。

什曰：「深心信樂，故能修善，處善之先，猶鬘之在首。又云：深心發明衆善，亦如華鬘飾形服也。」

肇曰：「『深心』，法身之上飾，猶華鬘之在首。」

生曰：「『華鬘』者，既爲首飾，而束髮使不亂也。深心是檢行之初，故以諭焉。」〔二〕

〔一〕案關中疏卷下：「『深心』，飾形服也。」關中釋抄卷下：「花鬘之花，此莊嚴花，非結果花也。」

〔二〕「肇曰」「生曰」兩段，永樂北藏本、徑山藏本、清藏本、金陵本無。

富有七財寶，

什曰：「信、戒、聞、捨、慧、慚、愧也。處家則能捨財，出家則能捨五欲及煩惱也。由信善故持戒，持戒則止惡。止惡已則進行衆善〔一〕，進行衆善要由多聞。聞法故能捨，能捨則慧生，故五事次第説也。五事爲寶，慚、愧爲守人。守人於財主亦是財，故七事通名『財』也。」

生曰：「財寶有七，其理無窮，富之極者也。」〔二〕

〔一〕「則」下，永樂北藏本、徑山藏本、清藏本、金陵本有「應」。

〔二〕「生曰」一段，永樂北藏本、徑山藏本、清藏本、金陵本無。

教授以滋息，

生曰：「教授衆生，是與人之長善也。」〔一〕

〔一〕「生曰」一段，永樂北藏本、徑山藏本、清藏本、金陵本無。

如所説修行，迴向爲大利。

什曰：「『行』，自行也。以七財爲本，又彼我兼利。復以此福迴向佛道，七財彌增，則利之大也。」

肇曰：「『七財』，信、戒、聞、捨、慧、慚、愧也〔一〕。世人以玉帛爲饒，菩薩以七財爲富。出入法寶，與人同利，兼示以滋息之法，令如説修行、迴向佛道，此利之大者也。」

生曰：「『如所説修行』，既收外益，而可以易得大寶，故爲『大利』也。」〔二〕

〔一〕「愧」下，關中疏有「等」。

〔二〕「肇曰」「生曰」兩段，永樂北藏本、徑山藏本、清藏本、金陵本無。

四禪爲床座〔一〕，

什曰：「言『四禪』，取其似床座，能離三患也：一、離毒螫，二、離垢塵，三、離濕冷。四禪亦離三患也：離瞋恚毒、貪欲塵、睡眠冷，離此三患，安隱快樂也。」

肇曰：「世人爲毒螫下濕，所以伐木爲床。菩薩爲下界毒惡，故以四禪爲床。」

生曰：「『四』以擬四方也，『禪』以安樂爲理，床之象者也。」〔二〕

〔一〕案關中疏卷下：「四禪宴息，猶如床座。」

〔二〕「什曰」「肇曰」「生曰」三段，永樂北藏本、徑山藏本、清藏本、金陵本無。

從於淨命生〔一〕，

肇曰：「四禪高床，修淨命之所成。」

生曰：「淨命爲禪之巧功。」〔二〕

〔一〕案關中疏卷下：「要從持戒淨命所生，離五欲泥、散亂毒蟲。」關中釋抄卷下：「『淨命生』者，所言取命者詐現異相，於邪心活命，名『邪命』也。離此邪命名『淨命』，謂淨心活命也。今言『淨命生』者，謂凡夫修禪爲貪著生於梵世，無求出離，如此味禪名『邪命』也。若求涅槃、厭患三界而修禪者，此之正求慧命，故云『淨命生』也。」

〔二〕「生曰」一段，永樂北藏本、徑山藏本、清藏本、金陵本無。

多聞增智慧，以爲自覺音〔一〕。

什曰：「向説床則致其安寢〔二〕，安寢則覺之有法，故次説樂。外國貴人眠時，要先敕樂人明相出時，微奏樂音，然後乃覺。今以多聞法音覺其禪寢也。」

肇曰：「外國諸王臥欲起時，奏絲竹自覺。菩薩安寢四禪，多聞以自覺。」

生曰：「外國貴人臥欲覺時，作樂以覺之也。從聞而悟者，此之謂也。」〔三〕

〔一〕案關中疏卷下：「猶恐貪著禪味，故令多聞以自覺。」

〔二〕「致」，原作「眠」，據永樂北藏本、徑山藏本、清藏本、金陵本改。

〔三〕「肇曰」「生曰」兩段，永樂北藏本、徑山藏本、清藏本、金陵本無。

甘露法之食〔一〕，

什曰：「諸天以種種名藥著海中，以寶山摩之，令成甘露，食之得仙，名『不死藥』。佛法中以涅槃甘露，令生死永斷，是真不死藥也。亦云：劫初地味甘露，食之則長生。佛法中則實相甘露，養其慧命，是真甘露食也。」

生曰：「天食爲甘露味也，食之長壽，遂號爲『不死食』也。泥洹是不死之法，故以諭焉。」〔二〕

〔一〕案關中釋抄卷下：「『食』者，智慧也，資養法身故。」

〔二〕「生曰」一段，永樂北藏本、徑山藏本、清藏本、金陵本無。

解脱味爲漿〔一〕，

什曰：「『味』有四種：一、出家離五欲，二、行禪離憒亂煩惱，三、智慧離妄想，四、涅槃離生死。亦有二種解脱：一、解脱煩惱，二、解脱於閡也〔二〕。亦云：愛性無厭名之爲『渴』〔三〕，愛斷則得解脱。解脱止愛渴，故名『漿』。四味亦以除愛渴，故爲漿也。」

肇曰：「無漏甘露以充其體，八解脱法漿以潤其身也。」

生曰：「愛爲縛之本，以無厭爲懷，若渴之須水，則大苦矣。若解脱之者，以無渴愛爲漿，無苦爲味也。」〔四〕

〔一〕案關中疏卷下：「甘露法食以資惠解，八解漿止五欲渴，此二内資也。」關中釋抄卷下：「『漿』者，禪定也，除欲渴愛故。」

〔二〕「閡」，徑山藏本、金陵本作「礙」。

〔三〕「厭」，原作「漏」，據貞享本、永樂北藏本、徑山藏本、清藏本、金陵本改。

〔四〕「肇曰」「生曰」兩段，永樂北藏本、徑山藏本、清藏本、金陵本無。

浄心以澡浴〔一〕，

什曰：「心浄則無染，無染即爲浴，亦名『游八解』也〔二〕。」

生曰：「浄於心垢爲澡浴也。」〔三〕

〔一〕案關中釋抄卷下：「『浄心澡浴』者，浄心有三種：心浄已慶法禪者，惑盡爲浄一也。浄心觀佛魔不忻者，信無疑爲浄二也。今浄名好澡浴除罪者，懺悔除罪三也。」

〔二〕「解」下，永樂北藏本、徑山藏本、清藏本、金陵本有「脱」。

〔三〕「生曰」一段，永樂北藏本、徑山藏本、清藏本、金陵本無。

戒品爲塗香〔一〕。

什曰：「浄戒除穢，不假香也。」

肇曰：「浄心爲澡浴之水，戒具爲塗身之香。」

生曰：「戒在形而外薰〔二〕，爲塗身香也。」〔三〕

〔一〕案關中疏卷下：「懺悔罪垢，澡浴真身，嚴持戒香，塗熏法體，此云外嚴也。」

〔二〕「薰」，原作「勳」，據貞享本改。

〔三〕「肇曰」「生曰」兩段，永樂北藏本、徑山藏本、清藏本、金陵本無。

摧滅煩惱賊，

什曰：「『煩惱』有二種斷：一、遮斷，二、永斷。摧滅，遮斷也。下降伏四魔，永斷也。上説資養四體，體既平健，則廣興事業。自此已下〔一〕，是説其事業。」

生曰：「自此已下，明其有所云爲。」〔二〕

〔一〕「已」，永樂北藏本、徑山藏本、清藏本、金陵本作「以」。

〔二〕「生曰」一段，永樂北藏本、徑山藏本、清藏本、金陵本無。

勇健無能踰，降伏四種魔，勝幡建道場。

什曰：「外國破敵得勝則豎勝幡〔一〕。道場降魔，亦表其勝相也。」

肇曰：「外國法，戰諍破敵，立幡以表勝。菩薩摧煩惱賊、降四魔怨，乃立道場〔二〕、建勝相也。」〔三〕

〔一〕「幡」，永樂北藏本、徑山藏本、清藏本、金陵本作「旛」。

〔二〕「立」，關中疏作「於」。

〔三〕「肇曰」一段，永樂北藏本、徑山藏本、清藏本、金陵本無。

雖知無起滅，示彼故有生，悉現諸國土，如日無不見。

肇曰：「知無起滅，則得法身；無復生分〔一〕，爲彼有生，故無往不見。自此已下〔二〕，盡歎菩薩變應之德，以法爲家，故其能若此。」

〔一〕「分」，關中疏作「示」。

〔二〕「已」，永樂北藏本、徑山藏本、清藏本、金陵本作「以」。

供養於十方，無量億如來，諸佛及己身，無有分別想。

肇曰：「未嘗覺彼己之異也。」〔一〕

〔一〕「肇曰」一段，永樂北藏本、徑山藏本、清藏本、金陵本無。

雖知諸佛國，及與衆生空，而常修浄土，教化於群生。

肇曰：「知空不捨有，所以常處中。」〔一〕

〔一〕「肇曰」一段，永樂北藏本、徑山藏本、清藏本、金陵本無。

諸有衆生類，形聲及威儀，無畏力菩薩，一時能盡現。覺知衆魔事，而示隨其行，以善方便智，隨意皆能現。或示老病死〔一〕，

什曰：「如佛欲化弗迦沙王，故現作老比丘，亦如四城門所化比也。」

〔一〕案關中疏卷下：「知魔了幻，而示現謗濟老病死。如太子跋欲，浄居諸天四城門所現。」

成就諸群生，了知如幻化，通達無有閡。或現劫盡燒，天地皆洞然，衆生有常想，照令知無常〔一〕。

什曰：「或實燒，或不實燒。不實燒者，二日乃至三四日出時，衆生見燒相〔二〕，即悟無常，還攝不燒也。」

〔一〕案關中疏卷下：「明大三災，水、風二灾，文無者略。初禪内有覺觀，外有火灾。二禪内有喜受，外有水灾。三禪内有喘息，外有風灾。四禪無灾，由不動故。」

〔二〕「相」，關中疏作「想」。

無數億衆生，俱來請菩薩，一時到其舍，化令向佛道。經書禁呪術，工巧諸伎藝，盡現行此

事，饒益諸群生。世間衆道法，悉於中出家，

什曰：「以同習相感，先同而後乖也〔一〕。出家人有德，爲物所宗，故現入出家，修德引物也。」〔二〕

〔一〕「後」，關中疏作「復」。

〔二〕「什曰」一段，徑山藏本、金陵本置後經「而不墮邪見」下。

因以解人惑，而不墮邪見。

肇曰：「九十六種皆出家求道。隨其出家，欲解其惑，不同其見也。」

或作日月天，

什曰：「劫初時未有日月，亦未有衆生。幽冥處初不見日月，故爲作日月，令得照明也。」〔一〕

〔一〕「什曰」一段，徑山藏本、金陵本置後經「梵王世界主」下。

梵王世界主，或時作地水，或復作風火。

什曰：「劫初地未成，以神力令六方風來，吹水結而成地。或見人入海，船欲没時，爲化作地，令得安隱。至須水火風處，皆應其所求也。或化作，或以身作也。食及藥草〔一〕，亦如是也。」

肇曰：「遇海漂人，則變身爲地。水、火、風皆隨彼所須，而自變形也。」〔二〕

〔一〕「草」，原作「中」，據貞享本改。

〔二〕「肇曰」一段，永樂北藏本、徑山藏本、清藏本、金陵本無。

劫中有疾疫，現作諸藥草，

什曰：「或令除病，或得昇仙〔一〕，因而化之，使入正道。外國有奇妙藥草，或似人形，或似象馬形。似象馬者，有人乘之，徑淩虚而去。或但見聞此藥，衆病即消也。」〔二〕

〔一〕「得」，維摩經義疏卷五作「令」。

〔二〕「什曰」一段，徑山藏本、金陵本置後經「除病消衆毒」下。

若有服之者，除病消衆毒。劫中有饑饉，現身作飲食，先救彼饑渴，却以法語人。

肇曰：「菩薩法身于何不爲？或爲藥草，令服者病除；或爲飲食，令饑渴者得飽滿。」〔一〕

〔一〕「肇曰」一段，永樂北藏本、徑山藏本、清藏本、金陵本無。

劫中有刀兵，爲之起慈悲，

什曰：「將來世劫盡時，刀兵起，人壽十歲。婆須蜜從忉利天下生王家〔一〕，作太子〔二〕，化衆人言：『我等祖父壽命極長，以今瞋恚無慈故致此短壽，是故汝等當行慈心。』衆人從命，惡心漸薄。此後生子壽二十歲，如是轉續至彌勒時，八萬四千歲也。」〔三〕

〔一〕「蜜」，永樂北藏本、徑山藏本、清藏本、金陵本作「密」。

〔二〕「太」，徑山藏本、金陵本作「天」。

〔三〕「什曰」一段，徑山藏本、金陵本置後經「令住無諍地」下。

化彼諸衆生，令住無諍地。若有大戰陣，立之以等力，菩薩現威勢，降伏使和安〔一〕。

什曰：「兩陣相對，助其弱者。二衆既均，無相勝負，因是彼此和安矣。」

〔一〕案關中疏卷下：「刀兵七日，疾病七月七日，飢饉七年七月七日。東西二州，有似非正，謂嗔增盛，身力嬴劣，數加飢渴等。北州金無戰陣，助明刀兵可見。」

一切國土中，諸有地獄處，輒往到于彼，勉濟其苦惱。一切國土中，畜生相食噉，皆現生於彼，爲之作利益。

什曰：「如過去世時，人無禮義，欲殘害長老。猴象及鳥推敬長老，令人修善〔一〕，咸相和順〔二〕，如大智度論中說。」

〔一〕「令」下，永樂北藏本、徑山藏本、清藏本、金陵本、關中疏有「獸」。

〔二〕「順」，原作「須」，據永樂北藏本、徑山藏本、清藏本、金陵本、關中疏改。

示受於五欲，亦復現行禪，令魔心憒亂，不能得其便。

肇曰：「欲言行禪〔一〕，復受五欲。欲言受欲，復現行禪。莫測其變，所以憒亂也。」

〔一〕「行」，永樂北藏本、徑山藏本、清藏本、金陵本作「得」。

火中生蓮華，是可謂希有，在欲而行禪，希有亦如是。

肇曰：「自非静亂齊旨者，孰能爲之者也〔一〕？」

〔一〕「爲」，永樂北藏本、徑山藏本、清藏本、金陵本、關中疏作「兩」。

或現作婬女，引諸好色者，先以欲鉤牽，後令入佛智。

肇曰：「反欲以順。」〔一〕

〔一〕「肇曰」一段，永樂北藏本、徑山藏本、清藏本、金陵本無。

或爲邑中主，或作商人導，國師及大臣，以祐利衆生。諸有貧窮者，現作無盡藏，因以勸導之，令發菩提心。我心憍慢者，爲現大力士，消伏諸貢高，令住無上道。

肇曰：「慢心自高，如山峰不停水。菩薩現爲力士，服其高心，然後潤以法水。」

其有恐懼者，居前而慰安，先施以無畏，後令發道心。或現離婬欲，爲五通仙人，開導諸群生，令住戒忍慈。

什曰：「世無賢聖，衆生下劣，不入深法，故化以戒忍也。」

見須供事者，現爲作僮僕，既悦可其意，乃發以道心。隨彼之所須，得入於佛道，以善方便力，皆能給足之。如是道無量，

生曰：「應適無方，皆是佛之道矣。」〔一〕

〔一〕「生曰」一段，永樂北藏本、徑山藏本、清藏本、金陵本無。

所行無有涯，智慧無邊際，度脱無數衆。假令一切佛，於無數億劫，讚歎其功德，猶尚不能盡。

肇曰：「其權智之道無涯無際。雖復衆聖殊勝，辯猶不能盡。」〔一〕

〔一〕「肇曰」一段，永樂北藏本、徑山藏本、清藏本、金陵本無。

誰聞如是法，不發菩提心？除彼不肖人〔一〕，癡冥無智者〔二〕。

肇曰：「下士聞道，大而笑之。日月雖明，何益瞽者？」〔三〕

〔一〕案關中疏卷下：「不肖，二乘也。」

〔二〕案關中疏卷下：「癡冥，凡夫也。」

〔三〕「肇曰」一段，永樂北藏本、徑山藏本、清藏本、金陵本無。

注維摩詰經卷第八〔一〕

入不二法門品第九〔二〕

爾時，維摩詰謂衆菩薩言：「諸仁者。云何菩薩入不二法門〔三〕？

什曰：「有無迭用，佛法之常。前品説有，故次説空門。復次，從始會以來〔四〕，唯二人相對，餘皆默然。今欲各顯其德，故問令盡説。亦云：情惑不同〔五〕，發悟有因，令各説悟〔六〕，廣釋衆迷。夫勝會明宗，必以令終爲美。今法坐將散〔七〕，欲究其深致，廣説不二，乃盡其妙也。問曰：『亦有三四乃至無量法門〔八〕，云何獨説不二耶？』答曰：『二事少而惑淺，餘門事廣而累深。二尚應破，則餘可知也。復次，萬法之生，必從緣起。緣起生法，多少不同。極其少者，要從二緣。若有一緣生，未之聞也。然則有之緣起，極於二法。二法既廢，則入於玄境。亦云：二法門攝一切法門。』問曰：『云何不破一耶？』答曰：『若名數之，則非一也。若以一爲一，亦未離於二，遣二則一斯盡矣。復次，無相之一，名假而實立〔九〕，實立則體與相絶，故直置而自無

也。』」〔一〇〕

肇曰：「言爲世則謂之『法』，衆聖所由謂之『門』。」

生曰：「既悟其一則衆事皆得，故一爲衆事之所由也。」〔一一〕

〔一〕案金陵本於此未分卷。

〔二〕「入不二法門品第九」，平安本無。　案關中疏卷下：「『入』者，觀照智也。『不二法』，所觀理門者，文字教也。」關中釋抄卷下：「初言『門』者，能通爲門。至理無言，言之者應物。物根不一，教亦多門，今分兩别：一、三乘差别門，三車出火宅是也；二、一乘圓悟門，唯有一門而復狹小。是今不二法門，即後一乘門。第二言『不二法』者，萬法云云，其性不二，實相即不二法。第三釋『入』字，入悟解理，故名入也，不悟名不入。然論其真悟，了二空心無所得名盡相。此言『入』者，明迷理失真，心逐妄境名出，若了妄即真證理名入。證雖無入可入，『入』以名之也。」

〔三〕案關中疏卷下：「『入』者，悟入也。此經返迷向悟，名『入不二』。其言甚異，其旨甚一。」

〔四〕「以」，關中疏作「已」。

〔五〕「惑」，永樂北藏本、徑山藏本、清藏本、金陵本作「或」。

〔六〕「令各」，關中疏作「各令」。

〔七〕「坐」，永樂北藏本、徑山藏本、清藏本、金陵本、關中疏作「座」。

〔八〕「三四」，關中疏作「四三」。

〔九〕「立」，貞享本、永樂北藏本、徑山藏本、清藏本、金陵本作「亡」。下同。

〔一〇〕「什曰」一段，徑山藏本、金陵本置後經「各隨所樂説之」下。

〔一一〕「肇曰」「生曰」兩段，永樂北藏本、徑山藏本、清藏本、金陵本無。

各隨所樂説之。」

肇曰：「自經始已來〔一〕，所明雖殊，然皆大乘無相之道。無相之道即不可思議解脱法門，即第一義無二法門。此浄名現疾之所建，文殊問疾之所立也。凡聖道成，莫不由之。故事爲篇端，談爲言首，究其所歸，一而已矣。然學者開心有地，受習不同，或觀生滅以反本，或推有無以體真，或尋罪福以得一，或察身口以冥寂。其塗雖殊，其會不異。不異故取衆人之所同，以證此經之大旨也。」

生曰：「所以無方其道，皆入『不二』故也。今令人人説之，以爲成驗。」〔二〕

〔一〕「已」，永樂北藏本、徑山藏本、清藏本、金陵本作「以」。

〔二〕「生曰」一段，永樂北藏本、徑山藏本、清藏本、金陵本無。

會中有菩薩名法自在，説言：「諸仁者。生滅爲二。法本不生，今則無滅，得此無生法忍，是爲入不二法門〔一〕。」

肇曰：「『滅』者，滅生耳。若悟無生，滅何所滅？此即無生法忍也。此菩薩因觀生滅以悟道，故説己所解爲不二法門也。下皆類爾〔二〕。萬法云云，離真皆名『二』，故以

『不二』爲言。」

〔一〕案關中疏卷下：「一切諸法皆因緣生滅，小乘執實爲二，大乘知法如幻，故無生滅入不二也。」

〔三〕「皆類爾」，關中疏作「顯示」。

德守菩薩曰：「我、我所爲二。因有我故，便有我所；若無有我，則無我所，是爲入不二法門。」

肇曰：「妙主常存，『我』也。身及萬物，『我所』也。我所，我之有也〔一〕。法既無我，誰有之者〔二〕？」

〔一〕「之」下，關中疏有「所」。

〔二〕「之者」，永樂北藏本、徑山藏本、清藏本、金陵本作「所也」。

不眴菩薩曰〔一〕**：**

什曰：「『不眴』有三義：一、如天；二、愛敬佛身，諦觀不眴；三、心無塵翳，慧眼常開。」

〔一〕案徑山藏本卷八、清藏本卷八、金陵本卷六末音釋：「眴，目動也。」

「受、不受爲二。

什曰：「『受、不受』，取相、不取相也。亦有漏五陰名爲『受』，無漏名『不受』也。亦云：受心、不受心，如阿毗曇心說。」

若法不受，則不可得；以不可得，故無取、

什曰：「『無取』，遺受也。」〔一〕

〔一〕案「什曰」一段，原錯簡至後經「是動、是念爲二」下「什曰」一段末，據永樂北藏本、徑山藏本、清藏本、金陵本改。

無捨、

什曰：「遺不受也。」

無作、

什曰：「言不復作受生業也。」

無行，

什曰：「心行滅也。」

是爲入不二法門。」

肇曰：「有心必有所受，有所受必有所不受，此爲二也。若悟法本空，二俱不受，則無得無行爲不二也。」

德頂菩薩曰：「垢、浄爲二〔一〕。見垢實性〔二〕，

什曰：「如洗穢物，至盡乃浄。浄則盡，盡則無浄也。」〔三〕

〔一〕案關中疏卷下：「凡夫倒心見不浄，三乘觀身不浄，此爲二也。」

〔二〕案關中釋抄卷下：「『見垢實性』者，垢性自無，了垢無垢，名垢實性。」

〔三〕「什曰」一段，徑山藏本、金陵本置後經「則無浄相，順於滅相，是爲入不二法門」下。

則無浄相，順於滅相，是爲入不二法門。」

肇曰：「浄生於垢，實性無垢，浄何所浄？」

善宿菩薩曰：「是動、是念爲二〔一〕。

什曰：「惑心微起名爲『動』，取相深著名爲『念』，始終爲異耳。」〔二〕

肇曰：「情發爲『動』，想我爲『念』也。」〔三〕

〔一〕案關中釋抄卷下：「『是動、是念』者，動者，分別流動也。念者，專一不分別也。」

〔二〕「什曰」一段，徑山藏本、金陵本置後經「不動則無念，無念即無分別，通達此者，是爲入不二法門」下。

〔三〕「肇曰」一段，永樂北藏本、徑山藏本、清藏本、金陵本無。

不動則無念〔一〕，無念即無分別，通達此者，是爲入不二法門。」

〔一〕案關中疏卷下：「安住實性即性無動，無動即無念也。」關中釋抄卷下：「不動則無念，有動即有念。動若即空，何念之有也？」

善眼菩薩曰：「一相、無相爲二〔一〕。若知一相即是無相，亦不取無相入於平等，是爲入不二

法門。」

肇曰：「言一欲以去二，不言『二』也。言無欲以去有，不言『無』也。而惑者聞一則取一相〔二〕，聞無則取無相，故有二焉。」

〔一〕案關中疏卷下：「法華明一實相，般若經明無相。」

〔二〕「惑」，永樂北藏本、徑山藏本、清藏本、金陵本作「或」。

妙臂菩薩曰：

什曰：「以施報故，手能出無盡寶物，如五河流，故名『妙臂』也。」〔一〕

〔一〕「什曰」一段，徑山藏本、金陵本置後經「無菩薩心、無聲聞心，是爲入不二法門」下。

「菩薩心、聲聞心爲二〔一〕。觀心相空如幻化者，無菩薩心、無聲聞心，是爲入不二法門。」

〔一〕案關中疏卷下：「自利，聲聞心也。利他，菩薩心也。」

弗沙菩薩曰：

什曰：「二十八宿中鬼星名也。生時所值宿，因以爲名也。」

肇曰：「『弗沙』，星名也，菩薩因以爲字焉。」〔一〕

〔一〕「肇曰」一段，永樂北藏本、徑山藏本、清藏本、金陵本無。

「善、不善爲二〔一〕。

什曰：「一切有漏善心及善身口業，無漏乃至涅槃名爲『善』。一切煩惱所作身口業名

『不善』也。」〔二〕

〔二〕案關中疏卷下：「『不善』，十惡也。『善』，十善及涅槃也。」

〔三〕「什曰」一段，徑山藏本、金陵本置後經「入無相際而通達者，是爲入不二法門」下。

若不起善、不善，入無相際而通達者，是爲入不二法門。」

師子菩薩曰：「罪、福爲二〔一〕。

什曰：「三界煩惱，煩惱相應，及煩惱所作身口業盡名『罪』，一切有漏善盡名爲『福』。」

〔一〕案關中疏卷下：「『罪』，破戒也。『福』，持戒定慧也。」

若達罪性則與福無異〔一〕，**以金剛慧決了此相**〔二〕，

什曰：「金剛置地，下至地際，然後乃止。實相慧要盡法性，然後乃止也。」〔三〕

肇曰：「『金剛慧』，實相慧也。」〔四〕

〔一〕案關中疏卷下：「罪福平等，一相一性爲不二。」

〔二〕案關中釋抄卷下：「『金剛慧』者，了達中道無生，則百非自決，縛解永亡，破惑窮源，名金剛也，即無生忍智之别名也。」

〔三〕「什曰」一段，徑山藏本、金陵本置後經「無縛無解者，是爲入不二法門」下。

〔四〕「肇曰」一段，永樂北藏本、徑山藏本、清藏本、金陵本無。

無縛無解者，是爲入不二法門。」

師子意菩薩曰：

什曰：「師子度水，要截流直度，曲則不度。此大士以實智慧〔一〕，深入諸法，直過彼岸，故借以爲名也。」

〔一〕「實」下，關中疏有「相」。

「有漏、無漏爲二。若得諸法等，則不起漏、不漏想，不著於相，亦不住無相，是爲入不二法門〔一〕。」

〔一〕案關中疏卷下：「苦、集有漏，滅、道無漏爲二。大士平等觀同一實諦，不二。」關中釋抄卷下：「『有漏、無漏』者，迷理滯惑名之爲『漏』，悟理契真名爲『無漏』；方便教以地前爲『漏』，登地已上名『無漏』；小乘俱舍即見前名『有漏』，見道已者名『無漏』。此皆方便之説，非至説也。今經以萬累即真，理無餘惑，即惑而真，故無有二。故云：『若得諸法等，即不起漏、不漏相也。』生公亦云：『萬善理一同無漏。』釋云：『夫萬善本有，皆資理發。理既無異，善不容二。但隨政惡因，用生異名。論其解體，明鑒而已。始雖未能兼用，終極自冥，爲一解脱。既以政惡爲理，至於始涉一毫皆是無漏。譬明能除闇，故無闇不除。但明微闇盛，未能頓滅，非明理不足矣。』」

淨解菩薩曰：「有爲、無爲爲二〔一〕。若離一切數，則心如虚空，以清淨慧無所閡者，是爲入不二法門。」〔二〕

〔一〕案關中疏卷下：「四相，『有爲』也。四相滅，『無爲』也。相本不起，今則無滅，無二也。」關中釋抄卷下：「『有爲』者，三界生滅有爲也。涅槃寂滅，『無爲』也。」

〔三〕關中疏本條下有僧叡注：「數，即有爲、無爲也。」

那羅延菩薩曰：「世間、出世間爲二。

什曰：「『世間』，三界也。『出世間』，一切無漏有爲道品法也〔一〕。」

〔一〕「道品法」，維摩經義疏卷五作「之道品」。又「一切無漏有爲道品法也」，關中疏作「解脱也」。

世間性空，即是出世間，於其中不入、不出〔一〕、

什曰：「出義生於入也。無入生死，故無出世間也。」

〔一〕案關中疏卷下：「悟世性空，無入無出，故不二也。」

不溢、

什曰：「梵本云『流』也。」

不散，

肇曰：「夫有入則有出，有出必有溢，有溢必有散，此俗中之常數。」〔二〕

〔二〕「肇曰」一段，徑山藏本、金陵本置後經「是爲入不二法門」下。

是爲入不二法門。」

善意菩薩曰：「生死、涅槃爲二〔一〕。

什曰：「上言無爲，三無爲也。今明究竟涅槃也。」〔二〕

（一）案關中疏卷下：「受後有生死也，滅盡後有涅槃也。」

（二）「什曰」一段，徑山藏本、金陵本置後經「如是解者，是爲入不二法門」下。

若見生死性，則無生死[一]**，無縛無解，不然不滅，如是解者，是爲入不二法門。」**

肇曰：「『縛、然』，生死之別名。『解、滅』，涅槃之異稱。」

（一）案關中疏卷下：「悟世生死妄，無生死也。」

現見菩薩曰：「盡、不盡爲二。法若究竟盡、

什曰：「無常是空之初門[一]，破法不盡，名爲『不盡』。若乃至一念不住則無有生[二]，無有生則生盡，生盡則畢竟空，是名爲『盡』也[三]。」[四]

（一）「之」，維摩經義疏卷五作「空」。

（二）「不住則」，永樂北藏本、徑山藏本、清藏本、金陵本無。

（三）「若乃至一念不住則無有生」至「是名爲『盡』也」，維摩經義疏卷五作「畢竟空，破法盡，名爲『盡』」。

（四）「什曰」一段，徑山藏本、金陵本置後經「如是入者，是爲入不二法門」下。

若不盡，皆是無盡相，無盡相即是空，空則無有盡、不盡相，如是入者，是爲入不二法門。」

肇曰：「有爲虛僞法無常故名『盡』，實相無爲法常住故『不盡』[一]。若以盡爲盡，以不盡爲不盡者，皆二法也[二]。若能悟盡、不盡俱無盡相者，則入一空不二法門也。」

（一）「法」，維摩經義疏卷五作「道」。

〔二〕「二法」，維摩經義疏卷五作「是二」。

普守菩薩曰：

什曰：「萬善所持，衆聖所護，故名『普守』焉。」〔一〕

〔一〕「什曰」一段，永樂北藏本、徑山藏本、清藏本、金陵本無。

「我、無我爲二。我尚不可得，非我何可得？

什曰：「妄見有我，解則無我，言無我爲遣我耳，非復別有無我法也。」〔一〕

〔一〕「什曰」一段，永樂北藏本、徑山藏本、清藏本、金陵本無。

見我實性者，不復起二，是爲入不二法門。」

肇曰：「非我出於我耳。『見我實性』者，我本自無，而況非我也〔一〕。」

〔一〕「而況」，關中疏作「況於」。

電天菩薩曰：「明、無明爲二。無明實性即是明，

什曰：「無明能生明，故不異於明；明由無明生，故不異於無明。無明故不可取，能生明故不可捨。明亦如是，非無明故不可離，無明生故不可取。譬如蓮華，色雖嚴潔，所因不净。推其所因，心不生著也。」〔一〕

〔一〕「什曰」一段，永樂北藏本、徑山藏本、清藏本、金陵本無。

明亦不可取，離一切數，於其中平等無二者，是爲入不二法門。」

肇曰：「『明』，慧明也。『無明』，癡冥也。見無明性即是爲明〔一〕，若見明爲明即是無明〔二〕，故不可取也。」

〔一〕「是爲」，關中疏作「爲是」。

〔二〕「是無明」，關中疏作「明、無明相待」。

喜見菩薩曰：「色、色空爲二。色即是空，非色滅空，色性自空；如是受、想、行、識，識空爲二，識即是空，非識滅空，識性自空，於其中而通達者，是爲入不二法門〔一〕。」

肇曰：「色即是空，不待色滅然後爲空。是以見色異於空者，則二於法相也〔二〕。」

〔一〕案關中疏卷下：「色是礙，滅色是空，二也。若悟色性自空，即空、色不二。」

〔二〕關中疏此下有「若有不即空，無不夷跡。餘陰準知」。

明相菩薩曰：「四種異、空種異爲二〔一〕。

什曰：「外道法中有五大，佛法中有四大。此四種於作法中最大，故稱爲『大』。」〔二〕

〔一〕案關中疏卷下：「小乘以四大堅、濕、暖種性異空大。」

〔二〕「什曰」一段，徑山藏本、金陵本置後經「若能如是知諸種性者，是爲入不二法門」下。

四種性即是空種性〔一〕，如前際、後際空，故中際亦空，若能如是知諸種性者，是爲入不二法門。」

肇曰：「『四種』，四大也。『空種』，空大也。此五衆生之所由生，故名『種』。然四大之性，無前、後、中，無異空大也。」

〔一〕案關中疏卷下：「大乘楞伽以四大是妄想，性妄無自性，故不異空也。」

妙意菩薩曰：「眼、色爲二。若知眼性於色，不貪、不恚、不癡，是名寂滅；如是耳聲、鼻香、舌味、身觸、意法爲二，若知意性於法，不貪、不恚、不癡，是名寂滅，安住其中，是爲入不二法門。」

肇曰：「存於情塵〔一〕，故三毒以生。若悟六情性，則於六塵不起三毒，此寂滅之道也。」

〔一〕「存」，關中疏作「行」。

無盡意菩薩曰：「布施、迴向一切智爲二。布施性即是迴向一切智性，如是持戒、忍辱、精進、禪定、智慧，迴向一切智爲二，智慧性即是迴向一切智性，於其中入一相者，是爲入不二法門。」

肇曰：「以六度爲妙因。『迴向一切智』者，二也。若悟因果同性，入于一相，乃應不二。」

深慧菩薩曰：「是空、是無相、是無作爲二。空即無相，無相即無作；若空、無相、無作，即無心、意、識，於一解脱門即是三解脱門者，是爲入不二法門〔一〕。」

肇曰：「三行雖異，然俱是無緣解脱，故無心、意、識也。無緣既同，即三解脱無異〔二〕。」

〔一〕案關中疏卷下：「大論云：『聲聞經明三三昧緣四諦十六行，摩訶衍因緣諸法實相。』斯則小乘諦異，故三昧門異。大乘理同，故三昧門不異也。」

〔二〕「無緣既同，即三解脱無異」，關中疏作「緣既是同，則三解不異」。

寂根菩薩曰：「佛、法、衆爲二。

生曰：「有相則有對，有對則爲二，不繫一與二也〔一〕。」

〔一〕「二」，原作「三」，據永樂北藏本、徑山藏本、清藏本、金陵本改。

佛即是法，

生曰：「以體法爲佛，不可離法有佛也。若不離法有佛〔一〕，佛是法也。然則佛亦法矣。」

〔一〕「佛」，原無，據永樂北藏本、徑山藏本、清藏本、金陵本補。

法即是衆，

生曰：「亦以體法爲衆。」

是三寶皆無爲相，

肇曰：「無相真智，佛寶也。實相無爲，法寶也。修無爲道，僧寶也。三寶雖異，皆無爲相也。」〔一〕

生曰：「乖理爲造，故三寶皆無爲也。」

〔一〕「肇曰」一段，徑山藏本、金陵本置後經「能隨此行者，是爲入不二法門」下。

與虛空等，一切法亦爾，能隨此行者，是爲入不二法門〔一〕。」

〔二〕案關中疏卷下：「丈六身，佛也；四諦，法也；四道果，僧也；此是小乘見跡異也。智無生，佛也；理無相，法也；行無修，僧也；此是大乘理本一也。小乘執跡故異，大乘返本故不異也。」

心無閡菩薩曰：「身、身滅爲二。

什曰：「『身』，五受陰也。『身滅』，涅槃也。」

身即是身滅，所以者何？見身實相者，則不起見身及見滅身，身與滅身無二無分别，於其中不驚不懼者，是爲入不二法門〔一〕。」

肇曰：「諸法生時空生，滅時空滅；身存身亡，亦何以異？而懷驚懼於其中乎？」

〔一〕案關中疏卷下：「陰苦聚爲身，患苦故滅身，爲二。若悟陰假會，即身非身，無生無滅，名『見實相』，爲不二也。」

上善菩薩曰：「身、口、意業爲二。是三業皆無作相，身無作相即口無作相，口無作相即意無作相，是三業無作相即一切法無作相，能如是隨無作慧者，是爲入不二法門。」

肇曰：「三業雖殊，無作一也。諸法之生，本于三業。三業既無，誰作諸法也？」

福田菩薩曰：「福行、罪行、不動行爲二〔一〕。

什曰：「『福行』，欲界善行，能得樂報也。『罪行』，十不善道，能得苦報也。『無動行』，色、無色界行。『不動』義，如通達佛道中説也。」〔二〕

〔一〕案關中疏卷下：「妄動爲行，離動則平等。」

〔二〕「什曰」一段，徑山藏本、金陵本置後經「於此三行而不起者，是爲入不二法門」下。

三行實性即是空，空即無福行、無罪行、無不動行，於此三行而不起者，是爲入不二法門。」

肇曰：「『福』，欲界善行。『罪』，十惡之流。『不動』，色、無色界行也。」

華嚴菩薩曰：「從我起二爲二〔一〕。見我實相者，不起二法；若不住二法，則無有識；無所識者，是爲入不二法門。」

肇曰：「因『我』故有『彼』，二名所以生。若見我實相，則彼、我之識無由而起。」

〔一〕案關中疏卷下：「由執我故，所對爲二。」關中釋抄卷下：「『從我起二』者，以我一法爲能待，即一切法爲所待。斯則觸緣對境，我皆爲二矣。前諸菩薩能、所皆彑相待，此即能待是彑，所待是漫也。」

德藏菩薩曰：「有所得相爲二〔一〕。若無所得，即無取捨；無取捨者，是爲入不二法門〔二〕。」

肇曰：「得在於我，相在於彼。我不得相，誰取誰捨？」

〔一〕案關中釋抄卷下：「『有所得爲二』，即能、所皆漫。斯則趣一法，萬法皆待，故直云『有所得』也。」

〔二〕案關中疏卷下：「於法有得，待物爲二。若無所得，則無有二。」

月上菩薩曰：「闇與明爲二。無闇無明，即無有二。所以者何？如入滅受想定，

什曰：「旨明此中知照滅，無有明闇也。」〔一〕

〔一〕「什曰」一段，徑山藏本、金陵本置後經「於其中平等入者，是爲入不二法門」下。

無闇無明，一切法相亦復如是，於其中平等入者，是爲入不二法門。」

肇曰：「二乘入滅盡定，六根盡廢，心想都滅，雖經晝夜，不覺晦明之異，諭菩薩無心於明闇耳〔一〕。」

〔一〕「諭」上，關中疏有「以」。「諭」，永樂北藏本、徑山藏本、清藏本、金陵本、關中疏作「喻」。

寶印手菩薩曰：「樂涅槃、不樂世間爲二。若不樂涅槃、不厭世間則無有二〔一〕。所以者何？若有縛則有解，若本無縛，其誰求解？無縛無解則無樂厭，是爲入不二法門。」

肇曰：「世間無縛，曷爲而厭？涅槃無解，曷爲而樂？」

〔一〕案關中釋抄卷下：「『樂涅槃』等，此樂、厭爲二。不明夫世間，何以故？前以明訖，不可重也。」

珠頂王菩薩曰：「正道、邪道爲二。住正道者則不分別是邪是正，離此二者，是爲入不二法門〔一〕。」

〔一〕案關中疏卷下：「八正、八邪爲二。若住實相平等無分別，名爲『不二』。」

樂實菩薩曰：「實、不實爲二。實見者尚不見實，何況非實？所以者何？非肉眼所見，慧眼乃能見〔一〕，而此慧眼無見、無不見，是爲入不二法門。」

肇曰：「『實相』，慧眼之境，非肉眼所見。慧眼尚不見實，而況非實？雖曰『無見』，而無所不見，此真慧眼之體。」

〔一〕案關中釋抄卷下：「『非肉眼所見』者，肇公：『可以神會，難以事求。』此明不可肉眼見，但可慧眼悟解而已也。」

如是諸菩薩各各説已，問文殊師利：「何等是菩薩入不二法門？」文殊師利曰：「如我意者，於一切法無言、

什曰：「説曲辯也。」〔一〕

〔一〕「什曰」一段，永樂北藏本、徑山藏本、清藏本、金陵本無。

無説、

什曰：「『説』，一往説也。」〔一〕

〔一〕「什曰」一段，永樂北藏本、徑山藏本、清藏本、金陵本無。

無示、

什曰：「顯現其相，言是善是惡，名爲『示』也。」〔一〕

〔一〕「什曰」一段，永樂北藏本、徑山藏本、清藏本、金陵本無。

無識，離諸問答，是爲入不二法門。」

肇曰：「上諸人所明雖同，而所因各異，且直辯法相〔一〕，不明無言。今文殊總衆家之説，以開不二之門，直言法相不可言，不措言於法相。斯之爲言，言之至也。而方於静默，猶亦後焉。」〔二〕

生曰：「前諸菩薩各説不二之義，似有不二可説也。若有不二可説者，即復是對一爲不二也〔三〕。是以文殊明無可説，乃爲不二矣。」

〔一〕「辯」，關中疏作「辨」。

〔二〕「肇曰」一段，永樂北藏本、徑山藏本、清藏本、金陵本無。

〔三〕「一」，原作「二」，據永樂北藏本、徑山藏本、清藏本、金陵本改。

於是文殊師利問維摩詰：「我等各自説已。仁者當説何等是菩薩入不二法門？」時維摩詰默然無言。

什曰：「自佛泥洹後六百年〔一〕，有一人年六十出家。未幾時，頌三藏都盡，次作三藏論議。作論已，思惟言：『佛法中復有何事？唯有禪法，我當行之。』於是受禪法，自作要誓：『若不得道，不具一切禪定功德，終不寢息，脅不著地。』因名脅比丘。少時得成阿羅漢，具三明六通，有大辯才，善能論議。有外道師名曰馬鳴，利根智慧，一切經書皆悉明練，亦有大辯才，能破一切論議。聞脅比丘名，將諸弟子往到其所，唱言：『一切論議悉皆可破。若我不能破汝言論，當斬首謝屈。』脅比丘聞是論，默然不言。馬鳴即生憍慢：『此人徒有空名〔二〕，實無所知。』與其弟子捨之而去。中路思惟已，語弟子言：『此人有甚深智慧，我墮負處。』弟子怪而問曰：『云何爾？』答曰：

『我言一切語言可破，即是自破。彼不言，則無所破。』即還到其所，語脇比丘言：『我墮負處，則是愚癡。愚癡之頭，非我所須，汝便斬之。若不斬我，我當自斬。』脇比丘言：『不斬汝頭，當斬汝結髮，比於世間，與死無異。』即下髮爲脇比丘作弟子，智慧辯才，世無及者，廣造經論，大弘佛法，時人謂之爲『第二佛』。夫默語雖殊〔三〕，明宗一也。所會雖一，而迹有精麁。有言於無言，未若無言於無言，故默然之論，論之妙也。」

肇曰：「有言於無言，未若無言於無言，所以默然也。上諸菩薩措言於法相，文殊有言於無言，浄名無言於無言，此三明宗雖同，而迹有深淺〔四〕。所以言後於無言，知後於無知，信矣哉。」

生曰：「文殊雖明無可説，而未明説爲無説也。是以維摩默然無言，以表言之不實。言若果實，豈可默哉？」

〔一〕「自」，原作「如」，據貞享本、永樂北藏本、徑山藏本、清藏本、金陵本改。

〔二〕「空」，徑山藏本、金陵本作「虚」。

〔三〕「默語」，徑山藏本、金陵本作「語默」。

〔四〕「深淺」，永樂北藏本、徑山藏本、清藏本、金陵本、關中疏作「淺深」。

文殊師利歎曰：「善哉！善哉！乃至無有文字語言，是真入不二法門。」

肇曰：「默領者，文殊其人也。爲彼持言〔一〕，所以稱『善』也。」

生曰：「言迹盡於無言，故歎以爲『善』矣。」〔二〕

〔一〕「持」，永樂北藏本、徑山藏本、清藏本、金陵本、關中疏作「待」。

〔二〕「生曰」一段，永樂北藏本、徑山藏本、清藏本、金陵本無。

說是入不二法門品時，於此衆中五千菩薩皆入不二法門，得無生法忍。

香積佛品第十〔一〕

於是，舍利弗心念：「日時欲至，此諸菩薩當於何食〔二〕？」

什曰：「舍利弗獨發念者，其旨有三：一者、結業之體，未能無資；二、絶意大方，樂法不深〔三〕；三、推己有待，謂衆亦然。處弟子之上，宜爲衆致供也。」

肇曰：「置座設食，擬賓之常，而待客先發者，欲以生論耳。舍利弗時會之長，故每扣興端。」〔四〕

生曰：「不念弟子者，以其自有乞食法也。」

〔一〕案金陵本於此分卷，下作「卷第七」。又關中疏卷下：「至人無名，隨緣化緣，以作稱真。法無相逐，緣相而目品。本是法身戒定等香，跡現土之香以化物也。」關中釋抄卷下：「前不二法門品雙亡二邊，明體；此雙流淨穢，明用。何者爲雙邪？娑婆化菩薩往彼衆香請飯來化穢土，淨土之教流化穢土也。九百萬菩薩下至娑婆請有盡無盡解脱法門，將往香積，當念如來，此即穢土之教遊彼淨國也。上來諸大士雖廣明垢淨無二，而惑者未能深信，故此中廣約淨土不同，以明理體無二。復次，上佛國品隨調伏衆生而取佛國之淨穢，故現事以驗之；今尋殊應之跡，會不二之理也。復次，上呵迦葉云：『以一食施一切，供養諸佛。』未見其事，惑者寧無疑乎？故此中示一鉢之飯而足衆會。又善吉章：『於法等者，於食亦等；於食等者，於法亦等。』聽者皆疑。法有悟道之解，食無契真之分，何故云等？此明法食俱得道也。此不思議之事，豈二乘之所量哉？復次，前空室除有故，此念飯便施不思議法食也。」

〔二〕案關中疏卷下：「此二淨穢雙遊，明中道用也。香積、釋迦法身平等，應物緣殊，淨穢異也。」

〔三〕「深」，關中疏作「染」。

〔四〕「肇曰」一段，永樂北藏本、徑山藏本、清藏本、金陵本無。

時維摩詰知其意而語言：「佛説八解脱，仁者受行，豈雜欲食而聞法乎〔一〕**？**

什曰：「能於前法自在無閡，無閡則累想宜廢。亦云：解脱爲用，厭身捨著，而今念食，乖致何深？」

肇曰：「佛説八解脱，乃是無欲之嘉肴，養法身之上饍。仁者親受，謂無多求。然方雜食想而欲聽法，豈是無舉來求之情乎？」

生曰：「八解脱以不浄觀爲初〔二〕，而食是不浄之物。既以體八爲懷者，豈復有欲食之情哉？又法中無食可欲，蓋不可以欲食聞之乎〔三〕？」〔四〕

〔一〕案關中疏卷下：「八解脱，禪定悦食，養法身也。雜欲食，資毒蛇身也。人多爲養毒身，廢修法身，故因念以誡之。」關中釋抄卷下：「『八解脱』者，禪悦食也。身子受行，豈以雜欲界團食而聞法乎？」

〔二〕「爲」，維摩經略疏垂裕記卷一〇作「居」。

〔三〕「蓋」，平安本作「益」。

〔四〕「什曰」「生曰」兩段，永樂北藏本、徑山藏本、清藏本、金陵本無。

若欲食者，且待須臾，當令汝得未曾有食〔一〕。」

什曰：「不化作者，恐致欺妄之嫌故；不設常食，以非浄妙無利益故。欲令此衆見清浄國，又因香飯得弘道意，故因其須食請飯香積也。」

生曰：「常食是生欲法也，除欲食爲未曾有食矣。」〔二〕

〔一〕案關中疏卷下：「小乘以禪悦法喜爲法食，以五欲段食爲毒食。今香積之餐，食了得道，爲未曾有。」關中釋抄卷下：「『未曾有食』者，食飯得道即法，法即食。此大悲勝化之佛事，不思議食也。」

〔二〕「什曰」「生曰」兩段，永樂北藏本、徑山藏本、清藏本、金陵本無。

時維摩詰即入三昧〔一〕，

〔一〕關中疏此下有僧叡注：「『三昧』，秦言『正心』。有二種：一、變修得，二、報得。三昧都無入出之名，況法身耶？今言『入』者，豈非所以迹也？」

以神通力示諸大衆上方界分：過四十二恒河沙佛土有國名衆香，佛號香積，今現在。其國香氣比於十方諸佛世界人天之香，最爲第一。彼土無有聲聞、辟支佛名，唯有清淨大菩薩衆，佛爲説法。其界一切皆以香作樓閣，經行香地，苑園皆香。其食香氣，周流十方無量世界。是時彼佛與諸菩薩方共坐食，有諸天子皆號香嚴，悉發阿耨多羅三藐三菩提心，供養彼佛及諸菩薩〔一〕。此諸大衆，莫不目見〔二〕。時維摩詰問衆菩薩言：「諸仁者。誰能致彼佛飯？」

肇曰：「既現彼國，推有力者令取飯也。」〔三〕

〔一〕案關中疏卷下：「香積等示依正報，名無二乘，明眷屬淨；香作樓閣等，依報淨；坐食等，佛事淨。」

〔二〕案關中疏卷下：「使覩勝相而生信，飯至方期道也。」

〔三〕「肇曰」一段，永樂北藏本、徑山藏本、清藏本、金陵本無。

以文殊師利威神力故，咸皆默然。

肇曰：「文殊將顯淨名之德〔一〕，故以神力令衆會默然矣。」

〔一〕「文殊」下，關中疏有「師利」。

維摩詰言：「仁此大衆，無乃可耻？」

肇曰：「勵未成也。」〔一〕

〔一〕「肇曰」一段，永樂北藏本、徑山藏本、清藏本、金陵本無。

文殊師利曰：「如佛所言：『勿輕未學。』」

肇曰：「進始學也。」〔一〕

〔一〕「肇曰」一段，永樂北藏本、徑山藏本、清藏本、金陵本無。

於是維摩詰不起于座，居衆會前化作菩薩，相好光明，威德殊勝，蔽於衆會〔一〕，而告之曰：「汝往上方界分，度如四十二恒河沙佛土，有國名衆香，佛號香積，與諸菩薩方共坐食。汝往到彼，如我辭曰：『維摩詰稽首世尊足下，致敬無量，問訊起居，少病少惱，氣力安不？

什曰：「不言『無』而言『少』者，明身爲病本，本宜棄也。」

肇曰：「將示有身不得無患，故致問如來猶云『少病少惱』。」〔二〕

〔一〕案關中疏卷下：「所以『化蔽衆會』者，欲令彼衆覩勝化而尋本也。」

〔二〕「什曰」「肇曰」兩段，永樂北藏本、徑山藏本、清藏本、金陵本無。

願得世尊所食之餘，當於娑婆世界施作佛事，

什曰：「『佛事』，謂化衆生。」〔一〕

〔一〕「什曰」一段，永樂北藏本、徑山藏本、清藏本、金陵本無。

令此樂小法者，

別本云：「樂少之人。」

什曰：「樂不勝遠者皆名爲『小』，非但小乘也。」〔一〕

〔一〕「別本云」「什曰」兩段，永樂北藏本、徑山藏本、清藏本、金陵本無。

得弘大道，亦使如來名聲普聞。』」

什曰：「欲令聞而信者發道心也。此三事，請飯之意也。」

肇曰：「『餘』，卑遜言也〔一〕。彼土因香以通大道，此國衆生志意狹劣，故請香飯之餘，以弘佛事也。」〔二〕

〔一〕「遜」，平安本作「順」。

〔二〕「什曰」「肇曰」兩段，永樂北藏本、徑山藏本、清藏本、金陵本無。

時化菩薩即於會前昇于上方，舉衆皆見其去，到衆香界，禮彼佛足，又聞其言：「維摩詰稽首世尊足下，致敬無量，問訊起居，少病少惱，氣力安不？願得世尊所食之餘，欲於娑婆世界施作佛事，使此樂小法者，得弘大道，亦使如來名聲普聞。」彼諸大士見化菩薩，歎未曾有：「今此上人從何所來？娑婆世界爲在何許？云何名爲樂小法者〔一〕？」即以問佛。

肇曰：「彼諸大士皆得神通，然不能常現在前。又其土純一大乘，不聞樂小法之名〔二〕，故生斯問也〔三〕。」

〔一〕案關中疏卷下：「此初歎問，問中有三：一、問從何焉來，應言誰所化來，浄名化作也。二、問娑婆處，『娑婆』，此云『雜會』，雜惡衆生共會一處；又云『堪忍』，唯佛釋迦堪忍住故。三、問何名樂小法者。」

〔二〕「法」，原無，據關中疏補。

〔三〕「生斯」，關中疏作「此」。

佛告之曰：「下方度如四十二恒河沙佛土，有世界名娑婆，佛號釋迦牟尼，今現在於五濁惡世，爲樂小法衆生，敷演道教。彼有菩薩名維摩詰，住不可思議解脱，爲諸菩薩説法〔一〕，故遣化來，稱揚我名，并讚此土，令彼菩薩增益功德。」彼菩薩言：「其人何如，乃作是化，德力無畏，神足若斯〔二〕？」佛言：「甚大。一切十方皆遣化往，施作佛事，饒益衆生〔三〕。」於是香積如來以衆香鉢盛滿香飯，與化菩薩。時彼九百萬菩薩俱發聲言：「我欲詣娑婆世界供養釋迦牟尼佛，并欲見維摩詰等諸菩薩衆〔四〕。」

肇曰：「聞彼佛稱此佛、菩薩功德，故欲同舉功德也〔五〕。」〔六〕

〔一〕案關中疏卷下：「答三問：『四十二恒河沙』超答第二問『來處』，『今現在五濁』等答第三問『説小所由』，『有菩薩名維摩詰』却答第一『能化者』。『釋迦』，此云『能性』也；『牟尼』，此云『寂』，名也。」

〔二〕案關中疏卷下：「化事既覩所使之威、光明，能化之力妙故再問也。」

〔三〕案關中疏卷下：「令生企慕，來娑婆也。」

〔四〕案關中疏卷下：「彼衆欲來，雖禀香國之化，亦與聲聞教有緣，故欲同詣也。」

〔五〕「功德也」，平安本無。

〔六〕「肇曰」一段，永樂北藏本、徑山藏本、清藏本、金陵本無。

佛言：「可往。攝汝身香，無令彼諸衆生起惑著心。

什曰：「大怒則狂，大喜亦迷，宜攝汝香，防其惑因。問曰：『若然者，云何不攝香飯？』答曰：『佛神力故，能杜其惑原，發其道意，故不攝也。』」〔一〕

〔一〕「什曰」一段，永樂北藏本、徑山藏本、清藏本、金陵本無。

又當捨汝本形，勿使彼國求菩薩者而自鄙耻。

什曰：「耻深則隕〔一〕，愧淺亦惱，二患交至，去道逾緬。上言『惑著』，此言『鄙耻』，二文互顯〔二〕，約其文也。」〔三〕

〔一〕「隕」，關中疏作「殞」。

〔二〕「文」，平安本、關中疏作「門」。

〔三〕「什曰」一段，永樂北藏本、徑山藏本、清藏本、金陵本無。

又汝於彼莫懷輕賤而作閡想。所以者何？十方國土皆如虛空。又諸佛爲欲化諸樂小法

者，不盡現其清淨土耳〔一〕。」時化菩薩既受鉢飯，與彼九百萬菩薩俱承佛威神及維摩詰力，於彼世界忽然不現，須臾之間至維摩詰舍。時維摩詰即化作九百萬師子之座，嚴好如前，諸菩薩皆坐其上〔二〕。化菩薩以滿鉢香飯與維摩詰，飯香普薰毘耶離城及三千大千世界〔三〕。時毘耶離婆羅門、居士等聞是香氣，身意快然，歎未曾有。

肇曰：「異香入體，身心怡悅。」〔四〕

〔一〕案關中疏卷下：「莫輕誡文，有檀徵釋也。娑婆衆生遇劣則輕，見勝便恥，值好則著，故借彼以誡此也。」

〔二〕案關中疏卷下：「此淨名賓持。『如前』，指不思議品。」

〔三〕案關中疏卷下：「彼熏十方，此但三千，緣應爾也。」

〔四〕「肇曰」一段，永樂北藏本、徑山藏本、清藏本、金陵本無。

於是長者主月蓋從八萬四千人來入維摩詰舍，

什曰：「彼國無王，唯五百居士共治國政。今言『主』，衆所推也〔一〕。」

肇曰：「毘耶離國無有君王〔二〕，唯有五百長者共理國事〔三〕，月蓋衆所推重故名『主』。自此下〔四〕，皆聞香而後集矣。」

〔一〕「衆」，平安本無。

〔二〕「王」，關中疏作「主」。

〔三〕「理」，關中疏作「治」。

〔四〕「自此」，關中疏作「諸地神」。

見其室中菩薩甚多，諸師子座高廣嚴好，皆大歡喜，禮衆菩薩及大弟子，却住一面。諸地神、虛空神及欲、色界諸天聞此香氣，亦皆來入維摩詰舍。時維摩詰語舍利弗等諸大聲聞：「仁者。可食如來甘露味飯〔一〕，

生曰〔二〕：「以其向念，故教食也，亦欲因以明食之爲理。泥洹是甘露之法〔三〕，而食此食者必以得之，故飯中有甘露味焉。」

〔一〕案關中疏卷下：「世食資於毒牙，此飯成於甘露。」

〔二〕「生」，永樂北藏本、徑山藏本、清藏本、金陵本作「什」。

〔三〕「之」下，永樂北藏本、徑山藏本、清藏本、金陵本有「一」。

大悲所薰〔一〕，

什曰：「『薰』義有三〔二〕：一、大悲果報，二、悲心所念，三、以慈眼視之。」

生曰：「使人得悟爲外薰也〔三〕，豈曰食能大悲力矣？然則飯之爲氣，大悲所薰矣〔四〕。」〔五〕

〔一〕案關中疏卷下：「『大悲所薰』者，我心感報，所濟有涯；大悲熏修，福慧無盡。」

〔二〕「薰」，徑山藏本、金陵本作「熏」。

〔三〕「薰」，平安本作「勳義」。

〔四〕「薰」，平安本作「勳」。

〔五〕「生曰」一段，永樂北藏本、徑山藏本、清藏本、金陵本無。

無以限意食之，使不消也〔一〕。」

什曰：「食此飯應發大心、建大業，是名『報恩』。報恩名爲『消』也〔二〕。」

肇曰：「先示受食法也。此飯大悲之果，悲意所設，悲心所興，故名『大悲所薰』〔三〕，以限意食之則不能消。若知此飯大悲所成，不可思議，發道心而食者，則消報施主恩，無限閡意也〔四〕。」

生曰：「飯出大悲則無限矣。而限言少者，則乃不消也。」〔五〕

〔一〕案關中疏卷下：「食者當求佛果，普利群生。若局於己身，自調自度，既背施心，則不消也。」

〔二〕「消」，清藏本、金陵本作「銷」。

〔三〕「薰」，平安本作「勳」。

〔四〕「閡」，平安本作「礙」。

〔五〕「肇曰」「生曰」兩段，永樂北藏本、徑山藏本、清藏本、金陵本無。

有異聲聞念：「是飯少，而此大衆人人當食。」

肇曰：「不思議食非二乘所及〔一〕，故生是念也。」〔二〕

〔一〕「食」，關中疏作「飯」。

〔二〕「肇曰」一段，永樂北藏本、徑山藏本、清藏本、金陵本無。

化菩薩曰：「勿以聲聞小德小智稱量如來無量福慧〔一〕。

肇曰：「無量福慧，即香飯之因。夫有無量之因，必有無量之果。若因可量，果亦可量。如來無量福慧，豈是聲聞小智所能量乎？」〔二〕

〔一〕案關中疏卷下：「聲聞自調之果名『小德』，諸佛大悲福報無量。」

〔二〕「肇曰」一段，永樂北藏本、徑山藏本、清藏本、金陵本無。

四海有竭，此飯無盡。使一切人食，揣若須彌，乃至一劫，猶不能盡〔一〕。所以者何？無盡戒、定、智慧、解脱、解脱知見、功德具足者，所食之餘，終不可盡〔二〕。」

肇曰：「如來具五分法身無盡功德報應之飯，如何可盡矣？」〔三〕

〔一〕案關中疏卷下：「四海魚龍之報可竭，此飯諸佛之福無盡。故雖多人長劫，摶若須彌，終無盡也。」關中釋抄卷下：「『四海有竭』等者，四海龍魚之福，故有可竭之義；香飯如來之福，故無盡也。」

〔二〕案關中釋抄卷下：「『無盡戒、定、所食之餘』者，明佛修施因時，無限心修，故今感果亦無限也。」

〔三〕「肇曰」一段，永樂北藏本、徑山藏本、清藏本、金陵本無。

於是鉢飯悉飽衆會，猶故不賜〔一〕。其諸菩薩、聲聞、天人食此飯者，身安快樂，譬如一切樂莊嚴國諸菩薩也；又諸毛孔皆出妙香，亦如衆香國土諸樹之香。爾時，維摩詰問衆香菩

薩：「香積如來以何説法〔二〕？」彼菩薩曰：「我土如來無文字説，但以衆香令諸天人得入律行〔三〕。

什曰：「舉其多也。上云説法亦不必有言説，有因通教功同説耳。」〔四〕

肇曰：「其土非都無言，但以香爲通道之本。如此國因言通道〔五〕，亦有因神變而得悟者〔六〕。」

〔一〕案清藏本卷八、金陵本卷七末音釋：「賜，盡也。」

〔二〕案關中疏卷下：「浄穢二土應緣作化，佛事不同，此初問浄土也。」

〔三〕案關中疏卷下：「淺者入於律行，深者具足三昧。」

〔四〕「什曰」一段，永樂北藏本、徑山藏本、清藏本、金陵本無。

〔五〕「國」，永樂北藏本無。

〔六〕「變」下，平安本、關中疏有「餘事」。

菩薩各各坐香樹下，聞斯妙香，即獲一切德藏三昧。得是三昧者，菩薩所有功德皆悉具足〔一〕。」

肇曰：「此三昧力能生諸功德也。」〔二〕

〔一〕案關中疏卷下：「三昧等也。」關中釋抄卷下：「『一切德藏三昧』者，因香悟理也。中道實相圓具萬行，故得此三昧，德無不具也。然後緣雖殊，於法飯而悟理，未易於真如，故雖浄國之香，亦以悟圓中道爲三昧也。」

〔二〕「肇曰」一段，永樂北藏本、徑山藏本、清藏本、金陵本無。

彼諸菩薩問維摩詰：「今世尊釋迦牟尼佛以何説法？」維摩詰言：「此土衆生剛强難化，故佛爲説剛强之語，以調伏之。

什曰：「如來説法，其要有三：一、軟善語，二、剛强語，三、雜説。善行樂果，軟善語也。惡行苦果，剛强語也。讚善毀惡，雜説也。」

肇曰：「聖化何常，隨物而應耳。此土剛强，故以剛强之教而應焉。」

言是地獄、是畜生、是餓鬼，是諸難處，

肇曰：「遍示八難處也。」

是愚人生處。

肇曰：「外道異學名『愚人生處』也。」〔一〕

〔一〕「肇曰」一段，永樂北藏本、徑山藏本、清藏本、金陵本無。

是身邪行，是身邪行報；是口邪行，是口邪行報；是意邪行，是意邪行報〔一〕；是殺生，是殺生報；是不與取，是不與取報；是邪婬，是邪婬報；是妄語，是妄語報；是兩舌，是兩舌報〔二〕；是惡口，是惡口報；是無義語，是無義語報；

什曰：「梵本云〔三〕：『雜説也。』凡不爲善及涅槃〔四〕，而起心口業〔五〕，悉名『雜説』也。」

肇曰：「華飾美言，苟悦人意，名『無義語』。」〔六〕

〔一〕案關中疏卷下：「果離八難，因離三邪，生值佛法，正信修行，名『人乘』也。」

〔二〕案關中疏卷下：「『兩舌』者，離間語。」

〔三〕「梵」，平安本、關中疏作「胡」。

〔四〕「凡」，關中疏作「夫」。

〔五〕「心」，平安本無。

〔六〕「什曰」「肇曰」兩段，永樂北藏本、徑山藏本、清藏本、金陵本無。

是貪嫉，是貪嫉報；是瞋惱，是瞋惱報；是邪見，是邪見報〔一〕；是慳悋，是慳悋報；是毁戒，是毁戒報；是瞋恚，是瞋恚報；是懈怠，是懈怠報；是亂意，是亂意報；是愚癡，是愚癡報〔二〕；是結戒，是持戒，是犯戒〔三〕；

肇曰：「如律藏説〔四〕。」〔五〕

〔一〕案關中疏卷下：「不作十惡，即十善業報，生欲天，名『天乘』也。若增修禪定，生色界天也。」

〔二〕案關中疏卷下：「除六弊，修六度，即菩薩乘也。」

〔三〕案關中疏卷下：「順授名『持』，違故名『犯』。」

〔四〕「藏」，關中疏作「義」。

〔五〕「肇曰」一段，永樂北藏本、徑山藏本、清藏本、金陵本無。

是應作，是不應作〔一〕**，是障閡，是不障閡**〔二〕**，**

肇曰：「犯律有罪重而不障道，有輕罪而障道者。亦有三障：業障、報障、煩惱障也。」〔三〕

〔一〕案關中疏卷下：「開故應作，制故不應作。」

〔二〕案關中疏卷下：「性戒障道，遮故不障。戒尤重心犯故障，輕心不障。」

〔三〕「肇曰」一段，永樂北藏本、徑山藏本、清藏本、金陵本無。

是得罪，是離罪〔一〕**，是淨，是垢**〔二〕**，是有漏，是無漏**〔三〕**，是邪道，是正道**〔四〕**，是有爲，是無爲**〔五〕**，是世間，是涅槃**〔六〕**。以難化之人心如猨猴**〔七〕**，故以若干種法制御其心，乃可調伏。**

肇曰：「以其難化，故示罪福之若是也。」

〔一〕案關中疏卷下：「不懺故得罪，懺故離罪。」

〔二〕案關中疏卷下：「凡夫以愛心修禪定爲垢，聖人無漏心修爲淨也。」

〔三〕案關中疏卷下：「七賢有漏，八聖無漏。」

〔四〕案關中疏卷下：「八正正道，背此名邪道。」

〔五〕案關中疏卷下：「三諦有爲，滅諦無爲。」

〔六〕案關中疏卷下：「三界世間，出三界涅槃。」又關中疏卷下：「法華以言通實相爲柔軟音故。此中始於『地獄』終至『世間、涅槃』差別，皆非盡理不二之言，故悉名『剛强語』也。」

〔七〕案徑山藏本卷八、金陵本卷七末音釋：「猨，猿同。」

譬如象馬，㦬悷不調〔一〕，加諸楚毒，乃至徹骨，然後調伏〔二〕。

什曰：「馬有五種：第一，見鞭影即時調伏〔三〕；第二，得鞭乃伏；第三，以利錐刺皮乃伏；第四，穿肌乃伏〔四〕；第五，徹骨乃伏。衆生利鈍亦有五品：第一，但見他無常，其心便悟；第二，見知識無常，其心乃悟；第三，見兄弟、親戚無常，其心乃悟；第四，見父母無常，其心乃悟；第五，自身無常，極受苦惱，復加以苦言，然後乃悟也。」

〔一〕案徑山藏本卷八、清藏本卷八、金陵本卷七末音釋：「㦬悷，多惡也。」

〔二〕案關中疏卷下：「此喻也。調馬有四：菩薩見鞭，二乘觸皮，人天觸肉，説三惡調乃爲徹骨也。」

〔三〕「時」，維摩經義疏卷六作「得」。

〔四〕「肌」，維摩經義疏卷六作「肉」。

如是剛强難化衆生，故以一切苦切之言，乃可入律。」

肇曰：「非鉤捶無以調象馬，非苦言無以伏難化。」〔一〕

〔一〕「肇曰」一段，永樂北藏本、徑山藏本、清藏本、金陵本無。

彼諸菩薩聞説是已，皆曰：「未曾有也。如世尊釋迦牟尼佛，隱其無量自在之力，乃以貧所

樂法度脱衆生。

什曰：「晦迹潛明，自同貧乞。自同貧乞則與相接，接則易隣，故爲貧所信樂也。」

肇曰：「諸佛平等，迹有參差〔一〕。由群生下劣、志願狹小，故佛隱自在力，同其貧陋、順其所樂而以濟之，應感無方，不攝浄穢，此未曾有也。」〔二〕

〔一〕「迹有參差」下，關中疏有「迹有參差」。

〔二〕「肇曰」一段，永樂北藏本、徑山藏本、清藏本、金陵本無。

斯諸菩薩亦能勞謙，以無量大悲生是佛土。」維摩詰言：「此土菩薩於諸衆生大悲堅固〔一〕，誠如所言。

肇曰：「成其所歎也。」〔二〕

〔一〕案關中疏卷下：「不述佛者，道力圓也。」

〔二〕「肇曰」一段，永樂北藏本、徑山藏本、清藏本、金陵本無。

然其一世饒益衆生，多於彼國百千劫行〔一〕。

什曰：「譬如良醫，遇疾疫劫中，醫術大行，廣施衆藥，所療者衆，致供無量。菩薩大士處不浄國，亦復如是。衆惡彌滋，兼濟乃弘，十事法藥，廣療衆病〔二〕，化廣利深，一超萬劫〔三〕。」

肇曰：「行不在久，貴其有益焉。」〔四〕

〔一〕案關中疏卷下：「化善則功少，化惡則功深。」

〔二〕「療」，永樂北藏本、徑山藏本、清藏本、金陵本作「濟」。

〔三〕「一超萬劫」，貞享本作「一世超萬劫」，永樂北藏本、徑山藏本、清藏本、金陵本作「一世超於萬劫」。

〔四〕「肇曰」一段，永樂北藏本、徑山藏本、清藏本、金陵本無。關中疏本條下有僧叡注：「久而無功，未若近而有益。」

所以者何？此娑婆世界有十事善法，諸餘淨土之所無有。何等爲十？以布施攝貧窮，以淨戒攝毀禁，以忍辱攝瞋恚，以精進攝懈怠，以禪定攝亂意，以智慧攝愚癡，

什曰：「『癡』有二種：一者一切法中癡，二者於諸佛深法中不能明了。不淨國中有二種癡，淨國中唯有佛法中不了癡也〔一〕。」

〔一〕「唯」上，永樂北藏本、徑山藏本、清藏本、金陵本有「乃說」。

說除難法度八難者，以大乘法度樂小乘者，以諸善根濟無德者，常以四攝成就衆生。是爲十。」

肇曰：「夫善因惡起，淨由穢增〔一〕。此土十惡法具故十德增長，彼土純善故施德無地，所以百千劫行不如一世也。」

別本云：「十惡業。」

什曰：「十惡業有上中下：上地獄報，中畜生報，下餓鬼報。一品中復有三品，如是九品。不善三惡道中，受九品苦報者也。」〔二〕

〔一〕「由」，關中疏作「因」。

〔二〕「别本云」「什曰」兩段，永樂北藏本、徑山藏本、清藏本、金陵本無。

彼菩薩曰：「菩薩成就幾法，於此世界行無瘡疣〔一〕，生于浄土？」

什曰：「深行菩薩非所疑也，今淺行者處不浄國，恐其行淺功微，未能自拔。譬如少湯投之大水，亦如少力之人入水救溺，未能兼濟則與彼俱淪，故問以何爲法得生浄國也。」

肇曰：「將厲此土始學菩薩令生浄國〔二〕，故發斯問也。」〔三〕

〔一〕案清藏本卷八末音釋：「疣，結病也。」

〔二〕「厲」，關中疏作「勵」。

〔三〕「肇曰」一段，永樂北藏本、徑山藏本、清藏本、金陵本無。

維摩詰言：「菩薩成就八法，於此世界行無瘡疣，生于浄土。何等爲八？饒益衆生而不望報，代一切衆生受諸苦惱，所作功德盡以施之；

肇曰：「代彼受苦〔一〕，不自計身，所有功德盡施衆生，豈以有益而想其報乎？若不爲衆生，應久入涅槃。爲彼受苦，令其先度。彼去我留，非代謂何？此饒益之至。一法

也。」〔二〕

〔一〕「代」上，平安本、關中疏有「菩薩」。

〔二〕「肇曰」一段，永樂北藏本、徑山藏本、清藏本、金陵本無。

等心衆生，謙下無閡；

肇曰：「怨親不殊，卑己厚人，等心尊卑，情無介然〔一〕。二法也。」〔二〕

〔一〕「介」，平安本作「分」。

〔二〕「肇曰」一段，永樂北藏本、徑山藏本、清藏本、金陵本無。

於諸菩薩視之如佛；

肇曰：「菩薩，衆生之橋梁，三寶之所繫，視之如佛則增己功德。三法也。」〔一〕

〔一〕「肇曰」一段，永樂北藏本、徑山藏本、清藏本、金陵本無。

所未聞經，聞之不疑；

肇曰：「佛所説經，聞則信受，不以未聞而生疑惑。四法也。」〔一〕

〔一〕「肇曰」一段，永樂北藏本、徑山藏本、清藏本、金陵本無。

不與聲聞而相違背；

肇曰：「三乘雖異，歸宗不殊，不以小大而相違背〔一〕。五法也。」〔二〕

〔一〕「小大」，關中疏作「大小」。

〔二〕「肇曰」一段，永樂北藏本、徑山藏本、清藏本、金陵本無。

不嫉彼供，

什曰：「推其致供之由，由於宿行，嫉之無益，宜應修善，以理處心，故嫉不生也。」〔一〕

〔一〕「什曰」一段，永樂北藏本、徑山藏本、清藏本、金陵本無。

不高己利，

什曰：「若修善持戒，得利養時，當自念言：『彼供養功德非爲我也。假令有我，彼不見爲。理既無我，高竟無主。』如是思惟，則高心自滅也。」〔一〕

〔一〕「什曰」一段，永樂北藏本、徑山藏本、清藏本、金陵本無。

而於其中調伏其心；

什曰：「即於上『彼供、己利』二事中，自調伏心。調伏心如向説，三句合爲一事。」

肇曰：「他種他獲，曷爲而嫉？己種己得，曷爲而高？於是二中善自調伏。六法也。」〔一〕

〔一〕「什曰」「肇曰」兩段，永樂北藏本、徑山藏本、清藏本、金陵本無。

常省己過，不訟彼短；

什曰：「如一比丘林中坐禪，時至須食，持鉢出林，路逢惡賊。惡賊引弓射之，比丘恕他自責〔一〕，不生惡心。又指腹語賊：『汝應射此。我爲腹出林〔二〕，故致斯惱，此腹之罪耳。』省己恕物，類如此也。不訟彼短，不如彼鈍根維那就地舐穢〔三〕，求人短也。省己過乃至求諸功德，通爲一事。」

肇曰：「省己過則過自消，訟彼短則短在己。七法也。」〔四〕

〔一〕「他」，平安本無。又「恕他」，永樂北藏本、徑山藏本、清藏本、金陵本作「怒己」。

〔二〕「腹」，永樂北藏本、徑山藏本、清藏本、金陵本作「彼」。

〔三〕案徑山藏本卷八、清藏本卷八、金陵本卷七末音釋：「舐，以舌取物。」

〔四〕「什曰」「肇曰」兩段，永樂北藏本、徑山藏本、清藏本、金陵本無。

恒以一心求諸功德。是爲八。」

肇曰：「塵垢易增，功德難具〔一〕。自非一心專求，無以剋成。具此八法，則行無瘡疣，終生淨土矣。」

〔一〕「具」，關中疏作「集」。

維摩詰、文殊師利於大衆中説是法時，百千天人皆發阿耨多羅三藐三菩提心，十千菩薩得無生法忍〔一〕。

〔一〕案關中疏卷下：「行深大士悟淨穢之隨緣，得無生忍。行淺者聞無疣之行，捨穢慕淨，發菩提心。」

注維摩詰經卷第九〔一〕

菩薩行品第十一〔二〕

是時，佛説法於菴羅樹園，其地忽然廣博嚴事，一切衆會皆作金色。

肇曰：「至人無常所，理會是隣。如來、浄名雖服殊處異，然妙存有在〔三〕，所以來往興化，共弘不思議道也。因遣問疾，所明若上。今將詣如來，封印兹典，故先現斯瑞，以啓群心者也。」

〔一〕案平安本、金陵本於此未分卷。

〔二〕案關中疏卷下：「此下兩品大段第三，歸宗印定。前品廣佛事不同，多明浄土之宗；後品現浄名勝身勝土，多明印定。香積大士悟諸佛之平等，知浄穢之隨緣，請法退還，因以目品也。」關中釋抄卷下：「此下兩品來意有多，略出其四：一、辭問疾，廣説六品經文事，説歸還因，言印定；二者、此經大宗浄土之化，入室談道，詞理似殊，故歸佛復宗，明所宣無異；三、彼來大士未見至尊，是故掌檠躬曲禮覲；四、緣在二人室内度訖，緣在佛者。」

〔三〕「存」，關中疏作「期」。

阿難白佛言：「世尊。以何因緣有此瑞應，是處忽然廣博嚴事，一切衆會皆作金色〔一〕？」

肇曰：「大士所爲，非小道所及，故問其緣者也。」〔二〕

〔一〕案關中疏卷下：「身子、迦葉隨文殊以作化，阿難侍者留菴羅以啓導，故因瑞而發端也。」

〔二〕「肇曰」一段，永樂北藏本、徑山藏本、清藏本、金陵本無。

佛告阿難：「是維摩詰、文殊師利與諸大衆恭敬圍遶，發意欲來，故先爲此瑞應〔一〕。」於是維摩詰語文殊師利：「可共見佛，

什曰：「維摩詰勸共見佛〔二〕，旨可尋也。一者，見其誠心，欲遂其本意〔三〕；二者，欲令證明香飯〔四〕，多所發悟；三者，以其懷勝遠遊〔五〕，宜令實反〔六〕。故欲共詣佛所〔七〕，諮請遺法〔八〕。」〔九〕

〔一〕案關中疏卷下：「彼來令此生信仰也。」關中釋抄卷下：「緣在佛者，謂將見佛。」

〔二〕「維摩詰」，永樂北藏本、徑山藏本、清藏本、金陵本作「浄名」。

〔三〕「本」，永樂北藏本、徑山藏本、清藏本、金陵本無。

〔四〕「欲」，永樂北藏本、徑山藏本、清藏本、金陵本無。

〔五〕「其」，永樂北藏本、徑山藏本、清藏本、金陵本無。

〔六〕「反」，關中疏作「返」。

〔七〕「佛所」，永樂北藏本、徑山藏本、清藏本、金陵本無。

〔八〕「諮請遺法」，永樂北藏本、徑山藏本、清藏本、金陵本作「請法」。又「遺法」，關中疏作「道法」。

〔九〕「什曰」一段，永樂北藏本、清藏本置前品題「菩薩行品第十一」下，徑山藏本、金陵本置後經「與諸菩薩禮事供養」下。

與諸菩薩禮事供養。」文殊師利言：「善哉！行矣。今正是時。」

肇曰：「有益時也。」〔一〕

〔一〕「肇曰」一段，永樂北藏本、徑山藏本、清藏本、金陵本無。

維摩詰即以神力，持諸大衆并師子座置於右掌，往詣佛所。到已著地，

什曰：「世相迎送，必結駟輕騎。大士迎送，則運以妙通。」〔一〕

〔一〕「什曰」一段，永樂北藏本、徑山藏本、清藏本、金陵本無。

稽首佛足，右遶七匝，一心合掌，在一面立。

肇曰：「浄名置座於地，將先致敬也。」〔一〕

〔一〕「肇曰」一段，永樂北藏本、徑山藏本、清藏本、金陵本無。

其諸菩薩即皆避座，稽首佛足，亦遶七匝，於一面立。諸大弟子、釋、梵、四天王等亦皆避座，稽首佛足，在一面立。於是，世尊如法慰問諸菩薩已，各令復座，即皆受教〔一〕。衆坐已定，佛語舍利弗：「汝見菩薩大士自在神力之所爲乎〔二〕？」

什曰：「欲稱大士神奇〔三〕，將以厲狹劣之想也〔四〕。」〔五〕

〔一〕案關中疏卷下：「慰辭文略，有教有奉如文。」

〔二〕案關中疏卷下：「『浄名神力』者，即彼已説，伏彼未聞。」

〔三〕「神」，平安本無。

〔四〕「將」，平安本作「特」。　「狹」，平安本作「俠」。

〔五〕「什曰」一段，永樂北藏本、徑山藏本、清藏本、金陵本無。

「唯然，已見。」「於汝意云何？」「世尊。我覩其爲不可思議，非意所圖，非度所測〔一〕。」

肇曰：「向與文殊俱入不思議室，因借寶座覩其神力，兼食香飯，乘掌而還，莫測其變，故自絶於圖度。此經大旨所明不思議道，故往往多顯不思議迹也。」

〔一〕案關中疏卷下：「身子自言『不測』者，將以激勵聲聞迴心向大也。」

爾時，阿難白佛言：「世尊。今所聞香，自昔未有，是爲何香？」

什曰：「問曰：『上品香氣，普薰三千，阿難云何不聞耶？』答曰：『非分故近而不聞，今有以得聞也。』」

肇曰：「如來將辨香飯之緣〔一〕，故令阿難聞也〔二〕。」〔三〕

〔一〕「辨」，關中疏作「辯」。

〔二〕「聞」，平安本、關中疏作「問」。

〔三〕「肇曰」一段，永樂北藏本、徑山藏本、清藏本、金陵本無。

佛告阿難：「是彼菩薩毛孔之香。」

肇曰：「『彼菩薩』，衆香國菩薩也。所以獨言『彼』者，欲令舍利弗自顯一食之香，因明香飯之多益也。」〔一〕

〔一〕「肇曰」一段，永樂北藏本、徑山藏本、清藏本、金陵本無。

於是，舍利弗語阿難言：「我等毛孔亦出是香。」阿難言：「此所從來？」曰：「是長者維摩詰從衆香國取佛餘飯，於舍食者一切毛孔皆香若此。」阿難問維摩詰：「是香氣住當久如？」維摩詰言：「至此飯消。」曰：「此飯久如當消？」曰：「此飯勢力至于七日然後乃消〔一〕。

什曰：「七日乃消，有二因緣：或有人食香飯〔二〕，飯不時消，心必厭捨，故不令久也。亦云：應得道者，飯氣時薰〔三〕，不過七日，必成聖道。如道迹七生、七步蛇嚙等，勢不過七〔四〕。事不須久，故不令過七日也〔五〕。」

肇曰：「七日勢消，飯常力也。若應因飯而階道者，要得所應得，然後乃消也。」

生曰：「不過七日也。」〔六〕

〔一〕案關中疏卷下：「『七日消』，治四大病也。故律中有七日藥，以藥勢相接，七日可知。」關中釋抄卷下：「『七日乃消』者，肇曰：『七勢消，飯之常力者。』治常飢渴，兼愈諸疾，故知是治世患也。如放光說法，先令聾者得聞，患者得痊，然與三乘道利。今之香飯亦然，故先七日消世患已，然後獲大小乘益也。」

〔二〕「人」，永樂北藏本、徑山藏本、清藏本、金陵本無。

〔三〕「薰」，永樂北藏本、徑山藏本、清藏本、金陵本、維摩經義疏卷六作「熏」。

〔四〕「七」，永樂北藏本、徑山藏本、清藏本、金陵本作「七步」，維摩經義疏卷六作「七日」。

〔五〕「日也」，原無，據永樂北藏本、徑山藏本、清藏本、金陵本補。

〔六〕「肇曰」「生曰」兩段，永樂北藏本、徑山藏本、清藏本、金陵本無。

又阿難。若聲聞人未入正位食此飯者，得入正位然後乃消；

肇曰：「入無漏境名『入正位』焉。」〔一〕

〔一〕「肇曰」一段，永樂北藏本、徑山藏本、清藏本、金陵本無。

已入正位食此飯者，得心解脱然後乃消；

什曰：「見諦十六心也。問曰：『食香飯云何得道？』答曰：『體安心静〔一〕，發未曾有意。飯尚如此，何況道耶？有此妙果，必有妙因。極大信樂，深達因果。即解緣起〔二〕，解緣起則見實法也〔三〕。』」

肇曰：「成無著果名『心解脱』者。」〔四〕

〔一〕「體」上，維摩經義疏卷六有「食此飯時」。

〔二〕「即」上，永樂北藏本、徑山藏本、清藏本、金陵本、維摩經義疏卷六有「達因果」。

〔三〕「見實法也」，維摩經義疏卷六作「見實相，是故得道」。

〔四〕「肇曰」一段，永樂北藏本、徑山藏本、清藏本、金陵本無。

若未發大乘意食此飯者，至發意乃消；已發意食此飯者，得無生忍然後乃消；已得無生忍食此飯者，至一生補處然後乃消〔一〕。

生曰：「七日之内必有所得矣。然一食之悟，亦不得有二階進也。止一生補處者，佛無因得故也。無生菩薩及正位之人，豈復假外方得進哉？而今云爾者，以明此飯爲宣理之極，備有其義焉。」〔二〕

〔一〕案關中疏卷下：「飯有普利之功，而食者心自大小耳。例此，文字亦然也。」

〔二〕「生曰」一段，永樂北藏本、徑山藏本、清藏本、金陵本無。

譬如有藥名曰上味，其有服者，身諸毒滅，然後乃消。此飯如是，滅除一切諸煩惱毒，然後乃消。」阿難白佛言：「未曾有也，世尊。如此香飯能作佛事〔一〕。」

什曰：「神足變化，説法度人，化之常也。飯本充體，而今得道，故歎『未曾有』。佛以化人爲事，凡是化人皆名『佛事』。以阿難謂佛事之妙，妙盡於此。故下廣明佛事，以廣其心也。」

肇曰：「飯本充體，乃除結縛，未曾聞見也。」

生曰：「佛以應悟爲事，而香飯能之，未曾有者也。」〔二〕

〔一〕案關中疏卷下：「小乘唯知娑婆一化音聲爲佛事，未知十方佛化六塵皆爲佛事，故有此歎。」

〔二〕「什曰」「生曰」兩段，永樂北藏本、徑山藏本、清藏本、金陵本無。

佛言：「如是，如是。阿難。或有佛土以佛光明而作佛事，

肇曰：「阿難見香飯所益〔一〕，謂佛事理極於此，故廣示其事，令悟佛道之無方也。此土衆生見佛妙光自入道檢，亦有餘益，但以光爲主，下皆類此〔二〕。」〔三〕

〔一〕「見」，原作「具」，據關中疏改。

〔二〕「皆類此」，平安本、關中疏作「類爾也」。

〔三〕「肇曰」一段，永樂北藏本、徑山藏本、清藏本、金陵本無。

有以諸菩薩而作佛事，

什曰：「佛直居宗靜默，令菩薩弘道以化人也。」

肇曰：「有佛默然居宗，以菩薩爲化主也。」〔一〕

〔一〕「什曰」「肇曰」兩段，永樂北藏本、徑山藏本、清藏本、金陵本無。

有以佛所化人而作佛事，

肇曰：「有純以化爲佛事，如須扇頭比〔一〕。」〔二〕

〔一〕案關中疏卷下：「大論云：『須扇頭佛當日成道，當日入涅槃，留化佛度衆生也。』皆此比也。」關中釋抄卷下：「『如須扇頭佛』者，大論明：『須扇頭佛成道一日般涅槃，然後留化佛度人也。』」

〔二〕「肇曰」一段，永樂北藏本、徑山藏本、清藏本、金陵本無。

有以菩提樹而作佛事，

什曰：「或出華果，或出名香，或放光明，或爲説法也。」〔一〕

肇曰：「佛於下成道〔二〕，樹名菩提。此樹光無不照，香無不薰〔三〕，形色微妙，隨所好而見；樹出法音，隨所好而聞，此如來報應樹也。衆生遇者自然悟道，此土以樹爲化之本也。」

〔一〕「什曰」一段，永樂北藏本、徑山藏本、清藏本、金陵本無。

〔二〕「於」下，永樂北藏本、徑山藏本、清藏本、金陵本有「樹」。

〔三〕「薰」，永樂北藏本、徑山藏本、清藏本、金陵本、關中疏作「熏」。

有以佛衣服卧具而作佛事，

什曰：「昔閻浮提王得佛大衣，時世疾疫，王以衣著標上以示衆人。衆人歸命〔一〕，病皆得愈，信敬益深，因是解脱。此其類也。」

肇注同〔二〕。

〔一〕「衆人」，原無，據平安本、貞享本、永樂北藏本、徑山藏本、清藏本、金陵本補。

〔二〕「肇注同」，永樂北藏本、徑山藏本、清藏本、金陵本無。

有以飯食而作佛事，有以園林臺觀而作佛事，

肇曰：「衆香國即其事也〔一〕。一義：飲食以舌根通道〔二〕，園觀以眼根通道也〔三〕。」

〔一〕「國」，關中疏作「園」。關中疏此下有「園林，如極樂林樹説法等」。

〔二〕「飲」，關中疏作「飯」。

〔三〕「觀」，關中疏作「林」。

有以三十二相、八十隨形好而作佛事，

什曰：「或一相、二相乃至衆多相，隨所應見而爲現相。亦云：以佛形像，如萍沙王以佛像與弗迦沙王，因是得悟也。下言『佛身』，全現身也〔一〕。」

肇曰：「好嚴飾者，示之以相好也。」〔二〕

〔一〕「全現身」，永樂北藏本、徑山藏本、清藏本、金陵本作「現全身」。

〔二〕「肇曰」一段，永樂北藏本、徑山藏本、清藏本、金陵本無。

有以佛身而作佛事，有以虚空而作佛事，

什曰：「除却形色，廓然無像，令其空心虚静，累想自滅。亦如文殊師利滅衆色像現虚空相，以化阿闍世王也。」

肇曰：「好有者，存身以示有；好空者，滅身以示空，如密迹經説也。八相雖在身〔一〕，而身相不一，所因各異，故佛事不同也。」〔二〕

〔一〕「八」，關中疏作「上」。

〔二〕「肇曰」一段，永樂北藏本、徑山藏本、清藏本、金陵本無。

衆生應以此緣得入律行。

肇曰：「所因雖殊，然俱入律行也。」〔一〕

〔一〕「肇曰」一段，永樂北藏本、徑山藏本、清藏本、金陵本無。

有以夢、幻、影、響、鏡中像、水中月、熱時炎如是等諭而作佛事，

什曰：「於夢中悟感衆生也。下六事，爲現不真形色，令悟深理焉。」

肇曰：「自有不悟正言，因諭得解者〔一〕。」〔二〕

〔一〕「諭」，關中疏作「喻」。

〔二〕「什曰」「肇曰」兩段，永樂北藏本、徑山藏本、清藏本、金陵本無。

有以音聲、語言、文字而作佛事，

肇曰：「即此娑婆國之佛事。」〔一〕

〔一〕「肇曰」一段，永樂北藏本、徑山藏本、清藏本、金陵本無。

或有清淨佛土寂寞無言、無説、

什曰：「有形色，無言教，如維摩詰默然，成論比也。」〔一〕

〔一〕「什曰」一段，永樂北藏本、徑山藏本、清藏本、金陵本無。

無示、無識、無作、無爲而作佛事。

肇曰：「有真浄土純法身菩薩，外無言説，内無情識，寂莫無爲，而超悟於事外，非是言情所能稱述，此佛事之上者也。」〔一〕

〔一〕「肇曰」一段，永樂北藏本、徑山藏本、清藏本、金陵本無。

如是，阿難。諸佛威儀進止，諸所施爲，無非佛事〔一〕。

肇曰：「『佛事』者，以有益爲事耳。如來進止舉動，威儀俯仰，乃至動足，未曾無益，所以諸所作爲無非佛事。上略言之也。」〔二〕

〔一〕案關中疏卷下：「法身無爲應物，故進止威儀皆佛事也。」

〔二〕「肇曰」一段，永樂北藏本、徑山藏本、清藏本、金陵本無。

阿難。有此四魔、八萬四千諸煩惱門〔一〕，

什曰：「煩惱根本有四：三毒及等分也。二萬一千塵垢屬一病，四病故八萬四千也。總説則八萬四千，别相則無量。今言八萬四千，則攝無量，故爲『門』也。」〔二〕

肇曰：「三毒、等分，此四煩惱之根也〔三〕。因一根生二萬一千煩惱，合八萬四千。因八萬四千出無量塵垢，故名『門』也。」〔四〕

〔一〕案關中釋抄卷下：「『八萬四千塵勞門即法門』者，諸説乃多，略舉一文以通經旨。賢愚經云『佛始

從光耀土至涅槃夜，其間三百五十度説法』，皆説成二千一百。又以此對治四大、六衰，成二萬一千。又以此對治貪、瞋、癡、等分衆生，成八萬四千也。婆沙正義云：『十種隨眠，一一皆已九隨眠爲方便，足成一百。此有前後分，各一百，合成三百。置本一百，就前分一百，一一皆以九隨眠方便成一千；後分一亦以九隨眠爲方便，復一千；兼本一百，成二千一百。已起亦有二千一百，未起亦有二千一百，是滿四千二百。約多貪、瞋、癡、著我、思覺，此之五人一一有四千二百，成二萬一千。更就三毒等、等分四人以配，遂成八萬四千也。』此八萬四千，迷即是塵勞門，對治即是法門。故俱舍云：『有言諸法蘊，量如彼論説，或隨蘊等言，如實行對治。』

〔二〕「什曰」一段，徑山藏本、金陵本置後經「而諸衆生爲之疲勞，諸佛即以此法而作佛事」下。

〔三〕「四」下，關中疏有「魔」。

〔四〕「肇曰」一段，永樂北藏本、徑山藏本、清藏本、金陵本無。

而諸衆生爲之疲勞，諸佛即以此法而作佛事，

什曰：「佛事有三種：一、以善作佛事，光明神力説法等是也；二、無記，虚空是也；三、以不善，八萬四千煩惱是也〔三〕。譬如藥師，或以良藥，或以毒藥，治人病也。佛亦如是，以煩惱，如佛以愛度難陀也，瞋恚化惡龍比也。」

肇曰：「衆生皆以煩惱爲病，而諸佛即以之爲藥。如婬女以欲爲患，更極其情欲，然後悟道。毒龍以瞋爲患〔四〕，更增其忿恚，然後受化。此以欲除欲，以瞋除瞋，猶良醫以毒除毒，斯佛事之無方也。」

生曰：「若投藥失所，則藥反爲毒矣。苟曰得愈〔三〕，毒爲藥也。是以大聖爲心病之醫王，觸事皆是法之良藥〔四〕。」〔五〕

〔一〕案維摩經義疏卷六：「什公云：『佛事有三：一、以善爲佛事，謂説法放光等；二、以無記爲佛事，即虚空等；三、以不善爲佛事，謂示諸煩惱。』」

〔二〕「瞋」，關中疏作「瞋必」。

〔三〕「愈」，平安本作「會」。

〔四〕「是以大聖爲心病之醫王，觸事皆是法之良藥」，平安本無。

〔五〕「生曰」一段，永樂北藏本、徑山藏本、清藏本、金陵本無。

是名入一切諸佛法門〔一〕。

肇曰：「若能應會無方，美惡斯順，無事不爲，爲之無非佛事，乃名『入諸佛法門』耳。」

生曰：「苟達其一，衆事皆畢。」〔二〕

〔一〕案關中疏卷下：「若能深見實相，善惡兩亡，應物隨化，能善惡俱游，名『悟入法門』也。是即或語、或默、或浄、或穢，皆是諸佛化物之門也。」關中釋抄卷下：「『是名入一切諸佛法門』者，夫至理無言，託群言而爲教；真事無事，即俗事而爲佛事，所以進止威儀、諸煩惱皆佛事也。既其瞋憎無二，浄穢一質，故入此門者無貪高與没之見也。」

〔三〕「肇曰」「生曰」兩段，永樂北藏本、徑山藏本、清藏本、金陵本無。

菩薩入此門者，

肇曰：「七住已上〔一〕，豫入此門。」〔二〕

〔一〕「已」，平安本作「以」。

〔二〕「肇曰」一段，永樂北藏本、徑山藏本、清藏本、金陵本無。

若見一切淨好佛土，不以爲喜，不貪不高；若見一切不淨佛土，不以爲憂，不閡不没；但於諸佛生清淨心，歡喜恭敬，未曾有也〔一〕。諸佛如來功德平等，爲教化衆生故，而現佛土不同〔二〕。

肇曰：「佛無定所，應物而現，在淨而淨，在穢而穢，美惡自彼，於佛無二，曷爲自生憂喜於其間哉？是以豫入此門者，見淨不貪，已分不高，覩穢不閡〔三〕，乖情不没，故能生真淨心，知佛平等而應迹不同。此闚闟之徒，非平等信也。自不入佛事門者，孰能不以淨穢爲心乎？」

生曰：「菩薩既入此門，便知佛土本是就應之義，好惡在彼，於我豈有異哉？所貴唯應，但歎應生之爲奇也。」〔四〕

〔一〕案關中疏卷下：「此密呵香積等諸菩薩也。真土平等，非淨非穢，應物而現，故有淨穢。若能悟淨非淨，故不貪高；悟穢非穢，故不憂没。然淨穢不同，俱是佛大悲故，但於諸佛生淨信心，歎未曾有也。」

〔二〕案關中疏卷下：「真土平等，化物不等也。」

〔三〕「閡」，徑山藏本、金陵本作「礙」。

〔四〕「生曰」一段，永樂北藏本、徑山藏本、清藏本、金陵本無。

阿難。汝見諸佛國土地有若干，而虚空無若干也〔一〕，

生曰：「無地爲空，而地出其中矣。」〔二〕

〔一〕案關中疏卷下：「地有差別，空無差別，喻也。」關中釋抄卷下：「『地有若干』者，明釋迦成道即沙礫爲土，彌勒成道即七寶爲土，虚空無穢浄，故無若干也。」

〔二〕「生曰」一段，永樂北藏本、徑山藏本、清藏本、金陵本無。

如是見諸佛色身有若干耳〔一〕，

什曰：「謂化現身也。下言『身色』等，真報應之身也。」〔二〕

〔一〕案關中釋抄卷下：「『佛身有若干』者，釋迦丈六，彌勒二百五十尺也。」

〔二〕「什曰」一段，永樂北藏本、徑山藏本、清藏本、金陵本無。

其無閡慧無若干也〔一〕。

肇曰：「佛慧如空，應形猶地，不以地異而異空，不以空一而釋地也。」

生曰：「色身是外應之有，出無閡慧中，而無閡慧無色身也。」〔二〕

〔一〕案關中疏卷下：「應物色身，故有若干。浄慧法身，一切平等，此法合也。」關中釋抄卷下：「『無礙慧無若干』者，盡無生智慧同也。此皆小乘執事之見，非大乘達理之見，故大士舉平等以破之。復

次，前隨文殊入室，聲聞皆以捨小慕大。諸餘園住者，此中寄呵阿難令伏過，即亦皆捨小慕大。」

〔三〕「肇曰」「生曰」兩段，永樂北藏本、徑山藏本、清藏本、金陵本無。

阿難。諸佛色身、威相、種姓、戒、定、智慧、解脱、解脱知見、力、無所畏、不共之法、大慈大悲、威儀所行，及其壽命、説法教化、成就衆生、淨佛國土、具諸佛法，悉皆同等〔一〕**。**

生曰：「諸佛色身雖復若干，而一一佛無不有之，故無不等矣。」〔二〕

〔一〕案關中疏卷下：「法佛、身土、真應、權實，皆等有也。」

〔二〕「生曰」一段，永樂北藏本、徑山藏本、清藏本、金陵本無。

是故名爲三藐三佛陀，

什曰：「『三藐三菩提』，秦言『正遍知』。今言『三藐三佛陀』，言『正遍覺』也。見法無差，故言『正』。智無不周，故言『遍』也。出生死夢，故言『覺』也。」

肇曰：「秦言『正遍知』，見法無差謂之『正』，智無不周謂之『遍』，決定法相謂之『知』。」

生曰：「若不等者，便有所不盡，不得名爲『正遍覺人』也。」〔一〕

〔一〕「肇曰」「生曰」兩段，永樂北藏本、徑山藏本、清藏本、金陵本無。

名爲多陀阿伽度，

什曰：「『多陀阿伽度』，秦言『如來』，亦言『如去』。如法知，如法説，故名『如』也。諸佛以安隱道來，此佛亦如是來；彼佛安隱去，此佛亦如是去也。」〔一〕

肇曰：「秦言『如來』〔二〕，亦云『如去』。如法而來〔三〕，如法而去〔四〕，古今不改，千聖同轍，故名『如來』，亦名『如去』。」

生曰：「『如』者，謂心與如冥，無復有不如之理。從此中來，故無不如矣。」〔五〕

〔一〕「什曰」一段，原置後經「名爲佛陀」下，據徑山藏本、清藏本、金陵本改。

〔二〕「言」，關中疏作「云」。

〔三〕「而」，關中疏作「如」。

〔四〕「去」下，關中疏有「故」。

〔五〕「生曰」一段，永樂北藏本、徑山藏本、清藏本、金陵本無。

名爲佛陀。

什曰：「『佛陀』，秦言『覺』也，凡得道名爲『覺』。『覺』有二種：一、於四諦中覺；二、於一切法中覺。覺而不盡，則非真覺，故無覺名也。如佛問舍利弗，三問不答；天女問，默然無言，此未免於睡也。言『遍』、言『如』、言『覺』，此三名則是體極之稱，足以明諸佛同等，異於二乘也。」

肇曰：「秦言『覺』。生死長寢，莫能自覺。自覺覺彼者，其唯佛也。此三句蓋體極之稱。若如上佛事有一毫不等者，則不足以名『三號具足』也。」

生曰：「於結使眠中而覺，故得心冥如也。」〔一〕

〔一〕「肇曰」「生曰」兩段，永樂北藏本、徑山藏本、清藏本、金陵本無。

阿難。若我廣説此三句義，汝以劫壽，不能盡受；

生曰：「無不知、無不能者，豈可窮之哉？言阿難不能盡受，亦何足用美其廣，意在以稱菩薩能盡受之矣。」〔一〕

〔一〕「生曰」一段，永樂北藏本、徑山藏本、清藏本、金陵本無。

正使三千大千世界滿中衆生皆如阿難多聞第一，得念總持，此諸人等以劫之壽，亦不能受。

肇曰：「三句之義，無窮若此。其道平等，理無不極，豈容優劣於其間哉？」〔一〕

〔一〕「肇曰」一段，永樂北藏本、徑山藏本、清藏本、金陵本無。

如是，阿難。諸佛阿耨多羅三藐三菩提無有限量，智慧辯才不可思議〔一〕。」阿難白佛：「我從今已往，不敢自謂以爲多聞。」

肇曰：「阿難於五百弟子中多聞强記第一，今聞佛事乃自審寡聞也。」

生曰：「阿難豈不知己之多聞本有在乎？自取不達，以申佛之意也。」〔二〕

〔一〕案關中疏卷下：「一人不受，正使三千等多亦不受。如是，阿難等明菩提無邊，故身智、權實、應化、功德不可思議，豈是聲聞所能量也？」

〔二〕「肇曰」「生曰」兩段，永樂北藏本、徑山藏本、清藏本、金陵本無。

佛告阿難：「勿起退意。所以者何？我説汝於聲聞中爲最多聞，非謂菩薩。且止，阿難。

其有智者，不應限度諸菩薩也。一切海淵尚可測量，菩薩禪定、智慧、總持、辯才、一切功德不可量也。

肇曰：「物有於上不足，於下有餘，不可以下有餘而量於上也。」〔一〕

〔一〕「肇曰」一段，永樂北藏本、徑山藏本、清藏本、金陵本無。

阿難。汝等捨置菩薩所行，是維摩詰一時所現神通之力，一切聲聞、辟支佛於百千劫盡力變化所不能〔一〕。

肇曰：「一時，即向來所現。一時若此，況盡其事？」〔二〕

〔一〕案關中疏卷下：「大士不思議一時所現神通力，非二乘所能爲也。」

〔二〕「肇曰」一段，永樂北藏本、徑山藏本、清藏本、金陵本無。

爾時，衆香世界菩薩來者合掌白佛言：「世尊。我等初見此土，生下劣想，今自悔責，

什曰：「雖奉聖旨，及見不浄，劣想自發。由憶念佛教，起想微耳。既了平等，誠心自悔也。」

肇曰：「初見穢土〔一〕，生下劣想，謂諸佛、菩薩亦有升降。聞此佛事〔二〕，乃自悔責也。」〔三〕

〔一〕「穢土」，關中疏作「土穢」。

〔二〕「此」，關中疏作「上」。

〔三〕「什曰」「肇曰」兩段，永樂北藏本、徑山藏本、清藏本、金陵本無。

捨離是心。所以者何？諸佛方便不可思議，爲度衆生故隨其所應，現佛國異。唯然，世尊。願賜少法，還於彼土，當念如來。」

什曰：「彼亦不必專以香爲佛事，故請言教法也。亦將欲遍至十方化不浄國，故請雜法也。亦以遠遊異刹，不宜虚反。又以彼諸菩薩必問其上要，故稟異聞也。亦欲令彼菩薩知恩，故請。云何令知恩？彼諸菩薩處清浄國，但食香飯，自入律行，常樂則亡其樂〔一〕，亡其樂則亡其所由。所由者佛，而彼昧之，是不知恩也。若聞下二門苦而後得〔二〕，乃悟自然得者，因妙而功深也。」

肇曰：「既知佛事之難議，故欲請法而反土〔三〕。將宣揚如來不思議道，令本國衆生念佛功德也。」

生曰：「請還彼土法也。」〔四〕

〔一〕「亡」，永樂北藏本、徑山藏本、清藏本、金陵本作「忘」。下同。

〔二〕「下」，永樂北藏本、徑山藏本、清藏本、金陵本作「不」。

〔三〕「反」，關中疏作「返」。

〔四〕「肇曰」「生曰」兩段，永樂北藏本、徑山藏本、清藏本、金陵本無。

佛告諸菩薩：「有盡、無盡無閡法門，

什曰：「『盡』有二種：一、無爲盡，二、有爲盡。『有爲盡』，無常遷滅盡也。『無爲盡』，智慧斷令滅盡也。今言『盡門』，是有爲無常盡也。言『無閡』，於二事不閡也。不盡功德有爲〔一〕，無凡夫閡也。不住無爲，無二乘閡也〔二〕。」〔三〕

〔一〕「盡」下，原衍「功德」，據永樂北藏本、徑山藏本、清藏本、金陵本刪。

〔二〕「言『無閡』」至「無二乘閡也」，永樂北藏本、徑山藏本、清藏本、金陵本作僧肇注，置後經「不住無爲」下「肇曰」一段末。

〔三〕「什曰」一段，徑山藏本、金陵本置後經「汝等當學」下。

汝等當學。

生曰：「欲還彼土，迹在捨此之彼，是自濟之懷，於菩薩爲縛矣。若解脱之者，是其法也。」〔一〕

〔一〕「生曰」一段，永樂北藏本、徑山藏本、清藏本、金陵本無。

何謂爲盡？謂有爲法。

生曰：「有爲是無常盡滅之法也。」〔一〕

〔一〕「生曰」一段，永樂北藏本、徑山藏本、清藏本、金陵本無。

何謂無盡？謂無爲法。

肇曰：「有爲法有三相，故『有盡』。無爲法無三相，故『無盡』。」

生曰：「無爲則不盡矣。」〔一〕

〔一〕「肇曰」「生曰」兩段，永樂北藏本、徑山藏本、清藏本、金陵本無。

如菩薩者，不盡有爲，

什曰：「謂一切善是有爲功德也。一切有爲悉是大累，可以遣累故有宜存。譬如無量怨賊在彼大城，城中有人來降，因是人得破怨賊，故雖是賊亦應供養之。」〔一〕

〔一〕「什曰」一段，永樂北藏本、徑山藏本、清藏本、金陵本無。

不住無爲。

肇曰：「有爲雖僞，捨之則大業不成；無爲雖實，住之則慧心不明。是以菩薩不盡有爲故德無不就，不住無爲故道無不覆。至能出生入死，遇物斯乘，在淨而淨不以爲欣，處穢而穢不以爲戚，應彼而動，於我無爲，此諸佛平等不思議之道也。夫不思議道，必出乎盡不盡門〔一〕。彼菩薩聞佛事平等不可思議，所以請法，故佛開此二門，示其不思議無閡之道也。」

生曰：「此土有苦是有爲也，彼土無苦是無爲也。若縛在欲盡有爲、住無爲者，蓋是此土患苦之情，非彼土然也。然則寄還彼土，以明法實，得祛此縛矣。」〔二〕

〔一〕「乎」，永樂北藏本、徑山藏本、金陵本作「於」。

〔二〕「生曰」一段，永樂北藏本、徑山藏本、清藏本、金陵本無。

何謂不盡有爲？謂不離大慈，不捨大悲；

什曰：「慈、悲，佛道根本也。聲聞無此，故盡有住無也。欲不盡有爲成就佛道，要由慈、悲，故先説也。」

肇曰：「慈、悲乃入有之基、樹德之本，故發言有之。」

生曰：「菩薩之行凡有二業：功德也，智慧也。功德在始，智慧居終。不盡有爲義在前，故功德不盡之也。不住無爲義在後〔一〕，故智慧不住之也。不盡有爲是求理，不捨生死之懷，以慈、悲爲本，故始明之焉。」〔二〕

〔一〕「不」，原無，據文意補。

〔二〕「什曰」「生曰」兩段，永樂北藏本、徑山藏本、清藏本、金陵本無。

深發一切智心，而不忽忘〔一〕；

什曰：「志求佛道，其心深固。譬如種樹，根深難拔。故歷劫愈明，不暫失也。」〔二〕

肇曰：「發心不忘，是衆行之中心者也。」

〔一〕案關中疏卷下：「外化不離慈，内修不忘智，謂求菩提心不繫忘也。」關中釋抄卷下：「『深發一切智心』者，謂志願深重，不令半路退忘；復次，不令遇欲樂憂患，便忽退妄。」

〔二〕「什曰」一段，永樂北藏本、徑山藏本、清藏本、金陵本無。

教化衆生，終不厭倦；

別本云：「心不厭倦。」

什曰：「惱之者衆，鮮能無厭。以大悲爲本，故涉苦彌勤。雖魔怨逼試，心不生倦。」〔一〕

〔一〕「別本云」「什曰」兩段，永樂北藏本、徑山藏本、清藏本、金陵本無。

於四攝法，常念順行；護持正法，不惜軀命；種諸善根，

什曰：「謂堅固善心，深不可動，乃名『根』也。如有一人到舍利弗處求出家，舍利弗觀其宿命，八萬大劫不種善根，棄而不度；往五百弟子所，盡皆不受；於是到祇洹門下〔一〕，悲泣懊惱。佛從外還，見而問之，其人具以事答。佛即種種責舍利弗：『汝智慧不深，不見人根，妄輕賤人耶！』佛即受其人，讚言：『善來！比丘。』鬚髮自落，法衣著身〔二〕，便成沙門。佛爲説法，即得阿羅漢。舍利弗問佛：『此人何時種泥洹善根？』佛言：『乃往昔過去無央數劫，有佛名人可〔三〕。時有一人入林取薪，虎從林出，欲食其人。其人上樹，虎在樹下。其人極大恐怖，時佛從空中飛過，其人見已，稱南無佛，心生信樂，極厭生死，深心誓願，願離此苦。因此善根，今得解脱。』時舍利弗向佛悔過，舉身投地，深自悲歎。佛言：『譬如石中有金，愚人不知，棄而不取；金師見之，知其中有金，即以兩囊鼓而出之。衆生無明石中有智慧金，今汝智慧不深，故棄而弗度〔四〕。如來深見根本，以禪定、智慧囊鼓而出之也。』」〔五〕

〔一〕「洹」，永樂北藏本、徑山藏本、清藏本、金陵本作「桓」。

〔二〕「著」，永樂北藏本、清藏本作「着」。

〔三〕「可」，永樂北藏本、徑山藏本、清藏本、金陵本作「耳」。

〔四〕「故」，永樂北藏本、徑山藏本、清藏本、金陵本無。

〔五〕「什曰」一段，徑山藏本、金陵本置後經「無有疲厭」注「肇曰」一段下。

無有疲厭；

肇曰：「慈、悲爲根〔一〕，發心爲心，然後順四攝，化衆生，護正法，種善根。以此衆德，茂其枝條，道樹日滋，不盡有爲也。下諸行願，枝條之流〔二〕，及其日滋日茂〔三〕，以成不盡義耳。廢捨慈、悲〔四〕，道樹不建，衆德損耗，自隱涅槃，謂盡有爲法也。」

〔一〕「慈」上，永樂北藏本、徑山藏本、清藏本、金陵本、關中疏有「以」。

〔二〕「條」，永樂北藏本、徑山藏本、清藏本、金陵本作「葉」。

〔三〕「及」，永樂北藏本、徑山藏本、清藏本、金陵本、關中疏作「取」。

〔四〕「廢」，原作「度」，據永樂北藏本、徑山藏本、清藏本、金陵本、關中疏改。

志常安住，方便迴向〔一〕；

什曰：「萬善無常，隨意所成，故須方便迴向佛道。如缾沙王被繫在獄〔二〕，獄孔中遥見佛於山上往來，心大歡喜，應生兜率天；在中聞毘沙門天王食香，以餓死故，心甚樂著：『我今當往生彼食處。』即時於毘沙門膝上化生〔三〕。小既迴向，大亦宜然。」

肇曰：「方便迴向，進善之要行，故常安住焉。」〔四〕

〔一〕案關中疏卷下：「外化不厭，内順四攝；外護法橋，内求功德，皆迴向菩提。方便化物，不求二乘三界果也。」

〔二〕「缾」，平安本作「洴」。

〔三〕「膝」，原作「樓」，據貞享本、永樂北藏本、徑山藏本、清藏本、金陵本改。

〔四〕「肇曰」一段，永樂北藏本、徑山藏本、清藏本、金陵本無。

求法不懈，

什曰：「求法不勤，果報未應，則生邪見，謂無所得，是故行者求法不懈怠也。」〔一〕

〔一〕「什曰」一段，永樂北藏本、徑山藏本、清藏本、金陵本無。

説法無悋；

什曰：「梵本云〔一〕：『無師倦。』外道師爲弟子説法，法之要者則握而不與。菩薩則盡其所懷，故言『無師倦』也。」〔二〕

〔一〕「梵」，平安本作「胡」。

〔二〕「什曰」一段，永樂北藏本、徑山藏本、清藏本、金陵本無。

勤供諸佛，故入生死而無所畏〔一〕；

肇曰：「不以結生，曷爲而畏？」〔二〕

〔一〕案關中疏卷下：「爲法不怠，供佛無畏。」

〔二〕「肇曰」一段，永樂北藏本、徑山藏本、清藏本、金陵本無。

於諸榮辱，心無憂喜；不輕未學，敬學如佛〔一〕；

肇曰：「未學當學，所以不輕。已學當成，故敬如佛。」〔二〕

〔一〕案關中疏卷下：「八風不移志，勸學不輕心。」

〔二〕「肇曰」一段，永樂北藏本、徑山藏本、清藏本、金陵本無。

墮煩惱者，令發正念；

什曰：「念邪則生累，念正則累消，故化令正憶念。」〔一〕

〔一〕「什曰」一段，永樂北藏本、徑山藏本、清藏本、金陵本無。

於遠離樂，不以爲貴〔一〕；

什曰：「出家離欲，及禪定智慧，離諸妄想，悉名『遠離樂』。假以求道，非所貴也。」

肇曰：「獨善之道，何足貴乎？」〔二〕

〔一〕案關中疏卷下：「不樂煩惱，不貴涅槃，大士之化也。」

〔二〕「肇曰」一段，永樂北藏本、徑山藏本、清藏本、金陵本無。

不著己樂，慶於彼樂；

別本云：「不著己樂，慶於他樂。」〔一〕

什曰：「凡夫見他樂則生嫉〔二〕，他苦則心安〔三〕；自樂則生著，自苦則心動。菩薩則不然，見他樂不嫉，其心隨喜；他苦心動，欲令解脱；自樂不著，自苦心安。」〔四〕

〔一〕「別本云」一段，永樂北藏本、徑山藏本、清藏本、金陵本無。

〔二〕「夫」，平安本、永樂北藏本、徑山藏本、清藏本、金陵本作「人」。

〔三〕「他」上，永樂北藏本、徑山藏本、清藏本、金陵本有「見」。

〔四〕關中疏本條下有僧肇注：「獨善之道，何足貴也？『不著己樂』等，大士之心也。」。

在諸禪定，如地獄想；

什曰：「『禪定』有三種：一、大乘，二、小乘，三、凡夫。凡夫禪，生高慢我心；小乘禪，獨善求證，能燒衆善，壞無上道根，於菩薩則爲惡趣，故視之如地獄也。」

肇曰：「禪定雖樂，安之則大道不成。菩薩不樂，故想之如地獄也。」〔一〕

〔一〕「肇曰」一段，永樂北藏本、徑山藏本、清藏本、金陵本無。

於生死中，如園觀想；

什曰：「意存兼濟，故樂遊無畏。」〔一〕

肇曰：「生死雖苦，大道之所因〔二〕。菩薩好遊，故想如園觀也。」

〔一〕「什曰」一段，永樂北藏本、徑山藏本、清藏本、金陵本無。

〔二〕「因」，永樂北藏本、徑山藏本、清藏本、金陵本作「由」。

見來求者，爲善師想〔一〕；

什曰：「本無施意，因彼來求，發我施心，則於我爲師，故起『師想』。如月氏王出行遊觀，有數千乞人在路側，舉手唱聲，各請所須。王問大臣：『此是何人？何所陳說？』臣答言：『乞人也。』王智慧利根，即解其意，語大臣曰：『彼等我大師，非乞人也。汝不解其言耳。彼所須者爲我說法，非爲乞也。彼言：我等前世亦作國王，不修布施，故受斯報；王今不施，後亦當爾。以此故，當知是我大師也。』」

肇曰：「乞者雖欲自益〔二〕，而實益我，故想爲善師也。」

〔一〕案關中釋抄卷下：「『見來求者』，求法即令我法利日滋，求財即令我捨心彌廣，此即進我道利之善師也。」

〔二〕「乞」，關中疏作「求」。

捨諸所有，具一切智想〔一〕；

什曰：「『捨諸所有』，謂身命及國城、妻子悉能棄捨，給施衆生。給衆生時，了知此施必能具足一切智。明見因果，施而無悔也。」

肇曰："凡所施與，妙期有在，又審因果之不虛也〔二〕。"〔三〕

〔一〕案關中疏卷下："必因此施成就善根，至一切智。"

〔二〕案關中釋抄卷下："『捨諸所有』，注云：『妙期有在』者，期在大，期一切智果；『因果之不虛』者，審檀度之因，必至一切智果也。"

〔三〕"肇曰"一段，永樂北藏本、徑山藏本、清藏本、金陵本無。

見毁戒人，起救護想〔一〕；

肇曰："戒爲人護，毁戒則無護。菩薩自己有護，故欲護無護者也。"

〔一〕案關中疏卷下："又不嫌毁戒，但念悲救想。"

諸波羅蜜〔一〕，**爲父母想**；

什曰："取其能生法身也。亦云：子有所須，則咨之父母；菩薩所須，則求之六度。取其饒益，比之父母也。"

肇曰："餘四度行轉深，法身之所由生，故想爲父母也。"〔二〕

〔一〕案關中釋抄卷下："『諸波羅蜜』者，前別説施戒，此言諸波羅蜜，是餘四度也。"

〔二〕"肇曰"一段，永樂北藏本、徑山藏本、清藏本、金陵本無。

道品之法，爲眷屬想〔一〕；

什曰："助成聖道，令其尊勝，猶人有眷屬，益其貴也。"〔二〕

肇曰〔三〕：「助成我者三十七道品。猶人有眷屬，相助成者也。」

〔一〕案關中疏卷下：「波羅蜜能生法身，助成菩提，莫過道品，此等是大士之想念也。」

〔二〕「什曰」一段，永樂北藏本、徑山藏本、清藏本、金陵本無。

〔三〕「肇曰」，永樂北藏本、徑山藏本、清藏本、金陵本作「生曰」。

發行善根，無有齊限；

什曰：「上説始種善根，今明修習增進，修習增進名爲『行』。萬善斯行，無所齊限。亦云：不以劫數爲限也。」

肇曰：「上云『種善根』，此云『無齊限』，轉增廣也。」〔一〕

〔一〕「什曰」「肇曰」兩段，永樂北藏本、徑山藏本、清藏本、金陵本無。

以諸浄國嚴飾之事，成己佛土〔一〕**；**

什曰：「取彼浄國相〔二〕，然後修行稱之，故致浄國，與彼無異，是名『以彼成己』也。」

肇曰：「爲好飾者浄土，不得不盡浄土之美。」〔三〕

〔一〕案關中疏卷下：「增廣萬善，嚴浄佛土，依報行也。」關中釋抄卷下：「『成己佛土』者，謂修彼如來行願之因，即彼如來嚴飾之事，亦嚴我土。」

〔二〕「取」上，平安本有「謂」。「國」，平安本無。

〔三〕「肇曰」一段，永樂北藏本、徑山藏本、清藏本、金陵本無。

行無限施，具足相好；

肇曰：「開四門〔一〕，恣求者所取無礙，大施法也。此施相好之所因。」

別本云：「行無閡施〔二〕。」

什曰：「或施心足而財少，或財足施心少〔三〕，二事不具則不能應無方之求。今二事兼具，故能無所齊限，恣物所求焉。」〔四〕

〔一〕「開」上，關中疏有「行無限施」者。「門」下，關中疏有「施」。

〔二〕「閡」，平安本作「限」。

〔三〕「施」，平安本作「而」。

〔四〕「別本云」「什曰」兩段，永樂北藏本、徑山藏本、清藏本、金陵本無。

除一切惡，淨身、口、意〔一〕；

什曰：「身、口、意淨，故衆惡悉除。因淨則果妙，相妙之所以具也〔二〕。」

肇曰：「此明當大施時，諸惡悉除，三業悉淨，故致淨相之報也〔三〕。」〔四〕

〔一〕案關中疏卷下：「除垢惡以淨三業，行大施以嚴相好，正報行也。」

〔二〕「妙之」，平安本作「好」。

〔三〕「相」，平安本作「明」。

〔四〕「什曰」「肇曰」兩段，永樂北藏本、徑山藏本、清藏本、金陵本無。

生死無數劫，意而有勇；

什曰：「『勇』，明其有力。上説『意淨』，此説『有力』，淨而有力，故大願果成也。」〔一〕

肇曰：「生死長久，苦毒無量。自非智勇，孰能處之〔二〕？」

〔一〕「什曰」一段，永樂北藏本、徑山藏本、清藏本、金陵本無。

〔二〕「之」，永樂北藏本、徑山藏本、清藏本、金陵本作「生死之際焉」。

聞佛無量德，志而不倦；

肇曰：「不以佛難及〔一〕，倦而不修矣。」〔二〕

〔一〕「佛」下，平安本有「德」。

〔二〕「肇曰」一段，永樂北藏本、徑山藏本、清藏本、金陵本無。

以智慧劍，破煩惱賊；

肇曰：「煩惱之寇，密固難遣，自非慧劍，無以斷除。」〔一〕

〔一〕「肇曰」一段，永樂北藏本、徑山藏本、清藏本、金陵本無。

出陰、界、入，

什曰：「煩惱既盡，則隨法化生。法化之身，超出陰、界、入也。」〔一〕

〔一〕「什曰」一段，永樂北藏本、徑山藏本、清藏本、金陵本無。

荷負衆生，

什曰：「必令究竟，不中棄也。」〔一〕

〔一〕「什曰」一段，永樂北藏本、徑山藏本、清藏本、金陵本無。

永使解脱〔一〕**；**

肇曰：「法身超三界〔二〕，陰、界、入所不攝，故言『出』。若受陰、界、入身，處情〔三〕塵之內〔三〕，則自同羈瑣〔四〕，安能濟彼？」〔五〕

〔一〕案關中疏卷下：「大悲不屈於生死，精進不倦於佛德，以智慧劍破煩惱因，出法身果，荷負衆生，此菩提薩埵心也。」

〔二〕「超」，平安本、關中疏作「越」。

〔三〕「情」，平安本、關中疏作「積」。

〔四〕「自」，平安本無。「同羈瑣」，關中疏作「固羈鎖」。

〔五〕「肇曰」一段，永樂北藏本、徑山藏本、清藏本、金陵本無。

以大精進，摧伏魔軍；

什曰：「『魔』，天魔也。」

肇曰：「魔兵强盛，非怠者所能制也。」〔一〕

〔一〕「什曰」「肇曰」兩段，永樂北藏本、徑山藏本、清藏本、金陵本無。

常求無念，實相智慧；

什曰：「無取相念也。凡夫行有念智慧，則高慢益甚，是故菩薩求無念智也。」

肇曰：「真智無緣，故『無念』爲名。俗智有緣，故『念想』以生〔一〕。」〔二〕

〔一〕「想」，平安本作「相」。

〔二〕「肇曰」一段，永樂北藏本、徑山藏本、清藏本、金陵本無。

行少欲知足，而不捨世法〔一〕；

肇曰：「不以無欲〔二〕，而捨世法自異〔三〕。」〔四〕

〔一〕案關中疏卷下：「精進以摧魔，無念以證真，少欲而不捨世間，大士之行也。」

〔二〕「不」，關中疏作「和」。「無」下，關中疏有「念」。

〔三〕「法」，平安本無。

〔四〕「肇曰」一段，永樂北藏本、徑山藏本、清藏本、金陵本無。

不壞威儀，

什曰：「和而不同。」〔一〕

〔一〕「什曰」一段，永樂北藏本、徑山藏本、清藏本、金陵本無。

而能隨俗；

肇曰：「同俗俯仰，不失道儀，天下皆謂我同己，而我獨異人。」

起神通慧，引導衆生；

肇曰：「見形不及道者，非通變無以導焉。」〔一〕

〔一〕「肇曰」一段，永樂北藏本、徑山藏本、清藏本、金陵本無。

得念、

肇曰：「正念。」〔一〕

〔一〕「肇曰」一段，永樂北藏本、徑山藏本、清藏本、金陵本無。

總持，

什曰：「以念持念，持能持法，故既言『念』又言『持』。亦云：衆念增長，則成持也。」〔一〕

〔一〕「什曰」一段，永樂北藏本、徑山藏本、清藏本、金陵本無。

所聞不忘；

肇曰：「由上二種持也。」〔一〕

〔一〕「肇曰」一段，永樂北藏本、徑山藏本、清藏本、金陵本無。

善别諸根，斷衆生疑；

肇曰：「慧也。」〔一〕

〔一〕「肇曰」一段，永樂北藏本、徑山藏本、清藏本、金陵本無。

以樂説辯，演説無閡〔一〕**；**

肇曰：「樂説辯，四辯之一也。上云『念定持辯』，此云『念持慧辯』，定慧互有其用，迭

在四門者也〔二〕。」〔三〕

〔一〕案關中疏卷下：「不壞法身，起通道物，身業化也。正念總持，多聞不忘，意業化也。差別衆根，斷疑樂説，口業化也。此大士之三密也。」

〔二〕「迭」上，平安本有「故」。

〔三〕「肇曰」一段，永樂北藏本、徑山藏本、清藏本、金陵本無。

淨十善道，受天人福；

什曰：「以不堪受道，故爲説法也。」

肇曰：「不爲福報修善名爲『善淨』。然爲物受報，報在欲界人、天也。」〔一〕

〔一〕「什曰」「肇曰」兩段，永樂北藏本、徑山藏本、清藏本、金陵本無。

修四無量，開梵天道〔一〕；

別本云：「四無量，令生梵天。」〔二〕

什曰：「欲使作梵天〔三〕，請轉法輪，處尊引物也〔四〕。亦菩薩自行自生梵天也。」

〔一〕案關中疏卷下：「『十善』，欲天因；『無量』，梵天因。物無出世之根，故接以人、天之善，令離三途，此大士之方便也。」

〔二〕「別本云」一段，永樂北藏本、徑山藏本、清藏本、金陵本無。

〔三〕「梵」，永樂北藏本無。

〔四〕「引」，原作「别」，據平安本、貞享本改。

勸請説法，隨喜讚善，

肇曰：「修四等即開梵道也。現爲梵王，請佛説法，隨喜讚善，以弘正教，如尸棄之流也。」〔一〕

〔一〕「肇曰」一段，永樂北藏本、徑山藏本、清藏本、金陵本無。

得佛音聲〔一〕；

什曰：「是讚善報也。」〔二〕

肇曰：「經云有八種音，亦云有六十種音。密迹云〔三〕：『佛不思議音，應物無量也。』」

〔一〕案關中疏卷下：「『佛音』者，經云八音也：一、徹好，二、柔軟，三、和適，四、諦了，五、不女，六、不誤，七、深遠，八、不竭也。又密迹經云：『有無量音也。』」

〔二〕「什曰」一段，永樂北藏本、徑山藏本、清藏本、金陵本無。

〔三〕「迹」下，平安本、永樂北藏本、徑山藏本、清藏本、金陵本有「經」。

身、口、意善，

肇曰：「如來三不護法也。」〔一〕

〔一〕「肇曰」一段，永樂北藏本、徑山藏本、清藏本、金陵本無。

得佛威儀〔一〕；

肇曰：「凡所舉動，一則如來音聲，二不護威儀，皆佛事也。菩薩雖未全具，然豫入其境，故言『得』也。」〔二〕

〔一〕案關中疏卷下：「此大士之德也。」

〔二〕「肇曰」一段，永樂北藏本、徑山藏本、清藏本、金陵本無。

深修善法，所行轉勝；

肇曰：「善法誰不修？貴在深勝也。」〔一〕

〔一〕「肇曰」一段，永樂北藏本、徑山藏本、清藏本、金陵本無。

以大乘教，成菩薩僧；

肇曰：「僧徒雖衆，所貴大乘。」〔一〕

〔一〕「肇曰」一段，永樂北藏本、徑山藏本、清藏本、金陵本無。

心無放逸，不失衆善本〔一〕**。**

肇曰：「放逸乃衆惡之門、喪道之根，心無放逸則無善不集。善法無量，故略言『本』也。」〔二〕

〔一〕案關中疏卷下：「自行則深修轉勝，導衆則化以大乘，又不矜一善以放逸，乃圓萬德以成道，此大士之進求也。」

〔二〕「肇曰」一段，永樂北藏本、徑山藏本、清藏本、金陵本無。

行如此法，是名菩薩不盡有爲。

肇曰：「修如上法，自行化彼，功德日茂，不盡有爲也。夫善有爲法變壞物耳，廢捨不修，則日耗日盡矣。」〔一〕

〔一〕「肇曰」一段，永樂北藏本、徑山藏本、清藏本、金陵本無。

何謂菩薩不住無爲？謂修學空，不以空爲證；

肇曰：「自此下皆無爲觀行也。觀無爲必覩恬怕之樂〔一〕，而能不證涅槃、永處生死，名『不住無爲』也。空、無相、無作，三乘共行而造觀不同。二乘空觀，唯在無我；大乘空觀，無法不在。以無法不在，故空法亦空；空法既空，故能不證空。」

〔一〕「恬怕」，永樂北藏本、徑山藏本、清藏本、金陵本「淡泊」。

修學無相、無作，不以無相、無作爲證〔一〕；

肇曰：「二乘無相，唯在盡諦；大乘無相，在一切法。二乘無作，不造生死；大乘無作，萬法不造也。」

〔一〕案關中疏卷下：「此明『三解脱』也。二乘觀三脱，樂涅槃，故取證。菩薩觀三脱，樂大悲，故不證。」

修學無起，不以無起爲證〔一〕；

肇曰：「諸法緣會而有，緣散而無，何法先有待緣而起乎？此空觀之别門也〔二〕。」

〔一〕案關中疏卷下：「『無起』者，因緣生法無自性，故不生起也。」

〔二〕「空」，關中疏作「定」。

觀於無常，而不厭善本；

什曰：「無常則無法不滅，滅而不斷〔一〕，故修善不厭。亦觀無常是泥洹道，泥洹道則背善本〔二〕。今不住無爲，故不厭有也。」

〔一〕「斷」下，原衍「故」，據永樂北藏本、徑山藏本、清藏本、金陵本删。

〔二〕「背」，永樂北藏本、徑山藏本、清藏本、金陵本作「皆」。

觀世間苦，而不惡生死；觀於無我，而誨人不倦；

什曰：「無我則衆生空，空而非無，故誨人不倦也。」〔一〕

〔一〕「什曰」一段，永樂北藏本、徑山藏本、清藏本、金陵本無。

觀於寂滅，而不永寂滅〔一〕；

肇曰：「二乘以無常爲無常，故厭有爲善法；以苦爲苦，故惡生死苦；以無我爲無我，故怠於誨人；以寂爲寂〔二〕，故欲永寂。菩薩不以無常爲無常，故能不厭善本；不以苦爲苦，故不惡生死；不以無我爲無我，故誨人不倦；不以寂爲寂，故不永寂也〔三〕。」

〔一〕案關中疏卷下：「此四非常觀也。破常倒故觀無常，以大悲故不厭善；破樂倒故觀苦，以大悲故不惡生死；破我倒故觀無我，以大悲故常誨人；破喧動故觀寂滅，以大悲故不永滅。又觀無常，故不住生死；不厭善本，不住涅槃；餘例然。」

〔二〕「寂」，平安本均作「寂滅」。下同。

〔三〕「不」下，平安本有「求」。

觀於遠離，而身心修善；

什曰：「『遠離』有三：一、離人衆五欲〔一〕；二、離煩惱；三、諸法性空遠離。今觀性空遠離，而不厭善也〔二〕。」

肇曰：「『遠離』，無爲之别稱耳。雖見無爲遠離之要〔三〕，而身心不離有爲善也〔四〕。」〔五〕

〔一〕「衆」，永樂北藏本、徑山藏本、清藏本、金陵本作「間」。

〔二〕「厭」，永樂北藏本、徑山藏本、清藏本、金陵本作「離」。

〔三〕「要」，平安本作「安」。

〔四〕「善」下，平安本有「地」。

〔五〕「肇曰」一段，永樂北藏本、徑山藏本、清藏本、金陵本無。

觀無所歸，而歸趣善法；

肇曰：「諸法始無所來，終無所歸。雖知無歸，而常歸善法也。」

觀於無生，而以生法荷負一切；

肇曰：「雖見無生，而處生荷彼也。」

觀於無漏，而不斷諸漏；

肇曰：「凡諸無漏，與無爲同，體自無相，皆無爲行也。雖見無漏，而與彼同漏。『同漏』有二：有爲入生死，實未斷漏者；有已盡漏，而現不斷者。」

觀無所行，而以行法教化衆生；

肇曰：「法性無業，何所修行？雖知無行，而教必以行者也。」

觀於空無，而不捨大悲；

肇曰：「諸法之相，唯空唯無。然不以空無，捨於大悲也。」

觀正法位，

什曰：「謂無生滅，取證法也。」〔一〕

〔一〕「什曰」一段，徑山藏本、金陵本置後經「而不隨小乘」下「肇曰」一段末。

而不隨小乘〔二〕；

肇曰：「『正法位』者，觀無爲取證之地也。」

〔二〕案關中疏卷下：「此雜明諸行也。雖漏身心離相，而現身心修善；雖法性平等，而現歸善法；雖理本無生，而現生度物；雖漏本清淨，而現行諸漏；雖本覺無行，而現行引物；雖衆生性空，而不捨悲濟。『正位』者，見真入證之地。以大悲故，不隨小乘而取證也。」

觀諸法虚妄，無牢、無人、無主、無相，本願未滿，而不虚福德、禪定、智慧。

肇曰：「諸法因緣所成，虚假無本，以何爲實？以何爲主？雖知如此，然本願未滿，不以功德、定、慧虚假而弗修也〔一〕。」

生曰：「不住無爲是窮理，將入生死之懷，以滿願爲極，故終明之焉。」〔二〕

〔一〕「弗」，關中疏作「不」。

〔二〕「生曰」一段，永樂北藏本、徑山藏本、清藏本、金陵本無。

修如此法，是名菩薩不住無爲。

肇曰：「備修上法則不證無爲。『證』謂觀無爲自證道成〔一〕，自證道成即住無爲也。」

〔一〕「道成」，關中疏作「成道」。下同。

〔二〕「肇曰」一段，永樂北藏本、徑山藏本、清藏本、金陵本無。

又具福德故不住無爲，

肇曰：「上直明菩薩不盡有爲、不住無爲，未釋所以不盡、所以不住。夫大士之行，行各有以，妙期有在，故復對而明之。夫德之積也必涉有津，若住無爲則功德不具也。」

具智慧故不盡有爲，

什曰：「上一門中現一義〔一〕，今明一門中兼具二義。若不住無則不盡有，不盡有則不住無也。」

肇曰：「智之明也必由廣博，若廢捨有爲則智慧不具。」

生曰：「總翻前也〔二〕。所以欲住無爲者，貪其樂耳。福德既具，便自常樂，復何貪哉？所以欲盡有爲者，惡其苦耳。智慧苟備，已自無苦，有何惡哉？」〔三〕

〔一〕「中」，永樂北藏本、徑山藏本、清藏本、金陵本無。

〔二〕「翻」，平安本作「播」。

〔三〕「肇曰」「生曰」兩段，永樂北藏本、徑山藏本、清藏本、金陵本無。

大慈悲故不住無爲，

肇曰：「慈悲入生死，豈住無爲之所能者也？」〔一〕

〔一〕「肇曰」一段，永樂北藏本、徑山藏本、清藏本、金陵本無。

滿本願故不盡有爲，

肇曰：「滿願由積德，豈捨有爲之所能？」

生曰：「別翻前也。以慈悲爲懷者，不得貪己樂也。欲滿本願者，不得計己苦也。此取功德前句，智慧後句，略舉二端爲備也矣。」〔一〕

〔一〕「肇曰」「生曰」兩段，永樂北藏本、徑山藏本、清藏本、金陵本無。

集法藥故不住無爲，

肇曰：「採良藥必在山險〔一〕，非華堂之所出。集法藥必在險有，非無爲之法所出焉。」

〔一〕「險」，關中疏作「嶮」。下同。

隨授藥故不盡有爲；

肇曰：「廢捨有爲〔一〕，則與群生隔絶，何能隨而授藥？」

生曰：「翻前則是反入生死〔二〕，必能救衆人〔三〕，故有下四句也。『集法藥』者，使備有諸法理也，爲功德意矣。『隨授藥』者，知其所主，隨病授也，爲智慧意矣。」〔四〕

〔一〕「廢」上，永樂北藏本、徑山藏本、清藏本、金陵本、關中疏有「若」。

〔二〕「翻」，平安本作「播」。

〔三〕「人」下，平安本有「病」。

〔四〕「生曰」一段，永樂北藏本、徑山藏本、清藏本、金陵本無。

知衆生病故不住無爲，

肇曰：「習知衆生病〔一〕，必知病所盡〔二〕，豈住無爲之所能乎〔三〕？」

生曰：「解其病相，功德意也。」〔四〕

〔一〕「生」，平安本、永樂北藏本、徑山藏本、清藏本、金陵本無。

〔二〕「盡」，平安本、永樂北藏本、徑山藏本、清藏本、金陵本無。

〔三〕「住」，原無，據永樂北藏本、徑山藏本、清藏本、金陵本、關中疏補。

〔四〕「生曰」一段，永樂北藏本、徑山藏本、清藏本、金陵本無。

滅衆生病故不盡有爲。

肇曰：「滅衆生病，必造有治，豈盡有爲之所能〔一〕？」

生曰：「達病所應，智慧意也。」〔二〕

〔一〕「爲」，平安本無。

〔二〕「生曰」一段，永樂北藏本、徑山藏本、清藏本、金陵本無。

諸正士菩薩以修此法，不盡有爲，不住無爲，

肇曰：「二法雖異而行必相因，故對而辯之，明行各有以造用不同也〔一〕。」〔二〕

〔一〕「各」，原作「名」，據平安本改。

〔二〕「肇曰」一段，永樂北藏本、徑山藏本、清藏本、金陵本無。

是名盡無盡無閡法門，汝等當學。」

肇曰：「不盡有爲，故無閡德之累〔一〕；不住無爲，故無獨善之閡〔二〕。此二無閡門是菩薩弘道之要路，佛事無方之所由。勸彼令學，示其佛事不思議道，令必審諸佛無若干也。」〔三〕

〔一〕「閦」，關中疏作「闕」。
〔二〕「閦」，關中疏作「礙」。下同。
〔三〕「肇曰」一段，永樂北藏本、徑山藏本、清藏本、金陵本無。

爾時，彼諸菩薩聞説是法，皆大歡喜，以衆妙華、若干種色、若干種香，散遍三千大千世界，供養於佛及此經法并諸菩薩已，稽首佛足，歎未曾有，言：「釋迦牟尼佛乃能於此善行方便。」言已，忽然不現，還到彼國。

見阿閦佛品第十二〔一〕

爾時，世尊問維摩詰：「汝欲見如來，爲以何等觀如來乎〔二〕？」

什曰：「若自有慧眼則能玄照，不待觀形；若無慧眼則對形而隔，故問其所以何等觀如來。復次，『觀佛』有三種：一、觀形〔三〕，二、觀法身，三、觀性空。問言〔四〕：『汝三觀中作何等觀耶？』下盡以性空答〔五〕，此章悉用中、百觀破相義，明如來性空，更無異義，故不疏問耳。」

肇曰：「向命文殊共來見佛，雖復舉目順俗，而致觀不同。如來逆覩其情，將顯其來觀之旨，以明佛事不可思議，故知而問也。」

生曰：「維摩詰向命諸菩薩共來見佛，迹在人相佛焉。然見佛者，非謂形接得見便爲見也。是以問之，以明見焉。」〔六〕

〔一〕案平安本於此分卷，下作「卷第七」；永樂北藏本、清藏本於此分卷，下作「卷第十」；金陵本於此分卷，下作「卷第八」。又關中疏卷下：「『阿閦』，此云『無動』。雖復變化萬形而實相常寂，故名也。將證淨名勝德以即經，故取佛而現土，因立品名耳。又據前半品應見如來，以後半品顯跡證經，故從後立名也。」關中釋抄卷下：「無垢稱云『見如來品』。準前半品應云『見如來』，準後半品即云『見阿閦』，亦無異義。」

〔二〕案關中疏卷下：「顯淨名身土以證經。夫人有勝德，説必真當，故印定也……前文殊入室，論之以無來；身子求經，訓之以無求；今淨名見佛，見之於無見。此皆會真則言亡，相寂引物則示有去來耳。又二乘初心皆見相跡，故因以誨之也。」關中釋抄卷下：「『以何等相觀如來乎』者，大乘真宗遺相離著，而諸聽求皆取相生信。故上文殊入室，淨名空室以待之；不思議品身子求床，淨名遣求以誨之。今二大士歸園方將見佛，而諸聽者多著相求真、依身起信，故問其來觀，使陳無之相以覺悟故。文殊入室，不來相而來之；淨名見佛，不見相而見之；身子求法，絶求心以求之；彌勒得記，離得記而得之。」

〔三〕「觀」下，維摩經義疏卷六有「色」。

〔四〕「言」，平安本無。

〔五〕「問言」至「下盡以性空答」，維摩經義疏卷六作「三種觀門，淨名用性空門答，故云『觀身實相，觀佛亦然』」。

〔六〕「什曰」「生曰」兩段，永樂北藏本、徑山藏本、清藏本、金陵本無。

維摩詰言：「如自觀身實相，觀佛亦然。

肇曰：「『佛』者何也？蓋窮理盡性大覺之稱也。其道虚玄〔一〕，固以妙絶常境〔二〕。心不可以智知，形不可以像測〔三〕。同萬物之爲〔四〕，而居不爲之域；處言數之内，而止無言之鄉。非有而不可爲無，非無而不可爲有，寂寞虚曠〔五〕，物莫能測。不知所以名，故强謂之『覺』，其爲至也，亦以極矣〔六〕。何則？夫同於得者，得亦得之；同於失者，失亦得之〔七〕。是以則真者同真，法僞者同僞〔八〕。如來靈照冥諧〔九〕，一彼實相；實相之相，即如來相。故經曰：『見實相法爲見佛也。』浄名自觀身實相，以爲觀如來相，義存於是。」

生曰：「若謂己與佛接爲得見者，則己與佛異相去遠矣，豈得見乎？若能如自觀身實相，觀佛亦然，不復相異，以無乖爲得見者也。」〔一〇〕

〔一〕「玄」，關中疏作「空」。

〔二〕「以」，永樂北藏本、徑山藏本、清藏本、金陵本、關中疏作「已」。案關中釋抄卷下：「『妙絶常境』者，六塵之境，尋常境也。如來即色非色，故云『妙絶』也。」

〔三〕「可」，原無，據永樂北藏本、徑山藏本、清藏本、金陵本、關中疏補。

〔四〕「同」，金陵本作「固」。

〔五〕「寘」，關中疏作「莫」。

〔六〕「以」，平安本作「已」。

〔七〕「得」，永樂北藏本、徑山藏本、清藏本、金陵本作「失」。

〔八〕「法」，原無，據平安本、永樂北藏本、徑山藏本、清藏本、金陵本、關中疏補。　案關中釋抄卷下：「『則真者同真』者，謂浄名達悟，遣自相而見佛無相。『是同法僞』者，同爲謂未悟之流自執己身相之有實，見如來身有相亦同。斯則兩執名爲『同失』，兩亡名之『同得』。」

〔九〕「靈」，關中疏作「虚」。　「諧」，關中疏作「偕」。

〔一〇〕「肇曰」「生曰」兩段，永樂北藏本、徑山藏本、清藏本、金陵本無。

我觀如來，前際不來，後際不去，今則不住；

生曰：「若以見佛爲見者，此理本無〔一〕，佛又不見也。不見有佛，乃爲見佛耳。『見佛』者，見此人爲佛，從未來至現在，從現在入過去，故推不見三世有佛也。過去若有，便應更來；然其不來，明知佛不在過去矣。未來若有，便應即去；然其不去，明知佛不在未來矣。現在若有，便應有住；然其不住，明知佛不在現在矣。」〔二〕

〔一〕「此」，平安本無。

〔二〕「生曰」一段，永樂北藏本、徑山藏本、清藏本、金陵本無。

不觀色，不觀色如，不觀色性，不觀受、想、行、識，不觀識如，不觀識性〔一〕；

肇曰：「法身超絶三界〔二〕，非陰、界、入所攝，故不可以生、住、去、來而覩，不可以五陰、如、性而觀也〔三〕。」

生曰：「向云『不見佛』者，或是己不能見，非無佛也。故復推無佛可見，以盡之焉。『人佛』者，五陰合成耳。若有，便應色即是佛。若色不即是佛，便應色外有佛也。色外有佛又有三種：佛在色中，色在佛中，色屬佛也。若色即是佛，不應待四也。若色外有佛，不應待色也。若色中有佛，佛無常矣。若佛中有色，佛有分矣。若色屬佛，色不可變矣〔四〕。『色』者，色之事也。『如』者，色不異也。『性』者，無本爲色也。既言其事，事或可改，故言『如』也。雖曰不改，本或不然，故言『性』也。然則要備三義，然後成色義也。是以如、性五事，亦不得而殊也，至識皆同之焉。既無所見，乃爲見實也。以實見爲佛，見實所以見佛也。」〔五〕

〔一〕案關中疏卷下：「此下明别揀百非，意明諸相非相即實相也。法身非生滅故非三世，非有故非色，非空故非如，無自性故無性。」

〔二〕「界」，永樂北藏本、徑山藏本、清藏本、金陵本、關中疏作「世」。

〔三〕「陰」，關中疏作「蔭」。

〔四〕「不可」，平安本作「可不」。

〔五〕「生曰」一段，永樂北藏本、徑山藏本、清藏本、金陵本無。

非四大起，同於虛空〔一〕，

肇曰：「法身如空，非四大所起造也〔二〕。」

生曰：「向雖推無人相佛，正可表無實人佛耳。未足以明所以佛者，竟無人佛也。若有人佛者，便應從四大起而有也。夫從四大起而有者，是生死人也。佛不然矣，於應爲有，佛常無也。」〔三〕

〔一〕案關中疏卷下：「金剛之體非四大起。」

〔二〕「起」，平安本無。

〔三〕「生曰」一段，永樂北藏本、徑山藏本、清藏本、金陵本無。

六入無積，

生曰：「夫有人佛者，要從六入積惑而出也〔一〕。既無有積，夫有人佛乎？五是四大所造，故就六以明之焉。」〔二〕

〔一〕「惑而」，原作「而或」，據平安本改。

〔二〕「生曰」一段，永樂北藏本、徑山藏本、清藏本、金陵本無。

眼、耳、鼻、舌、身、心已過〔一〕，肇曰：「法身過六情，故外入無所積。」

生曰：「上言六入無積，故無人佛者，正可無後世人佛耳，未足以明今亦無也，故復即六入云『已過』也。『六入已過』者，無積爲甚久矣。」〔二〕

〔一〕案關中疏卷下：「本覺性故，不積六情。」

〔二〕「生曰」一段，永樂北藏本、徑山藏本、清藏本、金陵本無。

不在三界〔一〕，

生曰：「上言『六入已過』，容正在有六處。過或不及，無六入處也，故復云『不在三界』矣。」〔二〕

〔一〕案關中疏卷下：「法界同真，不在三界。」

〔二〕「生曰」一段，永樂北藏本、徑山藏本、清藏本、金陵本無。

三垢已離；

肇曰：「既越三界，安得三界之垢？」

生曰：「三垢已離，故不在三界也。以無三爲不在三矣。」〔一〕

〔一〕「生曰」一段，永樂北藏本、徑山藏本、清藏本、金陵本無。

順三脱門〔一〕，

生曰：「順三脱門，故離三垢也。以三離三也。」〔二〕

〔一〕案關中疏卷下：「性離三垢，常順三脱。」

〔二〕「生曰」一段，永樂北藏本、徑山藏本、清藏本、金陵本無。

三明與無明等〔一〕**；**

肇曰：「法身無相，體順三脱。雖有三明而不異無明也。」

生曰：「順三脱門，則等明、無明也。三脱門既三而明，故復就三明言之也。」〔二〕

〔一〕案關中疏卷下：「明與無明，其性不二。不二之性，即法身性也。」

〔二〕「生曰」一段，永樂北藏本、徑山藏本、清藏本、金陵本無。

不一相，不異相〔一〕**；**

肇曰：「無像不像，故不可爲一。像而不像，故不可爲異。」

生曰：「『等』者，兩共等也。『兩共等』者，不一不異也。」〔二〕

〔一〕案關中疏卷下：「法身非聚散，故非一異。」

〔二〕「生曰」一段，永樂北藏本、徑山藏本、清藏本、金陵本無。

不自相，不他相〔一〕**；**

肇曰：「不自而同自，故自而不自。不他而同他，故他而不他。無相之身，豈可以一異、自他而觀其體耶？」

生曰：「有自有他則異矣。」〔二〕

〔一〕案關中疏卷下：「亡彼我故無自他不同。」

〔二〕「生曰」一段，永樂北藏本、徑山藏本、清藏本、金陵本無。

非無相，非取相〔一〕，

肇曰：「既非無物之相，又非可取之相。」

生曰：「若無相爲一矣，又不可取無一異相也」〔二〕

〔一〕案關中疏卷下：「太虛故非無相，不受著故非取相。」

〔二〕「生曰」一段，永樂北藏本、徑山藏本、清藏本、金陵本無。

不此岸，不彼岸，不中流〔一〕，

生曰：「順三脱門則到彼岸矣。若有到則不到也〔二〕，無到不到然後爲到耳。『此岸』者，生死也。『彼岸』者，涅槃也。『中流』者，結使也。」〔三〕

〔一〕案關中疏卷下：「生死即涅槃，故無彼、此岸。邪正道不二，故無中流。」

〔二〕「若有到則不到也」，永樂北藏本、徑山藏本、清藏本、金陵本作「若有到則至彼岸矣，若無到則不到也」。

〔三〕「生曰」一段，徑山藏本、金陵本置後經「而化衆生」下「肇曰」一段末。

而化衆生〔一〕，

肇曰：「欲言『此岸』，寂同涅槃；欲言『彼岸』，生死是安；又非『中流』而教化衆生，此蓋道之極也。此岸生死，彼岸涅槃，中流賢聖也〔二〕。」

生曰：「夫化衆生使其斷結離生死至泥洹耳。而向言無三，似若不復化之故云爾也，然則三不無矣。」〔三〕

〔一〕案關中疏卷下：「雖衆相都滅而不住滅，故教化衆生。」

〔二〕「賢聖」，永樂北藏本、徑山藏本、清藏本、金陵本作「聖賢」。

〔三〕「生曰」一段，永樂北藏本、徑山藏本、清藏本、金陵本無。

觀於寂滅而不永滅〔一〕，

肇曰：「觀於寂滅，觀即寂滅。滅而不滅，豈可形名？」

生曰：「既云『化衆生』，復似見有衆生，故言『觀寂滅』也。『觀寂滅』者，非永滅之謂也。」〔二〕

〔一〕案關中疏卷下：「是即常寂滅而無滅也。」

〔二〕「生曰」一段，永樂北藏本、徑山藏本、清藏本、金陵本無。

不此不彼〔一〕，

生曰：「若化衆生，似復在此在彼也。『在此在彼』者，應化之跡耳，非實爾也。」〔二〕

〔一〕案關中疏卷下：「法無彼此之相，故『不彼不此』。」關中釋抄卷下：「『不此不彼』者，此彼體空也。」

〔二〕「生曰」一段，永樂北藏本、徑山藏本、清藏本、金陵本無。

不以此，不以彼〔一〕，

肇曰："不此而同此，故此而不此。不彼而同彼，故彼而不彼。豈復以此而同此，以彼而同彼乎？此明聖心無彼此〔二〕，有以而同也。"

生曰："雖云『不在此，不在彼』，或復可以此、彼之跡化之矣。此、彼是衆生所取，非佛以也。"〔三〕

〔一〕案關中疏卷下："聖無彼、此之執，故不以此，不以彼。且二乘智所不測，豈凡識而能識哉？"關中釋抄卷下："『不以此，不以彼』者，『以』，用也，謂其心不執用此、彼也。"

〔二〕"彼此"，原無，據永樂北藏本、徑山藏本、清藏本、金陵本補。

〔三〕"生曰"一段，永樂北藏本、徑山藏本、清藏本、金陵本無。

不可以智知，不可以識識〔一〕；

肇曰："夫智識之生，生於相内〔二〕。法身無相，故非智識之所及。"

生曰："既不在此彼，又不以此彼，豈可以智知、識識言其爾哉？"〔三〕

〔一〕案關中疏卷下："且二乘智所不測，豈凡識而能識哉？"

〔二〕"相"，永樂北藏本、徑山藏本、清藏本、金陵本作"想"。

〔三〕"生曰"一段，永樂北藏本、徑山藏本、清藏本、金陵本無。

無晦無明〔一〕，

肇曰：「明越三光，誰謂之闇〔二〕？闇踰冥室，誰謂之明？然則在闇而闇，在明而明，能闇能明者，豈明闇之所能？故曰『無闇無明』也。」

生曰：「明不在迹爲晦矣，然理不得在耳，非爲晦也。迹反有明爲明矣〔三〕，然是彼取得耳〔四〕，非爲之明也。」〔五〕

〔一〕案關中疏卷下：「性不可蔽故無晦，離覺所覺故無明。」

〔二〕「闇」，徑山藏本、金陵本作「暗」。下同。

〔三〕「反」，平安本作「交」。

〔四〕「耳」，原作「可」，據平安本、貞享本改。

〔五〕「生曰」一段，永樂北藏本、徑山藏本、清藏本、金陵本無。

無名無相〔一〕，

肇曰：「不可以名名，不可以相相。」

生曰：「迹中有名，佛無名矣。相爲可名之貌也〔二〕。」〔三〕

〔一〕案關中疏卷下：「不可以名呼，不可以相示。」

〔二〕「之」下，平安本有「名」。

〔三〕「生曰」一段，永樂北藏本、徑山藏本、清藏本、金陵本無。

無强無弱，

肇曰：「至柔無逆，誰謂之强？剛無不伏，誰謂之弱？」

生曰：「運動天地，非爲强也〔一〕。應盡無常，亦非弱也。」〔二〕

〔一〕「爲」，平安本作「其」。

〔二〕「生曰」一段，永樂北藏本、徑山藏本、清藏本、金陵本無。

非浄非穢〔一〕；

肇曰：「在浄而浄，誰謂之穢？在穢而穢，誰謂之浄？然則爲强弱、浄穢者，果非强弱、浄穢之所爲也〔二〕。」

生曰：「相好嚴身，非其浄也。金槍〔三〕、馬麥，亦非穢也。」〔四〕

〔一〕案關中疏卷下：「豈强弱、浄穢而分別哉？」

〔二〕「果」，徑山藏本、金陵本作「實」。

〔三〕「槍」，平安本作「鏘」。

〔四〕「生曰」一段，永樂北藏本、徑山藏本、清藏本、金陵本無。

不在方，不離方〔一〕；

肇曰：「法身無在而無不在，無在故不在方〔二〕，無不在故不離方。」

生曰：「東感則東，西感則西，豈在方哉？然是佛之應，復不得言方非佛也。故言『不在、不離』也〔三〕。」〔四〕

〔一〕案關中疏卷下：「佛身住法性故不在方，菴園即法性故不離方。」關中釋抄卷下：「『不在方』者，明法身不偏在方也。『不離方』者，遍一切處也。」

〔二〕「在」，永樂北藏本作「名」。

〔三〕「故言『不在、不離』也」，平安本無。

〔四〕「生曰」一段，永樂北藏本、徑山藏本、清藏本、金陵本無。

非有爲，非無爲〔一〕，

肇曰：「欲言有耶，無相無名。欲言無耶，備應萬形。」

生曰：「若有則有爲，若無則無爲。而佛既無此有，又不無有，何所是有爲、無爲哉？」〔二〕

〔一〕案關中疏卷下：「真身不生滅故非有爲，丈六即真故非無爲。」

〔二〕「生曰」一段，永樂北藏本、徑山藏本、清藏本、金陵本無。

無示無説〔一〕，

肇曰：「非六情所及，豈可説以示人？」

生曰：「應見者示，應聞者説也。佛本無示無説耳。」〔二〕

〔一〕案關中疏卷下：「應物而相非實相，故不可示。應物而名非真名，故不可説。」

〔二〕「生曰」一段，永樂北藏本、徑山藏本、清藏本、金陵本無。

不施不慳，不戒不犯，不忍不恚，不進不怠，不定不亂，不智不愚〔一〕，

生曰：「以六度爲體，故能有如向之應耳〔二〕。而度有度者，則不度也。無度不度，然後度耳。」〔三〕

〔一〕案關中疏卷下：「法身真浄，不可以六蔽覆，不可以六度度。」

〔二〕「有」，平安本無。

〔三〕「生曰」一段，永樂北藏本、徑山藏本、清藏本、金陵本無。

不誠不欺〔一〕，

肇曰：「不可以善善，不可以惡惡。」

生曰：「六度以誠實爲道也。而誠有誠者，則不誠矣。無誠不誠，然後誠耳。」〔二〕

〔一〕案關中疏卷下：「不可以善誠，不可以惡欺。」

〔二〕「生曰」一段，永樂北藏本、徑山藏本、清藏本、金陵本無。

不來不去〔一〕，

生曰：「既度既誠，便應有感爲來，感盡則去也。若有此來去者，復不能來去也。」〔二〕

〔一〕案關中疏卷下：「感物而來非來，感謝而往非去。」

〔二〕「生曰」一段，永樂北藏本、徑山藏本、清藏本、金陵本無。

不出不入〔一〕，

肇曰：「寂爾而往，泊爾而來。出幽入冥，孰識其動？」

生曰：「來爲出，去爲入也。」〔二〕

〔一〕案關中疏卷下：「既無形於去來，亦無心出入。」

〔二〕「生曰」一段，永樂北藏本、徑山藏本、清藏本、金陵本無。

一切言語道斷〔一〕；

肇曰：「體絶言徑。」

生曰：「稍結之也。言以六度無相爲佛，豈可得以言語相説之乎〔二〕？」

〔一〕案關中疏卷下：「斯言經自絶也。」

〔二〕「言以六度無相爲佛，豈可得以言語相説之乎」，永樂北藏本、徑山藏本、清藏本、金陵本無。

非福田，非不福田〔一〕；

生曰：「以無相爲佛，故能使人供養得福，爲福田矣。若使是者則有相乎？」〔二〕

〔一〕案關中疏卷下：「無心福物非福田，有求見益非不福。」

〔二〕「生曰」一段，永樂北藏本、徑山藏本、清藏本、金陵本無。

非應供養，非不應供養〔一〕；

肇曰：「無相之體，莫覩其畔，孰知田與非田、應與不應乎？」

生曰：「福田則應供養，非福田則不應供養也。」〔二〕

〔一〕案關中疏卷下：「無證無得非應供，德洽無邊非不應。」
〔二〕「生曰」一段，永樂北藏本、徑山藏本、清藏本、金陵本無。

非取，非捨，

肇曰：「取之則失真，捨之則乖道〔一〕。」

生曰：「福田故應取，非福田故應捨矣。」〔二〕

〔一〕「道」，平安本作「俗」。
〔二〕「生曰」一段，永樂北藏本、徑山藏本、清藏本、金陵本無。

非有相，非無相〔一〕，

肇曰：「寂寞無形，非有相也。相三十二，非無相也。」

生曰：「若是福田爲福德人也，福德之人則有相禄矣。」〔二〕

〔一〕案關中疏卷下：「取之則失真，捨之則乖道，豈有相可見、無相可無？」
〔二〕「生曰」一段，永樂北藏本、徑山藏本、清藏本、金陵本無。

同真際，等法性，

生曰：「無相便是之矣。謂佛爲異，故言『同、等』。」〔一〕

〔一〕「生曰」一段，永樂北藏本、徑山藏本、清藏本、金陵本無。

不可稱，不可量，過諸稱量〔一〕，

肇曰：「無相之體，同真際，等法性，言所不能及，意所不能思，越圖度之境，過稱量之域。」

生曰：「既同真際，等法性，豈可以意而量之哉？『過諸稱量』者[二]，言非所及之謂也[三]。」[四]

〔一〕案關中疏卷下：「斯同真際，等法性，越稱量之境哉？」

〔二〕「稱」，平安本無。

〔三〕「所」，平安本作「不」。

〔四〕「生曰」一段，永樂北藏本、徑山藏本、清藏本、金陵本無。

非大非小[一]，

肇曰：「大包天地，不可爲小；細入無間，不可爲大。能大能小者，其唯無大小乎[二]？」

生曰：「言『小』則大包天地，言『大』則細入無間。」[三]

〔一〕案關中疏卷下：「不可以世界量非大，不可以微塵比非小。」

〔二〕「其唯」，平安本作「唯其」。

〔三〕「生曰」一段，永樂北藏本、徑山藏本、清藏本、金陵本無。

非見、

肇曰：「非色故非見也。」[一]

（一）「肇曰」一段，永樂北藏本、徑山藏本、清藏本、金陵本置後經「非聞」下。

非聞、

肇曰：「非聲故非聞也。」

非覺、

肇曰：「非香、味、觸故非三情所覺也。」〔一〕

〔一〕「肇曰」一段，徑山藏本、金陵本置後經「非知」下。

非知〔一〕，

肇曰：「非法故非意所知也。」

生曰：「非徒不可見、聞、覺、知，亦無可作見、聞、覺、知者矣。」〔二〕

〔一〕案關中疏卷下：「離六塵之境，不可以合覺，不可以離見。」

〔二〕「生曰」一段，永樂北藏本、徑山藏本、清藏本、金陵本無。

離衆結縛〔一〕；

肇曰：「無漏之體，體絶結縛〔二〕。」

生曰：「既無見、聞、覺、知，於何生結縛哉？」〔三〕

〔一〕案關中疏卷下：「無漏之體，體絶結縛。」

〔二〕「體」，原無，據永樂北藏本、徑山藏本、清藏本、金陵本補。

〔三〕「生曰」一段，永樂北藏本、徑山藏本、清藏本、金陵本無。

等諸智同衆生〔一〕，

生曰：「豈復容智出於群智，自異於衆生哉？」

〔一〕案關中釋抄卷下：「『等諸智』者，上無上也。『同衆生』者，下而無下。」

於諸法無分別，

肇曰：「等實相之智，同衆生之性，渾然無際，豈與法有別乎？」

生曰：「於一切法，都無復分別情也。」

一切無得無失，無濁無惱，

肇曰：「無得故無失，無清故無濁。事外之體，何可惱哉〔一〕？」

生曰：「有失爲濁，既濁成惱也。自此以下，明佛無相，理中無之也。」〔二〕

〔一〕「哉」，平安本、關中疏作「亂」。

〔二〕「生曰」一段，永樂北藏本、徑山藏本、清藏本、金陵本無。

無作無起，

生曰：「有濁有惱，便是作、起後身。」〔一〕

〔一〕「生曰」一段，永樂北藏本、徑山藏本、清藏本、金陵本無。

無生無滅，

肇曰：「法身無爲，絶於施造，孰能作之令起、生之使滅乎？」

生曰：「既作、起後身，則有生、滅者矣。」〔一〕

〔一〕「生曰」一段，永樂北藏本、徑山藏本、清藏本、金陵本無。

無畏無憂，無喜無厭；

生曰：「若有生、滅是可畏法也，便欣生而憂滅矣。憂欣無已，故可厭也。」〔一〕

〔一〕「生曰」一段，永樂北藏本、徑山藏本、清藏本、金陵本無。

無已有，無當有，無今有；

肇曰：「法身無寄，絶三世之有，三災不能爲其患，始終無以化其體，恬淡寂泊，無爲無數，豈容憂、畏、喜、厭於其間哉？」

生曰：「既無憂欣，不復受諸有也。」〔一〕

〔一〕「生曰」一段，永樂北藏本、徑山藏本、清藏本、金陵本無。

不可以一切言説分別顯示〔一〕**。**

生曰：「都結之也。」

〔一〕案關中疏卷下：「既云三世之有，都絶言説之路。」

世尊。如來身爲若此，作如是觀。

肇曰：「窮言盡智，莫能顯示，來觀之旨爲若是者也。」〔一〕

〔一〕「肇曰」一段，永樂北藏本、徑山藏本、清藏本、金陵本無。

以斯觀者，名爲正觀；若他觀者，名爲邪觀〔一〕**。」**〔二〕**爾時，舍利弗問維摩詰**〔三〕**：「汝於何没而來生此**〔四〕**？」**

什曰：「見其神德奇絶，來處必尊，故問其所從也。維摩恐人存没、生〔五〕，故下反問以明無没、生。亦云：或有謂維摩生分未盡，故問其没、生。下答『不盡善、不長惡』，明生分盡也。不直答者，一欲屈聲聞，二不欲自顯所從之美也。」

肇曰：「上云『如自觀身實相』，實相無生；而今現有生，將成其自觀之義，故以『没、生』問之也。」〔六〕

〔一〕案關中疏卷下：「『他觀者』，謂二乘凡夫見生、滅、憂、畏等背理爲他。」關中釋抄卷下：「『以斯觀者』，離前百非，故名『正』見。『若他觀者』，同前百非，故名『邪』也。」

〔二〕案徑山藏本於此分卷，下作「卷第十」，標目「見阿閦佛品第十二之餘」。

〔三〕案關中釋抄卷下：「『舍利弗問維摩詰』者，身子、迦葉二尊者迹處聲聞，誘小進大，故始會已來，或託迷以陳問，或假悟以悲悔，皆菩薩方便勸之至也。其事者何？如佛國品未答二問已，衆既未悟，故身子假執果疑因，令衆發悟。文殊師利入室問疾，空室無侍，表諸佛國土亦復皆空。不思議品身子假念床，以啓無求之緣；因借座，以明不思議解脱之用。復次，身子、迦葉領旨自傷，明聲聞皆應號叫三千菩薩忻慶頂受此法也。」

〔四〕案關中疏卷下：「離生滅、見不生滅者，二乘之見非實相義。若即因緣生滅、悟不生滅者，此法身義也。有此差別，故再論焉。上雖具顯百非，今但論於生滅。若悟生則無生，自然無生，無生自然，自然衆非可見矣。」

〔五〕「人」，永樂北藏本、徑山藏本、清藏本、金陵本作「人人」。

〔六〕「什曰」「肇曰」兩段，永樂北藏本、徑山藏本、清藏本、金陵本無。

維摩詰言：「汝所得法有没、生乎？」

肇曰：「逆問其所得，以證無没、生也。『所得法』即無爲無相法也。三乘皆以無相得果也。」

舍利弗言：「無没、生也。」「若諸法無没、生相，云何問言『汝於何没，而來生此』〔一〕？

肇曰：「以己所得，可知法相，復問奚爲〔二〕？」

〔一〕案關中疏卷下：「若觀諸法因緣生滅，本無自性，云何乃問此没、生耶？」

〔二〕「奚」，平安本作「何」。

於意云何？譬如幻師，幻作男女，寧没、生耶？」舍利弗言：「無没、生也。」「汝豈不聞佛説諸法如幻相乎？」答曰：「如是。」「若一切法如幻相者，云何問言『汝於何没，而來生此』〔一〕？

肇曰：「生猶化存，死猶化往，物無不爾，獨問何爲？」

〔一〕案關中疏卷下：「若『佛説諸法如幻相』者，即幻生非生、幻没非没，云何更問此没、生也？」

舍利弗。没者爲虚誑法，壞敗之相；生者爲虚誑法，相續之相〔一〕。

肇曰：「先定没、生之相也。」

生曰：「是生死之理而不實也〔二〕。」〔三〕

〔一〕案關中疏卷下：「妄執虚誑，有没有生。悟法真實，無生無滅。」

〔二〕「不」，平安本作「無」。

〔三〕「生曰」一段，永樂北藏本、徑山藏本、清藏本、金陵本無。

菩薩雖没，不盡善本；雖生，不長諸惡〔一〕。

什曰：「凡夫死時，起惡滅善；既生，則衆惡增長。菩薩則不然。復次，凡夫善本盡故，命終長顛倒惡心，然後受生。菩薩則不然〔二〕，法化清浄，隨意所之，故無此一患。無此一患，則雖迹有去來，而非没、生之謂也。上先以性空，明無没、生；今以法化自在，明無没、生。求之二門，則没、生無寄。而問没、生，失之遠矣〔三〕。」

肇曰：「善、惡者皆是虚誑相續之相〔四〕，敗壞法耳。然凡夫生則長惡，没則盡善。菩薩生則長善，没則盡惡。没、生雖同，長、盡不一。然俱是虚誑敗壞之相，何異幻化耶？」

生曰：「生死尚不實，不應致問，況都無之耶？生死没者，福德盡故也。生者，必長諸惡也。」〔五〕

〔一〕案關中疏卷下：「幻滅非滅，故不盡善本。幻生非生，故不貪生長惡。此所以顯即生滅，悟無生滅，成法身義也。」

〔二〕「菩薩則不然」，平安本無。

〔三〕「失」，平安本無。

〔四〕「之相」，平安本無。

〔五〕「肇曰」「生曰」兩段，永樂北藏本、徑山藏本、清藏本、金陵本無。

是時，佛告舍利弗：「有國名妙喜，佛號無動，是維摩詰於彼國没而來生此〔一〕。」

肇曰：「上答無生，此出生處。應物而唱，未始無益〔二〕。」

〔一〕案關中疏卷下：「上明即生非生是真身，此明不生能生是應身。國土亦然，故佛示其生、没也。」

〔二〕「無益」，平安本作「非益」。

舍利弗言：「未曾有也，世尊。是人乃能捨清淨土，而來樂此多怒害處〔一〕。」

肇曰：「此土方於餘國，怒害最多。」〔二〕

〔一〕案關中疏卷下：「但可棄穢生淨，曷有捨淨來穢耶？」

〔二〕「肇曰」一段，永樂北藏本、徑山藏本、清藏本、金陵本。

維摩詰語舍利弗：「於意云何？日光出時，與冥合乎？」答曰：「不也。日光出時，則無衆冥〔一〕。」維摩詰言：「夫日何故行閻浮提？」答曰：「欲以明照，爲之除冥〔二〕。」維摩詰言：「菩薩如是。雖生不淨佛土，爲化衆生，不與愚闇而共合也，但滅衆生煩惱闇耳。」是時，大衆渴仰，欲見妙喜世界無動如來及其菩薩、聲聞之衆。佛知一切衆會所念，告維摩詰言：「善男子。爲此衆會現妙喜國無動如來及諸菩薩、聲聞之衆，衆皆欲見。」

什曰：「爲下欲修淨國及往生者現其剎也〔三〕。不遥現而接來者，將顯維摩神力故也。即事則情悦而悟深，故舉令現此事耳。」

肇曰：「既覩大衆渴仰之情，將顯淨名不思議德，故告令現本國。」〔四〕

〔一〕案關中疏卷下：「日光自明，闇不能蔽，喻真身處染不染。」

〔二〕案關中疏卷下：「日光能破彼闇，喻菩薩化生雜染。」

〔三〕「下欲」，永樂北藏本、徑山藏本、清藏本、金陵本作「不」。

〔四〕「肇曰」一段，永樂北藏本、徑山藏本、清藏本、金陵本無。

於是維摩詰心念：「吾當不起于座，接妙喜國鐵圍、山川、溪谷、江河、大海、泉源、須彌諸山，及日月、星宿、天、龍、鬼、神、梵天等宮，并諸菩薩、聲聞之衆，城邑、聚落男女大小，乃至無動如來，

肇曰：「屈尊爲難，故言『乃至』。」〔一〕

〔一〕「肇曰」一段，徑山藏本、清藏本置後經「能於十方作佛事者」下。

及菩提樹、諸妙蓮華，能於十方作佛事者。

什曰：「華上或現化佛、或放光明，及説法種種變現，發悟衆生也。」〔一〕

肇曰：「彼菩提樹及妙蓮華皆能放光明，於十方作佛事；及華上化佛、菩薩，亦於十方作佛事，皆通取來也。」

〔一〕「什曰」一段，永樂北藏本、徑山藏本、清藏本、金陵本無。

三道寶階，從閻浮提至忉利天〔一〕，以此寶階，諸天來下，悉爲禮敬無動如來，聽受經法。

肇曰：「欲天報通，足能淩虚〔二〕。然彼土以寶階嚴飾，爲遊戲之路，故同以往反也〔三〕。」

〔一〕案關中疏卷下：「此念取彼佛國土及妙蓮花、寶階、嚴飾，盡皆現也。」

〔二〕「淩」，關中疏作「陵」。

〔三〕「同」，平安本作「因」。「反」，關中疏作「返」。

閻浮提人亦登其階，上升忉利見彼諸天〔一〕。

肇曰：「嚴淨之土福慶所集，人天之報相殊未幾，故同路往反〔二〕，有交遊之歡娱也。」

〔一〕案關中疏卷下：「『忉利』，此云『三十三』也。」

〔二〕「反」，關中疏作「返」。

妙喜世界成就如是無量功德。上至阿迦膩吒天〔一〕，下至水際，以右手斷取，如陶家輪。

什曰：「梵本云『如斷泥』〔二〕，今言『如陶家輪』，明就中央斷取，如陶家輪，下不著地，四邊相絶也。」

〔一〕案關中疏卷下：「『阿迦膩吒』，此云『色究竟』。」

〔二〕「梵」，平安本、維摩經義疏卷六作「胡」。

入此世界，猶持華鬘，示一切衆。」作是念已，入於三昧，現神通力。

肇曰：「重爲輕根，静爲躁君。非三昧之力，無以運神足之動〔一〕。」

〔一〕「動」，原作「勳」，據平安本、永樂北藏本、徑山藏本、清藏本、金陵本、關中疏改。

以其右手，斷取妙喜世界，

什曰：「斷取，明不盡來。」

置於此土。彼得神通菩薩及聲聞衆、并餘天人，俱發聲言：「唯然，世尊。誰取我去？願見救護。」

肇曰：「大通菩薩逆見變端〔一〕，爲衆而問。其餘天人未了而問〔二〕，恐畏未盡，故求救護。」

〔一〕「見」，關中疏作「覩」。「端」，原作「瑞」，據平安本改。

〔二〕「天人」，關中疏作「諸天」。

無動佛言：「非我所爲，是維摩詰神力所作。」其餘未得神通者，不覺不知己之所往。妙喜世界雖入此土而不增減，於是世界亦不迫隘，如本無異。爾時，釋迦牟尼佛告諸大衆：「汝等且觀妙喜世界無動如來，其國嚴飾，菩薩行淨，弟子清白。」皆曰：「唯然，已見。」佛言：「若菩薩欲得如是清淨佛土，當學無動如來所行之道。」

肇曰：「登高必由其本，求果必尋其因。」〔一〕

〔一〕「肇曰」一段，永樂北藏本、徑山藏本、清藏本、金陵本無。

現此妙喜國時，娑婆世界十四那由他人，

肇曰：「十萬爲一那由他也〔一〕。」〔二〕

〔一〕「十」，維摩經義疏卷六作「千」。

〔二〕「肇曰」一段，永樂北藏本、徑山藏本、清藏本、金陵本無。

發阿耨多羅三藐三菩提心，皆願生於妙喜佛土。釋迦牟尼佛即記之曰：「當生彼國。」時妙喜世界於此國土所應饒益，其事訖已，還復本處，舉衆皆見〔一〕。佛告舍利弗：「汝見此妙喜世界及無動佛不？」

肇曰：「將因舍利弗明聖集難遇，經道難聞，故別問『汝見不』。」〔二〕

〔一〕案關中疏卷下：「妙喜現此二意：一、爲證淨名淨土，二、爲若干有緣發心。」

〔二〕「肇曰」一段，永樂北藏本、徑山藏本、清藏本、金陵本無。

「唯然，已見，世尊。願使一切衆生得清淨土如無動佛，獲神通力如維摩詰〔一〕。

肇曰：「因其所見而生願也。」〔三〕

〔二〕案關中疏卷下：「妙喜浄土，浄名神道，不思議事二乘所無，故啓茲願也。」

〔三〕「肇曰」一段，永樂北藏本、徑山藏本、清藏本、金陵本無。

世尊。我等快得善利，得見是人，親近供養。

肇曰：「自慶之辭。」〔一〕

〔一〕「肇曰」一段，永樂北藏本、徑山藏本、清藏本、金陵本無。

其諸衆生，若今現在，若佛滅後，聞此經者，亦得善利。況復聞已，信解、受持、讀誦、解説、如法修行。若有手得是經典者，便爲已得法寶之藏〔一〕**；**

肇曰：「手得經卷，雖未誦持，如人已得寶藏，未得用耳。上直以聞通況，今别結其德，品其升降也。」〔二〕

〔一〕案關中疏卷下：「八難衆生尚不聞名，況乎得哉？深種信根，值佛得經，解脱寶藏，即爲已得。」

〔二〕「肇曰」一段，永樂北藏本、徑山藏本、清藏本、金陵本無。

若有讀誦、解釋其義、如説修行，則爲諸佛之所護念；

肇曰：「行應於内，護念於外〔一〕，理會冥感，自然之數耳。」

〔一〕「護念」，永樂北藏本、徑山藏本、清藏本、金陵本作「念護」。

其有供養如是人者，當知則爲供養於佛〔一〕**；**

肇曰：「是人即佛所護念人。」

〔一〕案關中疏卷下：「持法藏者行如來事，故如供佛。」

其有書持此經卷者，當知其室則有如來〔一〕；

肇曰：「隨所止之室書持此經，當知其室即有如來，書持重於手得也。」〔二〕

〔一〕案關中疏卷下：「經是佛母，故經卷住處，佛及弟子、梵、釋、龍、天護如塔廟。」

〔二〕「肇曰」一段，永樂北藏本、徑山藏本、清藏本、金陵本無。

若聞是經能隨喜者，斯人則爲取一切智〔一〕；

肇曰：「若聞是經能隨義而喜者，斯人會得一切智，故言『取』。」〔二〕

〔一〕案關中疏卷下：「千里之行，難於發足；一切智果，始於隨喜。既能喜之，必當尅證。」

〔二〕「肇曰」一段，永樂北藏本、徑山藏本、清藏本、金陵本無。

若能信解此經，乃至一四句偈爲他説者，當知此人即是受阿耨多羅三藐三菩提記〔一〕。」

肇曰：「明一四句爲他人説，其福多於隨喜，故言『即是受記』。前言『取』者，以會歸爲言耳，未及記耳。」〔二〕

〔一〕案關中疏卷下：「十善、五戒報在人天，大乘深經唯果菩提，故始信四句便記成佛。」

〔二〕「肇曰」一段，永樂北藏本、徑山藏本、清藏本、金陵本無。

注維摩詰經卷第十〔一〕

法供養品第十三〔二〕

爾時，釋提桓因於大衆中白佛言：「世尊。我雖從佛及文殊師利聞百千經〔三〕，未曾聞此不可思議、自在神通〔四〕、決定實相經典〔五〕。

什曰：「維摩詰接妙喜世界來入此境，及上來不思議事，皆昔來所見未有若此之奇也。放光等所明實相，廣散難尋；此經略叙衆經要義，明簡易了，故歎『未曾有』也。亦云：會我爲妙，故歎未曾有也。」〔六〕

肇曰：「説經將訖〔七〕，舍利弗已慶美於上，帝釋復欣其所遇而致歎也。此經言雖簡約而義包群典〔八〕，坐不踰日而備覩通變。大乘微遠之言，神通感應之力，一時所遇，理無不盡。又以會我爲妙，故歎『未曾有』也。」

〔一〕案平安本、永樂北藏本、徑山藏本、清藏本、金陵本於此未分卷。

〔二〕案關中疏卷下：「此下二品，大段第三，證已須傳，流通分也。讀説護持，遠津遐劫，聞經修聖，聖不絶故曰『流通』。此品讚法得益大，後品覩益護持。大乘理教名之爲『法』，修讀傳通名爲『供養』。」關中釋抄卷下：「『法』者，大乘中道實相法也。故文云：『諸佛所説深經也。』『供養』者，文有二種：一者讀誦解脱，此名『淺』；二者如説修行，得無生忍者，此名『深』也。問：『爲是供養佛？爲是供養法耶？』答：『以護持正法之心，以供養佛。』故文云：『受持、讀誦、供養是經者，即爲供養去、來、今佛也。』又品末結勸云：『是故天帝當以法之供養供養於佛。』此流通分兩品，此品先歎法真益大，勸令供養；後品方可殷勤委令其宣流也。」

〔三〕案關中疏卷下：「百千經，方便教也。」關中釋抄卷下：「『百千經』者，阿含小乘經也。」

〔四〕案關中疏卷下：「自在神通，所證用。」關中釋抄卷下：「『自在神通』者，歎能證力用也。」

〔五〕案關中疏卷下：「決定實相，修證理。」關中釋抄卷下：「『決定實相』者，歎所證法真也。」

〔六〕「什曰」一段，永樂北藏本、徑山藏本、清藏本、金陵本無。

〔七〕「説」，平安本無。

〔八〕「言」，關中疏作「意」。

如我解佛所説義趣，若有衆生聞是經法，信解、受持、讀誦之者，必得是法不疑。

什曰：「若累深信薄者，經涉生死，究竟必得。若善積而悟深者，隨願輒成之，久近不以劫數爲限也。」〔一〕

〔一〕「什曰」一段，永樂北藏本、徑山藏本、清藏本、金陵本無。

何況如説修行？

肇曰：「『是法』，即上不可思議、自在神通、決定實相法也。如我解佛義，深遠難遇，若聞能誦持者必得不疑，況如説修行者？斯人之德自列於下也。」〔一〕

〔一〕「肇曰」一段，永樂北藏本、徑山藏本、清藏本、金陵本無。

斯人則爲閉衆惡趣，

肇曰：「八難衆趣。」〔一〕

〔一〕「肇曰」一段，永樂北藏本、徑山藏本、清藏本、金陵本無。

開諸善門，

肇曰：「人天涅槃門也。」〔一〕

〔一〕「肇曰」一段，永樂北藏本、徑山藏本、清藏本、金陵本無。

常爲諸佛之所護念，降伏外學，摧滅魔怨，

肇曰：「四魔怨也。」〔一〕

〔一〕「肇曰」一段，永樂北藏本、徑山藏本、清藏本、金陵本無。

修治菩提，

什曰：「梵本『菩提』下有『道』字〔一〕。『道』，即趣菩提道也。」〔二〕

〔一〕「梵」，平安本作「胡」。

〔二〕「什曰」一段，永樂北藏本、徑山藏本、清藏本、金陵本無。

安處道場，

肇曰：「在道場成佛道名『菩提』。今雖未成，便爲修治佛道，安置道場中。」〔一〕

〔一〕「肇曰」一段，永樂北藏本、徑山藏本、清藏本、金陵本無。

履踐如來所行之跡〔一〕。

肇曰：「如說修行，則同佛行。」〔二〕

〔一〕案關中疏卷下：「一念修行，閉八難惡趣，開五乘善門。行應則諸佛宜護，修正則外魔摧伏。隨順佛理名修菩提；不移此心必安道樹。無上佛果，信心爲本；萬行菩提，一念爲階。所以始於一念修行，即是履踐如來所行之跡。」

〔二〕「肇曰」一段，永樂北藏本、徑山藏本、清藏本、金陵本無。

世尊。若有受持、讀誦、如說修行者，我當與諸眷屬供養給事。所在聚落、城邑、山林、曠野，有是經處，我亦與諸眷屬聽受法故，共到其所。其未信者，當令生信；其已信者，當爲作護〔一〕。

肇曰：「天帝欣其所遇，故致未曾之歎，兼欲護養，以弘其道矣。」〔二〕

〔一〕案關中疏卷下：「天帝覩法真益大，發誓弘護。又護持正法，菩薩行本，所以誓修。」

〔二〕「肇曰」一段，永樂北藏本、徑山藏本、清藏本、金陵本無。

佛言：「善哉！善哉！天帝。如汝所說，吾助爾喜。此經廣說過去、未來、現在諸佛不可思

議阿耨多羅三藐三菩提。

什曰：「梵本此『菩提』下有『法』字也〔一〕。」

生曰：「經説佛慧，則慧在經矣。經苟有慧，則是佛之法身矣。」〔二〕

〔一〕「梵」，平安本作「胡」。

〔二〕「什曰」「生曰」兩段，永樂北藏本、徑山藏本、清藏本、金陵本無。

是故，天帝。若善男子、善女人受持、讀誦、供養是經者，則爲供養去、來、今佛〔一〕。

肇曰：「善其護持之意也。三世菩提不思議道皆陳在此經〔二〕。若受持護養則爲供養三世諸佛，故助汝喜〔三〕。」

生曰：「夫以衣食供養者，存其四體而長之也。若受持、讀誦此經，既全其理，又使日增於佛法身，不亦有供養義乎？」〔四〕

〔一〕案關中疏卷下：「經是三世佛母，供其母則供其子也。又教能顯理，理能悟佛，故受持、讀誦則爲供養三世佛矣。」

〔二〕「在」，平安本無。

〔三〕「汝」，關中疏作「爾」。

〔四〕「生曰」一段，永樂北藏本、徑山藏本、清藏本、金陵本無。

天帝。正使三千大千世界如來滿中，譬如甘蔗、竹葦、稻麻、叢林，若有善男子、善女人，或

一劫，或減一劫，恭敬尊重，讚歎供養，奉諸所安，至諸佛滅後，以一一全身舍利〔一〕，起七寶塔〔二〕，縱廣一四天下，高至梵天，表刹莊嚴〔三〕，以一切華香、瓔珞、幢幡、伎樂微妙第一，若一劫、若減一劫而供養之。於天帝意云何？其人植福寧爲多不〔四〕？」釋提桓因言：「多矣，世尊。彼之福德，若以百千億劫説不能盡。」佛告天帝：「當知是善男子、善女人，聞是不可思議解脱經典，信解、受持、讀誦、修行，福多於彼。

肇曰：「供養之福，以方慧解。般若諸經，類有成挍。」

生曰：「衣食供養，本以施功致福，非求理之法。據此正可生人天之中，終不得成佛也。供養法身者，以佛所體爲懷。至於大悟智慧而以相比〔五〕，豈可同年而語其優劣哉？」〔六〕

〔一〕案關中釋抄卷下：「『舍利』，梵音，新云『舍利羅』，此云『身骨』，有全有碎。今言『全』，取功德多也。」

〔二〕案關中釋抄卷下：「『寶塔』者，應云：『及諸經論，或作叔藪彼，或化塔婆，又云兜婆，或云偷婆，或言蘇偷婆，或言脂帝浮都，亦云支提浮圖，新云窣都波，此譯云廟。』」

〔三〕案關中釋抄卷下：「『表刹』者，又作摖，同音察。梵音或言『差多羅』，此譯云『土田』，或作『刹土』者，存二音也。應云：『立竿以安佛骨。佛骨所依，義同土田也。』故經云『刹帝利』，此云『黑』，亦此義也。所言『表』者，置高顯處有所表彰故云也。」

〔四〕案關中疏卷下：「大千諸佛，福田最上，施安起塔，二世供養，是人殖福爲多不耶？」

〔五〕「至」，關中疏作「之」。

〔六〕「肇曰」「生曰」兩段，永樂北藏本、徑山藏本、清藏本、金陵本無。

所以者何？諸佛菩提皆從是生，

生曰：「體此經理，終成菩提，故從中生。」〔一〕

〔一〕「生曰」一段，永樂北藏本、徑山藏本、清藏本、金陵本無。

菩提之相不可限量。

生曰：「菩提無相，不可以意限量之矣。」〔一〕

〔一〕「生曰」一段，永樂北藏本、徑山藏本、清藏本、金陵本無。

以是因緣，福不可量〔一〕。

肇曰：「高木必起重壤，瑾瑜必生荊岫。所以無量之果必由無量之因，諸佛菩提皆從習此經而生〔二〕。菩提之道以無相爲相，無相之相不可限量。因是生福，福何可量也？」

生曰：「以無相爲受持之福，福無盡者也。」〔三〕

〔一〕案關中疏卷下：「諸佛從經生，供佛福尚多，何況供求經本乎？」

〔二〕「而生」，關中疏作「生而」。

〔三〕「肇曰」「生曰」兩段，永樂北藏本、徑山藏本、清藏本、金陵本無。

佛告天帝：「過去無量阿僧祇劫，時世有佛號曰藥王如來、應供、正遍知、明行足、善逝、世間解、無上士、調御丈夫、天人師、佛、世尊〔一〕，世界曰大莊嚴，佛壽二十小劫，其聲聞僧三十六億那由他，菩薩僧有十二億。天帝。是時有轉輪聖王名曰寶蓋，七寶具足〔二〕，王四天下；王有千子〔三〕，端正勇健，能伏怨敵。爾時，寶蓋與其眷屬供養藥王如來，施諸所安，至滿五劫；過五劫已，告其千子：『汝等亦當如我，以深心供養於佛。』於是千子受父王命，供養藥王如來，復滿五劫，一切施安。

肇曰：「上以財供養校受持〔四〕，受持即法供養也。如來將成法供養義〔五〕，故引成事以爲證焉。」

〔一〕案關中疏卷下：「藥王別號『如來』等通號有十：一、『如來』，乘真如理來，成正覺故；二、『應供』，破魔度物，應供養故；三、『正遍智』，正覺諸法，不顛倒故；四、『明行足』，萬行滿足，至三明果故；五、『善逝』，逝往也，直往菩提不退還故；六、『世間解』，大悲權智，解世間故；七、『無上士』，德業最勝，無能過故；八、『調御丈夫』，受化調伏，皆丈夫故；九、『天人師』，雖師範六道，天人益多故；十、『佛』，佛馱，覺也。」關中釋抄卷下：「藥王如來、應供等十號也。『如來』者，如理修行號。大經云『諸世尊從六波羅蜜三十七品來至大涅槃』，故論云『我如實道來成正覺也』。二、『應供』者，應行二利號。大經云『應破四魔，應度衆生，應受供養』，故云也。三、『正遍知』，實知窮源號。大經云

『正者，不顛倒。遍知，於顛倒無不通達』，故云也。四、『明行足』，修因滿已號。大經意云『明者，佛果。行者，戒、定、慧修行滿足』，故云也。五、『善逝』，直往菩提不退號。大經云『不捨最初發心得大涅槃』。六、『世間解』，權智圓明號。大論云『知世間解』，即知也。瑜伽云：『善知世界及有情界一切品類染淨相也。』七、『無上士』，超諸賢聖號。大經云『如來實非丈夫，非不丈夫，因調丈夫』，故名也。此二號準大經開二，瑜伽論云：『無上丈夫。』九、『天人師』，善軌衆生號。大經云『實法界師天人曾多』，故云也。十、『佛』，無師勝覺號。明無師自覺，諸惑不能翳也。『世尊』，準大論云：『十號外號也。』」

〔二〕案關中疏卷下：「『七寶』者，輪寶、珠寶、女寶、象寶、馬寶、藏寶臣寶、兵寶神寶。」關中釋抄卷下：「七寶：一、輪寶，二、珠寶，三、女寶，四、象寶，五、馬寶，六、庫藏臣寶，七、兵臣寶。」

〔三〕案關中釋抄卷下：「『千子』，金輪王子。」

〔四〕「供」，平安本無。下同。「校受持」，原無，據平安本、永樂北藏本、徑山藏本、清藏本、金陵本補。

〔五〕「供養」，平安本作「養之」。

其王一子名曰月蓋，獨坐思惟：『寧有供養殊過此者？』

什曰：「冀或有大德、諸天殊特供養，若有過此，慕欲及之。云雖盡己所珍〔一〕，不能上悦聖心。冀所珍之外，有以暢其誠心，故發斯念，更惟勝供也〔二〕。」

肇曰：「極世肴珍，無以攄其至到之情〔三〕。冀所珍之外，別有妙養，以暢其誠心。又宿緣將會，故生斯念也。」

生曰：「引過去以驗供養法身爲勝也。」〔四〕

〔一〕「盡」，永樂北藏本、徑山藏本、清藏本、金陵本無。

〔二〕「惟」，永樂北藏本、徑山藏本、清藏本、金陵本作「推」。

〔三〕「到」，平安本、關中疏作「至」。

〔四〕「肇曰」「生曰」兩段，永樂北藏本、徑山藏本、清藏本、金陵本無。

以佛神力，空中有天曰：『善男子。法之供養，勝諸供養。』

什曰：「若財供養，則於佛無用，於衆生無益，故非所欣也。如來積劫〔一〕，本爲衆生。若奉順經典，如說修行，則稱悅聖心，乃真供養也。」

肇曰：「藥王如來知其將化，故變爲空神而告之。」

生曰：「『法供養』者，行法即爲供養也。」〔二〕

〔一〕「劫」下，平安本、永樂北藏本、徑山藏本、清藏本、金陵本有「累功」。

〔二〕「肇曰」「生曰」兩段，永樂北藏本、徑山藏本、清藏本、金陵本無。

即問：『何謂法之供養？』天曰：『汝可往問藥王如來，當廣爲汝說法之供養。』即時月蓋王子行詣藥王如來，稽首佛足，却住一面，白佛言：『世尊。諸供養中，法供養勝。云何名爲法供養？』佛言：『善男子。法供養者，諸佛所說深經，

什曰：「三藏及雜藏、菩薩藏，五藏經也。上四藏，取中深義，說實相等，故得爲深經也。從此至下『十方三世諸佛所說』，盡是廣歎佛所說深經，未明受持修行法供養義也〔一〕。」

生曰：「先明經也。『深經』者，謂佛說實相法以爲菩薩道也。」〔二〕

〔一〕「義」，平安本無。

〔二〕「生曰」一段，永樂北藏本、徑山藏本、清藏本、金陵本無。

一切世間難信難受〔一〕，

生曰：「實相理均〔二〕，豈有深淺哉？世間情與之反，信受甚難，非其所及，故爲深也。」〔三〕

〔一〕案關中疏卷下：「情與理違故難信，行與理違故難受。」

〔二〕「實相理均」，平安本作「實理灼然」。

〔三〕「生曰」一段，永樂北藏本、徑山藏本、清藏本、金陵本無。

微妙難見〔一〕，

生曰：「妙絶人心，見之難矣。」〔二〕

〔一〕案關中疏卷下：「惑與理違故難見。」

〔二〕「生曰」一段，永樂北藏本、徑山藏本、清藏本、金陵本無。

清浄無染，

肇曰：「『深經』，謂方等第一義經也。其旨深玄，非有心之所得；微妙無像〔一〕，非明者之所覩。超絶塵境，無染若空。欲以有心有明而信受見者，不亦難乎！自此下美深經之旨，諸佛所説深經即佛法身也。夫財養養四體，法養養法身。若能護持斯經，令法身增廣者，此供養之上也。」

生曰：「無相可取，故不得生垢。若能見之，垢亦除也。」

〔一〕「像」，平安本作「相」，關中疏作「緣」。

非但分別思惟之所能得〔一〕，

什曰：「要須禪定等諸功德，非但智慧分別之所能得也。亦云〔二〕：要用實智慧然後能了，非分別取相所能解也。」

肇曰：「第一義經微遠無相，自非明哲孰能分別？業之差別〔三〕，雖由分別，然非分別之所能得〔四〕。得之者其唯無分別乎？故曰『非但分別』也〔五〕。」

生曰：「要積功德，然後會矣。」〔六〕

〔一〕案關中疏卷下：「實相深理難信、難見，性浄無染促可智悟，非分別思惟能得。」

〔二〕「亦」上，貞享本有「一」。

〔三〕「業之差別」，平安本作「察之」。

〔四〕「能」，平安本作「所」。

〔五〕「故曰『非但分別』也」，永樂北藏本、徑山藏本、清藏本、金陵本無。

〔六〕「什曰」「生曰」兩段，永樂北藏本、徑山藏本、清藏本、金陵本無。

菩薩法藏所攝，

什曰：「凡爲菩薩説法，能成就菩薩，皆是菩薩法藏所攝也。」

生曰：「是菩薩所體，而物莫能闚也。」〔一〕

〔一〕「什曰」「生曰」兩段，永樂北藏本、徑山藏本、清藏本、金陵本無。

陀羅尼印印之〔二〕，

什曰：「總持有無量，實相即總持之一。若經中説實相，實相即是印〔二〕。以實相印封此經，則爲深經也。復次，『印』，梵本言『相』〔三〕，實相也，以實相爲經標相也。」〔四〕

肇曰：「菩薩法藏之所攝，固非小乘之寶〔五〕；總持印之所印，固非域中之道。總持所印，所印必真；法藏所攝，所攝必實〔六〕。既藏以法藏，印以總持，豈是常人所能開發？以明法寶深固，難可闚闟也。」

生曰：「『陀羅尼』者，持也。若持實相不失，於諸天人、魔、梵之中，不復畏有不通之義。譬若以王印爲信〔七〕，關津諸禁莫能呵留。果是印持所印之經，則無有閡。」

〔一〕案關中疏卷下：「『陀羅尼印』者，無名相理，假名相説，終日名而無名，終日相而無相，此陀羅尼印也。故勝天王云：『總持無文字，文字顯總持。般若大悲力，離言文字説。』又即名非名，即相非相，亦名『實相印』也。」關中釋抄卷下：「『陀羅尼印之』者，論云：『小乘經三法印，謂無常、苦、無我。摩訶衍，明一實相印。』印之即能善分別諸法相，於第一義而不動。四句百非不能動，此印所印皆圓頓大乘也。大寶積經清浄陀羅尼品云：『以虚空印一切法，以無相印能示現彼虚空無相。』又偈云：『諸佛無所有，不生亦不死。無有無可取，此云何遍持？若能如是解，一切法如理。彼則無分別，而能得遍持。』」

〔二〕「是」，平安本無。

〔三〕「梵」，平安本作「胡」。

〔四〕「什曰」一段，永樂北藏本、徑山藏本、清藏本、金陵本無。

〔五〕「固」，原作「故」，據永樂北藏本、徑山藏本、清藏本、金陵本、關中疏改。

〔六〕「實」，原作「寶」，據貞享本、永樂北藏本、徑山藏本、清藏本、金陵本改。

〔七〕「若」，平安本作「如」。　「以王」，原作「生」，據永樂北藏本、徑山藏本、清藏本、金陵本改。

至不退轉，

生曰：「理無退處，從之必至。」〔一〕

〔一〕「生曰」一段，永樂北藏本、徑山藏本、清藏本、金陵本無。

成就六度，

什曰：「言此經能令人不退，成六度也。」

肇曰：「不退所以至六度，六度所以成大乘，大乘之所出〔一〕，莫不由斯典也。」

生曰：「非但不退而已，乃極諸法邊涯焉〔二〕。」〔三〕

〔一〕「乘」，平安本、關中疏作「業」。

〔二〕「涯」，平安本無。

〔三〕「什曰」「肇曰」「生曰」三段，永樂北藏本、徑山藏本、清藏本、金陵本無。

善分別義，

生曰：「『義』謂言中之理也，而此經善分別之。」〔一〕

〔一〕「生曰」一段，永樂北藏本、徑山藏本、清藏本、金陵本無。

順菩提法，

什曰：「深經所説，於理無差，故言『善分別』。善分別故順菩提也。」

肇曰：「善分別實相之義，順菩提無相之法也。」

生曰：「正以載菩提法爲經，故無乖矣。」〔一〕

〔一〕「什曰」「肇曰」「生曰」三段，永樂北藏本、徑山藏本、清藏本、金陵本無。

衆經之上，

什曰：「舉其深者，於衆經爲上也。」

肇曰：「三藏十二部，方等爲第一〔一〕。」

生曰：「九十六種衆經之上。」〔二〕

〔一〕「一」下，關中疏有「此經之上也」。

〔二〕「什曰」「生曰」兩段，永樂北藏本、徑山藏本、清藏本、金陵本無。

入大慈悲，

什曰：「深經能令人入也。」

肇曰：「深經所以建，慈悲所以弘〔一〕，入之者〔二〕，必以大慈大悲乎？是以方等深經皆入大慈大悲，合爲一體也〔三〕。」

生曰：「明見法理，必能示諸不達。」〔四〕

〔一〕「慈悲所以弘」，平安本作「豈慈悲之所弘」。

〔二〕「入」，平安本作「弘」。

〔三〕「合」，平安本作「令」。

〔四〕「什曰」「肇曰」「生曰」三段，永樂北藏本、徑山藏本、清藏本、金陵本無。

離衆魔事，

什曰：「凡非法緣，悉魔之事。」〔一〕

〔一〕「什曰」一段，永樂北藏本、徑山藏本、清藏本、金陵本無。

及諸邪見〔一〕，

肇曰：「『魔』，四魔。『見』，六十二見也。正教既弘〔二〕，衆邪自息。」

生曰：「魔、邪皆起於惑，若體此經則離之矣。」〔三〕

〔一〕案關中疏卷下：「大悲故超二乘，離著故超諸魔，無邪見故超外道，此皆深經之所能也。」

〔二〕「正」，平安本作「政」。

〔三〕「生曰」一段，永樂北藏本、徑山藏本、清藏本、金陵本無。

順因緣法〔一〕，

什曰：「若法定有則不生滅〔二〕，若法全無亦不生滅，不生滅則與因緣相違〔三〕。深經所說非有非無，非有非無故順因緣法也。」

生曰：「說不違因緣理也。」〔四〕

〔一〕案關中疏卷下：「謂順因緣，悟真理也。」

〔二〕「法」，清藏本作「是」。

〔三〕「生」下，永樂北藏本、徑山藏本、清藏本、金陵本有「不」。

〔四〕「生曰」一段，永樂北藏本、徑山藏本、清藏本、金陵本無。

無我、無人、無衆生、無壽命，空、無相、無作、無起〔一〕，

肇曰：「法從因緣生，緣生則無自性〔二〕，無自性則無主，無主則無我、人、壽命〔三〕，唯

空、無相、無作、無起，此深經之所順也。」

生曰：「此則因緣法矣。」〔四〕

〔一〕案關中疏卷下：「『無我』等，我空也。『空、無相』等，法空也。」

〔二〕「生」，原無，據永樂北藏本、徑山藏本、清藏本、金陵本、關中疏補。

〔三〕「人」下，關中疏有「衆生」。

〔四〕「生曰」一段，永樂北藏本、徑山藏本、清藏本、金陵本無。

能令衆生坐於道場，

生曰：「坐道場時思惟十二因緣，如此故得成佛。」〔一〕

〔一〕「生曰」一段，永樂北藏本、徑山藏本、清藏本、金陵本無。

而轉法輪，

肇曰：「深經之所能也。」

生曰：「既成佛，復能使人悟斯法。」〔一〕

〔一〕「肇曰」「生曰」兩段，永樂北藏本、徑山藏本、清藏本、金陵本無。

諸天、龍、神、乾闥婆等所共歎譽〔一〕，

什曰：「以深經能成佛道、轉法輪，則天人蒙度〔二〕，所以群聖共歎深經也。」

肇曰：「既有此能，故有此譽。」

生曰：「歎譽法輪。」〔三〕

〔一〕案關中疏卷下：「既成道樹，必轉法輪，所以天、龍預懷所歎。」

〔二〕「度」，平安本作「慶」。

〔三〕「什曰」「肇曰」「生曰」三段，永樂北藏本、徑山藏本、清藏本、金陵本無。

能令衆生入佛法藏，

肇曰：「未有捨背深經，而能入佛法藏者。」

生曰：「體此經者，入佛法藏也。」〔一〕

〔一〕「肇曰」「生曰」兩段，永樂北藏本、徑山藏本、清藏本、金陵本無。

攝諸賢聖一切智慧，

肇曰：「一切賢聖之智，無離深經也。」

生曰：「三乘皆同以其理爲悟，故無不攝。」〔一〕

〔一〕「肇曰」「生曰」兩段，永樂北藏本、徑山藏本、清藏本、金陵本無。

説衆菩薩所行之道〔一〕，

肇曰：「菩薩所行，其道無方。八萬衆行，皆陳之深經也。」

生云：「雖曰『總攝賢聖智慧』，而二乘不盡其理，唯是菩薩所行之道而已。」〔二〕

〔一〕案關中疏卷下：「既坐道樹，具佛法藏，獲賢聖智，得菩提道，因圓果滿，名『行足』也。」

〔二〕「肇曰」「生曰」兩段，永樂北藏本、徑山藏本、清藏本、金陵本無。

依於諸法實相之義，

什曰：「經説實相，故經依於實相也。」

生曰：「言不遠宗也。」〔一〕

〔一〕「什曰」「生曰」兩段，永樂北藏本、徑山藏本、清藏本、金陵本無。

明宣無常、苦、空、無我寂滅之法，

肇曰：「不依實相、辯四非常者，非平等教也。依實相乃曰『明』也。」

生曰：「依諸法實相之義則盡然，表不得不無常，而無無常相也。」〔一〕

〔一〕「生曰」一段，永樂北藏本、徑山藏本、清藏本、金陵本無。

能救一切毁禁衆生，

什曰：「小乘法中五逆罪及犯四重禁，則皆棄而不救，大乘深法則無不救也。」

生曰：「體之則出毁禁罪之境也。」〔一〕

〔一〕「生曰」一段，永樂北藏本、徑山藏本、清藏本、金陵本無。

諸魔外道及貪著者能使怖畏〔一〕**，**

肇曰：「毁四禁，犯五逆，小乘法所不能救。衆魔外道貪著豪姿，小乘法所不能滅。能救能滅者，其唯大乘方等深經乎？」

生曰：「恐失其有。」〔二〕

〔一〕案關中疏卷下：「既坐道場，獲一切智，普雨法雨，利益衆生；令諸菩薩依實相義，權爲二乘宣無常理；聞經隨喜，毀禁罪除；諸魔外道怖邪歸正，自非深信大乘堅固悲願，安能致此無邊益哉？」

〔二〕「生曰」一段，永樂北藏本、徑山藏本、清藏本、金陵本無。

諸佛賢聖所共稱歎，

肇曰：「諸佛共稱，以明其法必真也。」

生曰：「唯諸佛賢聖得其爲美，故歎之。」〔一〕

〔一〕「肇曰」「生曰」兩段，永樂北藏本、徑山藏本、清藏本、金陵本無。

背生死苦，

生曰：「體之則結盡，泥洹也。」〔一〕

〔一〕「生曰」一段，永樂北藏本、徑山藏本、清藏本、金陵本無。

示涅槃樂，

肇曰：「生死雖苦，背之至難。涅槃雖樂，識之者寡。自非深經，孰啓其路？」

生曰：「既達因緣法，則知息之爲樂矣。」〔一〕

〔一〕「肇曰」「生曰」兩段，永樂北藏本、徑山藏本、清藏本、金陵本無。

十方三世諸佛所說。

肇曰：「諸佛雖殊，其道不二；古今雖異，其道不改。以明第一義經〔一〕，常一不差也。美深經訖於是也。」

生曰：「十方三世諸佛無不必同也。」〔二〕

〔一〕「明」下，關中疏有「其」。

〔二〕「肇曰」「生曰」兩段，永樂北藏本、徑山藏本、清藏本、金陵本無。

若聞如是等經，

肇曰：「大乘深經，其部無量，故言『等』也。」〔一〕

〔一〕「肇曰」一段，永樂北藏本、徑山藏本、清藏本、金陵本無。

信解、受持、讀誦，以方便力爲諸衆生分別解說，顯示分明，守護法故，是名法之供養。

什曰：「上來讚歎深經，今始更明受持宣行，行法供養也。」

肇曰：「如是等經盡諸佛法身也。若聞斯經，能信解、護持、宣示分別〔一〕，令大法增廣者，名『法之供養』，養成法身也〔二〕。」

生曰：「以受持、讀誦是守護之義，故名『法供養』。」〔三〕

〔一〕「别」，關中疏作「明」。

〔二〕「養」，平安本無。

〔三〕「什曰」「生曰」兩段，永樂北藏本、徑山藏本、清藏本、金陵本無。

又於諸法如說修行，

什曰：「上章明奉順經典，真法供養也。如說修行，通舉六度也。十二因緣以下，明得無生忍。以實智慧隨順實法也。」

肇曰：「上以『信解、護持、宣示、弘布』以爲法養，今明『内行應順』爲法供養也〔一〕。『諸法』，即深經所說六度諸法也。」

生曰：「如經說而修行者，最深者也，故別明之焉。」〔二〕

〔一〕「供」，平安本無。

〔二〕「肇曰」「生曰」兩段，永樂北藏本、徑山藏本、清藏本、金陵本無。

隨順十二因緣，

生曰：「情不復乖因緣理也。」〔一〕

〔一〕「生曰」一段，永樂北藏本、徑山藏本、清藏本、金陵本無。

離諸邪見，

生曰：「既順因緣理，則離有無諸邪見。」〔一〕

〔一〕「生曰」一段，永樂北藏本、徑山藏本、清藏本、金陵本無。

得無生忍，

生曰：「『順因緣理、無復邪見』者，無生法忍也。」〔一〕

〔一〕「生曰」一段，永樂北藏本、徑山藏本、清藏本、金陵本無。

決定無我、無有衆生〔一〕；

肇曰：「不悟緣起，故有邪見之迷、封我之惑。若如説行，則得明慧。明見十二因緣根源所由〔二〕，故能離諸邪見、得無生忍〔三〕，無復吾我、衆生之想也〔四〕。見緣如緣，謂之『隨順』；明白有無，謂之『決定』，皆智用之别稱也。」

〔一〕案關中釋抄卷下：「『決定無我』者，我空也。」

〔二〕「源」，關中疏作「原」。

〔三〕「離」，永樂北藏本、徑山藏本、清藏本、金陵本作「斷」。

〔四〕「吾」下，平安本有「無」。

而於因緣果報，

生曰：「無生忍之爲見也，則決定矣。雖無我、無衆生，而非無受報之主也。」〔一〕

〔一〕「生曰」一段，永樂北藏本、徑山藏本、清藏本、金陵本無。

無違無諍，

什曰：「見法如法故無違，無違故無諍也。」〔一〕

〔一〕「什曰」一段，永樂北藏本、徑山藏本、清藏本、金陵本無。

離諸我所〔一〕；

肇曰：「無違無諍即『隨順』義也。五受陰身及家屬所有因緣果報，即『我所』也。若能明見因緣果報之性〔二〕，順而無違，則離諸我所也〔三〕。上直觀因緣〔四〕，知無造者，故離我見。今觀因緣果報，知無屬者，故離我所見也。」

生曰：「亦離我所。」〔五〕

〔一〕案關中釋抄卷下：「『因緣果報、離我所』者，法空也。」

〔二〕「明」，關中疏作「照」。

〔三〕「則離諸」，關中疏作「照離照」。

〔四〕「直」下，關中疏有「明」。

〔五〕「生曰」一段，永樂北藏本、徑山藏本、清藏本、金陵本無。

依於義、不依語，

肇曰：「至義非言宣，尋言則失至，且妙理常一，語應無方。而欲以無方之語，定常一之理者，不亦謬哉？是以依義、不依語者，見之明也。」

生曰：「不復逐語取相而昧其理也。」〔一〕

〔一〕「生曰」一段，永樂北藏本、徑山藏本、清藏本、金陵本無。

依於智、不依識，

肇曰：「『六識』，識六塵而已，不能分别是非。分别是非，其唯正智乎？是以行者依智、不依識也。」

生曰：「若識以著爲情〔一〕，智以達理爲用，終不復從識乖智也。」〔二〕

〔一〕「若」，平安本無。「著」下，平安本有「相」。

〔二〕「生曰」一段，永樂北藏本、徑山藏本、清藏本、金陵本無。

依了義經、不依不了義經，

肇曰：「佛所説經自有義旨，分明盡然，易了者應依。亦有應時之經，詭言合道，聖意難知，自未了者不可依也。」

生曰：「辨理者，爲了義經也。雖曰巧辭而無理者，爲不了義也。」〔一〕

〔一〕「生曰」一段，永樂北藏本、徑山藏本、清藏本、金陵本無。

依於法、不依人〔一〕；

什曰：「佛言：『我泥洹後，當依止四法，以爲大師。』所謂『四依法』也。明此四法，可依止，可信受也。『依於法、不依人』者，法謂經教也，當依經法，不可以人勝故，背法依人也。『法』有二種：一、文字語言，二、義法，莫依語也。『義』亦有二種〔二〕：一、識所知義，二、智所知義。識則唯求虚妄五欲，不求實利；智能求實利、棄五欲，故依智所知義，不依識所知義。爲求智所知義，故依智也。『智所知義』亦有二種：一、了義經，二、不了義經。不了義經，如佛説『殺父母無罪』，未分别，是不了義也。若言無明是父、愛是母〔三〕，生死根本，故名父母。斷其本則生死盡，故言殺之無罪；既分别，是了義經也。復次，若佛言『佛是人中第一，涅槃是法中第一』，如是等皆名了義也。是故當依了義經，莫依不了義經。」

肇曰：「法雖由人弘，而人不必盡應於法。法有定楷，人無常則，所以行者依法、不依人也。」

生曰：「人行理無非法，爲法也。苟曰有法，不遺下賤。若無法者，雖復極貴極高，亦不從之。」〔四〕

〔一〕案關中疏卷下：「大集經云：『語者説生死，義者知生死無性；語者説涅槃味，義者説涅槃無性；語者説諸乘隨所安止，義者説諸乘入一相智行等。又識者識四大，智(者)住四大無性；識者識六根六識，智者住内外寂滅等。又不了義經説生死苦惱，了義經説生死涅槃一相；不了義經説我人諸法，了義經説三空無我也。又人者攝取人見，法者解人無人見；人者凡聖三乘人也，法者知一切法無别無異如虚空也。』」

〔二〕「有」，平安本無。

〔三〕「愛」上，平安本有「受」。

〔四〕「肇曰」「生曰」兩段，永樂北藏本、徑山藏本、清藏本、金陵本無。

隨順法相，無所入，無所歸；

肇曰：「『法』，即下『因緣法』也。上順因緣，知法無生；今順因緣，知法無盡也。法從緣而有，從緣而無。其有不從未來來，其無不歸入過去〔一〕，故曰『無入無歸』也。」

生曰：「復隨順法相，『無入、無歸』之義也。無入、無歸，盡不爲實也。」〔二〕

〔一〕「去」，關中疏作「去去」。

〔二〕「生曰」一段，永樂北藏本、徑山藏本、清藏本、金陵本無。

無明畢竟滅，故諸行亦畢竟滅，乃至生畢竟滅，故老死亦畢竟滅，

什曰：「此即四依中如實法也。上十二因緣明如説修行，隨順因緣，故得無生法忍。今明行四依，依十二因緣如實相也〔一〕。」

肇曰：「『無明』，十二之根本，無明既滅，餘緣亦滅也。『畢竟』，謂始終常滅，不復更滅。始終常滅，不復更滅，乃所以成無盡滅義也。」

生曰：「『畢竟滅』者，終要然也。終既要滅，生豈有哉？生若不有，其誰有滅耶？則無入、無歸也。」〔二〕

作如是觀十二因緣，無有盡相〔一〕**，**

〔一〕「依」，平安本無。

〔二〕「肇曰」「生曰」兩段，永樂北藏本、徑山藏本、清藏本、金陵本無。

肇曰：「『滅、盡』義一，既曰『畢竟滅』，而曰『無盡』者，何耶？夫滅，生於不滅；畢竟常滅，則無不滅；無不滅，則滅無所滅；滅無所滅，即是『無盡』義也。」

〔一〕案關中疏卷下：「無明本性寂滅，故不生。不生即不滅，不滅即無盡。」

不復起見〔一〕**；**

肇曰：「上觀因緣無生，離常我等諸見。今觀因緣無盡〔二〕，離斷滅等諸見。」

〔一〕案關中釋抄卷下：「注云：『上觀因緣，無常無我。』『諸見』者，即指前離諸邪見，得無生忍門也。」

〔二〕「盡」，關中疏作「滅」。

是名最上法之供養。』」

肇曰：「若能順行深經、明見緣起、具足四依、離諸見者，法養之上也〔一〕。上直明誦持，此內行應順，故言『最上』也。」

生曰：「諷誦、讀説已上於衣食供養，此又最上也。」〔二〕

〔一〕「法」下，關中疏有「供」。

〔二〕「肇曰」「生曰」兩段，永樂北藏本、徑山藏本、清藏本、金陵本無。

佛告天帝：「王子月蓋從藥王佛聞如是法，得柔順忍〔一〕**，**

什曰：「『柔』，謂軟鈍也。於實相法未能深入，軟智軟信，隨順不違，故名『柔順忍』也。」

肇曰：「心柔智順，堪受實相，未及無生，名『柔順忍』。」〔二〕

〔一〕案關中疏卷下：「『柔順』，仁王云：『四、五、六地得此忍也。』」關中釋抄卷下：「『得柔順忍』者，大品三忍：外凡乾慧伏忍，内凡種性順忍，八人見已去名無生忍。雖三乘同行，二乘取證不得忍名；菩薩不證，故受忍名。若準仁王五忍法門：地前三十人總名伏忍，初二、三地信忍，四、五、六地順忍，七、八、九地無生忍，十地佛果寂滅忍。今準仁王入第四地。」

〔二〕「肇曰」一段，永樂北藏本、徑山藏本、清藏本、金陵本無。

即解寶衣嚴身之具，以供養佛，白佛言：『世尊。如來滅後，我當行法供養，守護正法，願以威神加哀建立，令我得降魔怨，修菩薩行。』

什曰：「四魔合爲三怨：一、煩惱，二、天魔，三、外道也。如來滅後，月蓋道力未具，若不加威神則爲魔所壞，不能降伏，故請加威神。」

肇曰：「聞法供養，欣欲行之。然經道深遠，非己力所弘，故願加威神也。」〔一〕

〔一〕「肇曰」一段，永樂北藏本、徑山藏本、清藏本、金陵本無。

佛知其深心所念，而記之曰：

什曰：「欲令後人信伏，故記其守護法藏也。」〔一〕

〔一〕「什曰」一段，永樂北藏本、徑山藏本、清藏本、金陵本無。

『汝於末後守護法城。』天帝。時王子月蓋見法清淨，聞佛授記，以信出家，

什曰：「若俗穢自纏，乖於淨法，知非處穢之所弘道〔一〕，故出家修淨以弘淨法矣。」〔二〕

〔一〕「道」，平安本無。

〔二〕「什曰」一段，永樂北藏本、徑山藏本、清藏本、金陵本無。

修集善法，精進不久，得五神通，具菩薩道，

什曰：「明其無閡〔一〕，如通達佛道中說也。」〔二〕

〔一〕「閡」，平安本作「礙」。

〔二〕「什曰」一段，永樂北藏本、徑山藏本、清藏本、金陵本無。

得陀羅尼，

什曰：「是聞持也。」〔一〕

〔一〕「什曰」一段，徑山藏本、金陵本置後經「無斷辯才」下。

無斷辯才〔一〕。

什曰：「辯才無盡，隨其說之，久近不中斷也。」〔二〕

〔一〕案關中疏卷下：「神通，身業；陀羅尼，心業；辯才，口業也。」關中釋抄卷下：「得五神通，身業用；

得陀羅尼，意業用；辯才，口業用。此三爲化物用之妙門，積善業之真藏，故别標也。」

〔三〕「什曰」一段，永樂北藏本、徑山藏本、清藏本、金陵本無。

於佛滅後，以其所得神通、總持、辯才之力〔一〕，

什曰：「以神通力故能現變知心，聞持力故不失所聞，辯才力故能等爲人説。有此三力，故能宣布遺法者也。」〔二〕

〔一〕案關中疏卷下：「以具三業功德，故弘法也。」

〔二〕「什曰」一段，永樂北藏本、徑山藏本、清藏本、金陵本無。

滿十小劫，藥王如來所轉法輪，隨而分布。

肇曰：「分布法輪，即弘法養也。」〔一〕

〔一〕「肇曰」一段，永樂北藏本、徑山藏本、清藏本、金陵本無。

月蓋比丘以守護法，勤行精進，即於此身化百萬億人於阿耨多羅三藐三菩提立不退轉，十四那由他人深發聲聞、辟支佛心，無量衆生得生天上。天帝。時王寶蓋豈異人乎？今現得佛號寶炎如來。其王千子，即賢劫中千佛是也〔一〕**，從迦羅鳩孫馱爲始得佛，最後如來號曰樓至**〔二〕**。月蓋比丘則我身是。如是，天帝。當知此要以法供養，於諸供養爲上爲最，第一無比。**

肇曰：「吾成正覺由法供養。以是可知〔三〕，法養爲上矣〔四〕。」〔五〕

〔一〕案關中釋抄卷下：「言『賢劫』者，此劫初時，有千葉蓮華現於水上，諸天皆云：『善哉！此劫當有千賢出世。』故因爲名也。」

〔二〕案關中疏卷下：「今『迦羅鳩孫馱』，亦曰『俱留孫』，賢劫千佛之首。『樓至』，千佛之終也。」關中釋抄卷下：「『迦羅鳩孫馱』，亦云『拘留孫』，即七佛中第四佛，賢劫千佛之首。『樓至』，亦云『盧至』，此云『渧泣』，謂初發千人皆即成佛度生，樓至最後成佛，乃云：『諸先成道，皆度一切衆生，我後成道，當何所度？』渧泣耳。」

〔三〕「知」，關中疏作「智」。

〔四〕「法」下，平安本有「供」。

〔五〕「肇曰」一段，永樂北藏本、徑山藏本、清藏本、金陵本無。

是故，天帝。當以法之供養，恭敬於佛。」

肇曰：「行法養即恭敬佛也。」〔一〕

〔一〕「肇曰」一段，永樂北藏本、徑山藏本、清藏本、金陵本無。

囑累品第十四〔一〕

於是，佛告彌勒菩薩言：「彌勒，我今以是無量億阿僧祇劫所集阿耨多羅三藐三菩提法，

什曰：「言此經是菩提之因。」〔二〕

〔一〕案關中疏卷下：「傳法事大，緣累不輕，殷勤付囑，故云『囑累』。又云：殷勤再三，故云『囑累』。」關中釋抄卷下：「前品歎法真益大，故此品殷勤付囑也。」

〔二〕「什曰」一段，永樂北藏本、徑山藏本、清藏本、金陵本無。

付囑於汝。

什曰：「不付阿難，以其無有神力〔一〕，不能廣宣，故不付也。維摩非此土菩薩，故不囑也。文殊遊無定方，故不囑。囑彌勒者，以於此成佛故也。佛自以神力宣布，欲成彌勒功業故也。」

肇曰：「不思議經，即佛無上菩提之道。其道深遠，難可剋成。吾無量劫不惜身命，肉施踰須彌〔二〕，血施過江海，勤苦積集，今始得就，哀彼長迷，故垂之竹帛。然群生薄德〔三〕，魔事熾盛〔四〕；吾道多難，非汝不弘，嗣正之第〔五〕，所以重囑累之也〔六〕。」〔七〕

〔一〕「有」，平安本無。

〔二〕「肉」，關中疏作「骨」。

〔三〕「薄德」，關中疏作「德薄」。

〔四〕「熾盛」，平安本作「熾熾」。

〔五〕「第」，平安本、關中疏作「弟」。

〔六〕「囑」，平安本無。

〔七〕「肇曰」一段，永樂北藏本、徑山藏本、清藏本、金陵本無。

如是輩經，於佛滅後，末世之中，汝等當以神力，廣宣流布，

什曰：「用神通則能消伏魔怨，廣宣無礙矣。」〔一〕

〔一〕「什曰」一段，永樂北藏本、徑山藏本、清藏本、金陵本無。

於閻浮提無令斷絶。

肇曰：「城高則衛生〔一〕，道尊則魔盛。自非神力，無以制持，故勸以神力矣。」

〔一〕「則衛」，關中疏作「衝」。

所以者何？未來世中，當有善男子、善女人及天、龍、鬼、神、乾闥婆、羅剎等，發阿耨多羅三藐三菩提心，樂于大法。若使不聞如是等經，則失善利。

什曰：「若不聞此經，或墜二乘，則失大乘善利也。」

如此輩人聞是等經，必多信樂，發希有心。當以頂受，隨諸衆生所應得利而爲廣説〔一〕。

肇曰：「法之通塞，損益若是〔二〕，故勸彌勒頂受廣説者矣。」

〔一〕案關中疏卷下：「佛教在當來，不聞則失，聞之必益，故頂受、廣説。」

〔二〕「是」，關中疏作「此」。

彌勒當知，菩薩有二相。

什曰：「若好雜句，應授之以文；若好深法〔一〕，即誨之以義。要宜知其相，故爲辯二相也。」

肇曰：「行之深淺，各有異相，得失兩陳，以厲護持法者也〔二〕。」〔三〕

〔一〕「法」，平安本作「經」。

〔二〕「厲」，關中疏作「勵」。

〔三〕「什曰」「肇曰」兩段，永樂北藏本、徑山藏本、清藏本、金陵本無。

何謂爲二？一者，好於雜句文飾之事；

肇曰：「『文』者何耶？妙旨之蹄筌耳。而新學智淺，未能忘言求理，捨本尋末，唯文飾是好。」〔一〕

〔一〕「肇曰」一段，永樂北藏本、徑山藏本、清藏本、金陵本無。

二者，不畏深義，如實能入。

肇曰：「妙旨幽深，微言反俗，自非智勇，孰能深入耶？」〔一〕

〔一〕「肇曰」一段，永樂北藏本、徑山藏本、清藏本、金陵本無。

若好雜句文飾事者，當知是爲新學菩薩。若於如是無染無著甚深經典無有恐畏，能入其中，聞已心淨，受持、讀誦、如說修行，當知是爲久修道行〔一〕。

肇曰：「無染無著經之深者，自非久行，孰能無畏？」〔二〕

〔一〕案關中疏卷下：「新學好文，久修好義。傳者應善其根緣，學者應鑒其得失。」

〔三〕「肇曰」一段，永樂北藏本、徑山藏本、清藏本、金陵本無。

彌勒。復有二法名新學者，

什曰：「將欲令人信樂深經，慎新學之過，故廣記新學過也。」〔一〕

〔一〕「什曰」一段，永樂北藏本、徑山藏本、清藏本、金陵本無。

不能決定於甚深法。何等爲二？一者，所未聞深經，聞之驚怖生疑，

什曰：「始聞則驚，尋之則疑，疑則起謗。」〔一〕

〔一〕「什曰」一段，永樂北藏本、徑山藏本、清藏本、金陵本無。

不能隨順，毀謗不信，而作是言：『我初不聞，從何所來？』二者，若有護持、解説如是深經者，不肯親近、供養、恭敬，或時於中説其過惡。

肇曰：「一毀法，二毀人。」

有此二法，當知是新學菩薩爲自毀傷，不能於深法中調伏其心〔一〕。彌勒。復有二法，菩薩雖信解深法猶自毀傷，而不能得無生法忍。

肇曰：「上雖聞深經，不能信解；今雖信解，不能行應。歷明諸失，以誡後學也〔二〕。」〔三〕

〔一〕案關中疏卷下：「如前決定深理，必在積修。敬法重人，方能久學。若謗法毀師，自絶深信，解慧不明，豈能決定正觀、獲不退轉也？」關中釋抄卷下：「『新學』二法：一毀法，一慢師。重師即敬法，尊法即修行，若行即斷惑成聖。以此而推，雖云敬師，乃成自敬矣。而新學者輕師慢法，自塞於進

求之路耳。」

〔二〕「誡」，原作「試」，據平安本改。

〔三〕「肇曰」一段，永樂北藏本、徑山藏本、清藏本、金陵本無。

何等爲二？一者，輕慢新學菩薩而不教誨；

肇曰：「雖解深義，未爲心用；尊己慢人，不能誨益，此學者之外患也。」〔一〕

什曰：「自恃深解，故生慢也。」

〔一〕「什曰」「肇曰」兩段，永樂北藏本、徑山藏本、清藏本、金陵本無。

二者，雖解深法而取相分別，是爲二法〔一〕。」

什曰：「雖不生慢，而有取相之累也。」〔二〕

肇曰：「因其所解而取相分別，雖曰爲解，未合真解，此學者之內患也。」

〔一〕案關中疏卷下：「『二法』者，一、輕慢新學，自喪大悲；二、樂分別，自壞大智。夫證無生忍，要悲智雙圓。有茲二患，自毀修證。」關中釋抄卷下：「先學二法：一者欺人，二者謿法。盡新學即利地之業可成，專政實相即自濟之功剋就。奈何輕人失於慈慧，謿真滯於真見。然此誡誡之至也，凡預進求幸各銘於心腑耳。」

〔二〕「什曰」一段，永樂北藏本、徑山藏本、清藏本、金陵本無。

彌勒菩薩聞說是已，白佛言：「世尊，未曾有也。如佛所說，

什曰：「歎佛上來所説經及辯菩薩異相也。」〔一〕

〔一〕「什曰」一段，永樂北藏本、徑山藏本、清藏本、金陵本無。

我當遠離如斯之惡，

肇曰：「一生大士，豈有如斯之惡咎〔一〕，聞而後離耶〔二〕？發斯言者，爲未離者耳。」

〔一〕「咎」，平安本、永樂北藏本、徑山藏本、清藏本、金陵本無。

〔二〕「後」，關中疏作「復」。

奉持如來無數阿僧祇劫所集阿耨多羅三藐三菩提法。若未來世善男子、善女人，求大乘者，當令手得如是等經，與其念力，

什曰：「以神通加其念力，令不忘也。問曰：昔時魔常來下壞亂學人，今何因不來？答曰：優波掘恩力故〔一〕。佛在世時，有外道薩遮尼犍，大聰明，能論議，心大高慢〔二〕，知佛法尊妙，意欲出家，問佛言：『我若出家，智德名聞如佛不？』佛言：『不得。』又問：『得如舍利弗不？』佛言：『不得。』如是一一問五百弟子，乃至問：『得如羅睺羅不？』答言：『不得。』於是尼犍言：『我出家既不得如佛，又不得如弟子，何用出家？』又問：『後當得不？』佛言：『後世無諸大人，然後當得。』尼犍命終已，佛泥洹後百年，阿育王時生，出家學道，得阿羅漢，有大名聲，教化國人，令得阿羅漢。除度夫不度婦、度婦不度夫，不在數中；但取夫婦俱時得阿羅漢者，以算子數之，積算滿屋。後泥洹時，以算子燒身，不假餘物。未泥洹時，嘗於林中坐禪，見一餓狗，饑羸將死，常減食與之，諸比丘各分食而與〔三〕，狗遂腹脹欲死。時諸比丘各各坐繩床〔四〕，圍遶守視，誦經説法。狗以善心視諸比丘，又聞法音，命終已，生第六天，有大威德，與魔王共坐。時狗已臭爛，彼魔心念：『何因有此大人與我共坐？』觀其本緣，乃知是狗，即大瞋恚：『是優波掘比丘，使是臭狗與我共坐。當作方便，令其毀辱。』時優波掘林中坐禪，入滅盡定。魔即以天上嚴飾華鬘〔五〕，繫額上已，廣語四衆〔六〕，將共視之：『此比丘於空閑處嚴飾如是，云何名爲清淨有德？』須臾，優波掘從定起，覺頭有華鬘，知是魔爲，即指之〔七〕：『汝是魔王。』即取死狗，變爲華鬘，極大嚴飾，語魔言：『汝以鬘供養我，我還以鬘報汝〔八〕，汝可著之。』便以神力繫鬘著魔王頸。繫已，還成死狗，膖脹蛆爛〔九〕，甚大臭惡。魔以神力去之而不能得。至帝釋所〔一〇〕，帝釋不受。自還六天，乃至梵天，皆悉不受，無能爲解〔一一〕，語言：『汝自還去，求彼比丘。』即至優波掘所〔一二〕，求解臭鬘。優波掘即與要誓：『汝從今日乃至法盡，莫復來下壞亂學人。又我雖見佛法身，不見色身，汝今爲我變作佛形。若能如是，當解汝鬘。』魔即受其誓，便語比丘言：『我作佛時，莫向我禮。』於大林中變爲佛身，相好具足，放大光明；作諸弟子皆如舍利弗等，大衆圍遶，從林間來。優波掘歡喜踴躍，忘其要誓，即爲作禮。魔言：『云何違要而向我禮？』優波掘言：『我自作佛意禮耳。』於是臭鬘自然得解。魔言：『佛真大慈悲，我種種惱佛，佛不報我，而今比丘見報如是之甚。』比丘言：『佛大慈大悲，自能容忍。我小乘之人，不能如是。』魔不來因緣略説之也。」

肇曰：「冥啓其心，增其善念也。」〔三〕

〔一〕「波」，永樂北藏本、徑山藏本、清藏本、金陵本作「婆」。下同。

〔二〕「高」，永樂北藏本、徑山藏本、清藏本、金陵本作「憍」。

〔三〕「常減食與之，諸比丘各分食而與」，永樂北藏本、徑山藏本、清藏本、金陵本作「常與諸比丘共分食與之」。

〔四〕「坐」，永樂北藏本、徑山藏本、清藏本、金陵本無。

〔五〕「即」，永樂北藏本、徑山藏本、清藏本、金陵本無。

〔六〕「語」，永樂北藏本、徑山藏本、清藏本、金陵本作「説」。

〔七〕「之」，永樂北藏本、徑山藏本、清藏本、金陵本作「云」。

〔八〕「汝」，永樂北藏本、徑山藏本、清藏本、金陵本無。

〔九〕「膖」，平安本作「朧」。

〔一〇〕「所」，平安本作「許」，永樂北藏本、徑山藏本、清藏本、金陵本無。

〔一一〕「無」，永樂北藏本、徑山藏本、清藏本、金陵本作「不」。

〔一二〕「即」上，永樂北藏本、徑山藏本、清藏本、金陵本有「魔」。

〔一三〕「肇曰」一段，永樂北藏本、徑山藏本、清藏本、金陵本無。

使受持、讀誦、爲他廣説。世尊。若後末世有能受持、讀誦、爲他人説者〔一〕，當知是彌勒神力之所建立。」

肇曰：「定已功於未然，息衆魔之候却〔二〕。」〔三〕

〔一〕案關中疏卷下：「如來得法，益通三世。未來有緣，我當令手得、心持、自行講説。」

〔二〕「候却」，關中疏作「摧斷」。

〔三〕「肇曰」一段，永樂北藏本、徑山藏本、清藏本、金陵本無。

佛言：「善哉！善哉！彌勒。如汝所説，佛助爾喜。」於是一切菩薩合掌白佛言：「我等亦於如來滅後，十方國土廣宣流布阿耨多羅三藐三菩提。復當開導諸説法者，令得是經〔一〕。」爾時，四天王白佛言：「世尊。在在處處，城邑、聚落、山林、曠野，有是經卷，讀誦、解説者，我當率諸官屬，爲聽法故，往詣其所，擁護其人，面百由旬，令無伺求得其便者〔二〕。」是時，佛告阿難：「受持是經，廣宣流布。」阿難言：「唯然，我已受持要者。世尊，當何名斯經？」佛言：「阿難。是經名爲維摩詰所説，亦名不可思議解脱法門，如是受持〔三〕。」佛説是經已。長者維摩詰、文殊師利、舍利弗、阿難等，及諸天、人、阿修羅一切大衆，聞佛所説，皆大歡喜〔四〕。

〔一〕案關中疏卷下：「諸菩薩受法燈遍照，故誓宣十方。」

〔二〕案關中疏卷下：「四天王受旨，經卷住處，灾難自清，況天力護持，彌增法化。」

〔三〕案關中疏卷下：「付囑阿難，付受問答，若令結集之時，無所遺漏。」

〔四〕案關中疏卷下：「説付既周，慶聞修奉。」

新彫維摩經後序（一）

推誠保德翊戴功臣金紫光禄大夫行尚書左丞上柱國
清河郡開國侯食邑一千七百户食實封肆伯户張齊賢述

壬午歲冬首，余自右補闕直史館江南轉運使詔還，聚族乘舟，順流而下。時十月九日，泊于湖口之側。將夕，有一人年可五十許，衣服狀貌類于漁者，拜于岸，次自陳：「累世水居，（南中有居牌筏舟船之上，號名水居。）預知風水。」袖中出水行圖子以獻，且言：「十四日當有大風。」事備録異記。又數日，晝夢一人衣皂衣，水中出其半身，自稱江饒，要維摩經十卷，覺而異之。十四日，果於荻港之上遇大風暴起，船將覆没者數四，僅而獲全，即先言風水之日。夢中稱曰江饒，舉家脱魚腹之葬，不亦幸乎！

屆于京師，遍令求訪維摩經十卷者，咸曰：「無之。」不數月，余於所親處覩一經函，發而視之，即維摩經一部十卷。懿夫金文玉偈之殊勝，海藏龍宫之守護，功德之力，其昭昭乎！其昭昭乎！愚冥之徒不能起信，深可悲矣。因擇工人，俾之彫刻，志願散施，貴廣傳布，用標靈異，直紀歲時。

聖宋淳化四年八月十五日道德里序。

〔一〕案此序永樂北藏本、徑山藏本、清藏本、金陵本無。

附録

一、毗摩羅詰提經義疏序〔一〕

僧叡法師

此經以毗摩羅詰所説爲名者，尊其人、重其法也。五百應真之所稱述，一切菩薩之所嘆伏，文殊師利對揚之所明答，普現色身之要言，皆其説也。借座於燈王，致飯於香積，接大衆於右掌，内妙樂於忍界，阿難之所絶塵，皆其不可思議也。高挌邁于十地，故彌勒屈之而虚己；崇墉超於學境，故文殊已還，並未有闚其庭者。法言恢廓，指玄門以忘期；觀品夷照，總化本以冥想。落落焉，聲法鼓於維耶，而十方世界無不悟其希音；恢恢焉，感諸佛於一室，而恒沙正覺無不應其虚求。予始發心，啓曚於此，諷詠研求，以爲喉衿。禀玄指於先匠，亦復未識其絶往之通塞也。既蒙鳩摩羅什法師正玄文、摘幽指，始悟前譯之傷本，謬文之乖趣耳。至如以「不來相」爲「辱來」，「不見相」爲「相見」，「未緣法」爲「始神」，「緣合法」爲「止心」。諸如此比，無品不有，無章不爾。然後知邊情諭詖，難可以參契真言，厠懷玄悟矣。

自慧風東扇，法言流詠已來，雖曰講肆，格義迂而乖本，六家偏而不即。性空之宗，以今驗之，最得其實。然鑪冶之功，微恨不盡，當是無法可尋，非尋之不得也。何以知之？此土先出諸經，於識神性空明言處少，存神之文其處甚多。中、百二論文未及此，又無通鑒，誰與正之？先匠所以輟章遐慨，思決言於彌勒者，良在此也。自提婆已前，天竺義學之僧並無來者，於今始聞宏宗高唱。敢豫悕味之流，無不竭其聰而住其心，然領受之用易存，憶識之功難掌。自非般若朗其聞慧，總持銘其思府，焉能使機過而不遺，神會而不昧者哉？故因紙墨以記其文外之言，借衆聽以集其成事之說。煩而不簡者，遺其事也；質而不麗者，重其意也。其指微而婉，其辭博而晦，自非筆受，胡可勝哉？是以即於講次，疏以爲記，冀通方之賢，不咎其煩而不要也。

〔一〕據南朝梁僧祐出三藏記集卷八録文。

二、浄名經集解關中疏序〔一〕

道液

昔漢明中，法教始流於蔥左，肇建塔像，翻譯尚阻。爰及魏、晉，創啓宣傳，而所出諸經，猶詞疎理蹇。蓋習學者未融於大觀，傳譯者闕通於方言。既爲大法濅微，未可量其得失。自秦弘始三年冬羅什入關，先譯大品、智論，爰及中觀、門、百，使陶染至理；然後重譯茲經及法華等，所以文切理詣，無間然矣。日者傳習多疎道尚學以瞻異端，致使大宗蕪蔓真極。而關中先製言約旨深，將傳後進，或憚略而難通，蓋時移識味，豈先賢之闕歟！道液不揆庸淺，輒加裨廣，淨名以肇注作本，法華以生疏爲憑，然後傍求諸解，共通妙旨。雖述而不作，終愧亡羊者哉！

于時上元元年，歲次困頓。永泰初祀，又於長安菩提道場夏再治定，庶法鏡轉明、惠燈益矣。

〔一〕據唐道液淨名經集解關中疏録文，標題原無，今擬。